中华泰山文库·著述书系

泰山风景名胜区管理委员会　编

泰山宗教研究

泰山庙会

刘慧 著

山东人民出版社·济南

图书在版编目（CIP）数据

泰山宗教研究　泰山庙会/刘慧著.--济南：山东人民出版社，2018.12

（中华泰山文库 · 著述书系）

ISBN 978-7-209-11390-8

Ⅰ. ①泰… Ⅱ. ①刘… Ⅲ. ①泰山－佛教－宗教文化－研究 ②泰山－庙会－介绍 Ⅳ. ①B949.2 ②K892.1

中国版本图书馆CIP数据核字(2018)第284213号

项目统筹　胡长青
责任编辑　张艳艳
装帧设计　武　斌　王园园
项目完成　文化艺术编辑室

泰山宗教研究　泰山庙会
TAISHAN ZONGJIAO YANJIU　TAISHAN MIAOHUI
刘　慧　著

主管部门　山东出版传媒股份有限公司
出版发行　山东人民出版社
出 版 人　胡长青
社　　址　济南市英雄山路165号
邮　　编　250002
电　　话　总编室（0531）82098914
　　　　　市场部（0531）82098027
网　　址　http://www.sd-book.com.cn
印　　装　山东新华印务有限责任公司
经　　销　新华书店

规　　格　16开（210mm×285mm）
印　　张　20
字　　数　300千字
版　　次　2018年12月第1版
印　　次　2018年12月第1次
印　　数　1-1000
ISBN 978-7-209-11390-8
定　　价　280.00元

《中华泰山文库》编委会

立岱宗之弘毅

——序《中华泰山文库》

一生中能与泰山结缘，是我的幸福。

泰山在中国人民生活中有着广泛而深远的影响，人们常说“重于泰山”“泰山北斗”“有眼不识泰山”……在中国人心目中，泰山几乎是“伟大”“崇高”的同义语。秉持泰山文化，传承泰山文化，简而言之，主要就是学做人，以德树人，以仁化人，归于“天人合德”的崇高境界。

自1979年到现在，我先后登临岱顶46次，涵盖自己中年到老年的生命进程。在这漫长岁月里，纵情山水之间，求索天人之际，以泰山为师，仰之弥高，探之弥深。从泰山文化的博大精深中，感悟到“生有涯，学泰山无涯”。

我学习泰山文化，经历了一个由美学考察到哲学探索的过程。美学考察是其开端。记得在20世纪80年代，为给泰山申报世界文化与自然遗产做准备，许多专家学者对泰山的文化与自然价值进行了考察评价。当时，北京大学有部分专家教授包括我在内参加了这一工作。按分工，我研究泰山的美学价值，撰写了《泰山美学考察》一文，对泰山的壮美——阳刚之美的自然特征、精神内涵以及对审美主体的重要作用，有了较深的体悟。除了理论上的探索，我还创作了三十多首有关泰山的诗作，如《泰山颂》：

高而可登，雄而可亲。
松石为骨，清泉为心。
呼吸宇宙，吐纳风云。
海天之怀，华夏之魂。

这是我对泰山的基本感受和认识。这首诗先后刻在了泰山的朝阳洞与天外村。

我认为泰山的最大魅力在于激发人的生命活力。我对泰山文化的学习，开端于美学，深化在哲学。两者往往交融在一起。在攀登泰山时，既有审美的享受，又有哲学的启迪（泰山自然景观和人文景观的结合，体现了一种天人合一的艺术境界）。对泰山的审美离不开形象、直觉，哲学的探索则比较抽象。哲学关乎世界观，在文化体系中处于核心地位，对人的精神影响更为深沉而持久。有朋友问我：能否用一个词来概括泰山对自己的最深刻的影响？我回答：这个词应该是生命的“生”。可以说，泰山文化是以生命为中心的天人之学，其内涵非常丰富，可谓中国文化史的一个缩影。泰山文化包容儒释道，但起主导作用的是儒家文化，与孔子思想有千丝万缕的联系。《周易·系辞下》中讲“天地之大德曰生”，天地生育万物，既不图回报，也不居功，广大无私，包容万物，这是一种大德。天生人，人就应当秉承这种德行，对于人的生命来说，德是其灵魂。品德体现了如何做人。品德可以决定一个人的人生方向、道路乃至生命质量。人的价值和意义离开德便无从谈起。蔡元培先生讲：“德育实为完全人格之本，若无德，则虽体魄智力发达，适足助其为恶，无益也。”

“天行健，君子以自强不息；地势坤，君子以厚德载物。”这两句话深刻地体现了“天人合德”的思想。学习泰山文化要与时代精神相结合。泰山文化中“生”的精神对我影响很大，近四十年，我好像上了一次人生大学，感到生生不已，日新又新，这种精神感召自己奋斗、攀登，为人民事业做奉献。虽然我已经97岁，但生活仍然过得充实愉快，是泰山给了我新的生命。

泰山文化是中华民族优秀传统文化的主要象征之一，是我们民族文化的瑰宝。在这方面，历史为我们留下了浩瀚的资料，亟待整理。挖掘、整理泰山文化，是推动中华优秀文化遗产的创造性转化、创新性发展的迫切需要。

日前，泰山风景名胜区管理委员会的同志来舍下，告知他们正在编纂《中华泰山文库》。丛书分为古籍、著述、外文及口述影像四大书系，拟定120卷本，洋洋五千万言，计划三到五年完成。我听了非常振奋！这是关乎泰山文化的一件大事，惠及当今，功在后世，是一项了不起的文化工程。我对泰山风景名胜区管理委员会领导同志的文化眼光、文化自觉、文化胆识和文化担当，表示由衷钦佩；对丛书的编纂，表示赞成。我认为，编纂《中华泰山文库》丛书，将其作为一个新的文化平台，重要意义在于：

首先，对于泰山文化的集成，善莫大焉。关于泰山的文献，正所谓“经典沉深，载籍浩瀚”（刘勰《文心雕龙》）。从大汶口文化时期的象形符号，到文字记载的《诗经》，再到二十五史，直至今天，在各个历史阶段都不曾缺项。一座山留下如此完整、系统、海量的资料，这是任何山岳都无法与其比肩的，在世界范围内也具有唯一性。《中华泰山文库》的编纂，进一步开拓了泰山文化的深度和广度，对于古今中外泰山文化资料及研究成果的发掘、整理、集成、保存，都具有无与伦比的综合性、优越性和权威性，可谓集之大成；同时，作为文化平台，其建设有利于文化资源和遗产共享。

其次，对于泰山文化的研究，善莫大焉。文献资料是知识的积累，是前人智慧的结晶，是文化、文明的成果。任何研究离开资料，都是无米之炊。任何研究成果都是建立在资料的基础上。同时，每当新的资料出现，都会给研究带来质的变化。《中华泰山文库》囊括了典籍志书、学术著述、外文译著、口述影像多个门类，一方面为学术研究提供了所必需的文献资料，大大方便了研究者的工作；另一方面，宏富的文献资料便于研究者海选、检索、取舍、勘校，将其应用于研究，以利于更好地去伪存真、去粗取精，提高研究效率和研究质量。

再次，对于泰山文化的创新，善莫大焉。文化唯有创新，才会具有更强大的生命力。所以说，文化创新工作永远在路上。新时代泰山文化的创新，质言之，泰山文化如何引领新时代的精神文明，服务于新时代的精神文明建设，是一个重大课题。就其创新而言，《中华泰山文库》丛书的编纂本身就是一种立意高远的文化创新。它有目的、有计划、有系统地广泛征集、融汇泰山文献资料，集腋成裘，聚沙成塔，夯实了泰山文化的基础，成为泰山文化创新的里程碑。另外，外文书籍的编纂，开阔了泰山走向世界、世界了解泰山的窗口，对于泰山更好地走向世界、融入世界，具有重要的现实意义。而口述泰山的编纂，则是首开先河，把音频、影像等鲜活的泰山文化资料呈现给世人。《中华泰山文库》的富藏，为深入研究泰山的文化自然遗产，提供了坚实的物质保障。

最后，对于泰山文化的传承，善莫大焉。从文化的视角着眼，随着经济社会的发展变革，亟须深化对优秀传统文化重要性的认识，以进一步增强文化自觉和文化自信；通过深入挖掘优秀传统文化价值内涵，进一步激发其生机与活力；着力构建优秀传统文化传承发展体系，使人民群众得到深厚的文化滋养，不断提高文化素养，以增强文化软实力。毋庸讳言，《中华泰山文库》负载的正是这样一个优秀传统文化传承发展体系。如上所述，集成、研究、创新的最终目的，就是为了增强泰山文化的生命力，祖祖辈辈传承下去，延续、共享这一人类文明的文化成果。这是一个民族兴旺发达的源泉所在。《中华泰山文库》定会秉承本初，薪火相传，继往开来。

更为可喜的是，泰山自然学科资料的整理和研究，也是《中华泰山文库》的重要组成部分，无论是地质的还是动植物的，同样是珍贵的世界遗产。

中国共产党第十九次全国代表大会报告中指出："文化自信是一个国家、一个民族发展中更基本、更深沉、更持久的力量。必须坚持马克思主义，牢固树立共产主义远大理想和中国特色社会主义共同理想，培育和践行社会主义核心价值观，不断增强意识形态领域主导权和话语权，推动中华优秀传统文化创造性转化、创新性发展，继承革命文化，发展社会主义先进文化，不忘本来、吸收外来、面向未来，更好构筑中国精神、中国价值、中国力量，为人民提供精神指引。"这是我们编纂《中华泰山文库》丛书工作的指南。

编纂《中华泰山文库》丛书是一项浩繁的文化系统工程，要充分考虑到它的难度、强度和长度。既要有气魄，又要有毅力；既要正视困难，又要增强信心。行百里者半于九十，知难而进，迎难而上，才能善始善终地完成这项工作。这也是我的一点要求和希望。

值此《中华泰山文库》即将付梓之际，泰山风景名胜区管理委员会的同志嘱我为之作序，却之不恭，写下了以上文字。我晚年的座右铭是："品日月之光辉，悟天地之美德，立岱宗之弘毅，得荷花之尚洁。"所谓"弘毅"，曾子有曰："士不可以不弘毅，任重而道远。仁以为己任，不亦重乎？死而后已，不亦远乎？"故而，名序为：立岱宗之弘毅。

楊辛

2018年7月

目　录

泰山宗教研究

泰山庙会

泰山宗教研究

刘慧 著

序

泰山是五岳之首，古代认为是最高最大的山。远古时代就有帝王封禅泰山的传说，但是没有确实的记载。直到秦始皇到泰山举行封禅仪式，才有了明确的历史记载。古人是非常重视封禅之礼的。汉代史学家司马迁叙述他父亲司马谈的遗言说：“天子始建汉家之封，而太史公留滞周南，不得与从事，故发愤且卒，而子迁适反，见父于河洛之间，太史公执迁手而泣曰：余先周室之太史也。自上世尝显功名于虞夏，……今天子接千岁之统，封太山，而余不得从行，是命也夫！命也夫！”以不能参加汉武帝封禅泰山为遗憾，足见当时士大夫对于封禅的重视。

在开明思想家的心目中，泰山仅是最高最大的山，孟子述孔子的故事说：“孔子登东山而小鲁，登太山而小天下”。但是在一般群众中却存在着关于泰山之神的信仰。汉晋的故事中有不少关于泰山之神的传说。道教产生之后更利用泰山的传说编造很多关于泰山的神话。佛教东来，本与泰山无关，也设法利用泰山作为佛教胜地之一，于是泰山的传说更加丰富繁多了。

泰山是中国最重要的名胜之一，不仅因为泰山有许多庙宇，更主要的是泰山的宗教及传说是中国宗教的一个重要方面，泰山的宗教信仰是中国传统文化很重要的一部分。研究中国宗教史，必须研究泰山的宗教历史。历来尚无关于泰山宗教的专门著作。泰山博物馆刘慧同志广泛搜集了关于泰山的历史资料，以马克思主义的基本原理为指导，运用现代科学知识，对于有关的历史资料进行了系统的整理，撰写《泰山宗教研究》一书，这是对于宗教史研究的一项重要贡献。此书内容具有一定的科学性，而文笔优美，引人入胜，这是值得称赞的。谨向读者推荐。

张岱年

一九九二年四月于北京大学

序　二

泰山是我国的名山，为五岳之一的东岳。古人以东方为始、为长、主生，故泰山有“五岳之长”“五岳独宗”的美誉。

泰山地处黄河下游，是中华民族的发祥地之一。众多的考古发现，有力地证明了从人类之初的远古时代起，泰山一带已经是人类频繁活动的重要地域，而且先进于同一时期其他地域的文化。泰山南北养育了一支组成中华民族的重要原始部落群体。随后取代夏朝的商就生活在黄河下游一带。相传商的始祖契曾居于泰山之南的滕县（今滕州市）一带，相土曾建东都于泰山脚下。有周以来的两个诸侯大国齐、鲁就分疆于泰山。

远古人类艰难地生活在恶劣的自然环境中，对一些自然现象，如风、雨、雷、电及洪水等的发生不能理解。为生存乞灵于某一物体，这就形成了各种各样的原始崇拜；为生存还要乞灵于上天，也就产生了远古人类心目中的“神灵”。生活在黄河下游的先民们自然就选中了华北平原上世代栖息生活的地域中可与“天”相通的高山——泰山，作为祈求、答谢天地神灵的场所。于是，泰山上就有了自远古开始的巡狩望秩活动，遂有“古者封泰山禅梁父者七十二家”之说。

当历史进入阶级社会之后，封禅活动又染上了“君权神授”的色彩。取得政权的统治集团都要借助神权来巩固政权。于是“惟泰山为天子亲至”的封禅活动，成为中国封建社会历史上各个朝代最高统治者争相成行的旷代大典，形成了中国封建社会中的一种特殊的文化现象。

由于封建统治者把封禅活动同道教融合，因此，自汉以来，沿登山封禅主线（今泰山东路）两侧，道教庙观林立于途；而在佛教传入中国不久的魏晋时期，泰山上就有了佛门寺院。

由于泰山的独特神韵，千百年来，中国历代的文人学士都以能登临泰山为志、为荣。今天的泰山上下保留了自秦泰山刻石以来的历代刻石1300余处。这些刻石内容十分广泛，包含了封建帝王登封，文人墨客唱颂，宗教寺庙繁衍，黎民百姓祈福……泰山以其深邃、丰富的人文内涵，特殊的文化现象和性质，成为中国传统文化的缩影。

伴随着我国社会科学事业的发展，泰山文化的研究引起了不少专家、学者的关注，初步形成了一个研究泰山文化内涵的学术群体，开始了多学科、多角度的选题研究。目前已涉及泰山封禅史、封建帝王与泰山、历史名人与泰山、泰山古建筑、泰山美学、泰山刻石艺术，以及泰山地质、泰山植被、气象、泰山古树名木等诸方面，并出版了一批研究论著。刘慧同志的《泰山宗教研究》是从泰山宗教的起源、发展角度来研究泰山的。

我和刘慧同志是同事。记得早在1987年时，他就谈起过要写点有关泰山宗教方面的东西。1988年他到北京大学哲学系进修期间，得到了我国哲学界著名美学家杨辛教授的指导，并有目的地搜集、研究了大量有关泰山宗教的史料。对选题的确定和完成，真可谓获益甚丰。回馆工作之后，仅用不足一年的时间，就拿出了书稿，并由文物出版社出版。这是一部经过四年的深思熟虑后，几乎是一气呵成的著述。

我们是同道，常在一起切磋学问。他写的书，我自然有先读之便。一年之中，几乎是他写完一章，我就先读一章。书稿全部封笔后，我又重新通读。对于宗教问题，我没有什么研究，具体到泰山宗教方面的知识，也只是从泰山上下的寺庙宫观开始了解的。读过刘慧同志的《泰山宗教研究》一书之后，学到许多新鲜的东西。此书值得一读，特别是对于有志于了解和研究泰山历史文化的人们。

刘慧同志计划《泰山宗教研究》出版后，把搜集到的有关泰山宗教的史料结集出版，作为这个选题完成后的一个副产品，亦可节省有志于研究泰山宗教同仁的重复之劳。同时，也是对刘慧同志《泰山宗教研究》一书的观点阐述分析的一个印证。这一做法，是值得称道的。换言之，《泰山宗教研究》及其史料汇编的出版，都应当是刘慧同志对泰山历史文化的研究，尤其是对泰山宗教史研究的重要贡献。

《泰山宗教研究》作为泰山文化研究书库中的一部力作，一定会受到有关专家、学者以及从事泰山文化研究的同志们的厚爱和赞誉。

米运昌

一九九二年六月于岱庙遥参亭

第一章

泰山宗教信仰的缘起

自然崇拜是人类历史上流传时间最长的宗教形式之一，对人类文化有很大的影响。泰山以其高耸雄伟的自然特征和悠久灿烂的历史文化构筑起泰山宗教信仰的基础。巡守制度的确立，五岳独尊的形成乃至神祇的创造，无一不是自然崇拜社会化的结果。为此在本章中，我们将探讨泰山宗教信仰发生的原因，并简单考察史前时期几种宗教观念的形成。

第一节　山岳崇拜——原始宗教的基本形态

对大山的崇拜，在世界各民族中都有一定的历史渊源。古希腊人认为奥林匹斯山是诸神所在的圣地。希腊神话中的主神宙斯，在这座山上建筑起坚固的堡垒，推翻了以克洛诺斯为首的提坦神系而确立起新的神系——奥林匹斯神系。中国古代的昆仑山，也被认为是一座众神所居的神山：

海内昆仑之虚，在西北，帝之下都。昆仑之虚，方八百里，高万仞。上有木禾，长五寻，大五围。面有九井，以玉为槛。面有九门，门有开明兽守之，百神之所在。（《山海经·海内西经》）

地部之位起形高大者有昆仑山。广万里，高万一千里。神物之所生，圣人仙人之所集也。（《博物志》卷一）

天子升于昆仑之丘，以观黄帝之宫。（《穆天子传》卷二）

这种对大山的崇拜，能在人类社会中有如此深远的影响，大抵有两方面的原因：一方面是山之博大、高峻，以直观的形象给人以与天相接的感觉，因而被看作是地与天的通道以及天帝与人间联系的媒介，有着神灵的属性，以其神秘使人敬畏；另一方面山本来就是人类赖以生存与谋求物质生活资料的重要基地之一，在人类的史前时期，尤其如此。既是维持人类生存的物资之源，也就值得崇拜，值得供奉。

一、自然崇拜的产生

人类在漫长的社会实践中，与自然结下了不解之缘。人类的产生与发展，无不与自然环境有着密切的关系。人的生产活动必须在一定的自然环境中进行，其生活方式也是受环境制约的。自然环境影响并限制着人的活动范围及思维形式。人要生存，须适应环境，同时也要与自然抗争。正是在这种适应与抗争中，逐步提高着人类的体质形态及思维能力，提高着社会的生产力。随着社会生产的发展、认识的深化、思维能力的提高，各种过去熟视无睹的客观现象，引起了人们的注意。人们开始学会观察与思考，开始思索关于他们同自然界的关系。然而，在社会生产力及物质生活条件都十分有限的情况下，人们思考问题只有借助于想象力，在幻想中构造关于世界的各种图式，建立起最初的幼稚而又形象化的世界观。正如马克思所说："古代各族是在幻想中、神话中经历了自己的史前时期。"（《马克思恩格斯选集》第一卷，人民出版社，1972年。）这揭示了人类早期认识发展的一条普遍规律。

在宗教史研究中，不少人认为：人类历史上早期出现的宗教崇拜对象，并不是至高无上、绝对唯一的神，而是自然和自然力。费尔巴哈曾这样说过："自然是宗教最初的、原始的对象，这一点是一切宗教、一切民族的历史充分证明了的。"（《宗教的本质》，见《费尔巴哈哲学著作选集》，生活·读书·新知三联书店，1962年。）此后，不少著名的宗教学者提出各自的宗教起源学说，从不同的角度证明人类最初的宗教崇拜对象是自然物和自然势力。对原始人来说，赖以生存的是自然，对他们生活直接构成威胁的也是自然。宗教起源于原始人的自然崇拜。也就是说，人类的早期的宗教崇拜对象乃是自然之物或某种控制自然的力。

我国各民族信仰和崇拜过的自然神是非常广泛的。大到山、川、日、月、风、雨，小至门、行、户、灶，都被视有神灵。然而在众多的自然神灵中，影响最大、流传最广的莫过于大山。这在我国古代典籍中多有记述。我国最早的文献——卜辞中，就有对大山崇拜的记载：

> 丁丑卜，又于五山。（《邺中片羽三集》）
> 于□山，罒雨。（《殷契粹编》）
> 庚午贲于岳又从才雨。（《殷虚书契后编》上卷）

在此以后的典籍中，记载祭祀山神之事成为不可少的内容。早在《尚书·舜典》中就有“望于山川，遍于群神”的祭制。为了祭山神，舜要五年一次巡祭岱宗、南岳、西岳、北岳诸山。这一记载或许还近于传说，然而这种秩祀大山之礼有着悠久的历史渊源是毋庸置疑的。近年的考古发现，为此提供了佐证。

在大汶口文化山东莒县陵阳河、诸城前寨遗址中相继发现陶文“”（图1）。这一发现引起了考古界及古文字界的关注。于省吾先生释此字为“旦”（于省吾：《关于古文字研究的若干问题》，《文物》1973年第2期），上部是太阳，中间是云气，下部是山。唐兰先生释此字为“炅”（唐兰：《关于江西吴城文化遗址与文字的初步探索》，《文物》1975年第7期），上部是太阳，中间是火，下部是山。中间部分是云还是火，也许还有待进一步探讨，但上面是太阳，下面是山的意见却是一致的。这是目前所发现的史前时期对山岳的最早描绘。山与太阳同在一体，先民对山的崇拜表达得明晰而形象。更有意义的是，这一文字出现在被认为是祭器的陶尊上，并在二处

图1　大汶口文化遗址出土的陶文

遗址出土的同一种器物上重复出现，有的刻文还涂有神秘的红色，“看来这种陶器很可能与祭祀活动有关，是一种祭器”（高广仁：《大汶口文化的社会性质与年代》，《大汶口文化讨论文集》，齐鲁书社，1981年）。这种推测使我们联想到殷商时代人们在高山上烧火祭祀的情景：

> 辛亥卜又寮于岳。（《戬寿堂所藏殷墟文字》）
>
> 癸巳贞既寮于河于岳。（《殷契佚存》）
>
> 寮于岳从才雨。（《殷虚书契后编》上卷）
>
> 寮，于岳。（《殷契佚存》）

在山上烧火祭祀，以求庇护与恩赐，已是商代常见的祭祀形式之一。而“”所反映的也应当是先民在高山上烧火，借山之高以柴祭的生动景象，故释“”为“炅”较为恰当。另，在莒县陵阳河遗址还出土有陶文“”，许多学者认为，此字即“”的简体。由此看来，当时在高山上烧火祭祀已成习俗，虽将山体简略，但表示的意义未变。这些考古资料表明：至迟在迄今四千五百年前左右，就有在高山上烧柴祭祀的礼仪。

人们如此崇奉山岳，一是出于对异己力量的恐惧；二是出于对大自然的依赖。两者构成了山岳崇拜的认识基础。

山岳具有神的属性，不祭不利。山峰的高大雄伟，幽深莫测，又有奇禽猛兽栖息，难于攀登、难于接近，故被古人看作神圣或被认为是神灵的居处而受崇拜。这样的神山，以昆仑山最有影响：

> 昆仑之丘，或上倍之，是谓凉风之山，登之而不死；或上倍之，是谓悬圃，登之乃灵，能使风雨；或上倍之，乃维上天，登之乃神，是谓太帝之居。（《淮南子·地形训》）

“凉风”“悬圃”“上天”，是昆仑山由低向高登之可求的三个境界，愈高愈具神力，乃至太帝的居处。这典型地显示出，在险峻高大的形体特征下，人们对山体直观感受所产生的神秘性。而这种神秘性又表现在山岳本身所具有的一定的自然力量，同时又有着对人的支配力量。

山川之神，则水旱疠疫之灾，于是乎禜之。（《左传·昭公元年》）

山林川谷丘陵，能出云，为风雨，见怪物，皆曰神。（《礼记·祭法》）

山岳则配天，物莫能两大，陈衰，此其昌乎？（《左传·庄公二十二年》）

夫山者，……出云道风，嵸乎天地之间，天地以成，国家以宁。（《韩诗外传》卷三）

山有朽壤而崩，可若何？国主山川，故山崩川竭，君为之不举。（《左传·成公五年》）

在古人看来，既然山岳具有一定的神性，如不祭祀崇奉，它就会给人们带来自然灾害和社会灾难。《左传·昭公元年》所说的："山川之神，则水旱疠疫之灾，于是乎禜之。""禜"，是古代一种专用于禳除灾害之祭。《礼记·王制》说："山川神祇，有不举者，为不敬，不敬者，君削以地。"这些说法，都是古人对山岳崇敬畏惧心理的写照。在《山海经》中，记载的山神就将近四百位。其中，恒山的天神，"见则其邑有兵"（《西山经》）；丰山之神耕父，"见则其国为败"（《中山经》）；光山之神计蒙，"出入必有飘风暴雨"（《中山经》）。如此险恶，岂敢不惧不敬。那么，又是谁掌管这山岳之神呢？山神的隶属关系，是古人不断思考的问题。于是在山岳高大、峻险的直观感受中，很自然地与变化莫测的天发生了直接的联系，以至古人认为高山是地与天的通道，是上天管理百神、降福灾于民的地方，因之也就有了昆仑之丘为"黄帝之宫""帝之下都"等等说法。人们最初崇拜的，应是与人们生活联系最密切的自然对象。山林之中，可猎野兽，可牧家畜，山果可食，山泉可饮，山石可制器具。山岳的自然环境与人们的生活息息相关，有功于人，人们当然要崇拜它、祭祀它。

夫山者，万民之所瞻仰也。草木生焉，万物植焉，飞鸟集焉，走兽休焉。（《韩诗外传》卷三）

山川神祇立，宝藏殖，器用资，曲直合。（《春秋繁露·山川颂》）

加之以社稷山川之神，皆有功烈于民者也；及前哲令德之人，所以为明质也；及天之三辰，民所以瞻仰也；及地之五行，所以生殖也；及九州名山川泽，所以出财用也。（《国语·鲁语上》）

凡此种种，展现出山岳于国于民的功德。可以想见，古代社会生产力极端低下，人类生存所系和生活所需，不可能摆脱对自然的依赖，崇拜神的目的也正是在于祈求神灵的恩赐。我国古代有蓬莱、方丈、瀛州三神山的传说，究其缘由，实蕴含着古人因为难于取得山中某些物产而把山岳神化的思想。朱天顺《中国古代宗教初探》中认为，我国古代祭山神时，常用玉石、玉器作为供物，同样具有取利于山、还贡于山的宗教观念。

如上所述，大山所具有的神的灵性和恩惠于人的功德，是大山崇拜的认识根源。

二、山岳崇拜及其延伸

山岳崇拜作为一种社会现象，在我国的文字中留下了深深的烙印。从形、音、意而言，"崇拜"一词就缘于对大山的信仰。"崇"，《说文》："嵬高也，从山宗声。"为高大耸立之义。崇，古字作"㟾"，宗在山上。宗，引示入室，乃神之名。"崇"作为一个会意字，当为在山上举行祭祀；或谓之具高峻之貌，均与祭祀有关。

再说"拜"，《说文》释为"首至地也"，乃表示恭敬的一种礼节。也用作行礼的通称，如《周礼·春官·大祝》通称稽首、肃拜等为"九拜"，表示对信仰对象的推崇。故"崇"与"拜"连称为"崇拜"。在高山上举行祭祀礼仪活动可能就是崇拜一词的本来意义。大汶口文化发现的陶文与《尚书·舜典》所记"岁二月，东巡守，至于岱宗，柴。……望秩于山川"，在岱宗（泰山）上举行祭祀礼仪——柴、望，应是崇拜一词最好的脚注，也应是典型的宗教意义上崇拜一词的诠释。在史前考古中发现的祭祀遗址，也多与山的崇拜相关。已见发表的有：辽宁喀左东山嘴祭祀遗址（郭大顺等：《辽宁省喀左东山嘴红山文化建筑群址发掘简报》，《文物》1984年第11期）、河北武安磁山祭祀遗址（卜工：《磁山祭祀遗址及相关问题》，《文物》1987年第11期）、辽宁牛河梁红山文化祭祀遗址（辽宁省考古研究所：《辽宁牛河梁红山文化"女神庙"与积石冢发掘简报》，《文物》1986年第8期）、浙江余杭瑶山良渚文化祭坛遗址（浙江省文物考古研究所：《余杭瑶山良渚文化祭坛遗址发掘简报》，《文物》1988年第1期）、内蒙古大青山祭坛遗址（包头市文物管理所：《内蒙古大青山西段新石器时代遗址》,《考古》1986年第6期)等。其中较为典型的是余杭瑶山良渚文化祭坛遗址。祭坛建筑在山顶之上，祭坛遗址平面呈方形，由里外三重组成。最里一重为红土台，第二重为灰色土，在红土台四周挖凿65～85厘米深的围沟，边壁与底边平直方正。在第二重灰土围沟的西、北、南三面由黄褐色斑土构筑，台面铺砾石，东面为自然山土。整个祭坛外围边长约20米，面积约400平方米。红土台、灰土围沟、砾石面等遗迹边壁平齐、转角方正、布局规整。连围沟中的灰色填土也是特意从山外运来的。发掘者认为：这是一座精心设计，布局严谨的祭祀坛址。坛建在山顶上，含有通向上天之意，反映了史前时期人们借高山以祭天的用意。

与山岳崇拜相关的还有灵石崇拜。既然山岳为百神所在，万物尽有，而石源于山，其石也就有了山的灵性。可以说，灵石崇拜是山岳崇拜的延伸和发展。灵石崇拜，无论在我国还是在国外，都曾流行过。以山石祭天、祭地、祭山、祭祖，祈育或避邪禳灾等等，其内容十分庞杂，形式、意义都不尽相同。

在中国文字中，凡表示崇拜或祭祀的字，大都从“示”。如：神、礼、祇、祜、祉、祐、祖、祀、祠、祝、祈、祷、禅、社、祭、宗等等，这表明崇拜或祭祀多与“示”有关，是祭“示”之风的反映。那么“示”到底是何物？竟有如此大的影响呢？传统的说法多从《说文》：“示，天垂象见吉凶，所以示人也。从二(‘二’古文之上字)，三垂，日、月、星也。观乎天文以察时变。示，神事也。凡示之属皆从示。”如果说，祭祀最初是从崇拜日、月、星等自然物发展而来，就原始宗教史上祭祀源于自然崇拜的意义而言，似无大过，只是就“示”的具体字形来说，却无从找日、月、星的“三垂”之象(甲骨文多作“丅”形，上不必从二，下亦不必垂三，金文才始作“示”)，故古文字学家多怀疑此说。郭沫若先生以为“由字形而言，‘丅’实为‘⊥’之倒悬，其旁垂乃毛形也(示，甲骨文亦作“丅”)，即生殖器之倒悬”。由此推论，“卜辞于天神、地祇、人鬼何以皆称示，盖示之初意本即生殖神之偶像也”(《郭沫若全集》考古编第一卷《释祖妣》，科学出版社，1982年)，并言从示之字，皆与此有关。只是甲骨文，示亦作“[illegible]”“丅”，因而“倒悬”之说似也有不圆之疑。唐兰先生以为甲骨文“亍”(示)与“主”为一字；姜亮夫先生说“左庙右社，以石为主”；陈梦家先生《殷墟卜辞综述》也证其为“主”。此外，还有人说“所谓示声，以声类、象形制度三者考之，疑是石也”“主以石为之，社亦以石为之”。都不失为一家之言。

康殷先生在“示”字形、字意的分析研究中，通过对有“示”形文字的综合考证，得出了“示”为“T”形之石的结论：

> 我以为它十分明显的即初民崇拜的那种T形巨石之形，……此形巨石实物，早在辽西、四川都曾发现。也曾出现在云南石寨山出土的西汉时铸造的铜“贮贝器”上——描写滇池地区祭祀的塑像中。大约相当于西方学者所谓的“桌石”(Dolmen，音译为多尔门)，只是形状小异。而在我国东北海城与岫岩之间的祠式多尔门“石棚”，却与西欧多尔门相近。(《古文字形发微·释示》，北京出版社，1990年)

这一结论是中肯的。并且不只在甲骨文中，在金文中表现的也同样突出。这种“巨石文化”实际上就是灵石崇拜，它几乎是人类的幼年时期所共有的习俗，也被大量的考古资料所证实。

《文物》1984年第11期《辽宁省喀左县东山嘴红山文化建筑群址发掘简报》中说，1979年发现的辽宁喀喇沁左翼蒙古族自治县东山嘴红山文化建筑群址，是一处典型的新石器时代宗教遗址。在面对河川和大山口的梁顶上，多处置有成组、成群的大石堆。中心建筑是石筑的方形祭坛，祭坛内弃置大量石块。正对方形祭台有石圈形台址和多圆形台址。多圆形台址是三个相连的圆形基址，用大块河卵石砌出石圈，在石圈周围出土了20多件女性陶塑像残块。从建筑群址的组合特点看，全系巨石结构，既有方形的祭台，又有圆形的坛。此外，还有条石组合的石柱群。从发现的大量兽骨和人骨架看，这里举行祭祀时曾杀牲或杀人献祭。遗址内还发现多处烧土痕迹，推测祭祀时也曾使用过燔祭。又如《考古》1986年第6期介绍内蒙古大青山阿善新石器时代遗址中发现的祭坛，由十八座石块垒砌的圆锥形石堆组成，其选址和构造形式也与东山嘴遗址相近。如此大的规模，远非一时一事所为，当是在一个较长时期一直流传有这种自然巨石崇拜之风所致。以自然巨石构筑的祭坛，在国外也多有发现，如《光明日报》1985年10月10日宜鹏《五千年的巨石遗迹》一文报道的英国索尔斯勃利草原和达特姆地区的史前巨石遗迹——四重石环祭坛，便是一例。

以石为神的古风，在我国至商代时还很流行。除卜辞中已经得到证实外，近年来大量的考古发现也提供了力证。

《江苏铜山丘湾古遗址的发掘》(《考古》1973年第2期)一文，为我们提供了商代以石作为神祇祭祀的实物资料。祭祀遗址的中心是矗立于地上的4块天然巨石，4块巨石紧靠在一起，形状不规则，直立土中，中心点1块，南、北、西各1块。周围有人骨20具，头骨2个，狗骨等12具。全部人骨架和狗骨架的头都向着中心大石，这是一处典型的用人牲祭石的遗址。俞伟超先生在《铜山丘湾商代社祀遗址的推定》(《考古》1973年第5期)一文中认为：人狗被杀是以中心大石为神祇进行祭祀的结果，并且这样的祭祀方式曾进行多次，这已不是偶一实行的临时活动，而是一种固定的习俗。这也是商代之社的大致形式(社，本义亦即示)。

立石为社以事神的习俗，在文献中也不乏记载：

> 社之主盖用石为之。(《周礼·春官·小宗伯》郑玄注)
>
> (晋文公)城濮之战，五败荆人，围卫取曹，拔石社，定天子之位，成尊名于天下。(《吕氏春秋·贵直论》)
>
> 殷人之礼，其社用石。(《淮南子·齐俗训》)

《史记·封禅》记有秦文公拾石作陈宝祠、汉武帝上石于泰山之巅等，或就是此类以石为神的遗风。

综上所述，对于山岳崇拜和祭祀的缘由大致有二：一方面山岳具有神灵的属性，是神的化身；另一方面则具备有功于人、有益于民的物质功德。这也就是古代先民对自然崇拜——山岳信仰的认识基础。囿于社会的生产力及人自身的思维水平，只好以具体、形象的想象来弥补无法解释的一切空白。把支配日常生活的自然力和自然物变成了超自然、超人间的神物，成为宗教信仰和宗教崇拜的对象。

第二节　泰山崇拜——五岳独尊的形成

几千年来，泰山在中国人的精神世界中，始终占据着重要位置。俗话说

“重如泰山，轻如鸿毛”就是很形象的说明。这正反映了泰山崇拜对人们思想影响之深、之广。因此，认识和研究泰山崇拜形成的历史，是十分必要的。

一、泰山信仰的缘起

泰山信仰的形成及发展，同任何一种信仰观念的形成发展一样，依赖于人对自然界的认识及自身精神与机体活动的关系，并随着社会性质的变化而不断发展完善，随着社会形态的发展而不断改变自己的形态。泰山信仰的形成及发展尽管较为复杂，但信仰首先导源于人们对大山的崇拜还是明晰的。也可以说，对大山的崇拜，是构成泰山信仰的核心。

泰山的本来意义就是大山。泰山之称，最初见于《诗经·鲁颂·閟宫》：

> 泰山岩岩，鲁邦所詹。奄有龟蒙，遂荒大东，至于海邦，淮夷来同。

在我国众多的典籍中，泰山被称为“岱”，如岱山、岱宗：

> 海岱惟青州。(《尚书·禹贡》)
> 河东曰兖州，其山镇曰岱山。(《周礼·夏官·职方氏》)
> 岁二月，东巡守，至于岱宗。(《尚书·舜典》)

《说文》：“岱，太山也，从山，代声。”段注：“大作太者，俗改也。域中最大之山，故曰大山。”岱宗，“宗，长也，言为群岳之长”(《五经通义》)。大山为岱，宗谓之长，泰山便成为大山中之大山。

泰山又称“岳”。如东岳、岱岳：

> 泰山为东岳。(《尔雅·释山》)
> 中央之美者有岱岳，以生五谷桑麻，鱼盐出焉。(《淮南子·地形训》)

“岳”(嶽)，《说文》：“古文象高形。”

泰山又称作“太山”。如：

有鸟焉，其名为鹏，背若太山，翼若垂天之云。(《庄子·逍遥游》)

……遂登封太山，至于梁父，而后禅。肃然。(《史记·封禅书》)

太，《说文》段注，“凡言大而以为形容未尽则作太”，古通大、泰。泰，大极而为泰。《礼记·曲礼》：“假尔泰龟有常”，疏曰：“泰，大中之大也。”“泰”“太”“大”可互通，如《列子·天瑞》“孔子游于太山”，《释文》“太作大，大音泰”；《庄子·大宗师》“肩吾得之，以处大山”，《释文》“大山，音泰，又如字”；又如《公羊传·僖公三十一年》“祭大山海河”，注云“大山，音泰，本亦作泰”。大，甲骨文、金文均见其形，音他盖切，读如“太”。故而泰山被称为“岱”“岳”“太”均缘于其山之大。

人对自然的崇拜和信仰是与社会生产力的提高、社会生活的发展密切联系在一起的。任何一种崇拜信仰都是一定社会实践的产物，这也就决定了某一崇拜对象的形成，必然要具备两个基本的条件，即自然条件和社会条件。泰山作为被崇拜的对象，其自然条件是泰山本身为人类的实践活动提供了丰富的物质基础；从而也使泰山这一自然物体不再是单纯的自在之物而成为被尊崇的对象。因此，要了解泰山崇拜的根源及泰山在中国文化史上的地位，也就离不开对其自然条件与社会条件两个方面的了解和探讨了。

泰山的自然属性是泰山信仰形成必备的条件之一。泰山的自然属性主要包括地质、地貌、植被、水文、气候等方面。地质地貌决定了山岳形体的空间结构；植被与水文造就了山体色彩、生殖物产的生态环境；而变化莫测的气象则给人以丰富多变的想象和推测。

（一）高耸雄伟的空间结构

泰山向以“东天一柱”著称，其拔地通天的气势，构成了泰山高耸雄伟的空间结构。

泰山的海拔高度，虽在五岳中处于第三位，西岳华山主峰2100米，北岳恒山主峰2017米，泰山主峰仅1545米。但由于人们对山的高度的认识，不是也不可能是以平均海平面为基准的抽象判断，而是来自形象思维的直观感受。尤其在泰山崇拜孕育形成的史前时期，这一特征的存在更是显而易见了。史前时期，人们思维中的直观因素在一个漫长的历史时期始终占着主导地位。凭着对具体形象的感受、认识、判断，去把握所接触到的各种现象，对于事物类似上述可以度量的性质的知觉能力是不可能存在的。因此研究分析泰山的高低给人的感受不在于以科学的、理性的逻辑思维方式去观察和思考，而关键在于对泰山山体具体形象的直观把握。如唐代大诗人杜甫的《望岳》诗“会当凌绝顶，一览众山小”，“众山小”，就是“会当凌绝顶”的直观感受，是视觉上“一览”的结果。据北京大学泰山风景名胜资源综合考察组朱亮璞撰《泰山地质概述》一文称：“从一幅局部放大的美国陆地卫星MSS图像可以看到，方圆数十到百公里内，泰山一山独尊。”这是在华北东部地区的大环境中的对比。如果说这种对比还不易把握的话，那么泰山与其附近诸山的对比，则是较为直观的。泰山主峰海拔1545米，其他相邻的山大都低于泰山300～400米。鲁山海拔1108米，沂山海拔1032米，蒙山海拔1150米，徂徕山海拔1023米，其余众多小山丘陵海拔都在400～800米之间。登上泰山极顶居高临下，四周诸山群峰偃伏，泰山是名副其实的“域内最大之山”。还有，由于地学因素的影响，泰山具有着较大的相对高度。从泰城到极顶，在6～7公里这样短的水平距离内，两者相对高差竟达1300～1400米。给人以“高山仰止”的直观感受。对比效果在视觉感知中占着举足轻重的地位，泰山四周是较为平缓的齐鲁丘陵平原，泰山异峰突起。从地质学看，泰山拔地而起的形体特征来源于泰山的地质构造。据地质学家分析，泰山的地质构造较为复杂，表现在地貌上，以岩层的断裂突起为主要特征。山南主要分布有三大断层：云步桥断层、中天门断层和泰前断层。三大断裂呈阶梯式正断，由此形成了泰山南坡陡峻高拔的三大台阶式地貌。并且三大台阶的高差对比强烈：中天门（海拔847米）比泰城（海拔150米）要高出近700米，而玉皇顶（海拔1545米）比中天门又高出近700米。并且，由于侵蚀构造中心的存在，受构造抬升的强烈影响，中天门以上周围深谷陡壁，切割深度达500～800米，使泰山山体在空间体量的塑造上凌空高拔，使人感觉到拔地通天、直冲霄汉的气势。

“泰山岩岩，鲁邦所詹。”这是最早见诸典籍的对泰山高耸雄伟感受的记叙。鲁邦，即鲁国，西周之时周公的封邑。泰山位于鲁国之北境，它高峻的形体，鲁国举目可望。“岩岩”二字，道出了对泰山空间结构的审美感受。有关这方面的记述还散见于众多的诗文中。如被认为是目前所知最早的泰山游记——东汉马第伯的《封禅仪记》，曾这样写道：

是朝上山骑行，往往道峻峭，不骑，步牵马，乍步乍骑，且相半，至中观留马。去平地二十里，南向极望无不睹。仰望天关，如从谷底仰观抗峰。其为高也，如视浮云。其峻也，石壁窅窱，如无道径。遥望其人，端如行杇兀，或为白石，或雪，久之，白者移过树，乃知是人也。殊不可上，四布僵卧石上，有顷复苏。亦赖赍酒脯，处处有泉水，目辄为之明。复勉强相将行，到天关，自以已至也，问道中人，言尚十余里。其道旁山胁，大者广八九尺，狭者五六尺。仰视岩石松树，郁郁苍苍，若在云中；俯视溪谷，碌碌不可见丈尺，遂至天门之下。仰视天门，窔辽如从穴中视天。直上七里，赖其羊肠逶迤，名曰环道，往往有絙索，可得而登也。两从者扶挟，前人相牵，后人见前人履底，前人见后人顶，如画重累人矣，所谓磨胸捏石，扪天之难也。……东山名曰日观，日观者，鸡一鸣时，见日始欲出，长三丈所，秦观者望见长安，吴观者望见会稽，周观者望见嵩山。（《后汉书·祭祀志·注》）

若登泰山，在山前有段相对平坦的山路，还能勉强以马代步，只是到了“中观”即现在的“壶天阁”就只有徒步登攀了。“仰望天关，如从谷底仰观抗峰”，其高其峻尽在目中；而到了天门之下，“仰视天门，窔辽如从穴中视天”，其险其峭是心理的感受。更形象的是，“后人见前人履底，前人见后人顶”“磨胸捏石”，犹如登天。高峻、险峭是对泰山知觉活动的概括，是一种外在形式与内在心理结构的契和。有其险峭，才会“磨胸捏石”。有其高峻，才会有“日观”“秦观”“吴观”“周观”的存在。如果说，“泰山岩岩”是人们从远距离的角度评价泰山的形体特征；那么，马第伯的记述则是身临其境的视觉感受与心理体验。泰山这种高耸雄伟的山体特征曾深深触动着历代文人墨客的灵感：

泰山一何高，迢迢造天庭。峻极周以远，层云郁冥冥。

——陆机《泰山吟》

泰宗秀维岳，崔崒刺云天。岞崿既崄巇，触石辄迁绵。

——谢灵运《泰山吟》

平明登日观，举首开云关。精神四飞扬，如出天地间。黄河从西来，窈窕入远山。凭崖望八极，目尽长空闲。

——李白《泰山吟》

岱宗夫何如，齐鲁青未了。造化钟神秀，阴阳割昏晓。荡胸生层云，决眦入归鸟。会当凌绝顶，一览众山小。

——杜甫《望岳》

泰山天壤间，屹如郁萧台。厥初造化手，劈此何雄哉。天门一何高，天险若可阶。积苏于累块，分明见九垓。

——元好问《登岱》

地质地理构造决定了泰山高耸险峻的形式特征，也同样构成了泰山雄伟厚重的空间结构。《泰山研究论丛》第二集中谢凝高《泰山，人类的珍贵遗产》一文认为，根据泰山的地貌形态及其成因，可将泰山地区划分为六种地貌类型。即侵蚀构造中山、侵蚀构造低山、溶蚀侵蚀构造低山、溶蚀侵蚀丘陵、侵蚀丘陵和山前冲洪积台地。泰山的山阴、山左、山右山势相对平缓，形成了层峦垒叠、群岗众丘环围于泰山主峰的态势，这与山阳高耸挺拔的山体相对应，构成了泰山博广厚重的空间造型。巨大的体量、宽厚的基础，给人以雄伟、稳固的视觉感受和心理体验。在五岳中，有“泰山如坐”“恒山如行”“嵩山如卧”“华山如立”“衡山如飞”之说，以人体动态形容自然特征。“泰山如坐”就较为恰当地点出了泰山基础宽阔、形体浑厚的整体特征，突出了一个“稳”字。

清《泰山志》卷一云：

古今论九州山脉，但言华山为虎，泰山为龙。地理家亦仅云泰山特起东方，张左右翼为嶂。总未根究泰山之龙，于何处发脉。朕（康熙帝）细考形势，深究地络，遣人航海测量，知泰山实发龙于长白山也。

《泰山志》卷五又引《明太祖御制岱山高文》：

岱山高兮，不知其几千万仞；根盘齐鲁兮，亦不知几千百里。

这里所言即是对泰山高大雄伟山体的认识和感受。泰山像条巨龙逶迤盘桓于神州的东方，它形体之宏大，基础之宽厚，构成了泰山“其体磅礴，其势穹窿”的气势。所谓“重如泰山”“稳如泰山”正是这一自然特征的反映。

（二）理想富殖的生态环境

人类的产生和发展与其自身的生态环境有着密切的关系。生态环境作为一个整体，为人类提供了能源、食物和劳动资料，是人类生存和进行生产活动、创造物质财富和精神财富的必不可少的条件。泰山的地质构造决定了这一地区良好的生态环境。山前冲积台地，分布在泰山外围山麓地带，由周围每条沟谷出口连接而成山前扇形台地（亦称为冲积扇），其发育较好，坡度大多在3°～6°之间，冲积扇又逐渐过渡到平原。这一地带土地肥沃，气候适宜，地下水源丰富，是一理想富殖的农牧渔猎区。

新石器时代的考古资料证明了这一点，当时的海岱地区接近亚热带的气候条件，极宜于动物、植物的生长。一个地方的气候变化，一定会影响这一区域动物和植物种类的生存。因而，从一些新石器时代遗址发现的动植物遗迹、遗骸就可窥视与这些动植物生长相适应的气候环境。据李有恒《大汶口墓群的兽骨及其他动物骨骼》介绍，1959年泰山脚下大汶口遗址的第一次发掘，在10号大墓中，发现鳄骨板84枚。经鉴定接近于我国的扬子鳄腹部前边的骨板（Alligator siueusis）（《大汶口——新石器时代墓葬发掘报告》）。扬子鳄现在生活于长江中下游，属于南方生长的动物。鳄骨的存在无非有两种可能：一是当地有鳄类生存；一是由外地带入的。随着考古工作的进一步开展，附近一些遗址陆续发现有鳄类存在的遗迹，且时代比大汶口遗址要晚，这证实了泰山周围曾有鳄类生息的事实。据于海广《山东泗水尹家城第三次发掘简介》（《文史哲》1982年第2期）记，山东泗水尹家城龙山大墓中发现有成堆的鳄皮骨板；周本雄《山东兖州王因新石器时代遗址的扬子鳄遗骸》（《考古学报》1982年第2期）称，山东兖州王因遗址中竟发现有至少分属于20个个体的扬子鳄残骨。并且这些残骨与兽、龟、鱼、蚌等的残骸碎骨一起被当作庖厨垃圾弃置于灰坑之中，有的还遗有烧过的痕迹。这些资料证实了扬子鳄是当时当地生活的一种动物，并为当时当地先民的食物之一。诚如有的学者所指出的：

可以认为泰安、泗水、兖州、藤县各地所发现的商代及以前的鳄皮制品都是就地取材、就地生产的。扬子鳄遗骸的发现还说明公元前4000～公元前1000年间，徐州之域除有宜于鳄鱼生存的水域外，还具备温暖如今日江南之气候条件。（邵望平：《〈禹贡〉九州风土考古学丛考》，《九州学刊》1988年1月2卷2期。）

另外，在各地大汶口文化墓葬中，还普遍使用獐牙随葬，可知当时这一地区獐类很多。獐，又称水鹿，性喜温暖，今天在我国主要栖息在太湖一带温暖而湿润的沼泽区域，在黄河流域已经绝迹。大汶口文化时期泰山周围大量獐类的存在，是这一地区具备温暖气候条件的又一例证。

竺可桢先生《中国近五千年来气候变迁的初步研究》中指出，1930～1931年，在泰山之北山东历城县两城镇龙山文化遗址发掘中，于一个灰坑内发现有炭化的竹节，并且有的陶器器形的外表印痕也似竹节，这说明在新石器时代，竹类的分布在黄河流域是直到东部沿海地区的（《考古学报》1972年第1期）。由于植物的生长不像动物那样移动性大，因而能更为有效地证明气候的变化。鳄类、竹类属于热带或亚热带较为典型的动、植物，从而证实了泰山周围在新石器时代有近于亚热带气候条件，相当于现今秦岭至淮河以南地区的气候。山地降雨充沛，冬季罕见冰雪，这样的地理气候，极利于动植物的生长，为人类的生息提供了理想优越的环境。这种富殖的生态优势，在春秋战国之时仍然存在。泰山周围冬不结冰，年收两季等，在古代典籍中时有记述。《春秋》中鲁桓公十四年、成公元年、襄公二十八年，均有冬"无冰"的记载，也常常提到竹子一类的亚热带植物。《孟子·告子上》中，就有齐鲁地区当时农业种植可以一年两熟的记载。关于这一点可参见潘鸿声先生等《战国时代的六国农业生产》一文（载《农史研究集刊》第二册，科学出版社，1960年），说明战国时期泰山周围的气候比现在要温暖得多。汉代刘安的《淮南子·地形训》云："……中央之美者，有岱岳以生五谷桑麻，鱼盐出焉。"反映了汉代时海岱一域是华夏富殖的中心。

泰山不仅以物产富庶而著名，而且矿产之丰富亦为世人所注目。《山海经·东山经》云："泰山，其上多玉，其下多金。"《括地志》卷三引《福地记》亦云："泰山高四千九百丈二尺，周回二千里，多芝草、玉石，长津甘泉……"尤其是有玉石的存在，为泰山增添了灵气，为古人祭祀提供了圣物。《说文解字》中称玉为石之美者。玉作为山之精髓，普遍用于祭祀活动中，是与崇拜信仰（包括山岳崇拜）有着特殊联系的。“以玉作六器，以礼天地四方……”（《周礼·大宗伯》）周人祭天则焚玉，祭地则埋玉，祭水则沉玉，祭人鬼则藏玉。据《山海经名物索引》统计：“玉”字，在《山海经》中总共出现了137次，其中127次是与山相结合的，显示了玉与山的密切关系。

（三）变化莫测的气候物象

山体是相对不变的空间结构，生态系统也具有相对稳定的自然外观，而气候物象却是活跃多变的。对于史前人来说，也许对春、夏、秋、冬的季节转换还能够寻到规律；然而，对于阴、晴、风、雨等气象变化，就可能无从解释了，更何况那瞬息万变的流云、飘烟，那五彩缤纷的朝霞、暮霭……

泰山地处季风气候带，不但具有上述各种气象的形成条件，而且由于山体高耸靠近海洋，气象变化也更加复杂。泰山还由于特殊的地形特点，山顶与山下气候迥然不同，有所谓“绝顶峰高夏亦寒”。气温随着山的高度而降低，雨量则随着高度的变化而增加，故又有“十里不同天”之说。正因为如此，泰山变化莫测的气候物象，又给泰山罩上了一层层神秘的色彩。

《公羊传》所云“触石而出，肤寸而合，不崇朝而遍雨乎天下者，唯泰山尔”的云雾变化有着一定的气候物象基础。“唯泰山尔”不全是一种神化，也是古人无数次实际观察感受的结果。的确，云雾处于泰山的特殊环境中，便赋有了灵气：或随山风呼啸弥漫，或伴山雨时隐时现；时而云海滚滚，如涛似澜；时而淡云披地，如绵如絮。

如果说，泰山山体是一个相对静止的空间体，那么，烟云则使这个有限的空间变幻不定，运动变化的烟云打破了原有固定的静态，更给人以神秘莫测之感。

日出日落，是人们几乎每天都会看到的现象。然而在泰山，由于其高度和地理位置的不同，当人们登临岱顶看到云海日出时，就成为一大神奇景象了。明人于慎行在他的《登泰山记》中写道：

> 见山中云气从涧壑吐出，如一缕烟，稍上而大，东西聚散，车驰马奔，倏然往来，顷刻灭没。……回而东望，有山数峰，如卧牛车盖之状，而又渐没。赤霞半天，光色媚丽，间以碧绿。熠熠五色，直射衣袂。顷之，平

> 地涌出赤盘，状如莲花，荡漾波面，而煸炜不可名状，以为日耶。已又一赤盘大倍于先所见，侧立其上，若两长绳左右汲挽，食顷乃定。羽人告日升矣。盖先所见如莲花者，乃海中日影，非日也。

这种情景对于史前先民更是一种难以解释的现象。此外，还有后世所概括的几种奇观——“云海玉盘”“晚霞夕照”“黄河金带”“雾淞雨淞”“碧霞宝光”等，无不是在泰山这一特定的地理环境及气候物象下独得其厚所形成的神奇景观。有人借汉武帝之口对泰山曾赞叹道：“高矣、极矣、大矣、特矣、壮矣、赫矣、骇矣、惑矣。”（《岱览》卷八）前面的“高”“极”“大”“特”“壮”“赫”是对泰山空间结构的感受；而“惑”，所表现的乃是对泰山形象神秘不解的困惑。泰山独特的气候物象，应是其原因之一。

（四）博大深广的文化根底

自然崇拜的产生，需具备两个基本的条件：一是要有作为客体的被崇拜的对象；二是要有作为主体的崇拜者。客体是宗教信仰发生所依赖的物质实体，泰山作为自然物体的存在，是其被崇拜信仰的必备条件。主体的需要和满足，必须依据一定的背景基础，古代先民对泰山这一形象的崇拜信仰主要是基于他们对其生存环境的无法解释而形成的。人们是在一定的背景、环境中生存和活动的。如果没有泰山这一客观存在，也就不会有泰山崇拜的发生，更无法创造出“泰山神”的观念及其形态。在一定程度上物质实体的存在，制约着宗教信仰的发生。然而，仅是自然物质实体的存在，还不能形成宗教信仰，也远不是宗教信仰发生的根源所在。在人类社会出现之前，泰山这一物质实体所表现的空间结构、生态环境、气候物象等种种物理属性，对自然界本身来说是没有任何意义的。它们作为“自在”之物而没有任何自觉的目的。只是因为出现了人类，有了主体能动的干预，自然物质环境历经由“自在”向“自为”转化，才确立起主体（崇拜者）与客体（被崇拜者）的关系。原始宗教信仰的产生是需经历一个漫长的历史时期的。只是当人类的文化结构积淀出产生宗教观念所需要的智力机能和相应的社会条件时，宗教信仰的产生才变为可能。正如有人所指出的：

> 实在的物理客体和客观的社会关系构成作为信仰主体外在尺度的物理

氛围，为宗教信仰提供了必要的质料和中介。但这还只是世界中具有受动性的一部分。此外，还有能动的主体意识和主体心态的存在，以及人类文化及其创生活动的存在。（卢红等：《宗教：精神还乡的信仰系统》，南开大学出版社，1990年。）

因此，要研究探讨泰山宗教信仰的发生，在分析了它所具有的物质属性之后，接下来要研究分析的是它的社会属性。这也是泰山宗教信仰发生的根源所在。我们认为如同任何意识观念的形成一样，泰山宗教信仰的产生，必定是社会发展到一定历史阶段的产物，即须具备人类相应的社会实践活动及文化氛围。而这一社会条件及文化氛围的发生与创造，则是人类在这一创造性的活动及社会实践成果长期积淀的结果。

没有客体——客观环境的存在，就不会有主体自身。如果没有主体——人类的社会实践活动，就不会有文化氛围的创造，也就无从谈论宗教信仰了。泰山周围，海岱之区，至迟在50万～40万年之前，就已有人类在这里繁衍、生息，为适应自然、改造自然进行着卓绝的斗争，从而开创着人类文化史。

1965年，在泰沂山脉的沂源县鲁山之阳，首次发现旧石器时代人类活动的遗迹——“山东一号洞穴”遗址；采集到石核、刮削器、石片等遗物（《古脊椎动物与人类》第10卷第1期）。翌年，又在泰山东南新泰县的乌珠台，发现一颗少年左下臼齿和哺乳动物化石。经鉴定，臼齿可能属于女性，接近于智人，距今约有二至五万年（《古脊椎动物与人类》第11卷第1期）。这两项发现，揭开了鲁南旧石器考古的序幕。随着考古工作的进一步开展，又相继发现了沂源猿人及一些旧石器文化遗存。1981年至1982年发现的沂源县土门乡的沂源猿人，计有头盖骨1个，眉骨2件，牙齿8枚，肱、肋骨各1件。这些化石被认为分属于两个成年猿人个体。与猿人化石同出土的还有肿骨鹿、野猪、野牛、野狗等中更新世的哺乳动物化石，从而填补了我国猿人地理分布上的一个空白，把海岱地区的人类历史推向四五十万年前。在其附近，还发现了上岩洞等旧石器晚期地点和动物化石地点。此外，在东南沿海日照县的秦家官庄，还发现了旧石器早期遗存（张学海：《从考古发现看山东在我国古史上的地位》，《文史知识》1987年第10期）。

继1982年在沂河流域凤凰岭发现了数以千计的细石器后，又在郯城县马陵山地区和沂水县的西南部发现了众多的细石器地点。考古学家认为，细石器的形制和主要制作技术，都与凤凰岭细石器基本一致，应属同一细石器文化。由此可以断定沂沭河流域所发现的细石器文化，是同一种细石器文化，而被称之为“沂沭细石器文化”。由于细石器文化是处于旧石器时代末期到新石器时代早期阶段的文化遗存，为海岱地区石器时代文化链，增添了关键的一环。把已经建立起来的距今8000～3900年的北辛文化—大汶口文化—龙山文化谱系连接了起来，形成了中国史前文化的发展序列，以至被考古界认为是“最有希望建立完整史前文化体系的地区”（张学海：《从考古发现看山东在我国古史上的地位》，《文史知识》1987年第10期）。

在我国众多的新石器时代文化谱系中，山东新石器文化曾是其中最有影响的一支。仅就目前考古资料看，至少八千年以来，它就在山东大地上稳定发展，到距今五千年中叶，即大汶口文化中期以后，逐渐取得了对其他新石器文化的优势，以至在以后的一千余年中，在许多方面都处于领先地位。

泰山南麓大汶口遗址的发现及这一考古学文化的确立，是新中国考古研究的重大成果之一。大汶口文化的遗存，在20世纪50年代初已有发现。1952年在山东滕县岗上村就发现了以红陶为主兼有彩陶的遗存，当时曾猜测是仰韶文化的遗物（山东省文物管理处等编：《大汶口——新石器时代墓葬发掘报告》，文物出版社，1974年）。据《考古学报》1959年第4期《山东安丘景芝镇新石器时代墓葬发掘》一文介绍，1957年在安丘县景芝镇发掘了这一文化的七座墓葬，尽管也注意到它的一些特点，但当时人们对这一文化的属性认识还不清楚，仍把它归入了龙山文化的范畴。直到1959年，泰山脚下大汶口遗址被发现、发掘，才使这一独具风采的原始文化面貌比较全面地显示出来，引起了考古界的极大关注。1962年在曲阜西夏侯发掘了同样文化内涵的墓地，1964年遂以大汶口这一典型遗址为名，正式提出了“大汶口文化”的命名（《山东曲阜西夏侯遗址第一次发掘报告》，《考古学报》1964年第2期）。迄今为止，所发现的大汶口遗址不下千处，主要分布在以泰沂山系为发源地的汶、泗、沂、淄、潍等流域的广大地带。西部见之于黄河北岸，东部达到山东半岛，南部延及今江苏和安徽的北部。正如吴汝祚先生《大汶口文化——东夷族的早期史略》一文总结的那样：“特别是鲁中南泰山周围一带，遗址密集，发掘内容丰富，生产的发展，文化的发达都居领先地位，形成大汶口文化的中心地区。其中又以大汶口遗址最为重要。”

大汶口遗址1959年发掘了133座墓葬后，又于1974年、1978年进行了两次大规模的科学发掘。就目前大汶口文化遗存的调查和发掘资料相比较而言，大汶口遗址面积大、堆积厚，内涵丰富，延续时间长，基本上包含了大汶口文化从早期到晚期的各类遗存，当之无愧地成为这一原始文化的典型代表。据《大汶口——新石器时代墓葬发掘报告》介绍，1959年发掘的属大汶口文化后期阶段的墓葬中的13号墓（为此次发掘的早期墓葬），坑长3.4米、宽1.9米、深（口至底）1.47米。四壁整齐，用原木卧叠构成。此墓为一成年男女的合葬墓，墓有大型葬具，随葬器物40余件。其中陶器有鼎、鬶、豆、尊、壶、罐等共19件，玉石器3件，猪头14个，獐牙3件，还有象牙雕筒、象牙琮、象牙镰、骨镞、骨镖等。大汶口遗址晚期墓葬，规模更大，随葬品也更多。如10号墓墓坑长4.2米、宽3.2米、深0.36米，葬具结构与13号墓相近，但葬具内的墓底中央又下挖一长方形坑，放置死者。死者年龄为50～55岁之间的女性。墓中随葬品之精致、数量之丰富为同期大汶口文化墓葬之冠。死者头部佩戴着由77个单件组成的三串石质装饰品，所佩臂环、指环以及随葬的石铲都是玉质的，并且有大型的象牙雕筒和象牙梳。随葬的陶器有鼎、豆、壶、背壶、鬶、盉、瓶、高足杯等93件。其中有洁白的白陶、乌亮的黑陶和精美的彩陶，另外还随葬有猪头、猪骨、獐牙及鳄鱼鳞板等。随葬品如此丰富多彩是其他地区大汶口文化墓葬无法与之相比的。

由大汶口文化发展而来的龙山文化（典型龙山文化），亦是一支灿烂的新石器文化，其分布范围与大汶口文化大体一致，位于泰山之北的章丘龙山镇城子崖。迄今为止，典型龙山文化遗址已发现二百多处。被人们称之为“蛋壳陶”的极负盛誉的薄壁高柄杯，就是这一文化中陶器的典型代表。无论从哪个方面看，龙山文化制陶工艺都已达到了高峰，在同期各新石器文化中独占鳌头。考古学家认为，龙山文化时期可能已出现了国家。1990年，山东省文物考古所在对城子崖遗址进行了为期4个月的勘探发掘后证明：城子崖遗址是由龙山文化城址、岳石文化城址和周代城址三城重叠而成的。龙山文化城址，平面近方形，东、南、西三面的城垣比较规整，北面城垣弯曲并向北外凸，城垣拐角呈弧形。岳石文化城址的平面与龙山文化城址基本一致，城内面积约17万平方米。城垣修筑在龙山文化城址之上。城子崖龙山文化城址是迄今发现的这一时期最大的城址，其性质可能已超出主要起防御作用的城堡的范畴。这一发现，为研究我国东部早期文明提供了重要的考古资料，填补了我国早期城市发展关键环节的空白（文纪：《1990年我国重大考古发现综述》，《文物天地》1991年第2期）。由于大汶口—龙山文化的发展水平比较高，因此对周围同时期的新石器文化和夏商文化的发展，都产生过积极的影响。例如，在黄河中游、江汉、长江下游、辽东、冀北等地区的新石器文化中，都能看到大汶口文化的影响。考古资料表明：大汶口文化的氏族，还曾以强大的文化势力西迁到豫北、豫西地区，形成对黄河中游地区文化的强烈渗透。大汶口文化的先民还曾远征到长江流域。在中国历史博物馆收藏了一件最长的良渚文化玉琮，上面刻了一个大汶口文化的图像文字。据《文物天地》1990年第6期刊登的严文明先生《碰撞与征服——花厅墓地埋葬情况的思考》一文介绍，此件玉琮“即体现着激烈的文化碰撞，反映着大汶口文化的某个部落对良渚文化部落的征战与掳掠。南京应该是良渚文化的分布地，但南京北阴阳营的墓葬H2中出土的一件陶鬶和一件陶尊却是大汶口文化的典型器物。特别是陶尊上刻了一个大汶口文化的图像文字，证明它确属大汶口文化的东西。这一事实证明了大汶口文化的居民确曾把自己的势力发展到了良渚文化的领地”。

此外，在河南龙山文化、二里头文化（夏文化）以至商文化中，也可以清楚看到来自大汶口这一东方文化的影响。正如考古学家所断言的：“不论是河南龙山文化，还是进入青铜时代的二里头文化，都显示了来自海岱之间龙山文化的深远影响。……在我们祖先迈入文明时代前后，在泰山周围黄河下游和中州大地之间，存在着一种自东而西，从早到晚文化传播的信息。”（杜在忠：《试论二里头文化的渊源——兼述泰山周围大汶口—龙山文化系统的族属问题》，《史前研究》1985年第3期。）而夏商时代贵族所使用的礼器和酒食器，大多祖承东方文化的觚、杯、盘、鼎、甗、鬶等陶器。至于商代著名的白陶、象牙雕刻和镶嵌技术，也渊源于东方史前文化的同一工艺。在中原的传统文化中，东方的文化因素占据着优势。

还有必要指出的是，在大汶口文化末期（距今4500年左右）已产生了文字。迄今在陶器上已发现了19个图像文字。陶文——这一文明的火花，具有着重大的历史价值与社会意义，激起考古学家探索的欲望。“相信经过辛勤的劳动，在我国的东方，在黄河之滨最先迎接日出的地方，定会找到中华远古文明的曙光。”（邵望平：《远古文明的火花——陶尊上的文字》，《大汶口文化讨论文集》，齐鲁书社，1981年。）

由以上考古发现可以证实，泰山周围一带是我国古老文化的重要源头之一，它在我国史前史上占有着特殊的地位。除考古实物资料外，古代文献的记载同样证实了这一点。史传中的东夷族系就活动在泰山周围，大汶口一龙山文化是东夷族系在一定发展阶段的文化。东夷族领袖之一的蚩尤，曾一度使炎帝败北，足见当时东夷势力之强大。而太皞氏、少皞氏也活动在大汶口文化的区域内，即也是大汶口文化的创造者。夏商时代，夷族虽然失去了在全国的领先地位，但东方仍是个举足轻重的地区，“见于文献的夏王国对外关系史，几乎全是夷夏关系史。……名闻遐迩、光辉灿烂的齐鲁文化，就是在这块具有深远、优秀的文化传统的土地上发展起来的”（张学海：《从考古发现看山东在我国古史上的地位》）。王国维先生在《观堂集林》卷十《殷周制度论》一文中说：“自上古以来，帝王之都皆在东方。”《国语·周语上》有“昔夏之兴也，融降于崇山”的记述。据杜在忠先生考证，夷夏部族原处泰山周围，“崇山”可能就指泰山而言（《试论二里头文化的渊源——兼述泰山周围大汶口一龙山文化系统的族属问题》）。苏秉琦先生就曾指出，泰山这个“大文物”在中华文明史上有过特殊的地位。

> 首先我们可以从山东半岛古文化、古文明发展史上看出，环绕它的西南有北辛—大汶口文化，东北有烟台白石村—大汶口—龙山文化，后来青铜时代—古城—古国也比较集中在它周围。
>
> 其次我国面向东南海洋的半壁江山古文化作为环太平洋古文化圈的一侧，有它们的许多共性，说明有其深远的历史渊源。因此，我们不妨说，古文明早期阶段，泰山又可能是这个“新月形”地带人们的神山。
>
> ……长城、运河是伟大中华民族的象征，泰山何尝不是伟大中华民族历史的见证。（《加强泰山“大文物”的研究》，《泰山研究论丛》（一），青岛海洋大学出版社，1989年）

这是一个颇能启迪人们思考的问题。我们可以说，博大深广的历史根基，独树一帜的灿烂文化，当是泰山独得其尊的坚实基础，也是泰山宗教信仰最终形成及发展变化的根源所在。

二、泰山祭祀的开端

在我国的众山之中，最受尊崇的莫过于泰山。在古文献中，对泰山崇拜的记载是其他任何山岳不可比拟的。在被誉为中国传统民族文化源头的《十三经》中，大多谈及泰山：

岁二月，东巡守，至于岱宗，柴。（《尚书·舜典》）

泰山岩岩，鲁邦所詹。（《诗经·鲁颂·闷宫》）

河东曰兖州，其山镇曰岱山。（《周礼·夏官·职方氏》）

泰山其颓，则吾将安仰？（《礼记·檀弓上》）

郑伯请释泰山之祀而祀周公。（《春秋左传·隐公八年》）

不崇朝而遍雨乎天下者，唯泰山尔。（《春秋公羊传·僖公三十一年》）

邴者，郑伯之所受命而祭泰山之邑也。（《春秋穀梁传·桓公元年》）

季氏旅于泰山。（《论语·八佾》）

泰山为东岳。（《尔雅·释山》）

孔子登东山而小鲁，登太山而小天下。（《孟子·尽心上》）

在众多的文献记载中，一个突出的特点是多记有关于崇拜或祭祀的内容。在泰山崇拜祭祀的记载中，又以泰山巡狩、泰山封禅为最多、最重要。封禅，作为宗教祭祀的专用名词，特指帝王在泰山所举行的祭祀活动，这是中国历史上一种特殊的宗教现象。在二十四史中，几乎大都言及各代帝王封禅告祭泰山之事。《史记》列《封禅书》一卷，专门阐述古代帝王封禅活动。《史记·封禅书》载“九合诸侯，一匡天下”的齐桓公称霸后，欲行封禅泰山。管仲曰：

古者封泰山禅梁父者七十二家，而夷吾所记者十有二焉。昔者无怀氏封泰山，禅云云；虙羲封泰山，禅云云；神农封泰山，禅云云；炎帝封泰山，禅云云；黄帝封泰山，禅亭亭；颛顼封泰山，禅云云；帝喾封泰山，禅云云；尧封泰山，禅云云；舜封泰山，禅云云；禹封泰山，禅会稽；汤封泰山，禅云云；周成王封泰山，禅社首；皆受命然后得封禅。

《论衡·书虚篇》云：

百王太平，升封泰山。泰山之上，封可见者七十有二，纷纶湮灭者，不可胜数。

《淮南子·齐俗训》亦云：

尚古之王，封于泰山，禅于梁父，七十余圣。

古代是否确有七十二王封禅泰山，是否确有无怀氏、虙羲氏、神农氏、炎帝氏、黄帝氏、颛顼氏、帝俈氏等前来祭祀过泰山？这里暂且不论，仅就这些记载中反映的泰山在中国古文化史上的地位及泰山信仰具有的悠久历史而言，是毋庸置疑的。像其他大山一样，高大雄伟的山体、拔地通天的气势以及物产丰富的物质因素，必然会引起生活在它周围人们的崇拜。《公羊传》中“触石而出，肤寸而合，不崇朝而遍雨乎天下者，唯泰山尔”的感叹，就显示了对泰山的崇拜有着久远的历史根源。

大汶口文化陵阳河遗址在祭器陶尊上的文字“”，有的学者认为下面的山就是泰山。“这一图案，应当是东夷人朝拜泰山时，所看到的最壮丽的日出景象的景仰心情的反映。”（徐北文：《泰山崇拜与封禅大典》，《文史知识》1987年第10期。）就目前资料而言，说下面的山就是泰山尚缺乏力证。不过可以想见：在同一考古学文化、相距泰山又不远的地域出土这一文字，表明了海岱地区至迟在距今五千年左右已确有大山崇拜的存在。而泰山作为海岱地区最高的大山，在新石器时代成为先民崇拜的对象，也是顺理成章的事情。《尚书·舜典》所载舜东巡守至岱宗，在山顶上烧柴祭天的情景就为此提供了旁证。

在先秦众多祭祀泰山的资料中，特别有价值的是20世纪50年代在泰山南麓所发现的泰山祭祀坑。据《山东泰安发现古代铜器》（《文物参考资料》1954年第7期）和《山东泰安发现的战国铜器》（《文物参考资料》1956年第6期）记述，1954年4月，在泰山脚下当时泰安城西南里许的更道村南（即泰山灵应宫前400余米），窑场工人取土时，先后发现3件铜罍及1件铁盘。尔后又清理出铜罍3件。祭祀坑呈长方形，器物东西排列井然有序。器物间隔345厘米左右，深距地表390厘米，铁盘居西，铜罍依次向东排列。出土的6件铜罍形制基本相同，其中有两件铜罍口沿处刻有“楚高”二字，盖的边缘处刻有“右征君”三字，王献堂先生曾对此作过鉴定认为是楚器，杨子范先生也从罍的形制及铭文断定为楚器无疑，并认为是战国时期楚国专祭泰山之物。祭祀坑的发现，填补了先秦时期泰山崇拜资料中缺乏典型实物的空白，成为泰山祭祀的重大发现。

先秦之时泰山祭祀，从形式到内容已建立起较完备的信仰体系。这一点从文献到考古资料均已得到证实。《尚书·舜典》记述了舜在代替尧担任部落联盟首领时，举行的一套宗教仪式：

> 肆类于上帝，……禋于六宗，……望于山川，遍于群神。……辑五瑞。既月乃日，觐四岳群牧，班瑞于群后。
>
> 岁二月，东巡守，至于岱宗，柴。……望秩于山川。……五月南巡守，至于南岳，如岱礼。……八月西巡守，至于西岳，如初。……十有一月朔巡守，至于北岳，如西礼。
>
> 五载一巡守，群后四朝，敷奏以言，明试以功，车服以庸。

舜首先祭祀“上帝”，尔后按尊卑次序，祭祀六宗以及名山大川等诸神，这说明在当时人们心目中上帝、六宗、山川和群神已经形成了严格的等级秩序；舜在祭祀上帝群神的宗教仪式时，也自然地把部落联盟首领对下属群牧的权威联系了起来。值得注意的是：舜二月“顺春东巡”要到四岳之长的岱宗——泰山“燔柴祭天告”（《尚书·舜典》注），尔后秩次巡守各岳，复岱宗之礼。起码有两点很重要：其一，舜在祭祀各种神灵之后，先巡守泰山以告成功，这表明了在东、南、西、北四岳中，泰山作为四岳之宗的地位在当时已经确立。祭祀泰山成为王者功成后取得最高祭祀特权的一个标志，是一种权力的象征。这也成为后世只有“天子”才有资格祭祀泰山，诸侯仅祭疆域内大山礼制的原型。其二，在祭祀泰山时，具有一定的祭祀仪式——柴、望。“柴”，即燔柴祭天；“望”，即遥望而祭山川，这是对泰山崇拜这一原始宗教仪式的总结。在原始宗教的范围内祭祀仪式占着显著的地位，它是原始社会中作用最大的一种“宗教语言”。仪式是人与神联系的基本形式。因此，泰山柴、望具有特殊的意义。并且这种仪式同样重复于各岳，还要五年一循环。这说明这种仪式已是人与神沟通交流普遍采用的手段。总之，王者在泰山通过柴、望这种仪式与“神”对话，沟通了与“上天”的联系，取得这种祭祀权利的人，也就是名正言顺的“上天”的使者，便可代天行道了。这两点就成为后世历代帝王封禅泰山的基本目的。

敬山如敬天，为了维护在泰山上人间与“上天”对话的尊严，确保对神山的崇敬，在春秋之时还有天子封赐“汤沐之邑”以备祭山的做法。对此，《公羊传 · 隐公八年》讲得很清楚：

> 天子有事于泰山，诸侯皆从泰山之下。诸侯皆有汤沐之邑焉。

关于“有事”“汤沐”，其注云：

> 有事者，巡守祭天告至之礼也，当沐浴洁斋以致其敬，故谓之汤沐邑也。

这种祭祀之用的“汤沐之邑”，有别于诸侯朝见天子，天子赐以王畿之内的供斋戒沐浴的封邑，是专门用于祭祀泰山的。一般也仅赐予大功盛德于王室的诸侯。这种“汤沐之邑”主要是为诸侯在随天子祭祀时提供一个歇息伺候之处；如果诸侯要祭祀泰山，只可以在泰山下自己的汤沐之邑中进行。

如《穀梁传 · 隐公八年》记载：

> 三月，郑伯使宛来归邴。……邴者，郑伯所受命于天子，而祭泰山之邑也。

其注曰：

> 泰山有沐浴之邑，所以供祭祀也。

据《山东费县发现东周铜器》(《考古》1983年第2期) 记：1965年在泰山以东

费县城北上冶公社的台子沟，曾出土春秋时期带有铭文的徐国祭器——“余子汆”铜鼎，就是徐国在其“汤沐之邑”祭祀泰山时的遗物。

先秦时期，尤其是有周以来，泰山就被奉为诸岳之长，祭祀泰山之权也为“天子”所独有。各诸侯国，仅能祭祀其封疆内之山，不得擅自祭祀泰山，否则被视为“非礼”，会遭到讥讽。据《左传·僖公三十一年》载：

> 夏，四月，四卜郊，不从，乃免牲，非礼也。……犹三望，亦非礼也。

《公羊传·僖公三十一年》亦载：

> 鲁郊，非礼也。……天子祭天，诸侯祭土。天子有方望之事，……无所不通。诸侯山川有不在其封内者，则不祭也。……三望者何？望祭也。然则曷祭？祭泰山河海。……何以书？讥不郊而望祭也。

“郊”“望”是天子祀祭天帝之礼，自然与诸侯无缘。《论语》中有“季氏旅于泰山”的记述，是说鲁国的大夫季氏，竟也要去祭祀泰山，对于这种典型的“僭礼”行为，难怪圣人发出“呜呼！曾谓泰山不如林放乎！”的愤慨了。祭祀有了主次等级的划分，是阶级社会等级关系的反映。由此泰山崇拜，从原始先民单纯崇拜自然力的天神，附上了鲜明的社会属性，加进了最高统治者用以巩固自己统治地位必不可少的政治内容。

宗教信仰，作为一种社会现象，受到人类物质生活条件及社会经济发展的影响，同时还依赖于人类一定的心理机能，它是社会发展到一定阶段的产物。因此，尽管人类已有几百万年的历史，宗教信仰却是后来才逐渐形成的。不论在国内还是在国外，最早带有宗教色彩的时期，一般认为不会早于十几万年以前。在我国，原始人类最早留下带有明显宗教色彩的遗痕，要算是距今约18000年前的山顶洞人的丧葬形式。在人类学上，山顶洞人属于晚期智人或新人阶段。考古工作者曾在其遗址发现三具人的骨架，以燧石、石器、石珠、穿孔兽牙等随葬，并在死者身旁撒有红色铁矿粉粒。由此可知原始人类对自然的崇拜很可能在山顶洞人时代就已经发生了。囿于旧石器时期宗教遗迹资料十分匮乏，泰山地区的宗教信仰最早始于何时不得而知。不过依据宗教观念产生的一般规律，应不会晚于旧石器时代末期。在新石器时代，泰山周围已普遍存在着多种多样的宗教信仰形式。新石器时代的大汶口文化、龙山文化表现出来的种种宗教观念，应该是泰山崇拜的基础。

（一）墓葬习俗所反映的灵魂观念

灵魂观念，是早期宗教意识形成的基础。人类学者和宗教学者一般认为，有意识地、能动地去埋葬死者，无疑是一种以灵魂观念为内在根据的宗教性行为。根据已发掘的大汶口文化的两千余座墓葬，我们对葬俗有了较多的了解和研究。一般说来，大汶口文化时期的人们，埋葬死者都有一定的秩序。墓地与生活区分开，一般系竖穴土坑墓。中晚期流行二层台结构，大型墓一般有原始棺、椁，葬式以仰身直肢葬为主。在同一墓地墓葬方向基本一致，大汶口、西夏侯、大墩子、景芝、岗上、王因等墓向东稍偏南或北，刘林墓向北稍偏东，野店向东南，呈子、三里河、东海峪则偏向西北。墓葬普遍有随葬品，如大汶口遗址第一次挖掘的133座墓葬中，125座有随葬品。共出土遗物达2400多件，数量和品类都较为丰富。其中包括大量陶器，计1015件；装饰品计290件；还有石、骨、角、牙、蚌、陶等质料的工具491件，其中仅石质生产工具就有175件。另有猪头骨96个、猪下颌骨3对、龟甲20对、象牙器和骨雕工艺品35件，以及未加工的骨、牙料190件，其他动物骨骸328件。随葬石质生产工具和猪头骨的墓葬，各在1/3以上。一座墓中出土石质工具最多的有19件，葬有猪头最多的一座有14个。从随葬品看，男女之别相当清楚：女性多随葬纺轮和装饰品，男性则多随葬工具。如男性墓的9号、117号和男女合葬墓1号，都有较多的石器、骨器和制造工具的骨牙料随葬。在合葬墓中，经过性别鉴定的1号、13号、35号、111号四座，都埋有一对年岁相当的成年男女。值得注意的是这些成年男女合葬墓中男性占着主要地位：或居中安置，或随葬品偏于男性，而女性处于从属地位。35号墓的葬式更像是一对夫妻和他们的孩子。此外，墓与墓之间的随葬品有着明显的贫富不均的差异。有些墓葬十分简陋，甚至没有随葬品；有的墓则规模较大，随葬品十分丰富，多达上百件。如12号、13号、26号、54号、59号、63号等7座墓，一排相邻，随葬品均较为丰富；而另外一组相邻的墓：114号、115号、119号、120号4座，随葬品都很少。

在《宗教的起源》一书中，布兰顿指出："埋葬死人……含有特别关心死亡和死者的意思。如有随葬食物或其他器物的情况，我们就有理由设想其中必然含有一种死后继续存在的观念。”大汶口文化的葬俗也表现出了这一点。在人们对亲人的眷恋或畏敬之心以外，更多地表现了原始人对灵魂不死和人在死后还会继续生活的幻想。对于墓地墓向的一致和墓葬形制基本相同这一点，可以被看作是死者生前生活在同一氏族大家庭的反映，他们由血缘关系为纽带组合在一起。墓向，或许表现的是生命延续的方向，或是死后灵魂归宿的方向……总之，都蕴含了先民对生与死的思索。大汶口墓地大量随葬品的出土，除反映了当时社会已进入男尊女卑的父系社会、私有制和贫富不均的社会关系外，还可以反映出先民们十分注意的灵魂及其归宿这一原始的宗教意识，说明人们希望在死后的世界里仍按现时社会的需要、目的来安排秩序和生活。

恩格斯在《路德维希·费尔巴哈和德国古典哲学的终结》中指出：“既然灵魂在人死时离开肉体而继续活着，那么就没有任何理由去设想它本身还会死亡；这样就产生了灵魂不死的观念。”生与死，本来是一种自然规律，但在原始人那里则是不可理解的。当人们不明死因而濒临死亡、面对死亡，看到自己亲人以至周围的同伴倒下而不能再站立起来时，确是百思不得其解，这使活着的人面对死亡处于复杂的心理状态。一方面惧死，以为有什么东西或什么力量会使自己消亡；另一方面便是欲生的自我慰藉，人死后，还会有一个新的世界等待着他，在那里死者可以获得永生。于是，人们便渐渐地相信了死后的生活和永存的灵魂，确立起灵魂不死的观念。死的恐惧及生的欲望是灵魂观念产生的基础。正如马林诺夫斯基所言：“这样看来，不死的信仰，乃是深切的情感启示底结果而为宗教所具体化者；……人类对于生命继续的坚定信念，乃是宗教底无上赐与之一；因为有了这种信念，遇到生命继续底希望与生命消灭底恐惧彼此冲突的时候，自存自保的使命才选择了较好一端，才选择了生命底继续，相信生命底继续，相信不死，结果便相信了灵魂底存在。”（《巫术科学宗教与神话》，中国民间文艺出版社，1986年。）对生存的渴望与对不可避免的死亡的无可奈何，形成了尖锐的矛盾。死亡的恐惧迫使他们产生种种相应的生的希望。生的欲求与死的畏惧的双重心理，是人类原始宗教形式的基本因素之一，构成灵魂不死与灵魂崇拜的早期宗教形态。

在大汶口文化墓葬中，还有一种涂朱现象。据《山东曲阜西夏侯遗址第一次发掘报告》（《考古学报》1964年第2期）记：在墓4左肋骨上，墓6、11的右上肢骨和右肋骨部分，墓8的右上肢骨、指骨上及其附近，都遗有朱红颜色。另外，还发现有涂朱的石块。又据《大汶口——新石器时代墓葬发掘报告》介绍，大汶口遗址最大的10号墓“在葬具内壁北边挖到两片朱土，层次隐约可见”。还有，大汶口文化所发现的文字，也多涂有朱红颜色。这种埋葬中使用红色颜料涂撒在人体上或其附近的现象，在其他新石器考古学文化中也多有发现。这应与山顶洞人在死者身旁撒有红色铁矿粉粒有着相近的原因。据古人类学家分析：红色是血和生命的代表，是火与温暖的象征，撒赭矿粉可能表示给死者以温暖，期望死者获得再生（周国兴：《人怎样认识自己的起源》，中国青年出版社，1977年）；宗教学家认为：红火既然能在夜晚驱兽自卫，人们由此推想，红色粉粒大概也能保护死者，使之免受侵害。于是红色逐渐成了崇拜对象（任继愈主编：《中国哲学发展史》，人民出版社，1983年）。的确，红色在史前时期赋有着特殊的意义，差不多世界各地都发现过石器时代的原始人用红矿石涂抹死者的习俗。尤其在新石器时代，这一习俗更为普遍。现代物理学表明：色彩产生于光波，而光波是一种特殊的电磁能。人眼所能看到的光波长度在350～780纳米之间，而红色光谱波长为800～650纳米，是所有颜色中光波最长的色，也是最有刺激性的色。并且它又与人维持生命的血液、帮助人们生活的火，还有那给人温暖的太阳是同一个色彩。对于史前人类来说无疑具有特殊的吸引力，或许它就是人生存的保证，或许是人死后再生的象征，由此形成史前人类对红色的崇拜。红色“开始有其社会性的巫术礼仪的符号意义在。也就是说，红色本身在想象中被赋予了人类（社会）所独有的符号象征的观念含义”（李泽厚：《美的历程》，文物出版社，1989年）。将对红色的崇拜引入人们死后的世界，所反映的仍旧是灵魂不死的信仰。尽管旧石器时代的山顶洞人与新石器时代的大汶口文化先民在对红色的利用上不可能同日而语，但性质应是相同的。对红色的崇拜在宗教观念中产生着重大影响，以至后来宫殿、寺院的围墙均以丹赤涂之，也应是从这个意义上衍化而来的。

（二）拔牙习俗所反映的献祭意识

在大汶口文化时期，从早至晚曾一度流行拔牙习俗。首先在泰山脚下大汶口墓地遗址发现被拔掉牙齿的人骨，后在江苏邳县大墩子、山东曲阜西夏侯、胶县三里河及诸城呈子等多处属于大汶口文化的墓地中，也发现了众多曾被拔掉牙齿的人骨标本。从而证实，在泰山周围大汶口文化的居民中，曾经流行过拔牙的习俗。

据韩康信先生《我国拔牙风俗的源流及其意义》介绍，拔牙风俗普遍流行于不少民族之中，其地理分布几乎遍及世界各大洲和一些海岛地区(《考古》1981年第1期)。近年来，在我国考古发掘中越来越多地发现了史前人拔牙的资料。当然，人为地拔掉牙齿，在不同地区、不同人种和民族之间包含的内容意义并不尽相同。拔牙的年龄、性别以至拔牙的部位、数量、方法往往都有很大的区别。严文明先生曾针对大汶口、大墩子、西夏侯等处大汶口文化遗址居民拔牙的资料进行仔细考察，并对曾发表过正式鉴定报告的代表性墓地作了综合分析和研究。得出了这样的结论：当时拔牙的部位和数目都是严格一致的，即拔除上颌两颗侧门齿(只有个别者例外)。拔牙不分男女，其总比例达2/3左右，这是一个显著的特点。世界上许多具有拔牙风俗的民族，拔牙的部位和数目是很不相同的，像大汶口文化的居民那样严格一致地拔去两颗上侧门齿的情况并不多见(《大汶口文化居民的拔牙风俗和族属问题》，《大汶口文化讨论文集》，齐鲁出版社，1979年)。

颜訚先生在《大汶口新石器时代人骨的研究报告》中指出：在两侧门齿被拔去的人骨中，女性有一例年龄为18～19岁；男性亦有一例年龄为19～21岁。此外有一年龄在12～13岁之间的人骨，牙并未拔去。由此颜訚先生推断大汶口先民拔牙施术的年龄“可能是在12～13岁以后，在18～21岁之间的一段时间，主要是在青年时期”(《考古学报》1972年第1期)。兖州王因新石器时代人骨材料的281例中，没有见到小于14～15岁的男性拔牙标本，女性中也未见到小于16～17岁的(韩康信等:《我国拔牙风俗的源流及其意义》,《考古》1981年第1期)。邳县大墩子新石器时代人骨的研究报告中介绍，拔牙的最小年龄无论男性、女性都在15～20岁之间(韩康信等:《江苏邳县大墩子新石器时代人骨的研究》,《考古学报》1974年第2期)。曲阜西夏侯墓地新石器时代的研究报告也归纳出，男性拔牙的最小年龄是16～20岁，女性是21～22岁(颜訚:《西夏侯新石器时代人骨的研究报告》,《考古学报》1973年第2期)。几处墓地的人骨鉴定表明，拔牙年龄大致相同，拔牙起始年龄绝大多数在青春期。

牙齿，作为人体不可缺少的组成部分，具有咀嚼食物、帮助发音、保持面部外形的功能。大汶口文化的居民们为什么人为地将一定部位健康生长的牙齿拔掉呢？是什么原因，何种信念促使他们采取在现代人看来是无法理解的举措呢？对此，学者意见不尽相同，目前，有两种较为流行的说法。严文明先生在《大汶口文化居民的拔牙风俗和族属问题》一文中认为，这与当时人们的审美观念有关：

根据大汶口文化本身的资料，只能认为拔牙在当时是无论男女，也无论贫富，大多数人都热烈追求的社会风尚，是一种完全自愿的行为。并且这种风尚极有可能是与审美观念联系在一起的，否则就很难理解为什么一定要到青春期才实行。既然是一种社会风尚，当然会有许多人参加，也一定会有人不愿去赶那个时髦。

韩康信先生在《我国拔牙风俗的源流及其意义》中则认为，这种习俗与生理标志有关：

我们可以说，中国古今民族中流行拔掉上颌侧门齿的风俗，在拔牙的形态学上属于起源时期的最早形态。从拔牙施术年龄特点来看，它是在个体进入性成熟的转折时期进行的，这时，第二性征的发育已很明显，青春期开始，在生理上为迈入成年准备了条件。这种生理发育的转折阶段自然也是容易被原始时期居民感觉到的，因而也容易成为严格的氏族生活中拔牙风俗所依循的可靠生理标志。根据这样的判断，我们认为拔去一对上颌侧门齿的原义仅表示氏族成员获得婚姻资格或同时兼有达到成年意义的一种标志，这两者最早可能源于一种意义。

这两种说法，归结起来就是“爱美说”与“婚姻标志说”，这是在学术界最有影响的两种观点。不过，我们认为无论“爱美说”还是“婚姻标志说”，似乎都有商榷之处。在“爱美说”中，忽略了一个基本的问题，即在原始人那里：美，往往是和实用性及功利性紧密结合在一起的。也就是说，在美的产生过程中实用价值是先于审美价值的。正如普列汉诺夫所说：“从历史上说，以有意识的实用观点来看待事物，往往是先于以审美的观点来看待事物的。”（《没有地址的信·艺术与社会生活》，人民文学出版社，1962年。）人们把健康的牙齿活生生凿掉，既不利于实用价值的发挥——咬嚼食物，又要忍受很大的痛苦，这在原始人那里是很难有美的产生的。即便有美的产生也不是当初的事情，只能是在人们观念发生变化受到影响时才会产生。如丁卡族的妇女戴20镑的铁环，开始也不是为了美，而是为了显示富有才戴的；其后“富”与美的观念逐渐结合，才形成“富”的也就是美的。所以，普列汉诺夫说：“把二十镑的铁环戴在身上的丁卡族妇女，在自己和别人看来，较之仅仅戴着两镑重的铁环的时候，即较为贫穷的时候，显得更美。很明显，这里问题不在于环子的美，而在于同它联系在一起的富的观念。”（《没有地址的信・艺术与社会生活》）拔牙习俗的形成也当如此。问题的关键并不在于拔牙后自身的美，而在于同拔牙维系在一起的一种“观念”，这一观念才是拔牙的根本缘由。也就是说，大汶口文化的居民流行的拔牙习俗，应当有着更深层的观念意识。

“婚姻标志说”认为拔牙是承认进入青春期取得婚姻资格的标志。如果是这样的话，为什么只有2/3的男女施术，而不是全部？从考古资料看，其余1/3的人看不出有特殊的原因。大量的考古资料证明大汶口文化晚期已进入父系氏族社会阶段，男子已成为社会生产，特别是农业生产的主要担当者，妇女在氏族内部的社会地位和权力大大下降。男子处于支配的地位，而女子则处于附属地位。如果说拔牙是一种取得婚姻资格的标志，那也应该显示其一定的地位。如澳大利亚约克角的土人在举行成人礼时，只有成年男子参加，妇女和儿童连观看都不允许，所以那里拔牙的人仅限于男子（海顿：《南洋猎头民族考察记》，商务印书馆，1937年）。但是大汶口文化的拔牙资料却显示不出这一点，男女各自的拔牙率基本上没有多大的差异，有的墓地女性反而比男性的拔牙率还要高。如大汶口墓地，经鉴定的拔牙人骨标本中，男性的拔牙率为64%，女性的拔牙率为80%，女性明显大于男性。假如把拔掉牙齿看作是一种生理成年的标志，那么为什么还有许多人在青春期到来乃至以后并不将牙齿拔掉呢？而“一般的成年礼是一切人必须遵行的”（〔法〕列维・布留尔：《原始思维》，商务印书馆，1986年）。退一步说，即使存在着一定青春期标志的因素，也同样远远不是拔牙的根本原因。还会有更复杂、更微妙的观念和动机，促使人们将健康生长的牙齿人为地拔掉。

那么，大汶口文化时期的居民，是出于什么信念、什么动机，忍受着痛苦将牙齿拔掉的呢？我们认为这种拔牙习俗与宗教观念有关，或者说，拔牙习俗是由某种宗教观念引起的。

大汶口文化时期是原始社会急剧变革的时期，早期处于母系氏族社会末期；

中期开始向父系氏族社会过渡；晚期则已进入父系社会。面对社会的动荡，贫富差距的增大，来自人类自身的危难伴随着自然界对他们的威胁冲击着大汶口文化时期的先民。他们感到惶恐不安、内心压抑。自身的无力与外界的胁迫，使他们常常产生绝望，在这种情况下，人们所需的是慰藉。自我调节，不独是现代人的自慰方式，在社会发展已达到一定历史阶段的史前人那里，同样是寻求心理平衡的灵丹妙药。在这样的历史背景下，氏族宗教得到长足发展，为神灵崇拜、魔怪崇拜、物神崇拜的产生与发展，创造了一个得天独厚的环境。尤其对神灵的信仰，发展成为父系氏族社会最基本的宗教观念形态之一。对神灵的依赖和敬畏及建立在虚幻观念上的慰藉的满足，迫使史前先民做出对神灵崇拜形式上的种种选择。献祭，便是多种神灵崇拜的形式之一。将牙齿作为祭物进献给神灵，以求安身立命应是大汶口文化先民所做出的一种选择。针对献祭的性质和目的，费尔巴哈做过这样的论述：

> 宗教的整个本质表现并集中在献祭之中。献祭的根源便是依赖感——恐惧、怀疑、对后果对未来的无把握、未来的不可知对于所犯罪行的良心上的咎责，而献祭的结果、目的则是自我感——自信、满意、对后果的有把握、自由和幸福。(《费尔巴哈哲学著作选集》)

尽管这种自我满足仅是主观的、虚幻的感觉，但对献祭者来说则是构成心理平衡所不可少的基本因素。尤其对父系氏族社会的史前人来说，随着人类控制自然权能的日益扩大，那些操纵自然物和自然力的自然神灵的权能也相应扩大；在万物有灵的原始宗教中，无论是自然的还是社会的，有灵则祭。由此而论，大汶口文化的拔牙习俗根源于宗教观念，是对神灵献祭的一种手段就不足为怪了。

那么，史前人类为什么用牙齿作为祭礼？献祭的具体对象是什么？我们认为，就拔牙习俗的形态而言，应该源于对自然神灵的崇拜。也就是说，拔牙献祭的最早形态，应是出于对自然神灵的崇拜与祈祷。

史前人类对于自然界的崇拜，来自于自然界作为生存环境条件的影响以及人类对自然界的依赖与无知，这是人所共知的。在有限的生产力的困惑下，来自对自然的恐惧和忧虑，深深地震荡在他们的心灵深处，无时不在乞求自然力量的恩赐与施舍。对自然神灵的崇拜，说到底其根源在于人对自然的需求、依赖与无知，于是自然便从人们生存所依的环境对象变成了神圣的主宰对象。在谋求生存的艰难路途中，人类最基本、最强烈，也是最明显的是对生存的需求。这种生理的需求主要包括衣、食、住等方面，在这三者当中，“食”，是生存的第一需要。吃，是人的一种本能，是维持生命的基本手段。对史前人来说，能吃上东西或能填饱肚皮，当是人们最重要的生理需要和最大的精神安慰了。只有满足了这一基本的需要，才有可能进行其他活动。当食物进入人体维持生命，并一次次满足着生理快感和精神享受之后，限于史前人类那种特有的表象思维特征，只能借助具体的形象来表达自己的宗教感情：一方面，人们感到是得益于牙齿的坚硬锐利，将兽肉撕破，将果实咬碎，将黍物嚼细，满足了自我的需求，牙齿成为有功于己的锐器；另一方面，又感到是牙齿毁掉了自然神灵给予他们的恩赐，破坏、消灭了他们为之拼搏乃至舍命而所得来的“战果”。在这种双重矛盾的心理斗争中，人们似乎觉得有负于神灵的恩惠，对神的依赖感和敬畏感迫使他们做出这样的选择：将人们满足进食最好的利器，同时也是“祸首”的牙齿拔掉，献祭于神灵，以祈求神灵的宽恕，让神灵给予更多的赏赐。生存与神灵崇拜相对立，享受占有与负罪心理相矛盾，拔牙献祭便成为大汶口文化先民保持心理平衡所要选择的一种形式。

在这种情况下，男女皆然，当然也会有例外。而拔牙多发生在青春期，也是这一观念下的结果，因为这一时期，恰恰是人初步具备狩猎、渔牧、耕作及手工业操作能力的年龄。换个角度而言，便是最需神灵惠及的时期。所以15～22岁的青年时期也就成为拔牙献祭的最佳年龄。至于大汶口文化中拔牙的部位和数量都那样严格一致，即拔除上颌两颗侧门齿，当是先民选择的最佳方案。拔掉牙齿必然影响口腔功能的发挥，而出于对神灵的敬畏又不能没有措施。拔掉两个侧门齿，既不严重影响啃咬功能，又很容易显示，一开口就能明显地表露给神灵、表露给同伴。在此意义上，拔掉侧门齿的措施，对大汶口文化时期的人来说，无疑是一种两全的选择。

（三）彩陶纹饰所反映的自然信仰

陶器，是史前人类最基本的生活器皿。彩陶的出现，又为陶器增添了新的文化内容。因为彩陶除了它一般的实用功能外，其纹饰、色彩更多地反映了史前人类的精神生活，是那特定历史时期人们心理活动、意识观念的折射。

在大汶口文化中，几何纹是彩陶装饰的主要图案。在几何纹中，三角纹不仅占有突出的地位，并且也是其他新石器时代文化中少见或不见的纹样，成为大汶口文化纹饰的一个重要特征。和其他几何纹一样，关于这些纹饰的起因和来源，至今仍被认为是世界艺术史之谜（李泽厚：《美的历程》，中国科学出版社，1984年）。在此我们以大汶口遗址1959年发掘的133座墓葬中出土的彩陶纹饰为例，着重通过三角纹的产生及演变来分析讨论纹饰具有的信仰观念——自然崇拜。

在1959年大汶口遗址发掘的133座墓葬中，出土彩陶的有23座，接近墓群的五分之一。就其纹饰而言，“都是几何图案，不见动植物纹，其中以平行弦纹作界隔，中间绘连三角纹或网纹，为最常见的母题”（《大汶口——新石器时代墓葬发掘报告》，文物出版社，1974年）。其实，这三角纹就是水纹（图2）。如图所示，在前期，水波纹是具体形象的，进而演化为两条相应弯曲的弧线，两弧线间或空，或充填以色带，犹若河流弯曲的自然状。随着器物肩腹两条平行装饰线的出现，夹在中间的波纹曲线的上下弧端逐渐与装饰线相接，便形成了所谓的三角纹。但是，这时的三角纹还只是水波纹的辅助性装饰，或空，或饰以色，或充填网纹。演变到后期，三角纹才成为主体。如果从后期三角纹中三角正反结合的空隙看，仍存有水波纹的痕迹。可以说，大汶口遗址三角纹的形成即源于这一具体形象——水波纹。其演化的焦点在于两条上下水波纹的端点或弧曲或直折与器物肩腹的二条水平装饰线相交，首先成为衬底的三角纹样。就演化中的三角形而言，可分为规则三角形与不规则三角形两种。前者呈较为规整的角和边，后者的边和角呈明显的弧曲。直至后来独立的三角形，便完成了由具象到抽象图案的转化，即先是对自然——水的模拟，尔后演化为图案——三角形的抽象。

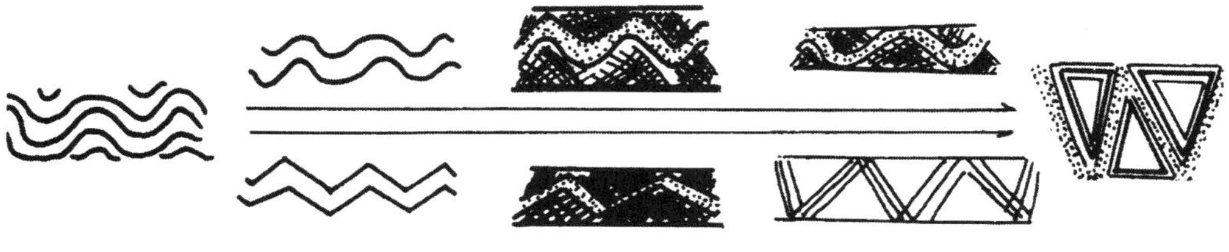

图2　大汶口遗址彩陶三角纹演变示意图

为什么人们用水的形象来装饰生活器皿呢？为什么要将水的形象绘制在器物的肩腹部这些最佳视觉部位呢？为什么水纹会被抽象的三角形图案所取代呢？

图3　大汶口遗址出土的彩陶背壶

水是人们赖以生存的最基本物质。人在生理上直接需要水，人类所需的食物对象也均离不开水。没有水，野果及原始的农作物就会干枯；对于动物，没有水就意味着死亡……这些现象，对万物有灵的史前人类来说，不能不产生对水的敬畏感和神秘感，因而水在初民的意识观念中占有不可置疑的崇拜信仰成分。因此这种纹饰绝大多数绘于罐、背壶等盛水器皿上。值得注意的是，在大汶口墓葬群中，规模最大、随葬品最多的10号墓中，出土了两件极为精致的三角纹背壶，高17.4厘米（图3），似乎无实用价值，是否已成为祭祀的器皿就不得而知了。

史前先民为什么将水纹抽象为三角形图案？这一点使人费解。原始社会，在特定的历史条件下人类认识和改造世界的水平及能力还十分低下，不可能抗拒的自然威胁及来自各方面的干扰、突然发生的自然现象常使他们束手无策，由此而产生了崇拜某一自然物的心理；但在此同时，认识、改造、征服和利用自然的意识逐步提高。并在生存本能的驱使下，不断增长着。这样，征服与崇拜两种相对的心理倾向，构成相辅相成的互补关系，从而使原始人类在同外部世界的关系中保持着一定的心理上的平衡。

大汶口文化时期，其社会形态在早期尚处于母系氏族社会末期，中期是由母系氏族公社向父系氏族公社的过渡时期，晚期则进入父系氏族社会。大量几何纹样的出现是在大汶口文化的中晚期，也就是说发生在旧的形态即将灭亡、新的社会结构即将来临的历史变革时期，我们认为这不是巧合。随着原始农业的进步、畜牧业的发展、手工业的兴盛，伴随而来的必然是意识形态的革命。氏族内部男女的不平等，富者与贫者的巨大差异，迫使人们处于一个复杂的矛盾心理状态之中。作为这种意识物化的彩陶图案，不可避免地留下那一时代的精神印迹。

许多心理学家曾分析：在原始艺术中，几何纹普遍有着对称性和节奏性特征，有时达到了令人吃惊的程度，这种现象反映了人同周围环境的对应关系。格式塔心理学家认为，原始人之所以如此，是由于日常生活中缺乏秩序，缺乏对称和整洁，才使这种突出了秩序、整洁、对称、节奏的艺术充满魅力（鲁道夫·阿恩海姆：《视觉思维》，滕守尧译序，光明日报出版社，1987年）。艺术史家贡布里希在装饰艺术心理学研究中也认为，原始人选择几何纹做装饰，是“因为几何形状在自然界中是很少见的，所以人类的脑子就选择了那些有规律性的表现形式”（《秩序感——装饰艺术的心理研究》，杨思梁等译，浙江摄影出版社，1987年）。原始居民面对动荡的社会、多变的生活，他们产生了一种不安感，在意识上萌发了一种强烈寻求安定的愿望。这样困于混沌、变幻不定的外在世界的原始人，便“将外在世界的单个事物从其变化无常的虚假的偶然性中抽取出来，并用近乎抽象的形式使之永恒，通过这种方式，他们便在现象的流逝中寻得了安息之所”（沃林格：《抽象与移情》，王才勇译，辽宁人民出版社，1987年）。在原始人的心目中，当他们创造了规则的几何图形时，就等于在迷乱中创造了秩序，在混乱中创造了所乞求的安定世界。水纹演变为三角纹，无论是结构还是用色，都体现了这样一种时代精神。这大概就是大汶口文化大量出现三角几何纹的原因所在。

图4　大汶口遗址出土的八角纹彩陶豆

在大汶口彩陶纹饰中，还有一种特殊的图案装饰，或许比三角纹有着更深的自然崇拜意义。1974年大汶口遗址出土一件彩陶豆，其腹部四周绘有四个白彩方心的八角纹（图4）。这种八角纹在大墩子遗址、野店遗址也有发现。除大汶口遗址出土的图案绘在彩陶豆上外，其他两处的图案均绘在彩陶盆上。使人惊异的是：三个图案几乎完全一样，即由折线组成的八角纹环绕着一个方心。这个图案模拟的应是祭坛，它以一个方台为中心，四周以水环绕。

先说环绕方心一周的八角折线，这种折线其实就是水波纹的直折形式（这同于前面所说的水波纹折线）。就大汶口出土的这件八角纹彩陶豆而言，其时间应该在大汶口文化的中期，在略晚于它的大汶口遗址晚期墓中，这种水波线的直折形式仍然存在。折线围绕器物一周的形式在性质上也是一致的。因此，可以推测方心四周所表现的应是水。

为什么认为中心是一方正的台子呢？这一点除在图案中表现为一规整的方块外，还可从其他新石器文化中所发现的一些现象得到启示。1984年在辽宁东山嘴红山文化建筑遗存中，曾发现一座基本方正的大型基址（郭大顺等：《辽宁喀左县东山嘴红山文化建筑群址发掘简报》，《文物》1984年第11期），有人认为那就是祭坛（《座谈东山嘴遗址》，《文物》1984年第11期）。据浙江省文物考古研究所《余杭瑶山良渚文化祭坛遗址发掘简报》（《文物》1988年第1期）载，在1987年浙江余杭瑶山遗址中，曾发现良渚文化祭坛，也是“坛作方形”，并在方台四周发现填有灰色斑土的围沟，此沟疑为环台的水沟。

因此，我们推测：大汶口文化所发现的八角纹图案，所描绘的是一个四周有水中间有一方台的祭坛。这种形制的祭祀建筑，在后世的祭祀性遗址中可找到相应的痕迹。方形封土或石台的建筑，一般建在较高地带或山上，多有高上加高之意。具有悠久历史的泰山封禅祭祀的祭坛就是方形，可以马第伯《封禅仪记》所记为证：“台上有坛，方一丈二尺所，上有方石……”这是东汉时所见的封坛。而四周环以水的形制则被明堂制所承袭。《史记·封禅书》所记明堂殿：“四面无壁，以茅盖，通水，圜宫垣为复道……”当然，这还有待于考古资料的进一步证实。

（四）獐牙钩形器所反映的灵物崇拜

崇拜灵物是神灵观念物化的结果。其崇拜的对象，或是一块石头，或是一枚兽骨，或是其他某一种具体的实物。作为灵物，其本身已失去了它原有的自然形态及功能，代表的是自身之外的力量，包含一定的宗教观念。灵物的出现，标志着自然崇拜进入了一个新的发展阶段。大汶口文化中，已出现了多种形式的灵物崇拜，最典型的要算是所谓的“獐牙钩形器”了。

在大汶口文化的墓葬中，死者指骨处往往发现獐牙或一种安有手柄、从两侧嵌入獐牙的被称为獐牙钩形器的东西。有时置于死者右手，有时置于死者左手，有的两手均有，这种手持獐牙的习俗一直延续到大汶口晚期。对于獐牙钩形器的用途，学术界有着不同看法。让我们先看一下在几处典型遗址中獐牙的出土情况。

大汶口遗址在1959年第一次发掘的墓葬中，共出土獐牙188件。“握于死者指骨中，多者左右两手12个（第132号墓），少者1个。不少尖端经过加工，刃部锋利，有的还有烧痕。从其随葬的普遍和放置的固定，可以说是一种葬俗。”（《大汶口——新石器时代墓葬发掘报告》）另外，同报告还介绍在6号墓中，发现一件置于左手并安有骨柄的獐牙（图5），“獐牙根部磨平插入角柄，角柄刻不规则花纹，有穿孔，便于系带，高10.5厘米”。

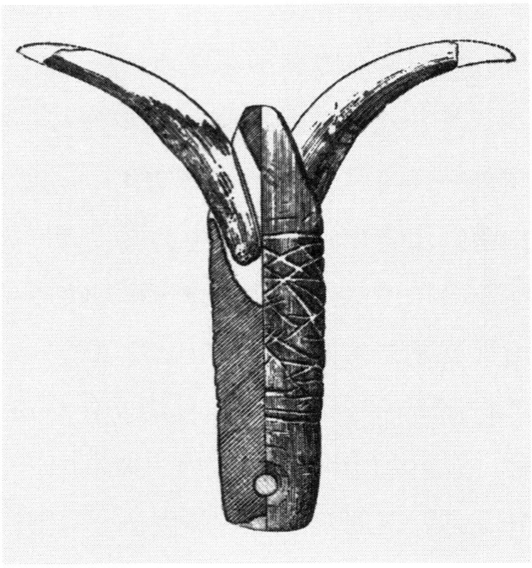

图5　大汶口遗址出土的獐牙钩形器

在江苏省邳县的刘林遗址，1960年、1964年先后进行了两次发掘，在发掘的197座墓葬中出土有大量獐牙或獐牙钩形器。第一次发掘，出土獐牙（发掘报告称为“牙勾”）38件，獐牙钩形器（发掘报告称为“牙角勾形器”）6件。獐牙一般长7.5厘米。用獐的獠牙制成，在牙的弧内磨成一面刃，刃有的在上，有的在下。牙根部也有不同加工，以便于绳捆。獐牙钩形器长12.8厘米，柄用鹿角，并刻有斜方格纹，柄上部左右两侧镂空嵌入獐牙（江苏省文物工作队：《江苏邳县刘林新石器时代遗址第一次发掘》，《考古学报》1962年第1期）。第二次发掘，发现獐牙88件，獐牙钩形器24件。其中出土的獐牙，绝大部分的牙冠、牙根都是经过加工的。很多獐牙都是成对出现，且放置时往往根部相背（有人认为原来曾有木柄）。在出土的24件獐牙钩形器中，大多以鹿角作柄，柄上部两侧刻槽。两侧槽内各嵌入一枚经过加工的雄獐犬齿。柄部往往刻有三角形、斜方格、横线、直线等组成的装饰纹。獐牙则经过加工，牙冠内侧磨出利刃，牙根部内侧磨槽以便于缚绳，使之牢固地附着在骨柄上（南京博物馆：《江苏邳县刘林新石器时代遗址第二次发掘》，《考古学报》1965年第2期）。

西夏侯遗址1962年首次发掘了两层墓葬，上层墓6座，下层墓5座，死者手边无一例外地都置有獐牙。这些獐牙，未见明显的加工痕迹。下层墓每墓一件，或在左手，或在右手；上层墓每墓二件，左右手各执一件。多数獐牙在手指骨之下，当是用掌心盖住獐牙；少数置于手指骨之上，似为掌心托住獐牙；个别的则在腕骨或指头前边（中国科学院考古研究所山东队：《山东曲阜西夏侯遗址第一次发掘报告》，《考古学报》1964年第2期）。

以上所列举的遗址是大汶口文化中具有代表性的墓葬遗址，在其他大汶口文化遗址墓葬中也多有獐牙随葬。由此可知：在大汶口文化时期，普遍流行有獐牙或獐牙钩形器的随葬习俗。其随葬对象不分男女，獐牙位置也不分左右，但均置于手部；其器或加工，或不加工，而以加工者为多；在年龄上也不分老幼，如大汶口墓68号、89号、94号；刘林墓73号、151号等儿童墓没有其他物品随葬，却有獐牙；獐牙随葬数量也没有严格限制，一般为一二件。从随葬的普遍及固定的位置，可以想见这与当时的拔牙一样，已成为一种习俗。那么这种獐牙或獐牙钩形器有什么用处？这种葬俗反映了史前人的什么观念形态呢？

有的学者认为獐牙钩形器是一种生产工具。或谓“勾割之用的复合工具”（尹焕章等：《江苏邳县刘林新石器时代遗址第二次发掘》，《考古学报》1965年第2期），或具体为“收割谷物的工具”（尹焕章等：《江苏邳县四户镇大墩子遗址探掘报告》，《考古学报》1964年第2期）。但是，如果说獐牙钩形器是生产工具，那么其目的在于实用，但即便是带柄的钩形器一般长才十几厘米（已见报道的钩形器，大汶口长10.5厘米；刘林长12.8厘米），从其体量上说，实在是太小太短了；其次，出土情况是有时两手均握有这种钩形器，又如何操作呢？再者，有的钩形器无刃（如大汶口标本6：10），又如何能割？有的学者又依据刘林遗址中，这种钩形器有一件出现在随葬品丰富的182号墓葬中，认为“手握獐牙钩形器的是富有者或有一定社会地位的人”（吴汝祚：《大汶口文化——东夷族的早期史略》，《东岳论丛》1983年第2期），是一种权力富有的象征。但在大多数遗址中，随葬有这种钩形器的墓葬，没有明显贫富不均的差异。如在大汶口墓葬中，出土的一件钩形器是在中型墓中，而不在大型墓，随葬品也仅有9件（其中陶器6件、骨镖1件、猪头2个）。即使同在刘林遗址，除182号墓外其他钩形器多出于随葬品仅有1～3件的墓葬中，甚至113号墓没有其他随葬品，却独有獐牙钩形器和獐牙随葬。因此，这种说法也不尽如人意。我们认为獐牙或獐牙钩形器恐非富有及权力的象征，也非生产工具。也许在某一时期曾被作为生活或生产的工具，但到了大汶口文化时期，它们已完全脱离了实用工具的性质，成为某种宗教意识的载体。正如有的学者已推测到的："这种物器更可能具有某种宗教意义或社会意义。"（邵望平：《新发现的大汶口文化》，《新中国的考古发现和研究》，文物出版社，1984年。）

我们认为，獐牙钩形器是一种较为典型的宗教物化形态——灵物。獐牙随葬的习俗，就是灵物崇拜而导致的结果。獐，是一种行动灵敏、善跳跃、能游泳的动物，亦称"河麂"，雄獐犬齿发达，形成獠牙。用獐牙制作的钩形器，它本身的功能已不复存在。也就是说，当它成为灵物后，失去了它原有的实用价值。也可以说史前人所看重的不是獐牙这一物体，而是把它视为神灵的代表或象征来加以崇拜。正如同西方所普遍流行的十字架，人们所崇拜的不是十字架本身，而在于它是基督的象征。从出土的獐牙钩形器柄端有穿孔，穿绳后便于人们携带，有的无柄的獐牙有相当一部分也曾装有手柄，只是因腐朽而未见，可见当时人们是随身携带这种灵物的。他们相信依赖这一灵物的帮助，可以获得相应的力量和实现预想的目的。人们每当有所祈求的时候，便会把它拿在手中，以期得到神灵的支持；当人死时，要到另一个世界去"生活"了，也就理所当然地要携它而去，以期获得人们需求的保护与帮助。当然这种灵物有时不能满足人们的希冀时，也会受到冷落和毁坏。大汶口出现有火烧痕迹的獐牙，大概就是受到惩罚的遗痕。灵物崇拜，是一种神灵观念的物化形式，是神灵崇拜的重要组成部分。随着宗教观念的不断发展，信仰、崇拜的对象需要直观性和具体化。灵物的出现，就成为史前人类在其思维特征影响下的历史必然。如同韩民青先生在《文化的历程》（广西人民出版社，1990年）中所指出的：宗教观念以信仰、崇拜意识为根本，而信仰、崇拜的对象又是信仰、崇拜意识的核心，然而仅仅停留在意识形态观念上又必然是贫乏的、非直观的，因而也是无力的，特别是对于缺乏抽象思维的人们来说更是如此。因此，宗教信仰、崇拜对象的直观物化便成为统一信仰、巩固信仰、激发信仰的重要手段。

在大汶口文化中，出现的对生产工具的崇拜，从性质上说，也是这类灵物崇拜的另一种形式。大汶口10号大墓，出土过一件精美的玉铲，长19厘米，墨绿色，完好无损。器形非常规矩，通体清洁无瑕。挖掘者认为"似已有生产工具变成带有装饰意味的东西，不曾实际应用"（《大汶口——新石器时代墓葬发掘报告》）。在继大汶口文化之后的龙山文化中，也同样有这种现象。1963年在山东日照两城镇遗址也发现一件石器，为长方形扁平石锛，长18厘米，厚0.6厘米，墨绿色，近似玉质。石锛上部正反两面均刻有类似兽面的精美纹饰（图6）。另外还有一件四面有刃，器身存有四孔的灰绿色的大型石铲，长48.7厘米，平均厚度0.5厘米。这两件石器“已脱离实用的范畴，因为都太薄了……可能是一种非实用的象征性工具”（《记两城镇遗址发现的两件石器》，《考古》1972年第4期）。另外在大汶口出土的图案文字中，有两个陶文“”“”，“都是装柄工具之形，一个是石斧，一个是石锛”（《大汶口——新石器时代墓葬发掘报告》），无疑是农具的象形字。将它刻绘在作为祭祀的陶尊上，所含的宗教观念是明显的。石铲、石锛、石斧等工具，与人们的生产活动息息相关，用它可以进行原始耕作、狩猎，也可充当氏族间征杀的武器。人们崇拜它的锋利与坚硬。当这些工具成为人们宗教观念的表现对象时，也就赋予了它一定的灵性，其形态便发生了质的变化，它的信仰价值超过了使用价值而使其脱离了固有的工具形态，而不再具有实用性，成为一种象征。人们用它来随葬，无非是依赖它的灵性，以满足死者的需求。

以上我们以大汶口文化时期墓葬为主，探讨了灵魂和神灵观念的产生及其意义。一般认为，人们的灵魂观、神灵观、神性观，是一切宗教观念的基础。各种宗教的信条、教义和教理事实上都是在这三种观念的基础上建立起来的。

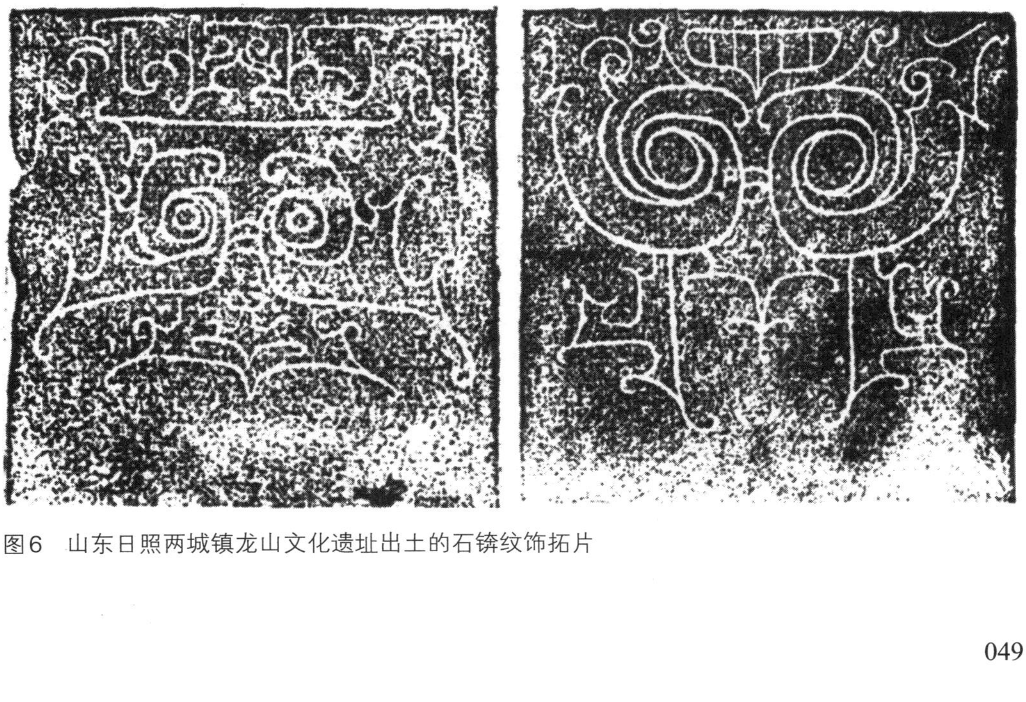

图6　山东日照两城镇龙山文化遗址出土的石锛纹饰拓片

在宗教观念中，支配日常生活的人间力量采取了超人间力量的形式。这种“超人间力量”也就是宗教所说的灵魂和神灵。神灵如何支配人们的日常生活，取决于人们对神灵的性质和权能的理解，即取决于人们赋予神灵以什么样的智慧、意志和权能。这些就构成了宗教神灵的神性。（参见吕大吉主编：《宗教学通论》，中国社会科学出版社，1989年。）可以这样说，灵魂观念是宗教观念中最重要的观念之一。如果没有超自然的、不朽的灵魂观念，也就不可能有超自然、超人间的神灵观念。而神灵观又是神性观所不可缺少的观念基础，没有神灵观念的存在，没有人所赋予的意志和权能，也就无所谓神性的形成了。泰山周围多种形态的灵魂观念与神灵观念，为泰山宗教的发生，奠定了坚实的基础。同时为泰山进一步的神性化提供了必备的观念形态。

第二章

封禅——泰山崇拜的特殊形态

大山崇拜，是我国古代普遍存在的宗教文化现象。但像泰山那样作为神山、圣山而受到历代帝王的尊崇和膜拜，且时间延续数千年的实不多见。我国历史上特殊的祭祀礼仪——封禅，就是在泰山形成的大山崇拜的最高形式。它以功成受命为核心，以天人感应为特征，构筑起一代帝王将兴之时的一种命定论模式。它以特定的形式和独有的内容成为历代帝王统一天下、改制应天的重大政治活动，构成泰山崇拜的特殊形态。

第一节　封禅的源流

随着人类的社会属性的增加，泰山崇拜逐步社会化、政治化。封禅的出现标志着泰山崇拜进入了一个新的发展时期。封禅是在自然崇拜的基础上形成的一种宗教典礼。而作为一种政治制度，却是由巡守制发展而来的。

一、封禅的发生

山，以其特有的自然属性，自古以来就是人类自然崇拜的对象。人类对大山的崇拜，在世界各民族中都有着相当的历史渊源。古希腊则认为奥林匹斯山是希腊诸神所在的神山。在我国，古人求取长生有三山（蓬莱、方丈、瀛州），更不用说万神所居的昆仑山了。姑且不论有人认为昆仑山即泰山（何幼琦：《海经新探》,《历史研究》1985年第2期；何新:《诸神的起源·天堂与地狱之山》，生活·读书·新知三联书店，1986年）。仅就《韩非子·十过》中“昔者黄帝合鬼神于泰山之上”之说，就足以说明自古以来泰山的特殊神秘性及在中国诸山中的崇高地位。这座名山之神——东岳大帝素来被尊为“万神之领袖”，具有中国其他诸神所不曾有的神威与功力。他不但掌握着人世间的生死福禄，而且还能影响一朝一代政权的兴亡更替。他的威力之大，影响之广，超过了中国历史上任何一位山神。

前文提到的我国原始图像文字中的“”字，虽然关于它的释读及含义有不同的解释，但上面是太阳，下面是山的看法却是一致的。山与太阳共同合为一字，反映出先民对山岳的崇拜。对泰山的崇拜，在先秦已有明确的记述。在《尚书》所记的四岳中，已把泰山称作“岱宗”列为众岳之首。《公羊传·僖公三十一年》“触石而出，肤寸而合，不崇朝而遍雨乎天下者，唯泰山尔”的记述已将泰山视为神山。

《尚书·舜典》云：舜“在璇玑玉衡，以齐七政，肆类于上帝，禋于六宗，望于山川，遍于群神。……岁二月，东巡守，至于岱宗，柴。望秩于山川”。对于六宗，有着不同的解释。如按《古尚书》所说：“六宗，天地神之尊者，谓天宗三，地宗三。天宗，日、月、星辰，地宗，岱山、河、海。”在此作为地宗之首——山宗，可见岱山——泰山的信仰体系早已建立起来了，并成为舜巡守、祭祀的第一座大山。什么是巡守呢？按《白虎通》的解释是：“王者所以巡守者何？巡者循也，狩牧也。为天下循行狩牧民也。道德太平，恐远近不同化，幽隐有不得所。考礼义，正法度，同律历，计时月，皆为民也。”这与《礼记·王制》所记巡守制度基本相同：“觐诸侯，问百年者就见之；命大师陈诗，以观民风；命市纳贾，以观民之所好恶，志淫好辟；命典礼考时月，定日，同律、礼、乐、制度、衣服，正之……”就是说，巡守是一代君王巡察各方诸侯的大礼。这实际上是王者为了控制诸侯而采取的一种巡回视察制度。这在尧舜之时已成定制而被后世所效仿。尤其在周代，巡守成为周王统治天下和统一各国制度的象征性措施。王者巡守每至一方，即登上域内之岳柴祭告天，并望祀天下名山大川。这完全是为了表明王者禀受天命，拥有天下四土而举行的一种宗教典礼。随着社会的发展，这种原来在自然崇拜基础上发展而来的大山祭祀，逐步集中于泰山，并趋向社会化、政治化，以至成为帝王改朝换代时必须实施的大礼。这就是中国历史上出现的一种大山崇拜的特殊现象——泰山封禅。封禅与巡守有着密切的联系，从本质上说，封禅即缘于这种巡察方土的制度。封禅出现后，即使有的帝王不能封禅也仍实施这种巡守制度。

“封禅”之说大约产生于战国末年。如顾颉刚先生在《中国上古史研究讲义》（中华书局，1988年）中所言：“自从邹衍一辈人讲帝王易代由于五德转移，在转移的时候必有祥瑞符应以表示新王的受命，于是有‘封禅说’出现。”

有关封禅的文献，据《汉书·艺文志》载：《古封禅群祀》二十二篇、《封禅议对》十九篇、《汉封禅群祀》三十六篇、《封禅方说》十八篇，可惜均已散佚。从现有文献看，封禅之说，最初见于《管子·封禅篇》，但也已不是原文。今本《管子·封禅篇》是从司马迁《史记·封禅书》中引用过的部分片断抄回补录的。管仲曰：“古者封泰山、禅梁父者七十二家，而夷吾所记者、十有二焉。……皆受命然后得封禅。”管仲所记七十二家，实为后人托古改制的伪托。不过，这些说法被汉代大历史学家司马迁所引用，当不会没有一定的依据，其“封禅”说法的出现在时间上也不会晚于战国。《庄子》曾云：“易姓而王，封于泰山，禅于梁父者，七十有二代。”（《后汉书·祭祀志》注）在司马迁《史记·封禅书》中，有“孔子论述六艺，传略言易姓而王，封泰山禅乎梁父者七十余王矣”之文。说孔子曾言有“封禅”之语不可信，但在孔子之后，于秦以前附会时说是可信的。由此而言，在战国时期已盛行封禅之说。那么，当初封禅的意义是什么呢？司马迁所引管仲之语，说齐桓公欲封禅，“管仲睹桓公不可穷以辞，因设之以事，曰：‘古之封禅，鄗上之黍，北里之禾，所以为盛；江淮之间，一茅三脊，所以为藉也。东海致比目之鱼，西海致比翼之鸟，然后物有不召而自至者十有五焉’”。就是说帝王封禅一定要有鄗之黍、北之禾、一茅三脊、比目鱼、比翼鸟和其他十五种祥瑞的东西才可以举行。可见举行封禅这一大典远非人力所能为之。

那么为什么要封禅？又是什么人可以封禅呢？据《史记·封禅书》云：“自古受命帝王，曷尝不封禅？盖有无其应而用事者矣。未有睹符瑞见而不臻乎泰山者也。虽受命而功不至，至梁父矣而德不洽，洽矣而日有不暇给，是以即事用希。……每世之隆，则封禅答焉。”既然是受天之命的帝王，必会有符瑞出现，能去泰山封禅必是天意所予的神道之君。这就是司马迁依据管子所云做出的解释，基本上反映了封禅出现时的社会意义及价值。显然，封禅是一种假设学说，是一种“真命天子”出来时应有的神和人交通感应的仪式。那么这一仪式为何要用“封”与“禅”的形式呢？《史记·封禅书》正义云：“此泰山上筑土为坛以祭天，报天之功，故曰封。此泰山下小山上除地，报地之功，故曰禅。”可见封禅是上祭天、下祀地的一种祭祀形式。天以高为尊，地以厚为德。服虔注《汉书》曰：“封者，增天之高，归功于天。”张晏注：“天高不可及，于泰山上立封，又禅而祭之，冀近神灵也。”高上加高，为的是近于天。“禅”，即“墠”，谓除地。服虔曰：“广土地。”班固云：“广厚也。”因高告高，以报天；广土地之基，以报地，这便是帝王封禅的祭祀礼仪。很明显这与《礼记·祭法》“燔柴于泰坛，祭天也；瘗埋于泰折，祭地也”、《礼记·郊特牲》疏“以天之高，故燔柴于坛，以地之深，故瘗埋于坎”的祭法一样，是依据天地的自然特点而设计制定的礼制。可以认为：天神在上，如果不在泰山上再筑土为坛就不足以达之；地神在下，如果不在泰山下除地以增其广厚，也不足以通之。封禅将两种不同的祭祀形式合二为一，构成了古代自然崇拜的特殊礼仪形式。

封禅，作为一个专用祭祀名称，特指帝王在泰山所举行的封以祭天、禅以礼地的祭祀大典。自古以来，对封禅活动的起始、评价虽莫衷一是，众说纷纭，但封禅必于泰山却无任何异议。这一大典为什么一定要在泰山举行呢？对于这一问题，人们常引用《白虎通·封禅》的解释：

> 王者易姓而起，必升封泰山何？教（报）告之义也。始受命之时，改制应天，天下太平，功成封禅，以告太平也。所以必于泰山何？万物所交代之处也。必于其上何？因高告高，顺其类也。

就是说，因为泰山是物之所始、代之所易的天地通灵之处，所以王者始命易代以告天地之功的祭典也就必在这里进行了。至于泰山何以成为“万物之始”“交代之处”？《白虎通·巡狩》中说：“东方为岱宗者，言万物更相代于东方也。”《五行》篇说“东方者，阴阳气始动，万物始生”，“东方者，木也。万物新出地中”。这些理论表现出以东方为尊的崇拜，也说明泰山已被纳入战国末期盛行的阴阳五行说系统。所谓“阴阳五行说”，指的是我国晚周时期形成的以水、火、木、金、土五种物质相生相克和终而复始循环变化的一种学说。这种学说曾一度成为指导人们行为的基本原理。从政治、军事、农业、天文、历法乃至宗教、伦理、艺术等等，没有一项不和阴阳五行说相联系。

泰山雄伟高耸的空间结构、拔地通天的形体特征，在古人看来就是与上天相通的通道；理想富殖的生态环境给人的生存以优厚的自然条件，以至汉代时还被认为是华夏富殖的中心；变化莫测的气候物象给泰山罩上了神秘神圣的色彩。博大深广的历史文化，造就了泰山独得其尊的社会基础和在中国文化史上的特殊地位。太阳崇拜、东方崇拜是泰山信仰的源头，对泰山的崇拜也正是中华大地在上古时代广为流行的日神崇拜的缩影。“所谓‘华族’，就是崇拜太阳和光明的民族。”（何新：《诸神的起源·太阳神与远古华夏民族的起源》，生活·读书·新知三联书店，1986年）因此，当阴阳说、五行说、五德说出现后，泰山便自然地承担起了“求之物本”“取其所通”的大任。也才有“东方者，万物之所始；山岳者，灵气之所宅”（《后汉书·祭祀志》注）的说法。再加上史官文人的点化：泰山者，岱宗也。岱者，代也，阴阳交代；岱者，胎也，万物之始；宗者，长也，五岳之首。王者初基有受命封禅之事也只有“唯泰山尔”了。由此可见，“泰山独尊”，绝不是一种偶然的文化现象。

综上所述，在泰山封禅作为一种祭天礼地的仪式，其概念形成于战国末期。封，意在高上加高，与燔柴祭祀的形式特点相同，有非此不足以升中达于天的意义；禅，除地以广厚德的形式却有着社祀的性质。其目的均在于“冀近神灵”。天者百神之君，地者万物之祖。故“王者经略，必以天地为本”。帝王因德受命，祭天地以告成功也就成为百王所同、当仁不让的大礼。这一礼仪必须在泰山举行，表现出人们的传统心理和历史文化的魅力。泰山是民族之山、历史之山，这是它“独尊”的内在核心。再加上各种人所赋予的意志和权能，奠定了封禅的宗教基础。

二、封禅的理论根据

（一）邹衍的“五德终始说”

在经过长期的战乱纷争，至战国末年，结束诸侯割据局面，完成国家统一，已成为历史发展的必然趋势。伴随着社会大变革的到来，为适应社会政治的需要，学术思想异常活跃。在诸子百家争鸣蜂起之时，邹衍的阴阳五德学说，可谓异军突起。他以五行的相生相克和周而复始的循环变化，来解释王朝更替的因由。这正适应统一已成大势所趋的情况下，各国之君的需要。在邹衍之前，虽然也有对天命依从的种种说法，如“时日曷丧，予及汝皆亡”（《尚书·汤誓》）、“有命自天”（《诗经·大明》）、“死生有命，富贵在天”（《论语·颜渊》），但均比以德待命的“五德终始说”抽象得多、空洞得多。“机祥度制”“终始五德”，帝王之兴必有祥瑞伴出，即所谓天瑞天谴、改姓易代、相克相生，即是“五德转移”。这种天人感应的说法确比原有的天命观具体而形象，故而深受新兴统治者的欢迎，都把邹衍奉若神明，以至邹子周游列国时“受时王之宠，尊显于世”（《论衡·别通篇》）。管子对封禅之论，代表的即是战国末期人们祈求统一，希望有一个“顺天而行”的君主来治理天下的愿望。帝王易姓而王正是由于五德的转移所致。在转移的时候必有祥符以应，才表明是受命而王，封禅便是受命而王成功后的检验。故“盖有无其应而用事者矣，未有睹符瑞见而不臻乎泰山者也。……每世之隆，则封禅答焉，及衰而息”（《史记·封禅书》）。封禅成为帝王受命而王功德天下的标志。

关于邹衍的阴阳五德终始说，现存文献不多。《汉书·艺文志》所著录的《邹子终始》五十余篇可惜已经散佚，不过，我们从《史记》等书的点滴记述中，可以了解一个大概。《史记·孟子荀卿列传》：

> 邹衍睹有国者益淫侈，不能尚德，若《大雅》整之于身，施及黎庶矣。乃深观阴阳消息而作怪迂之变，《终始》《大圣》之篇十余万言。其语闳大不经，必先验小物，推而大之。……先列中国名山大川，通谷禽兽，水土所殖，物类所珍，因而推之及海外，人之所不能睹。称引天地剖判以来，五德转移，治各有宜，而符应若兹。以为儒者所谓中国者，于天下乃八十一分居其一分耳。中国名曰赤县神州。赤县神州内自有九州，禹之序九州是也，不得为州数。中国外如赤县神州者九，乃所谓九州也。于是有裨海环之，人民禽兽莫能相通者，如一区中者，乃为一州。如此者九，乃有大瀛海环其外，天地之际焉。其术皆此类也。然要其归，必止乎仁义节俭，君臣上下六亲之施，始也滥耳。

在《吕氏春秋·应同篇》中还保存了比较完整的一段：

> 凡帝王者之将兴也，天必先见祥乎下民。黄帝之时，天先见大螾大蝼。黄帝曰："土气胜！"土气胜，故其色尚黄，其事则土。及禹之时，天先见草木秋冬不杀。禹曰："木气胜！"木气胜，故其色尚青，其事则木。及汤之时，天先见金刃生于水。汤曰："金气胜！"金气胜，故其色尚白，其事则金。及文王之时，天先见火赤乌衔丹书集于周社。文王曰："火气胜！"火气胜，故其色尚赤，其事则火。代火者必将水，天且先见水气胜。水气胜，故其色尚黑，其事则水。

这些记述，对"五德转移，治各有宜，而符应若兹"做了一定的解释。我们不难看出，邹衍的"五德终始说"是在五行思想的基础上发展起来的一种学说。他把五行思想纳入人类社会发展的历史领域，将自然之天的阴阳五行变迁递嬗的规律附会到社会发展之中，以五行中木、火、土、金、水化为"五德"，作为统治者受命于天统治天下的依据。这种思想认为五行相次循环，依次用事；相克相生，周而复始，历史上帝王政权的交替就是五行相克相生的结果；王朝的出现也是这一发展规律的体现。这一思想，顺应了当时新兴地主阶级的愿望：新统治者是受五行相克相生这一自然界的规律支配而登上历史舞台的，从而也就是必然的、合理的，为其统治的合法性找到理论根据。

显而易见，邹衍五德终始说的基础，是一种建立在天人合一——天人感应思想观念之上的命定论。其特征是"天垂象，圣人则之"。这与《易传》所谓的"天生神物，圣人则之；天地变化，圣人效之；天垂象，见吉凶，圣人象之；河出图，洛出书，圣人则之"(《系辞上》)，竟有着同音之妙。另外，从"睹有国者益淫侈，不能尚德……然要其归，必止于仁义节俭"的内容看邹衍的观念已是在儒道基础上的发挥。因为"尚德"自是儒家的基本思想，而"节俭"则有道家的风范了，邹衍的五德终始说可谓博采众长。

当五德终始说与由来已久的泰山巡守、泰山祭祀相结合，中国历史上一种特殊的祭祀礼仪——封禅便应运而生。受命之王出现，便会天应符瑞，这就要去泰山封禅以答谢上天的好意了。《管子》所云"古者封泰山禅梁父者七十二家"虽是战国末年的附会之说，但自从有封禅之说出现以后，人们便自然会想到自古以来有功于民的诸代王者。何况确有曾去过泰山巡守祭祀的君王，巡守与封禅相融通也就使得其真假难辨了。但是，五德理论也好，封禅学说也罢，主要还是为“代火者”的“水德”所预备的。“火者，周也”。水将以“水德”之运相代于周，才是邹子们的用心所在。也就是说，封禅是为能结束战国诸侯割据局面，完成统一大业的代周君主而设的。周为火德，而代者必以水，这已是不可抗拒的“法规”。这最终被自以为德高三皇、功过五帝的秦始皇得以尝试，成为中国历史上依据“五德终始说”应德改制、封禅报天的第一位帝王。封禅，这种封以祭天、禅以礼地的祭祀礼制，在秦始皇时于泰山完成。

（二）天神崇拜与地后社祀

从人类思维认识史上看，其认识特征是循着由个别到一般的路线向前延伸的。天神崇拜的信仰系统也是如此。首先是由个别、具体的形象逐步发展起来的。人们对日月星辰、电闪雷鸣等等具体的、直观形象的认识，构成着对天的基本信仰。特别是太阳，几乎成为天的载体、天的化身。“天谓日也”“大报天而主日”表现的就是这一思维特征。由个别到一般，天神崇拜经过一定的历史阶段最后形成。关于天神的观念在我国现存最早的文献——甲骨卜辞中就有记述，商代已有帝在天上之说。不过一般认为，作为至上之神神格的形成，还是在周代才出现的。

陈梦家先生在《古文字中之商周祭祀》中指出：“商人仅称天神为上帝若帝，至周于上帝若帝外，更以实质的‘天’为天神之代称。”“周人以天威可畏，恒祈年寿福佑于祖考，而以上帝与天子为统治邦国之两重元首，视天子受命于天，故周人之‘天’若‘上帝’为政治上之主宰”（《燕京学报》第十九期）。天命和天子的观念到了西周才出现，并有“王称天子，始有受命”之说：

不（丕）显玟王受天有大命。（《大盂鼎》）

不（丕）显文武，孚受天命，亦则殷民。（《师訇簋》）

尃受天命。（《齐厍镈钟》）

不（丕）显朕皇祖，受天命。（《秦公簋》）

时迈其邦，昊天其子之，实右序有周。（《诗经·时迈》）

昊天有成命，二后受之。（《诗经·昊天有成命》）

王惟德用，和怿先后迷民，用怿先王受命。(《尚书・梓材》)

天神控制和左右着国家的一切大事。连国家的建立，也是由于先主受命于上帝的，一国之主以天之子称之。既然君主受命于皇天，是皇天之子，那么对上天的祭祀也就非天子莫属了。这是一种荣耀，更是一种权力的象征。如同舜“肆类于上帝，禋于六宗”一样，取得政权，同时获得祭天的最高祭祀，也就成为一代君王治理国家、统治疆民必不可少的组织手段。

那么，天子是以什么形式来与天帝沟通的呢？《尔雅》说：“祭天曰燔柴。”《礼记・祭法》：“燔柴于泰坛，祭天也。”孔疏：“燔柴于泰坛者，谓积薪于坛上，而取玉及牲置柴上燔之，使气达于天也。”原来之所以焚柴祭之，在于“气达于天”。也即天神在上，非烟气上升，不足以达之。燔柴是与上帝联系的形式。

在我国古籍中，记载祭祀山岳之事很久远，虞舜时“望于山川，遍于群神”就有五年一巡守的祭制。另外在山岳的祭祀中，也常有其他祭法。《仪礼・觐礼》曰：“祭山丘陵，升。”《尔雅・释天》曰：“祭山曰庪县。”“升”，上也；庪县，“庪”，放置，收藏，可引申为埋藏；“县”即悬，悬挂。不管是“升”，还是“县”，同是将供物高置以献祭。在古人看来，有山之高，再悬升以近，是理想的祭天方法。近以致祭，这也是根据天的自然特点制定的。在这里有必要指出的是：古人祭山有两种情况，一种是对山岳自身祭祀；一种是借山以祭天的祭祀。前者是直接性祭祀，后者则是利用山的形态特征，作一中介而借题发挥。故在祭法上也有区别。在《山海经》中，有将祭品埋入地中献祭的祭法“瘗”，还有投、沉等祭法，是对山岳自身的献礼；而升、县或燎，则明显地表现为对天的献礼。我们认为，凡在山岳之上燔柴或升、县祭品之祭，均可以认为是借山之高以礼天的献祭。其特征是因高事天，“因天事天者，谓因天体之高，以高处以事天……必因丘陵是也”(《礼记・礼器》疏)，借山之高大，而升中于天。

封禅之封，即源于这种因高事天的祭礼方式。封，在这里特指于泰山上筑坛祭天，是典型的“因名山升中于天”(《礼记・礼器》)，故亦称之“登封”“升封”。天神高高在上，人在山上登台施祭，便于接近天神。作为与上天沟通的中介，“封”成为一代君主王天下之后与天帝沟通的基本方式。在受命于天、以德配天的思想基础上，认为天命靡常，唯德是辅，上天的受命取决于受命人君的功德，在这一文化背景下，封以报德的观念最终形成。

“禅”，表现的是对地神的崇拜。这在原始宗教中是一种普遍现象。广袤无垠的大地，是人类生息繁衍的基础。人们对土地的崇拜，主要还在于对土地的依赖性，人类把来源于土地的一切物质财富，看成是土地之神的恩赐。土地有时候又像是在发怒（如地震、旱、涝、洪水灾害等），又使人们畏惧它。这种崇敬与畏惧的矛盾心理，构成了人类对土地崇拜的基本原因。

迄今所知世界上最早最完整的人体浮雕——手持“角杯”的“洛赛尔维纳斯”就被认为是地母的形象；而在中国，目前所发现的最早的人体塑像——红山文化女神像，也被认为是“地母像”。也许这是一种巧合，但在世界范围，史前时期人类对土地的自然崇拜，已被大量的考古资料所证实。所以有的学者指出，“这种有关‘丰产女神’的信仰，曾经是一种最普遍的全球性的原始宗教信仰”（朱狄：《原始文化研究》，生活·读书·新知三联书店，1988年）。

在我国古代，“后土”一词，表现出对土地的神化及崇拜。顾颉刚先生在《中国上古史研究讲义》中指出：“后即王也，人中最贵的为后，神中最贵的亦为后。在战国以前的书籍中，‘后土’之名与‘后帝’‘后稷’的方式相同，同为最尊贵的神祇：后帝是天的后，后稷是稼穑的后，后土是土地的后……皇天是天神，后土是地神。”从有关典籍的记载看，“后”仍是一种最高权威的称号，且与皇天之称相对应。其本义应为女神，其实质来源于“生殖崇拜”的观念。在甲骨文和金文中，后字的字形从女，有的具有明显的女性特征。王国维说：“后字皆从女，或从母，象产子之形。”（《王国维遗书·殷卜辞中所见先公先王考》）“土”，《释名·释地》曰：“土，吐也。能吐生万物也。”《白虎通·五行》亦云：土，“主吐含万物，土之为言吐也”。知其是以孕育万物，具有生殖能力为特征的。所谓土之神，也即万物之母神。古人用以配称皇天的“后土”一词，就其本义来说，正是在生殖崇拜氛围下对女神的称谓。与“后土”一词相比较，“地母”之称确是非常明了的，折射出原始人类对女性崇拜的投影。皇天后土、天地相配的这种神圣关系，遍见于我国古代经典中：

天地之大德曰生。（《周易·系辞下》）

天地不合，万物不生。（《礼记·哀公问》）

天地絪缊，万物化醇；男女构精，万物化生。（《周易·系辞下》）

天地合，而后万物兴焉。（《礼记·郊特牲》）

乾坤其易之门邪！乾，阳物也。坤，阴物也。阴阳合德，而刚柔有体，以体天地之撰，以通神明之德。（《周易·系辞下》）

乾，天也，故称乎父。坤，地也，故称乎母。（《周易·说卦》）

天地相配，阴阳交合，由此形成宇宙结构的基本模式。也从而使地神在自然崇拜的基本属性中融进了越来越多的社会属性。以至后来，人们崇拜的已经不是土地自身，而是异己的社会力量，人们把某些异己的社会力量集中于社神身上而加以崇拜。

《礼记·郊特牲》说："社祭土"，"社所以神地之道也。地载万物，天垂象，取财于地，取法于天，是以尊天而亲地也。故教民美报焉"。阐明了设"社"祭土的基本原因。从现有的资料看，祭土的方式方法多种多样。但尤以社祀最为神圣。《礼记外传》说："国以民为本，民以食为天。故建国君民先命立社也。"《周礼·大祝》亦云："大师，宜于社，造于祖，设军社，类上帝。国将有事于四望，及军归献于社，则前祝。"于国于民，社成为大事必祀的神坛。《史记·封禅书》云"自禹兴而修社祀……郊社所从来尚矣"，由此可见夏禹之时就有社祀形式出现。据考古资料，社祀的形式较早出现于商代，如在江苏铜山丘湾发现的商代祭祀遗址即为社祀遗址（俞伟超：《铜山丘湾商代社祀遗址的推定》，《考古》1973年第5期）。为什么要置社以祭土？应劭在《风俗通义·社神》中引《孝经》说："社者，土地之主。土地广博，不可遍敬，故封土以为社而祀之，报功也。"以封土或立石为社，代地神以祭之，是社的内核所在，这是土地崇拜发展到一定阶段，土地之神偶像化的反映。

从本质上讲，禅之礼具有社祀的性质。秦始皇及传说中封禅君主，怎样进行封禅礼仪，没有记载。但从《史记·封禅书》汉武帝封禅"至梁父，礼祠地主""禅泰山下址东北肃然山，如祭后土礼""亲禅高里，祠后土"和《后汉书·祭祀志》所记东汉光武帝封禅"禅，祭地于梁阴"看，"禅"为明显的祭地之礼无疑。另外，管子所谓的周成王封泰山禅社首，据《唐书·礼仪志》所云："唐高宗封泰山，禅社首。"其实社首，就是社主，是大地之首。社首山是广袤土地之首领，故谓之社首。还有在历代封禅中的禅地或梁父，或亭亭，或云云，或石间，等等，皆是大地之主的"社首"，也均符合"祠必于高山之下，小山之上"的地主之祠的特征。

禅，即墠。郑玄云“封土曰坛，除地为墠”(《礼记·祭法》注)，《公羊传·宣公十八年》注有“扫地曰墠”之句，其形式同样有着自然崇拜的特征。无非是以“广土地”而近地神。以墠易禅，又为这种土地崇拜的形式增添了不少的政治色彩。古有禅让之说，于是此礼也便有了更相代谢的含意。况且土地为万物之源，所以正当大功告成之时，也就少不了禅礼了。

《易传》说“有天地，然后有万物”。王者经略，必以天地为本，这是中国传统文化中阴阳崇拜的基本依据。封以筑坛祭天为阳，禅以除地祭地为阴。祭天以男祖配飨，祭地则以女祖配飨。秦始皇就连上山、下山都很讲究，自泰山阳至巅封，从阴道下禅。这也就是所谓的“升封”“降禅”。

(三)天降符瑞与感生观念

在封禅理论中，符瑞说是一个很重要的内容。这就是说帝王受命之时，应有可见的实物作为证据，这一实物就谓之“符瑞”，也称之为“符命”“祥瑞”“符应”等。“天之所与必先赐以符瑞，天之所违必先降以灾变，此神明之征应，自然之占验也。”(《汉书·刘辅传》)天赐符瑞与人君，是他受命的凭据。王者初基，要行开务之大礼——封禅，就需有这个天赐的凭据。没有这受命符瑞，就没有资格封禅泰山。为此齐桓公即深受其苦，欲封而不能。秦始皇也不得不绞尽脑汁把这一凭据，上推到昔日秦文公出猎所获的“黑龙”上。天子是在上天那里获得统治人间权力的，但天神“唯德是辅”，这就要看他是否“明德”，否则，天命就要转移到新的有德者身上。封禅学说，是在“五德”思想基础上发展起来的人神感应理论，符瑞作为一种看得见的“真凭实据”，对于一代君王有极大的诱惑力，但对广大的民众来说，确实具有更大的欺骗性。

说到符瑞理论，使我们不由联想到史传中的感生说。许慎的《五经异义》引《公羊传》说：“圣人皆无父，感天而生。”《尚书大传》郑注云：“王者之先祖，皆感太微五帝之精以生。”这类神话传说，多见古籍中。《孝经钩命决》《诗含神雾》等书说，太昊是其母居华胥之渚，履巨人迹意有所动而生；《帝王世纪》说：少昊之母女节，因有大星下流华渚，梦接意感而生少昊；《春秋元命苞》说：少典妃安登游于华阳，有神龙首感之于常羊，生神农；《初学记》引《诗含神雾》说：黄帝母附宝，见大雷绕北斗，枢星光照郊野，感而孕；《山海经》《竹书纪年》等书说：帝颛顼商阳母因见摇光之星，贯月如虹，感己于幽房之宫，生颛顼于若水；《初学记》引《诗含神雾》说：尧母庆都与赤龙合昏而生尧；《初学记》引《尚书帝命验》说：帝舜母纵华，感枢星而生舜；《论衡》《吴越春秋》等书说：禹母见流星贯昴，梦接意感，既而吞神珠而生禹；还有《诗经》所谓“天命玄鸟，降而生商”“赫赫姜嫄，其德不回，上帝是依。……是生后稷”等，不胜枚举。这些中国古史传中的显赫人物，均是其母和某种自然现象或生物交感而生，神明感应于天地神灵也。可以看出这些神话是关于母系氏族制传说的反映，表现了“知其母不知其父”的历史影子。然而在另一方面，又无疑为天人感应学说的最初形成，提供了历史的“依据”。皇也好，帝也罢，大凡圣人君王就绝不同于凡人，都有着上天赋予的灵异——有着先天之明。

“天命五代，正朔三复。神明感生，爰兴有国。”（王符：《潜夫论·五德志》。）可以说，感生说与受命说是交相生辉的。战国之际，群雄割据，谁都想来一次受命，于是邹衍的“五德终始说”应运而生。在这战国争雄的混乱时局中，希冀得到天下就要看你德运的转移了，所以就有了封禅说的出现。因为假如你果真是天子，是随德运而受命的，必有受命的征兆，也就是“真凭实据”的符瑞会出现。只要有了这个受命的凭据，才算大功告成能于封禅典礼上以告天地。这个天子受命的符瑞，是有严格规定的。五德是各有其符应的，是以五行之一为其所尚之气色。如黄帝时出现大蝼，土气胜，色尚黄；禹之时草木不衰，木气胜，色尚青等。这种理论的第一个实践者是秦始皇，统一六国受命于天，靠的就是“昔秦文公出猎，获黑龙，此其水德之瑞”（《史记·封禅书》）。符瑞这种随德而生的限制，强调的是他所承袭的世统。也可以说，这种制约是一种“血缘”关系的限定，也就是他前世的造化、受天命的机缘。但是，随着封禅理论的不断发展，实践者的再次出现，对于这种相应其德运的符瑞要求，不再严格信守，甚至不再强调五德之运，于是符瑞随之出现任意性、多样性。

第二节　历代的封禅大典

封禅意味着“受天有命”，意味着天下太平、功及于天下，所以历代帝王都想通过泰山封禅来达到巩固统治的目的。只是由于封禅条件的种种限定，历史上只有秦始皇、汉武帝、汉光武帝、唐高宗、唐玄宗、宋真宗等有幸来泰山登封降禅。同时，伴其而来的也就有了对泰山封禅褒贬不一的评说。

一、秦代封禅

秦始皇统一六国后，建立了中国历史上第一个多民族的封建统一帝国，创立了中央集权的君主专制政治体制。与此相适应，秦始皇一方面继续把天地崇拜作为官方的正统信仰；另一方面，则把这种崇拜与“五德终始说”融为一体，并以此作为“受天之命，既寿永昌”(《全秦文·玉玺文》)的宗教保障。具体实践便是将战国末期产生的“真命天子”出生时应有的神人交通感应的神圣仪式——封禅变成现实。从而开创了中国历史上所独有的山岳崇拜的特殊形态。

《史记·封禅书》载：

> 邹子之徒论著终始五德之运，及秦帝而齐人奏之，故始皇采用之。

又载：

> 秦始皇既并天下而帝，或曰：“黄帝得土德，黄龙地螾现。夏得木德，青龙止于郊，草木畅茂。殷得金德，银自山溢。周得火德，有赤乌之符。今秦变周，水德之时。昔秦文公出猎，获黑龙，此其水德之瑞。”于是秦更命河曰“德水”，以冬十月为年首，色上黑，度以六为名，音上大吕，事统上法。

《史记·秦始皇本纪》载：

> 始皇推终始五德之传，以为周得火德，秦代周德，从所不胜。方今水德之始，改年始，朝贺皆自十月朔。

这是五行德运之说得到最高统治者承认并利用的开始。秦始皇自以为秦得水德之运，一切典章制度均按水德之运的标准做了一番改创，以向天下展示秦朝之兴是顺应五德演化规律的，理当代周统治天下，为封禅泰山奠定了舆论基础。终于始皇二十八年（前219），登封泰山。

《史记·封禅书》载：

> 即帝位三年，东巡郡县，祠驺峄山，颂秦功业。于是征从齐鲁之儒生博士七十人，至乎泰山下。诸儒生或议曰："古者封禅为蒲车，恶伤山之土石草木；扫地而祭，席用菹秸，言其易遵也。"始皇闻此议各乖异，难施用，由此绌儒生。而遂除车道，上自泰山阳至巅，立石颂秦始皇帝德，明其得封也。从阴道下，禅于梁父。其礼颇采太祝之祀雍上帝所用，而封藏皆秘之，世不得而记也。

封禅之礼，在秦之前还仅是一种可望不可即的设想，却不曾料想有人会实现它。因而秦始皇要封禅泰山，其礼仪无章可循、无制可依。于是临时征召齐鲁的儒生博士七十人以议此礼。遗憾的是儒生博士之议"各乖异"，因而被罢黜。至此秦始皇只好自行其是，从山阳登上泰山之巅，立石以颂秦始皇功德，表明他到泰山行封，而从山阴下至梁父去祭祀地神。封禅之仪由此完成，向天下宣告了秦王朝的神圣性与合法性。秦二世胡亥，于二世元年（前209），又"历泰山……而刻勒始皇所立石书旁，以章始皇之功德"（《史记·封禅书》）。此刻石尚有残石存世，现藏泰安市博物馆东御座内，成为泰山封禅纪功刻石的最早遗物，也是泰山现存最早的刻石（图7）。秦代封禅，完成了最高统治者"受命于天""代天行道"的伟大创举，使泰山自古以来向有的一般性天神祭祀，发展升华为与社稷息息相关的政治大典，泰山崇拜由此进入了一个新的

图7　泰山秦刻石残字拓片

历史阶段。

秦始皇封禅，虽“封藏皆秘之，世不得而记也”，但作为中国历史上的第一次封禅，为后世的封禅提供了一个基本模式。如封禅“刻石纪号者，著己之功绩也”(《白虎通·封禅》)及禅梁父等，均始于此。尽管“始皇之上泰山，中阪遇暴风雨”引来后世的诸多非议，又或因有秦一代仅存了十几年而招致了对他封禅的怀疑和谩骂，然而这毕竟是中国历史上一次有史可稽、有物可考的封禅活动。在封禅史上，无论从祭祀的形式还是祭祀的宗旨，均开历史之先河。

二、两汉封禅

秦始皇封禅泰山后，历代帝王竞相效仿。限于各种原因，仅汉武帝、汉光武帝、唐高宗、唐玄宗、宋真宗等有幸如愿以偿。

汉武帝即位后，便策划封禅泰山，只是由于窦太后的阻止而未成。窦太后死后，汉武帝听从方士之言，臣属亦投其所好，附会有众多的符应出现。后又以汾阴出土的一鼎作为封禅所需的天降符瑞，于是汉武帝在元封元年(前110)三月“东上泰山，泰山之草木叶未生，乃令人上石立之泰山巅”。又“遂东巡海上，行礼祠八神”(《史记·封禅书》)。四月间汉武帝回到泰山下的奉高，考虑到儒生和方士们提出的封禅礼仪各不相同难以施行，于是武帝先到梁父山祭祀地神，又在泰山下的东方，设坛祭天。事后仅武帝与侍中奉车都尉霍子侯登上泰山行封祭天。次日从山北取道而下，在泰山脚下东北方的肃然山祭祀地神，再至明堂宫制诏御史说：

> 朕以眇眇之身承至尊，兢兢焉惧不任。维德菲薄，不明于礼乐。修祠太一，若有象景光，屑如有望，震于怪物，欲止不敢，遂登封太山，至于梁父，而后禅肃然。(《史记·封禅书》)

又下诏曰“古者天子五载一巡狩，用事泰山，诸侯有朝宿地。其令诸侯各治邸泰山下”(《史记·封禅书》)，以宣告封禅成功，并言称是顺从天的指示，完成了泰山的天地祭祀礼仪，更年元封。后又七次复封或修封泰山，在历代帝王中，汉武帝是登封泰山次数最多的一位。

东汉建武元年（25），光武帝刘秀即位。建武三十二年（56）为示灭王莽重定汉业之功，“奉图书之瑞”，于二月“辛卯，柴望岱宗，登封太山；甲午，禅于梁父”（《后汉书·光武帝纪》）。刻石文曰：

> 维建武三十有二年二月，皇帝东巡狩，至于岱宗，柴，望秩于山川，班于群神，遂覲东后。……《河图会昌符》曰：“赤帝九世，巡省得中，治平则封，诚合帝道孔矩，则天文灵出，地祇瑞兴。帝刘之九，会命岱宗，诚善用之，奸伪不萌。赤汉德兴，九世会昌，巡岱皆当。天地扶九，崇经之常。汉大兴之，道在九世之王……”（《后汉书·祭祀志》）

这里刘秀借《河图会昌符》之言，表明自己“会命岱宗”的合法性。有天地扶持，自当“汉大兴之”。以“赤帝九世”“帝刘之九”“九世之王”自居，理当继承祖业，“受命中兴”。

在汉末，汉章帝以“凤皇集肥城”为天降之符应，于元和二年（85）二月，“幸太山，柴告岱宗”（《后汉书·肃宗孝章帝纪》）。安帝也以“凤皇集台县丞霍收舍树上”为符瑞，于延光三年（124），“幸太山，柴告岱宗”（《后汉书·孝安帝纪》）。只是章帝与安帝均不曾言自己去泰山是为封禅。

封禅是在五德终始说的基础上产生的一种天人感应学说。帝王易姓换代既然是由于五德的转移所致，那么转移时必会有符瑞出现以示该王受命于天。凡受命帝王也就必须去泰山筑坛祭天、除地祭地以答天地之恩。这是封禅论当初出现时具有的意思。它本是一种“真命天子”出来时应有的神和人的交通感应的仪式。当秦始皇使这一战国人的设想变为现实后，封禅也就有了新的内容。

《史记·封禅书》曰：

> 少君言上曰：“祠灶则致物，致物而丹沙可化为黄金，黄金成以为饮食器则益寿，益寿而海中蓬莱仙者可见，见之以封禅则不死，黄帝是也。”
>
> 齐人公孙卿曰：“今年得宝鼎，其冬辛巳朔旦冬至，与黄帝时等。”卿有札书曰：“黄帝得宝鼎宛朐，……仙登于天。”……卿因嬖人奏之。上大说，乃召问卿。对曰：“受此书申公，申公已死。”上曰：“申公何人也？”卿曰：“申公，齐人。与安期生通，受黄帝言，无书，独有此鼎书。曰‘汉

兴复当黄帝之时’。曰：‘……宝鼎出而与神通，封禅。封禅七十二王，唯黄帝得上泰山封。’申公曰：‘汉主亦当上封，上封则能仙登天矣。’……”

自得宝鼎，上与公卿诸生议封禅。……齐人丁公年九十余，曰：“封禅者，合不死之名也……”

随着时代的变迁，到了汉代，封禅便增加了“能仙登天”“合不死之名”的意义。汉之初曾有过汉承何德的争论，到汉武帝才以土德改制，特别重黄帝。表现出的用意一方面为迎合战国末期五德终始说之转移的理论；另一方面则是为成仙。因为汉是承土德的，而在五德终始论中，黄帝即得土德，与黄帝同德，自必能仙登天，长生不死矣。管仲言古者封泰山禅梁父七十二家，而汉代则以为“唯黄帝得上封泰山”，表面看上去是对七十二家的怀疑，实际上则是自我褒奖。如果说，秦始皇的封禅，在封泰山之后即去东海寻仙，显露了行封禅以求不死的迹象；那么，到了汉武帝则明显是以成仙不死为主题了。汉武帝的封禅还算是继承了封禅理论中随德应符衣钵的。而后世的封禅对这一基本要求已视为可有可无。

在西汉，除了一些方士评价封禅之外，还有些文人希望天子封禅，以正制度的。其中就有司马相如这位在中国文学史上颇有影响的辞赋大家，他竭力倡导封禅之举。在他看来，封禅是一个王朝显示德望、功传后世的大礼。只要修德与民，天赐符瑞，就要按上天的旨意行事，举行封禅大典，不能“逆失”推辞，这是一代君主成天下之美的好事。司马相如力争时王凭借汉代的德行，封禅泰山。他的绝笔就是言封禅之事的札书。

其书曰：

伊上古之初肇，自昊穹兮生民，历撰列辟，以迄于秦。……续《昭》《夏》，崇号谥，略可道者七十有二君。罔若淑而不昌，畴逆失而能存？

轩辕之前，遐哉邈乎，其详不可得闻也。五三《六经》载籍之传，维见可观也。……是以业隆于襁褓而崇冠于二后。揆厥所元，终都攸卒，未有殊尤绝迹可考于今者也。然犹蹑梁父，登泰山，建显号，施尊名。大汉之德，逢涌原泉，沕潏漫衍，旁魄四塞，云尃雾散，上畅九垓，下溯八埏。……鬼神接灵圉，宾于闲馆。奇物谲诡，俶傥穷变。钦哉，符瑞臻兹，犹以为薄，不敢道封禅。盖周跃鱼陨杭，休之以燎，微夫斯之为符也，以登介丘，不亦恧乎！进让之道，其何爽与？

于是大司马进曰："陛下仁育群生，义征不憓，诸夏乐贡，百蛮执贽，德侔往初，功无与二，休烈浃洽，符瑞众变，期应绍至，不特创见。意者泰山、梁父设坛场望幸，盖号以况荣，上帝垂恩储祉，将以荐成，陛下谦让而弗发也。挈三神之驩，缺王道之仪，群臣恧焉。或谓且天为质暗，珍符固不可辞；若然辞之，是泰山靡记而梁父靡几也。亦各并时而荣，咸济世而屈，说者尚何称于后，而云七十二君乎？夫修德以锡符，奉符以行事，不为进越。故圣王弗替，而修礼地祇，谒款天神，勒功中岳，以彰至尊，舒盛德，发号荣，受厚福，以浸黎民也。皇皇哉斯事！天下之壮观，王者之丕业，不可贬也，愿陛下全之……"（《史记·司马相如列传》）

司马氏也说古封禅者有七十二君，相合于战国末年的封禅说，并因"时间极远，事物邈茫"其详情同样不可知。他以周比汉，以"二后"（指周文王、周武王）比时王（汉武帝），说周没有异乎寻常的功绩能与汉相比。然而周却登泰山，禅梁父，显号尊名了。那大汉何尝不能登封泰山呢？大汉之德已上通九天，下流八荒，符兆祥瑞众出，理当顺应时运封禅泰山。德行修明而天赐符瑞，尊奉符瑞而进行封禅是他要阐明的核心。只是在这里他没有谈到封禅能成仙登天的事。这有两种可能，一是此时方士封禅不死的仙风可能还未吹到宫廷内；另一种可能是在司马相如看来，封禅与成仙无关。

从司马相如有关封禅的札书看，当时汉代的"德行"还未确定，故符瑞的特征也是多样的。据《司马相如列传》载，天子"总公卿之议，询封禅之事，诗大泽之博，广符瑞之富"，其符瑞颂曰：

……般般之兽，乐我君囿；白质黑章，其仪可喜；旼旼睦睦，君子之能。盖闻其声，今观其来。厥涂靡踪，天瑞之征。兹亦于舜，虞氏以兴。

濯濯之麟，游彼灵畤。孟冬十月，君俎郊祀。驰我君舆，帝以享祉。三代之前，盖未尝有。

宛宛黄龙，兴德而升；采色炫耀，熿炳辉煌。正阳显见，觉寤黎烝。于传载之，云受命所乘。

所言即是封禅的各种符瑞：一是白质黑章的瑞兽不知从何而来，当是天瑞验应；二是白麟竟在孟冬十月奔至驾前，乃是天帝的赐物；三是黄龙一屈一伸，幸遇至德而升，有着耀眼的光明。如以五德之运论之，水德尚黑，金德尚白，土德尚黄。这里三种符瑞同时出现又不分主次，可见此时符瑞的特征还是混杂的。在汉之初对其所承德运始终举棋不定，《司马相如列传》所言符瑞的多样性，自然是这一现象的反映。

在汉武帝封禅之前，曾与司马迁等共定《太初历》的兒宽，对封禅之论也有过阐述。《汉书 · 兒宽传》载：

> 及议欲放古巡狩封禅之事，诸儒对者五十余人，未能有所定。先是，司马相如病死，有遗书，颂功德，言符瑞，足以封泰山。上奇其书，以问宽，宽对曰："陛下躬发圣德，统楫群元，宗祀天地，荐礼百神，精神所乡，征兆必报，天地并应，符瑞昭明。其封泰山，禅梁父，昭姓考瑞，帝王之盛节也。然享荐之义，不著于经，以为封禅告成。合袪于天地神祇，只戒精专以接神明。总百官之职，各称事宜而为之节文。唯圣主所由，制定其当，非群臣之所能列。今将举大事，优游数年，使群臣得人自尽，终莫能成。唯天子建中和之极，兼总条贯，金声而玉振之，以顺成天庆，垂万世之基。"上然之，乃自制仪，采儒术以文焉。
>
> 既成，将用事，拜宽为御史大夫，从东封泰山……

司马相如虽有封禅遗书颂功德、言符瑞天成，劝武帝封泰山，但只是"封禅用希旷绝，莫知其仪礼"。武帝召集诸儒采《尚书》《周官》《王制》之文，草封禅之仪，但数年而不成。于是武帝问左内史兒宽。兒氏所云虽多为阿谀之言，不过却能道出个一二三来。在他看来，封禅确是帝王"昭姓"的盛节，只是非常之礼不著于经，这也是群儒无言以对的原因。如果是要举行这一大典，还需由帝王自行定制。这与《史记 · 封禅书》所载的武帝去封泰山时"念诸儒及方士言封禅人人殊，不经，难施行"(《史记 · 封禅书》)，尽罢诸儒不用，自定仪制是相一致的。

东汉时期，封禅的基本内容随着社会意识形态的变化，与西汉相比又发生一些变化。同任何一种祭祀礼仪一样，对统治者来说，贵在功用。封禅对汉武帝来说，大位已定，基业昌盛，不必去把它作为一种受命统治天下的招牌，故而以成仙不死为重。而在东汉则不然，平莽叛乱，受命中兴比什么都重要。于是封禅的首要功能便是受天命以应时变，且仪式形式不再秘而不宣，以致影响到以后帝王的封禅。

建武三十年（54），群臣上言要光武帝封禅泰山，光武帝于是就下了这样一个诏书：

> 即位三十年，百姓怨气满腹，吾谁欺，欺天乎？曾谓泰山不如林放，何事污七十二代之编录！桓公欲封，管仲非之。若郡县远遣吏上寿，盛称虚美，必髡，兼令屯田。（《后汉书・祭祀志》）

刘秀虽然口头上说自己还没有封禅的资本，但事后仅一个月，他就“幸鲁，过泰山，告太守以上过故，承诏祭山及梁父”。显露出他对泰山封禅的向往。时过两年，即建武三十二年（56），光武帝自言夜读《河图会昌符》中有“赤刘之九，会命岱宗”之句，于是就诏中郎将梁松等“复案索《河》《洛》谶文言九世封禅事”（《后汉书・祭祀志》），进一步表示了要封禅泰山的决心。据《东观汉记・郊祀志》记载：

> 群臣奏言：“登封告成，为民报德，百王所同。陛下辄拒绝不许，臣下不敢颂功述德业。《河》《洛》谶书，赤汉九世，当巡封泰山，凡三十六事，传奏左帷。陛下遂以仲月令辰，遵岱岳之正礼，奉《图》《洛》之明文，以和灵瑞，以为兆民。”上曰：“至泰山乃复议。国家德薄，灾异仍至，图谶盖如此！”

既有群臣所奏，且有灵瑞《图》《洛》之书，刘秀半推半就地决定：“至泰山乃复议。”看来封禅着实引诱着这位“赤刘九世”。在他看来，他去泰山封禅的主题应是“受命中兴”，这在所谓的《河图会昌符》中就已经表现得很清楚了。封禅后，他是又喜又怕，一再申明：“今予末小子，巡祭封禅，德薄而任重，一则以喜，一则以惧。喜于得承鸿业，帝尧善及子孙之余赏，盖应图箓，当得是惧于过差，执德不宏，信道不笃，为议者所诱进，后世知吾罪深矣。”（《东观汉记·郊祀志》）这与汉武帝“朕以眇眇之身承至尊，兢兢焉惧不任”，可谓同出一辙。

在封禅的仪制上，光武帝也广集群臣所议，在诸臣中，只有梁松对封禅的研究略有见地：

> 登封之礼，告功皇天，垂后无穷，以为万民也。承天之敬，尤宜章明。奉图书之瑞，尤宜显著。今因旧封，窜寄玉牒故石下，恐非重命之义。受命中兴，宜当特异，以明天意。（《后汉书·祭祀志》）

在这里梁松强调的是礼仪的“特异”性。在他看来，光武帝“受命中兴”关系重大，不能因袭旧制。值得注意的是光武帝要封禅，符瑞也讲了，礼仪也议了，只是未提“德运”之事。可能有两个原因：一是时至东汉，“五德终始说”的影响已不如西汉了，在五德说中孕育的封禅，至此人们看中的只是它的“受命”，至于受何运之命，却不用管它了；二是，汉代所承德运混乱，汉高祖自以为是“水德”，文帝时又有汉承“土德”之说。到了汉武帝依了土德改制，并且还曾有过火德之说。本来土德之运是影响最大的，武帝还以此改了制，但是由于“篡汉”的王莽曾自以为黄帝之后，新受命于土德之运，玷污了此德的圣洁。故而刘秀封禅使用“赤刘”之说，多多少少留下一点承继火德的痕迹。

谈两汉对封禅的评说，自然不能不说到《白虎通》。自封禅说产生到东汉末，已先后有秦始皇、汉武帝、光武帝实现了这一祭祀大典。或昭示受命而王，或为成仙登天，封禅始终为帝王所崇尚。但却未有一个明确而系统的理论阐述以及规范的实践标准，章帝之时的《白虎通》可算填补了这一空白。这部具有法典性质的著作，列《封禅》专篇，对封禅的定义、仪制，进行了概括性的总结，成为后世阐述封禅仪礼的蓝本。分析探讨《白虎通》对封禅的阐述，除较为完整地归纳概括了封禅的基本定义、阐明了封禅必在泰山的原因外，还对“封”与“禅”的含义及仪式内容做了较明确的说明。这是自有封禅说以来，对封禅形式及含义最为系统性的阐述。同时，将“刻石纪号，著己之功迹”列为封禅不可缺少的内容。在《白虎通》成书之时，前面已有秦始皇、汉武帝、光武帝封禅过泰山了，尤其是距光武帝行封为时不远，自然而然地成为班固封禅说法的基本依据。

另外，还应该注意到《白虎通》中对天应符瑞的新评价。按五德终始说，所据一德的君主，只要取得一种符瑞并与其德的颜色相应就算是天之应兆了。到了班固之时，就有多瑞之说："……德至鸟兽则凤凰翔，鸾鸟舞，麒麟臻，白虎到，狐九尾，白雉降，白鹿见，白乌下；德至山陵则景云出，芝实茂，陵出异丹，阜出莲莆，山出器车，泽出神鼎；德至渊泉则黄龙见，醴泉通，河出龙图，洛出龟书，江出大贝，海出明珠；德至八方则祥风至，佳气时喜，钟律调，音度施，四夷化，越裳贡。"也就是说只要君王有其功德所及，不论哪里都会有祥瑞出现，也不管它是属于哪一德运的符瑞。这也有情可原，封禅说本来是为易姓而王的开国君主准备的，故要有与之相应受命的符瑞。而到了继体守文之君那里，是不好计较其德运及受命之符瑞的。不谈德运，也就很难说清与其相匹配的符瑞，汉武帝、光武帝的封禅就是如此。《白虎通》封禅多瑞说，就是在这种情况下出现的。这种多瑞说对封禅说来讲，是一种新的转变，突破了原有五德之运的限制，对后世有很大影响。

汉光武帝东封泰山之后的六百多年间，虽然易姓而王的君主层出不穷，却没有一位帝王封禅泰山。这一方面取决于随着东汉统一的封建帝国解体，社会进入分裂、纷争状态，帝王无暇顾及；另一方面，则是随着独尊儒术地位的动摇及礼教制度危机的发生，封禅失去了往日神圣的光环。然而，还毕竟有那么几位自命不凡的帝王，跃跃欲试；也还是有一部分尚礼的大臣以期古制。有鼓吹者，就会有反对者，由此引出对封禅褒贬不一的评价。因而，在这一时期与封禅实践活动沉寂的状况相比较，对封禅之说的讨论却异常激烈，超过历史上任何一个时期。

由于魏晋南北朝时期正处于分裂的状态，如果要封禅，就必须对原有的封禅条件做相应的调整和补充，以满足王者的需求。三国时的蒋济，成为这一时期第一个因时"变法"的人。

> 魏明帝黄初中，护军蒋济奏曰："夫帝王大礼，巡狩为先；昭祖扬祢，封禅为首。是以自古革命受符，未有不蹈梁父，登泰山，刊无竟之名，纪天人之际者也。……今大魏承百王之弊乱，拯流遁之艰厄，接千载之衰绪，继百代之废业。始自武文，至于圣躬，所以参成天地之道，纲维人神之化。上天报应，嘉瑞显祥，以比往古，无所取喻。……去岁破吴虏于江汉，今

> 兹屠蜀贼于陇右，其震荡内溃，在不复淹，无累于封禅之事也。此仪久废，非仓卒所定。宜下公卿，广撰其礼，卜年考时，昭告上帝，以副天下之望。"(《晋书·礼志》)

这是蒋济请求魏明帝封禅的陈辞。蒋氏虽然认为封禅是"昭祖扬祢"的第一大典，易姓受命之君莫不封禅以显名号，但却一反自秦汉以来"天下太平，功成封禅"的基本宗旨，请求魏明帝在尚未功德于天下(统一)的情况下，以行封禅之事。在蒋济看来，天下是否太平，功德所及是否于天下，"无累于封禅"之事。否则，"三苗屈强于江海，大舜当废东巡之仪；徐夷跳梁于淮泗，周成当止岱岳之礼"(《晋书·礼志》)。然而，对魏明帝来说还是心有余悸的：

> 闻蒋济斯言，使吾汗出流足。自开辟以来，封禅者七十余君耳。故太史公曰，虽有受命之君，而功有不洽，是以中间旷远者千有余年，近者数百载，其仪阙不可得记。吾何德之修，敢庶兹乎！济岂谓世无管仲，以吾有桓公登泰山之志乎！吾不欺天也。(《晋书·礼志》)

魏明帝以齐桓公欲封而不能封为鉴，当时下诏制止了蒋氏的建议。但他还是有封禅之欲望的，又使高堂隆草制封禅之仪，盼望着有朝一日，能"昭告上帝，以副天下之望"，实现封禅大礼。但是迫于天下未能统一，又因高堂隆过早死去，魏明帝封禅遂成黄粱一梦。但蒋济的封禅说却鼓励了后来的封禅支持者。晋武帝平吴，当时的尚书令卫瓘、尚书左仆射山涛、右仆射魏舒、尚书刘寔、司空张华在蒋济封禅论的基础上又引发了新论。他们认为，晋朝"天人之道已周，巍巍之功已著"，虽"江湖沅湘之表，凶桀负固，历代不宾"，但并不影响"登封泰山，致诚上帝，以答人神之愿"。既然封禅是"发德号，明至尊，享天休，笃黎庶"，兴帝王之盛业，立德济世，达"天人之至望"，那么晋朝正是承德运而至，以金德而升的。"大晋之德，始自重黎，实佐颛顼，至于夏商，世序天地。其在于周，不失其绪。金德将升，世济明圣。"(《晋书·礼志》)说晋始自羲和二氏之祖先，曾辅助过颛顼，可能出于《尚书·吕刑》及《国语·楚语》的有关说法。以此论高低，如此辉煌的世系、明了的德运，自东汉后确是上百年来所不曾有的，其目的在于不忘祖之旧业。至于晋承金德之运是怎样推算的则无可考，不过自汉武帝封禅明确表示是承土德之运以理天下后，至晋武帝一百五六十年后卫瓘等人又重申五德之运，也算是对封禅某些原有理论的继承吧！既然有着显赫的世序、明白的德运及“弘建大业”的功德，封禅还是可以不顾及“外则障塞有警，内则百姓未宁”条件制约的。

因此，在卫瓘等诸臣看来晋武帝应功成封禅，天命不可违。虽连遭武帝辞决后仍奏曰：

> 臣闻处帝王之位者，必有历运之期，天命之应；济兆庶之功者，必有盛德之容，告成之典。无不可诬，有不敢让，自古道也。而明诏谦冲，屡辞其礼，虽盛德攸在，推而未居。夫三公职典天地，实掌人物，国之大事，取议于此。故汉氏封禅，非是官也，不在其事。
>
> ……唐虞三代济世弘功之君，莫不仰承天休，俯协人志，登介丘，履梁父，未有辞焉者，盖不可让也。今陛下勋高百王，德无与二，茂绩宏规，巍巍之业，固非臣等所能究论。而圣旨劳谦，屡自抑损，时至弗应，推美不居，阙皇代之上仪，塞灵祇之款望，使大晋之典谟，不同风于三五。（《晋书·礼志》）

推之以理，论之以史，有盛德之至，必有天命之应，必有告成之典，这已是古来的道理。推之不就，时至不应是有失于帝王风范的。况且，登封泰山，“弘礼乐之制，正三雍之典，扬名万世，以显祖宗”（《晋书·礼志》），也是一代帝王的天职。故而封禅之礼不可让。对这一点，有如《东观汉记·郊祀志》所载太尉赵憙所曾上言的：“自古帝王，每世之隆，未尝不封禅。……登封告成，为民报德。百王所同，当仁不让。”

在这一时期，出现了许多赞美封禅的人臣，其中，袁宏可视为这一方面的突出代表。《后汉书·祭祀志》注引袁宏语云：

> 夫揖让受终，必有至德于天下；征伐革命，则有大功于万物。是故王者初基，则有封禅之事，盖以其成功告于神明者也。……封禅者，王者开务之大礼也。德不周洽，不得辄议斯事；功不弘济，不得仿佛斯礼。旷代一有，其道至高。故自黄帝、尧、舜至三代，各一得封禅，未有中修其礼

者也。虽继体之君，时有功德，此盖率复旧业，增修其前政，不得仰齐造国，同符改物者也。夫神道贞一，其用不烦；天地易简，其礼尚质。故藉用白茅，贵其诚素；器用陶匏，取其易从。然封禅之礼，简易可也。

在此，袁宏强调了两点：一是“王者初基，则有封禅之事”，封禅是对易姓而王的开国君主而言的，否则，无论功德多高，均不可言为封禅；二是封禅虽为大礼，但须以简为要，顺其自然，贵在“尚质”。第一点是对封禅基本原则的再次肯定。第二点则是第一次提出了封禅的形式与内容的关系问题。“贵在尚质”是他的独到见解。

与此同时，反对封禅者也不少。有的认为封禅之礼非古制，有的说封禅之礼不可信等等。在众多的反对者中间，梁朝的许懋，可算是旗帜鲜明，而被后世所称道：“封禅之事，汉唐之君往往行之，曾无一人建议明白如许懋者。贤哉，懋乎。其学可谓正矣！”(宋胡致堂语，转引自《岱史·历代儒臣封禅论》。)《梁书·许懋传》较完整地记述了许氏的观点，归纳起来要点有二：一是封禅无源不经，实为纬书之谬；二是若是圣主不必封禅，若是凡主不应封禅，封禅为多此一举。

先说第一点。许懋说：

舜幸岱宗，是为巡狩，而郑引《孝经钩命决》云：“封于泰山，考绩柴燎，禅乎梁甫，刻石纪号。”此纬书之曲说，非正经之通义也。

夫封禅者，不出正经，惟《左传》说“禹会诸侯于塗山，执玉帛者万国”，亦不谓为封禅。郑玄有参、柴之风，不能推寻正经，专信纬候之书，斯为谬矣。

他将巡守与封禅区别开来。巡守是一种古制，是有经可据的。而封泰山、禅梁甫则是郑氏引纬书的邪僻之说。他又引史传以证古并无封禅之礼，既无经所据，则实为“曲说”。对此，《晋书·礼志》也曾指出：“封禅之说，经典无闻。礼有因天事天，因地事地，因名山升中于天，……天子所以巡狩，至于方岳，燔柴祭天，以告其成功，事似而非也。”并也将封禅归为谶纬之说。许懋以《白虎通》“封者，言附广也；禅者，言成功相传也”为突破口反驳道：若以禅授为义，那么禹就不应该传位于启以至十七世桀，汤则更不应该传位于外丙以至三十七世纣王。继而又以《礼记》“三皇禅奕奕，谓盛德也。五帝禅亭亭，特立独起于身也。三王禅梁甫，连延不绝，父没子继也”为主攻点，进行了有理有据的论证。其结论是：三皇之“盛德”“无所寄矣”；五帝所谓“特立独起于身”则为道听所得，“失其本义”；三王的“传世之义”“揖让之怀”则为“义既矛盾，理必不然”（《梁书·许懋传》）。由此观之，许懋是一位封建礼教的勇敢挑战者。

许懋封禅之论的第二个论点更为精彩：“若是圣主，不须封禅；若是凡主，不应封禅。”皇帝既然是天子就没有必要再受命，如皇帝是凡子，又如何能受得了命？可谓以其人之道还治其人之身。“秦始皇登泰山中坂，风雨暴至，休松树下，封为五大夫，而事不遂。汉武帝崇信方士，广召儒生，皮弁缙绅，射牛行事，独与霍嬗俱上，既而子侯暴卒，厥足用伤。至魏明，使高堂隆撰其礼仪，闻隆没，叹息曰：‘天不欲成吾事，高生舍我亡也。’晋武泰始中欲封禅，乃至太康议犹不定，意不果行。孙皓遣兼司空董朝、兼太常周处至阳羡封禅国山。此朝君子，有何功德？不思古道而欲封禅，皆是主好名于上，臣阿旨于下也。”（《梁书·许懋传》）许懋对泰山封禅给予了全盘否定，以至成为后世反封禅者的楷模。

三、唐代封禅

隋代是自东汉以来分裂之后重新建立起来的统一王朝。在国家统一、社会相对安定的基础上，封禅之论也在发生着变化。自东汉光武帝封禅泰山之后，二百多年间尽管有众多的帝王欲行封禅之事，其臣属也有的以为国家的统一与否不影响东封大礼，但囿于传统文化心理的压力，帝王们终究心有余悸，所以一直没能够再成封禅之礼。隋朝建立后，一个统一的国家重新出现，封禅之论免不了又提到议事日程上来。

虽然隋代的哲学大家王通受南北朝时期封禅论的影响，反对封禅，但是更多的文臣武将觉得天下太平，国家一统，宜行封禅之礼。《隋书·高祖纪》：

（开皇九年）……时朝野物议，咸愿登封。秋七月丙午，诏曰：“岂可

> 命一将军，除一小国，遐迩注意，便谓太平。以薄德而封名山，用虚言而干上帝，非朕攸闻。而今以后，言及封禅，宜即禁绝。”……冬十一月壬辰，考使定州刺史豆卢通等上表，请封禅……

《隋书·薛胄传》：

> ……胄以天下太平，登封告禅，帝王盛烈，遂遣博士登太山，观古迹，撰《封禅图》及仪上之。

《隋书·礼仪志》：

> 开皇十四年，群臣请封禅，高祖不纳。晋王广又率百官抗表固请，帝命有司草《仪注》。于是牛弘、辛彦之、许善心、姚察、虞世基等创定其礼，奏之。帝逡巡其事，曰：“此事体大，朕何德以堪之。但当东狩，因拜岱山耳。”十五年春，行幸兖州，遂次岱岳。为坛，如南郊，又壝外为柴坛，饰神庙，展宫悬于庭。为埋坎二，于南门外。又陈乐设位于青帝坛，如南郊。帝服衮冕，乘金辂，备法驾而行。礼毕，遂诣青帝坛而祭焉。

不论怎样说，封禅对他们来说是神圣的。开皇九年（589）文帝不封禅，是为“德薄”而不敢行之，否则，便是“用虚言而干上帝”，自是天大的罪过。开皇十四年（594），文帝谓封禅为“体大”之礼，其功德无以相应而只能东狩泰山。不言封禅而又以东狩“拜岱山”称之，进一步显示了封禅的神圣性。开皇十五年（595）的“次岱岳”，从“柴坛”“埋坎”到“帝服衮冕，乘金辂，备法驾而行”等看，其礼仪已具有天子封禅的色彩。据《隋书·高祖纪》载，开皇元年（581）六月，曾“诏以初受天命，赤雀降祥，五德相生，赤为火色。其郊及社庙，依服冕之仪，而朝会之服，旗帜牺牲，尽令尚赤”。也就是说文帝自以为获火德而尚赤。但在开皇十五年的活动中，文帝却“陈乐设位于青帝坛，如南郊”“礼毕，遂诣青帝坛而祭焉”。可以推想，文帝在此次赴泰山时似有始受命于天的意思。以后，文帝又有行礼若封禅的尝试：

> 初，帝既受周禅，恐黎元未惬，多说符瑞以耀之。其或造作而进者，不可胜计。仁寿元年冬至祠南郊，置昊天上帝及五方天帝位，并于坛上，如封禅礼。板曰："……天地灵祇，降锡休瑞，镜发区宇，昭彰耳目。爰始登极，蒙授龟图，迁都定鼎，醴泉出地，平陈之岁，龙引舟师。省俗巡方，展礼东岳……"（《隋书·礼仪志》）

大有封禅告成的味道。只是这位皇帝一味地"谦让"，遂使封禅终未成礼。专为封禅而用的受命玺——神玺，也因封禅不成而未派上用场。

时值唐代，国力充盈，文化繁荣，中国封建社会进入鼎盛时期。美国学者爱德华·麦克诺尔·伯恩斯在他的《世界文化史》中，曾把唐代的中国比喻成泰山压顶的巨龙。如此时代氛围下的泰山崇拜，达到了历史的最高峰。封禅之礼也随着大一统文化的发展逐步完善起来。《旧唐书·礼仪志》说："封禅之礼，自汉光武之后，旷世不修。隋开皇十四年，晋王广率百官抗表，固请封禅。文帝令牛弘、辛彦之、许善心等创定仪注。至十五年，行幸兖州，遂于太山之下，为坛设祭，如南郊之礼，竟不升山而还。"字里行间流露出对隋文帝未能封禅的遗憾。

《唐会要》载：唐之初封禅就成为君臣议论的中心之一。太宗贞观初年，有群臣奏请封禅，只有魏征以为不可。太宗曾以"岂功不高耶？德不厚耶？远夷不服耶？嘉瑞不至耶？年谷不登耶"来反问他。在这位天子看来，他已具备了自古以来所说的封禅条件。而魏征却言："陛下功则高矣，而人未怀惠；德虽厚矣，而泽未旁流；诸夏虽安，未足以供其事；远夷慕义，未足以供其求；符瑞虽臻，罻罗犹密；积岁一丰，仓廪尚虚。"因此还不能封禅。魏征之言似史传中管仲劝齐桓公罢封之辞。只是没有像管子那样，用不可能出现的符瑞作借口，以绝君主的封禅之望。在中国历史上，魏征"不以逢时改节，不以图位卖忠"，向以刚正不阿，直言极谏著称。他以为，唐王朝统一全国不久，满目疮痍，百业待兴，还不宜举行宣告成功的封禅大礼。魏征之谏，平息了唐初的封禅之争。

贞观六年（632），随着经济的恢复和发展，政治局势的相对稳定，朝内又有众多的文武大臣再次言请封禅。此时的唐太宗，却发表了不愿封禅的意见：

> 议者以封禅为大典。如朕本心，但使天下太平，家给人足，虽阙封禅

> 之礼，亦可比德尧、舜；若百姓不足，夷狄内侵，纵修封禅之仪，亦何异于桀、纣？昔秦始皇自谓德洽天心，自称皇帝，登封岱宗，奢侈自矜。汉文帝竟不登封，而躬行俭约，刑措不用。今皆称始皇为暴虐之主，汉文为有德之君。以此而言，无假封禅。礼云，“至敬不坛”，扫地而祭，足表至诚，何必远登高山，封数尺之土也！（《旧唐书·礼仪志》）

礼在尚质，是这位皇帝的卓见。他以汉文帝躬行节俭，轻刑文治自喻。“与民休息”成为不宜封禅的基本原因。正如《旧唐书·礼仪志》中所记魏征劝谏的话：“养之则至仁，劳之则未可。升中之礼，须备千乘万骑，供帐之费，动役数州。”只要德洽天下，不升封泰山也可像汉文帝一样成为历史上的有德之君。然而唐太宗毕竟是一位封建帝国的君主，经不起封禅的诱惑，还是派遣中书郎杜正伦东行泰山，以察七十二帝坛迹。在贞观十一年（637），又掀起了封禅的风潮。封禅之说四起，朝上朝下广议封禅之仪，先是太宗敕秘书少监颜思古、谏议大夫朱子奢等，“与四方名儒博物之士参议得失”，但“议者数十家，递相驳难，纷纭久不决”。（《旧唐书·礼仪志》）于是左仆射房玄龄、特进魏征、中书令杨师道等“博采众议，堪行用而与旧礼不同者奏之”。又议昊天上帝坛、玉牒、玉策、金匮、泰山上圜坛、玉玺、立碑、告至坛等仪制。在精心准备后，贞观十五年（641）太宗下诏将有事于泰山。可惜天不作美，车驾至洛阳宫，遇有彗星之变，只好忍痛罢封。

唐太宗的封禅之愿到了高宗时才得以实现。高宗即位，即有公卿屡请封禅，立为皇后的武则天也“密赞”其事。于是麟德二年（665），车驾发京。然而在封禅的仪式上，却发生了意想不到的争议。封之礼，由天子执事初献是无可置疑的，那禅之祀的亚献、终献由何人承担主事，各有奏议。在有司进奏的仪注中，是皆以公卿充任的。这下惹怒了皇后武则天。看其抗表：

> 伏寻登封之礼，远迈古先，而降禅之仪，窃为未允。其祭地祇之日，以太后昭配，至于行事，皆以公卿。以妾愚诚，恐未周备。何者？乾坤定位，刚柔之义已殊；经义载陈，中外之仪斯别。瑶坛作配，既合于方祇；玉豆荐芳，实归于内职。况推尊先后，亲飨琼筵，岂有外命宰臣，内参禋祭？详于至理，有紊徽章。但礼节之源，虽兴于昔典；而升降之制，尚缺

于遥图。且往代封岳，虽云显号，或因时俗，意在寻仙；或以情觊名，事深为己。岂如化被乎四表，推美于神宗；道冠乎二仪，归功于先德。宁可仍遵旧轨，靡创彝章？

……今属崇禋，岂敢安于帷帝。是故驰情夕寝，眷嬴里而翘魂；叠虑宵兴，仰梁郊而耸念。伏望展礼之日，总率六宫内外命妇，以亲奉奠……（《旧唐书·礼仪志》）

武则天抗表的意图是明确的，想方设法挤进封禅的行列是她最终的用心。亚献、终献之说，在唐以前的历代封禅中无载，既然是无史典可循，皇后也便有机会可趁。以高祖、太宗配天，以太穆皇后、文德皇后配地；封之祀由天子执事，那么，禅之仪，舍皇后其谁也？还有，“玉豆荐芳，实归于内职”，“岂有外命宰臣”？最终，唐高宗采纳了武则天的意见，祭地祇梁甫，皆以皇后为亚献，诸王大妃为终献。“麟德三年春正月戊辰朔，车驾至泰山顿。是日亲祀昊天上帝于封祀坛，以高祖、太宗配飨。己巳，帝升山行封禅之礼。庚午，禅于社首，祭皇地祇，以太穆太皇太后、文德皇太后配飨；皇后为亚献，越国太妃燕氏为终献。辛未，御降禅坛。”（《旧唐书·高宗本纪》）让女性参加封禅大礼这在历代封禅史上尚属首次，这也是女性在社会抗争中的一次胜利。这次封禅，以阴阳理论制定仪理，由女性参与封禅之典，无疑增加了这一典礼的基本内容，也可以说是对封禅的一个创举。

唐高宗与武则天，不仅在封禅的仪制上有所突破，而且不独封泰山，也开历史之先河：“高宗既封泰山之后，又欲遍封五岳。”（《旧唐书·礼仪志》）自古尚无有封禅他岳的说法，高宗何以生出“遍封五岳”的念头，不得而知。从将封嵩山又“诏国子司业李行伟、考工员外郎贾大隐、太常博士韦叔夏、裴守贞、辅抱素等详定仪注”看，封他岳不同于封岱岳之礼。但唐高宗或因外患，或因遇疾未能成其愿。后有武则天于天册万岁二年（696）亲登嵩山，完封禅之礼，遂成为封禅史上唯一主封禅之仪的女皇帝，也是中国历史上唯一易地而封禅的帝王。

大唐之业，在睿宗时曾被武则天易姓而主，改唐为周。这对李氏宗祖来说，无论从哪一方面而言，都是一次不能接受的耻辱。李姓夺回帝位，受命中兴为大唐正名也便成为当务之急的大事。据《旧唐书·礼仪志》记，玄宗即位后，励精

图8　唐玄宗封禅《纪泰山铭》摩崖刻石

图治，振兴唐室，开元盛世初见端倪。封禅受命的大任，自然就落在了这位圣主身上。文武百僚的劝封是一个方面，另一方面则是他也想趁机显号报功。用他的话说：“自古受命而王者，曷尝不封泰山，禅梁父，答厚德，告成功。三代之前，罔不由此。越自魏、晋，以迄周、隋，帝典阙而大道隐，王纲弛而旧章缺，千载寂寥，封崇莫嗣。物极而复，天祚我唐，武、文二后，应图受箓。洎于高宗，重光累盛，承至理，登介丘，怀百神，震六合，绍殷、周之统，接虞、夏之风。”他以为，经过十几年的苦心经营，已达到封禅的基本条件。于内：“百谷有年，五材无眚，刑罚不用，礼义兴行，和气氤氲，淳风澹泊。”于外：“蛮夷戎狄，殊方异类，重译而至者，日月于阙廷。”于符瑞：“奇兽神禽，甘露嘉醴，穷祥极瑞，朝夕于林籞。”至此只待封禅，“以光我高祖之丕图，以绍我高祖之鸿烈”。唐玄宗时社会发展达到鼎盛阶段，封禅之论以正王纲、显盛世为主题，为唐代封禅又添光彩。玄宗开元十二年（724），文武百僚、朝集使、皇亲及四方文学之士，“皆以理化升平，时谷屡稔”，上书请修封禅之礼并献赋颂者，前后竟有千余篇，足见封禅之风盛矣。玄宗于开元十三年（725）终于封禅泰山。三献皆升山，而五方帝及诸神皆祭山下坛。玄宗刻石纪功的摩崖《纪泰山铭》，以规模宏大，列泰山封禅刻石之冠（图8）。

很明显，玄宗在众臣的请求下，决意封禅泰山有两个基本点：一是宣称受命中兴大唐之业，二是炫耀国盛民强，替民祈福。关于封禅的动机，其玉牒文于《旧唐书 · 礼仪志》记载得很清楚：

> 有唐嗣天子臣某，敢昭告于昊天上帝。天启李氏，运兴土德。高祖、太宗，受命立极。高宗升中，六合殷盛。中宗绍复，继体不定。上帝眷祐，锡臣忠武。底绥内难，推戴圣父，恭承大宝，十有三年。敬若天意，四海晏然。封祀岱岳，谢成于天。子孙百禄，苍生受福。

用宗教祭祀作为处理外交的一种手段，是唐代封禅的又一个特点。《册府元龟·封禅》载，李治和武则天封禅时，除随从文武百官仪仗外，还有众多国外使臣和诸藩酋长：

> ……帝发东都，赴东岳。从驾文武兵士及仪仗法物，相继数百里，列营置幕，弥亘郊原。突阙、于阗、波斯、天竺国、罽宾、乌苌、昆仑、倭国及新罗、百济、高丽等诸蕃酋长，各率其属扈从。穹庐毡帐及牛羊驼马，填候道路。

这“相继数百里”浩浩荡荡的封禅大军，规模之宏大前无古人。这是与唐代的经济政治相适应的，无疑是一种国势强大的显示。尤其是由众多的外国使臣与异藩酋长率其属随行陪祭。不难想见，其阵势既能威震国人，又可震慑异邦。

正逢开元盛世的唐玄宗，封禅泰山的阵容更是有过之而无不及。《旧唐书·礼仪志》云：

> 玄宗御朝觐之帐殿，大备陈布。文武百僚，二王后，孔子后，诸方朝集使，岳牧举贤良及儒生、文士上赋颂者，戎狄夷蛮羌胡朝献之国，突阙颉利发，契丹、奚等王，大食、谢飑、五天十姓，昆仑、日本、新罗、靺鞨之侍子及使，内臣之番，高丽朝鲜王，百济带方王，十姓摩阿史那兴昔可汗，三十姓左右贤王，日南、西竺、凿齿、雕题、牂柯、乌浒之酋长，咸在位。

文武百僚、贤王儒生、外臣使者、藩王酋长一一俱在。尤其是参加陪祭的番邦酋长更是引人注目。由外邦使者参加封禅活动不始于唐代，汉光武帝刘秀封禅时就曾“蕃王十二，咸来助祭”（《后汉书·祭祀志》）。但从封的外邦人规模如此之大、人数如此之众，成为唐代封禅的一个显著特点。同时可看到，唐王朝非常注重利用封禅这一特殊的宗教祭祀活动来加强与各少数民族及国外的联系。如唐高宗封禅于乾封元年（666），当时朝鲜半岛还未结束分裂局面。虽然新罗与唐王朝联合，于显庆末年（660）灭了百济，但封禅时，同样邀请了百济旧属从封，显然有着一定的政治目的。还有高宗东封时，突厥狼山都督葛逻禄社利等首领三十余人从封，"勒名于封禅之碑。自永徽已后，殆三十年，北鄙无事"（《旧唐书·突厥传》）。玄宗封禅时，正逢突厥不满唐王朝的统治，为防外患，封禅时特邀突厥从封泰山。突厥"乃遣其大臣阿史德颉利发入贡，因扈从东巡"，由于当时"四夷之中，突厥为大"，在众夷中有较大的影响，故"突厥来，则戎狄君长无不皆来"（《通鉴纪事本末》卷二十九）。封禅在加强民族与民族之间，国与国之间的关系中起到了良好的作用。这时的封禅活动无论对封禅者还是从封者，都显示着一种明确的积极意义：国家昌盛，需安定统一的政治环境，封禅是一个王朝和平统一的象征。

在封禅史上，由女性担任亚献与终献，始于唐代，也终于唐代。唐高宗创行此制，至玄宗时就被否定了，认为以女性执事祭祀是对神灵的亵渎。大唐之所以失位，有"天授"易姓之事，就是因为在高宗封禅之时，天后为亚献，越国太妃为终献所致。还有"景龙之季，有事圆丘，韦氏为亚献，皆以夫人升坛执笾豆，渫黩穹苍，享祀不洁。未及逾年，国有内难，终献皆受其咎，掌座斋郎及女人执祭者，多亦夭卒"（《旧唐书·礼仪志》）。将诸多灾难，归结为女人执事，完全是出于对武则天改唐的愤怒。故而由女性参与封禅之礼在唐玄宗时即废。

同样，不独在泰山封禅，也是有唐一代的别出心裁，高宗欲遍封五岳，武则天则以封禅嵩山为快。到了玄宗时也曾想过封禅华山。据《旧唐书·礼仪志》记载，玄宗乙酉岁生，以华岳当本命，他曾三番五次幸华山，又是"正位"，又是"封号"，开元十年（722）还于华岳祠前立碑，高达五十余尺。又于岳上建观以修功德，原打算将封禅大礼用于华山，连盘道、坛场都派人开凿设置了，后因祠堂遇到灾异而罢。如果说，泰山封禅如他所说的是为苍生祈福、为民请愿的话，那么，华山封禅则是为他自己永享百年，长久统治服务的。

他在洋洋大观的《纪泰山铭》中，引《尔雅》、录《周官》，以东岳泰山为尊：

（泰山）实万物之始，故称岱焉；其位居五岳之伯，故称宗焉。自昔王者受命易姓，于是乎启天地，荐成功，序图录，纪氏号。朕统承先王，兹率厥典，实欲报玄天之眷命，为苍生而祈福，岂敢高视千古，自比九皇哉！故设坛场于山下，受群方之助祭；躬封燎于山上，冀一献之通神。斯亦因高崇天，就广增地之义也。……岩巍岱宗，衎我神主。

“岩巍岱宗，衎我神主”道出了这位封建帝王神化泰山的实质。感泰山有功于国，有功于民，唐玄宗还封泰山神为天齐王，礼秩加三公一等，这是泰山神有正史可记的第一个封号，由此开始了泰山名副其实的人格化历程。

四、宋代封禅

宋真宗是中国历史上最后一位封禅泰山的帝王。自秦始皇封禅至真宗登封泰山已历经千年，为了达到封禅的目的，真宗直接参与策划，群臣投其所好，几经周折，费尽心机。“祥瑞”不断出现，又有“天书”降泰山，为真宗封禅的合法性提供了条件。大中祥符元年（1008）十月，宋真宗登封泰山。据《宋史·真宗本纪》记载：“辛亥，享昊天上帝于圜台，陈天书于左，以太祖、太宗配。帝衮冕奠献，庆云绕坛，月有黄光；命群臣享五方帝诸神于山下封祀坛，上下传呼万岁，振动山谷。降谷口，日有冠戴，黄气纷郁。壬子，禅社首，如封祀仪。”

真宗封禅，与当时的政治斗争有着直接的联系。北宋自开国之初就一直受北方少数民族政权的骚扰，太宗雍熙年间北伐失败后，辽兵不断南犯，宋军无力匹敌，只得苟且偷安。真宗景德元年（1004），辽圣宗、萧太后率二十万辽兵大举南侵，震惊朝野。当时主和派力主退让求安，真宗亦欲忍辱求和，但遭到主战派的坚决反对。几经犹豫，宋真宗勉强北上御驾亲征。由于宋军士气大振，迫使辽兵初战不利，痛失统帅萧挞览。此时辽军兵败将亡已有退兵之意。然真宗一心求和，不想再战，于是双方在澶渊议和，这便是历史上著名的“澶渊之盟”。从此，宋朝每年向辽赠银十万两，绢二十万匹，这是一个屈辱的盟约，全国上下怨声载道。为洗澶渊之耻，主和群臣力奏封禅之事，以缓压力。这也正合真宗应天意、正民心，借此“镇服四海，夸示戎狄”的心理。《宋史·王旦传》中记载了此事，留下了一段耐人寻味的君臣对话：

> 契丹既受盟，寇准以为功，有自得之色，真宗亦自得也。王钦若惎准，欲倾之，从容言曰："此春秋城下之盟也，诸侯犹耻之，而陛下以为功，臣窃不取。"帝愀然曰："为之柰何？"钦若度帝厌兵，即谬曰："陛下以兵取幽燕，乃可涤耻。"帝曰："河朔生灵始免兵革，朕安能为此？可思其次。"钦若曰："唯有封禅泰山，可以镇服四海，夸示外国。然自古封禅，当得天瑞希世绝伦之事，然后可尔。"既而又曰："天瑞安可必得，前代盖有以人力为之者，惟人主深信而崇之，以明示天下，则与天瑞无异也。"帝思久之，乃可……

王钦若提出"涤耻"澶渊之盟的方法有二：一是"以兵取幽燕"，这是厌战的宋真宗所不能接受的；其二是"封禅"，封禅既可"镇服四海"，又能"夸示外国"，自是最佳方案。只是真宗担心"有德望，堪任大事"的宰相王旦不赞同此事，"遂召旦饮，欢甚，赐以尊酒"。而王旦归家，尊内"皆珠也"，王旦顿悟帝意，于是不再异议天书、封禅之事，成全了真宗封禅之举（《宋史·王旦传》）。封禅何以能"镇服四海，夸示外国"？《宋史·真宗本纪》记曰："契丹其主称天，其后称地，一岁祭天不知其几，猎而手接飞雁，鸨自投地，皆称为天赐，祭告而夸耀之。意者宋之诸臣，因知契丹之习，又见其君有厌兵之意，遂进神道设教之言，欲假是以动敌人之听闻，庶几足以潜消其窥觎之志欤？"可谓知己知彼。宋王朝深知辽国有敬畏天命的习俗，企图利用封禅大礼来神化宋王朝，以慑服辽国君臣，使之再无南侵之心。由此可见，真宗封禅除了镇服国人外，更重要的是做给辽国君臣看的。另一方面唐代一统的帝国，被五代十国的分裂局面所代替，兵革不息，苍生涂炭，人们无暇顾及礼制，更谈不上封禅大典。但是，当新的统一出现，众议封禅的舆论又随之而来。据《宋史·礼志》载：太宗即位八年，泰山父老千余人诣阙，请求东封泰山，帝未允，却"厚赐以遣之"。这又鼓励出更多的请封者，召来第二年宰臣宋琪率文武官、僧道、耆寿三次上表，帝下诏有事泰山以应其表，只是因为乾元、文明二殿发生火灾，不得不再下诏书停止封禅。

在真宗大中祥符元年（1008），兖州吕良等1287人及诸道贡举之士846人诣阙陈请，宰臣王旦等又率百官、诸军将校、州县官吏、蕃夷、僧道、父老24370人五次上表请封，于是宋真宗下诏封禅泰山。表面看上去是由下而上自发的一次次请封，实际上则是从上而下有组织的一场场闹剧。

为证明自己继承皇位是天上玉帝的旨意，宋朝各位君主大造皇权神授的政治舆论，至宋真宗时，行封禅以受命的时机成熟了。据《续资治通鉴》卷二十七载：景德四年（1007），王钦若对真宗献计曰："陛下苟不用兵，则当为大功业，庶可以镇服四海，夸示戎狄也。"真宗问："何谓大功业？"王钦若说："封禅是矣。然封禅当得天瑞乃可。"又曰："天瑞安可必得，前代盖有以人力为之者，陛下谓《河图》《洛书》果有此乎？圣人以神道设教耳。"如果能以封禅这一"大功业"威镇四海，这本是宋真宗梦寐以求的。更幸运的是天瑞"前代盖有以人力为之者"。于是真宗与诸臣编演了所谓夜见星冠绛袍的神人告诉他当降天书《大中祥符》三篇，真的就有天书三次降临之瑞。其中两次降天书于宫廷，一次降于泰山。据称，天书之文曰："赵受命，兴于宋，付于慎。居其器，守于正。世七百，九九定。"（《宋史·礼志》）于是就有宋真宗大中祥符元年（1008）封泰山，禅社首山之举，完成了中国历史上最后一次的封禅大典。

据《宋史·礼志》所载《玉册文》曰：

> 嗣天子臣某，敢昭告于昊天上帝：臣嗣膺景命，昭事上穹。……元符锡祚，众宝效祥，异域咸怀，丰年屡应……

《玉牒文》载：

> 有宋嗣天子臣某，敢昭告于昊天上帝：启运大同，惟宋受命。……粤惟冲人，丕承列圣，寅恭奉天，尤勤听政……

禅祭《玉册文》记：

> 嗣天子臣某，敢昭告于皇地祇：无私垂祐，有宋肇基，命惟天启，庆赖坤仪。……臣恭膺宝命，纂承丕绪，穹昊降祥，灵符下付，景祚延鸿，秘文昭著……

宋真宗郑重再三地宣称，是受命于天、受祐于天的，自然也便会“国祚延永，寿历遐岁”了。这就是王钦若所云“大功业”的效力、“圣人以神道设教”的秘密。在王钦若参与编撰的《册府元龟》中，对封禅是这样概括的：

> 王者受昊天之命，居大宝之位，顺考古道，建用皇极。仁及乎行苇，泽浸乎昆虫，太平之风于是乎在若。乃建显号，施尊名，扬英声，腾茂实。以祈景福，以告成功，则必申命有司，发挥大典，刻石纪绩，与黄帝比，探策告祥，配天无极。故兒宽谓之帝王之盛节，相如亦曰天下之壮观，可不谓然乎！

这一时期反对封禅，认为封禅是不经之道者也不少，代表人物有马端临、胡致堂、章俊卿等。其言论要点可归结为两点：

其一，封禅非古制也。反对者大多推崇许懋的看法。他们认为“汉唐以来，纬书行而经学弛。重以郑玄博闻寡要，不知折衷于圣人，而惟纬书之信。世无稽古之言以祛群惑，遂使有天下者，于无事时肆其侈心”（清康熙《岱史》卷六）。谓封禅是郑玄之辈曲解经文所致，古代七十二君封禅纯属不经之说，就其端始，起于秦汉。马端临引文中子语指出：“封禅非古也，其秦汉之侈心乎。而太史公作《封禅书》，则以为古受命帝王未尝不封禅。且引管仲答齐桓公之语，以为古封禅七十二家，自无怀氏至三代俱有之，盖出于齐鲁陋儒之说。《诗》《书》所不载，非事实也。”（《岱史》卷六）既然封禅于诗书礼典略不经见，怎么能成为国之大典？

其二，认为封禅源于燔柴而失其本。他们认为：“《诗》《书》纪巡守而柴者，《记》所谓祭天也。至岱宗陟其高山云者，《记》所谓因名山也。有山则因以为高，无则于郊而坛，其义类一也。又有大事而告于上帝者，武王克商始有天下，故柴望而告也，舍此则渎矣。”（《岱史》卷六）他们还认为，封禅也是奢侈可笑之举，王者封泰山，禅梁父，易姓纪号升之，动辄“千乘万骑，巡守侈费。登山琢石，夸大功德。或有秘祝，以祈不死，取笑当代，贻讥后来”（《岱史》卷六）。

自宋以后，再没有帝王封禅泰山。但对封禅的议论始终没有停止过，或褒或贬，各持其说，且以否定者居多。遗憾的是多无新论，唯清代经学家孙星衍谓封禅是考绩之典略具特色。

“封禅者，巡守考绩之礼。”孙氏认为，《诗》《书》所载五年一巡守、柴望，即为升岳考绩、燔柴以告天。他充分肯定了纬书的释义与郑玄的注说：“纬书出于周末，犹通古义。其在《孝经钩命决》云：‘封于泰山，考绩柴燎；禅于梁父，刻石纪功。’故郑康成注《书》云：‘柴者，考绩燎也。’”又引《白虎通》《风俗通》所说：岳之谓“捔”，均为功德考绩之义，“是方岳亦以考绩得名矣”。他认为，由于“周衰不巡守，故封禅之义晦，秦汉以为祈年求仙之事。当时儒者不能辩明，于是七十二君之盛迹后世得以訾之矣”。孙氏肯定了封禅之说，且确信有古七十二王封禅。他认为天子五年一升方岳，为的是封诸侯，明黜陟，辑瑞柴燎以告天，这是上古圣人敬天敬事之至也。天命有德，天讨有罪，“或命或讨，天子皆登名山考其绩。积柴燔牲告天，以黜陟之”。天子高山升中，以察诸侯政绩，决定他们的升降。然后，燔柴告天。这如同在春秋之时，会诸侯一样，“皆因邱陵明目聪辟非常也”（《泰山志》卷十二《孙星衍封禅论》）。登高明目，无障耳聪，以视政绩。这些都是自尧、舜以来便有的礼制，却未被后人所识。受命得封禅，亦谓之黜陟，也为历代诸儒及帝王所不察。孙星衍唯崇郑玄，明其考绩古制，堪称一代大儒：

> ……秦始皇东巡至泰山，诸儒生仅知古者蒲车租（菹）席之礼，宜其见黜，其时意在立石颂德，不知有考绩之事；汉文帝使博士诸生作《王制》，谋议巡狩封禅事，亦只信鬼神，卒不能明古制；武帝巡幸郡县，浸寻于泰山，惑于封禅则能仙登天之说，又惑于封禅者古不死之名。诸儒草议大率将顺其事，故史臣讥之。以为群儒不能辩明封禅事，又拘于《诗》《书》古文而不敢骋也。后汉建武时，有司奏封禅云，为百姓祈福，刻石纪号。何其不察经传之文哉？汉自司马相如、倪宽、应劭诸人，皆不识封禅为考绩之典。独郑康成以《孝经》说知之，故康成者，一代之大儒！（《孙星衍封禅论》）

除封禅为考绩之礼外，孙星衍还对封禅的概念进行了修正。他指出：

> 封者，爵诸侯之土。于《文》：从之、从土、从寸。守其制度；禅者，

> 祭天，于《文》：从示。上古有封禅之称，言爵诸侯祭告，或于天也，或封者，封山之义。……《礼记》称：因名山升中于天，不言祭地。而《汉书》注服虔云：封者，增天之高，归功于天。禅，阐也，广土地也。《后汉志》注项威曰：除地为墠、后改墠曰禅，神之矣。是误。以墠解禅字，项说违古义矣。吾慨世之訾古人者，皆不明古义，以己之愚，反訾古人之愚。（《孙星衍封禅论》）

孙星衍是以《说文》为依据，来释“封”与“禅”的，特别强调了“禅”并无祭地之义，反感于后人以愚见“訾古人”。他说这有若明堂之制，由于伪传而不得其实遂废，还以“迂怪之事”论之。“孟子为孔子之学者，曰：明堂者，王者之堂，行王政，勿毁之。明堂在齐泰山，即古者封禅考绩之堂。孟子固爱封禅之礼矣。”（《孙星衍封禅论》）这也恰好相合于他的封禅考绩之说。孙氏或谓封禅为考绩之礼，或谓禅为祭天，或谓明堂为考绩之堂，虽有不妥之处，却也不失一家之言。

第三节　封禅与道教的孕育

封禅是我国历史上独有的一种山岳崇拜现象，有着浓郁的民族传统文化色彩。那么，封禅与我国本民族的宗教——道教有无关联？具体地说，两者在思想体系以及表现形式的构成上有无内在联系、封禅的发生对道教的孕育形成有无影响？这是下面我们要分析探讨的。

一、五德终始说与海上方士的兴起

道教源于齐学（胡孚琛：《齐学和道教》，《世界宗教研究》1987年第2期），封禅之论同样受到齐文化的很大影响。应该说齐邹子的五德终始说及当时海上方士阶层的崛起是两者发生发展的基础，让我们先从齐学邹子之论与海上方士的大量涌现说起。

战国时期，在齐国都城临淄的西门——稷门之下建立了一座规模宏大的学宫，这就是我国文化史上著名的稷下学宫。在学宫聚集的众多大师中，史冠稷下的第一流学者，要算被司马迁称之为“三邹子”的邹忌、邹衍、邹奭。“邹衍之术迂大而闳辩；奭也文具难施；淳于髡久与处，时有得善言。故齐人颂曰：‘谈天衍，雕龙奭，炙毂过髡。’”（《史记·孟子荀卿列传》）而三邹的核心人物是邹衍。他的“五德终始说”“大小九州”说，为方士和封禅的产生，提供了基本的理论根据。

邹子的五德终始论，是在五行思想的基础上发展起来的一种解释社会历史发展和王朝更替的天人感应学说，反映的是一种循环的“五行相次用事”命运论，认为社会朝代之兴衰是严格按照这种顺序排定的。每个王朝，各占一德，五德相克，往复循环。“凡帝王者之将兴也，天必先见祥于下民。”这一学说对当时的君主具有很大的诱惑力，对臣民也具有极大的欺骗性。

而邹衍的“大小九州”说，则打破了儒家一向认为天地间只有一个中国的封闭的地理概念。他推论：“先列中国名山大川……因而推之，及海外人所不能睹。称引天地剖判以来，五德转移，治各有宜，而符应若兹。以为儒者所谓中国者，于天下乃八十一分居其一分耳。中国名曰赤县神州。赤县神州内自有九州，禹之序九州是也，不得为州数。中国外如赤县神州者九，乃所谓九州也。于是有裨海环之，人民禽兽莫能相通者，如一区中者，乃为一州。如此者九，乃有大瀛海环其外，天地之际焉。”（《史记·孟子荀卿列传》）在这里他不仅类推出中国只是宇宙的一小部分——八十一分之一。尤其重要的是不以传说中禹划分的九州为单位，而是把整个中国当作一个整体——赤县神州，展现了一个广阔无垠的宇宙，曲折地表达了空间无限的思想，大大开阔了人们的视野，启迪了人们对世界的新看法。

邹衍的“五德终始说”与“大小九州”说，首先为最高统治者所崇尚，并与自古有之的自然崇拜相结合发展为改制应天的“封禅说”；其次则为海上方士的大量出现提供了必备的舆论环境。正如司马迁在《史记·封禅书》中曾指出的：“自齐威、宣之时，邹子之徒论著终始五德之运，及秦帝而齐人奏之，故始皇采用之。而宋毋忌、正伯侨、充尚、羡门高最后皆燕人，为方仙道，形解销化，依于鬼神之事。邹衍以阴阳主运显于诸侯，而燕齐海上之方士传其术不能通，然则怪迂阿谀苟合之徒自此兴，不可胜数也。”齐国之地本来就是神仙方士的发源地，民间鬼神之事盛行。《汉书 · 地理志》云：齐襄公“令国中民家长女不得嫁，名曰‘巫儿’，为家主祠。嫁者不利其家，民至今以为俗”。《战国策 · 齐策》云：“齐人见田骈，……对曰：‘臣邻人之女，设为不嫁。’”《公羊传 · 哀公六年》何氏注曰：“齐俗，妇人首祭事。”由此可略见一斑。齐国南靠泰山，北临渤海，海岱的自然环境与民间习俗共同为方士的出现提供了必不可少的基本条件。山岳和海洋中常常出现的一些自然现象，如云雾幻景、海市蜃楼等很容易使人们感到惊异、迷惑。这些奇幻之境构成了天地之间的另一个世界仙境。而邹子学说又为方士阶层的迅速崛起，提供了适宜的社会气候。邹衍死后，在民间留下了诸多的传奇。如：“北方有地，美而寒，不生五谷。邹子吹律暖之，而禾黍滋也”（《列子 · 汤问》张湛注引），“传书言‘邹衍无罪，见拘于燕。当夏五日，仰天而叹，天为陨霜”（《论衡 · 感虚》），等等。当然邹衍的神化与统治者的推崇有着直接的联系，尤其是秦皇汉武在鬼神之事上的推波助澜，使邹衍的学说及影响日趋深入。“燕、齐方士们利用他的五行转化的理论，就说可以炼黄金，炼丹药。利用他的大九州学说就说海外有神山，上有仙人和仙药。利用他的悠久无限的时空观念，说可以长生延年。如此，虽然使邹衍学说庸俗化了，却使方士的种种迷信行为理论化了。”（徐北文：《灿烂的古代文化 · 山东滨海方士与道教的诞育》，齐鲁书社，1984年。）

在这一氛围下，海岱之区造就了众多的方家、仙士。常见记载的就有：淳于髡、接子、田骈、邹奭（《史记 · 孟子荀卿列传》），安期生（《列仙传》），马明生（《真诰》），羡门高、徐市（《史记 · 秦始皇本纪》），泰山老父（《神仙传》），李少君、少翁、栾大、公孙卿、申公、丁公、公玊带（《史记 · 封禅书》），黄石公（《汉书 · 张良传》），甘忠可（《汉书 · 李寻传》），东方朔（《汉书 · 东方朔传》），公沙穆、赵彦（《后汉书 · 方术传》），郎颉（《后汉书 · 郎颉传》），襄楷（《后汉书 · 襄楷传》），等等。从战国到秦汉时期，社会上形成了庞大的方士阶层。所以有人说，神仙说倡自齐人，“齐人以黄老之学及阴阳之说，融合而成为齐学，此即神仙学说之滥觞”（周绍贤：《道家与神仙》，台湾中华书局，1974年）。齐地以其海岱优越的自然环境及邹子之徒的兴起、神仙学说的发生，奠定了这一地区在道教史上的特殊地位。至秦始皇、汉武帝东封泰山，临海求仙之时，方士已“不可胜数”。利用邹子之论迎合帝王的需要，遂成风气。

二、封禅与神仙方士说

《史记·封禅书》云："自齐威、宣之时，邹子之徒论著终始五德之运，及秦帝而齐人奏之，故始皇采用之。"邹衍所创"五德终始说"在秦以前乃是"纸上谈兵"，到了秦始皇才在这一学说理论基础上发展而成的改制应天的封禅予以实践。

值得注意的是在秦始皇采用邹衍五德终始说的同时，他也确信齐国方士以邹子之论为依据而形成的海外三山有"仙人""不死之药"等方士神仙说。并在封禅泰山后东巡，进海中成山角，登芝罘岛，下琅琊，"行礼祠名山大川及八神，求仙人羡门之属"(《史记·封禅书》)。对帝王而言，封泰山禅梁父是为改朝换代的成功而要取得上天的承认，目的在于通神。同时，也希冀自己能长生不死，长久统治，即所谓"受天之命，既寿永昌"(《全秦文·玉玺文》)。因此，封禅后遂去东海求仙，便有了与神相通而后验证其效应的意义了。所以秦始皇第一次去东海，久留三月而无验，他并不甘心；又第二次、第三次、第四次去验证。他还接受方士不同的说法，以各种形式去探求结果，或以"童男女入海求之"，或遣方士"斋戒如仪，泛海求神仙"等。"冀遇海中三神山之奇药"(《史记·封禅书》)，终不能得，而死于回朝的路上。

尤敬鬼神之祀的汉武帝，即位六年后才亲自掌握政权。在亲政之前，就有人怂恿封禅，只是因窦太后阻止而作罢。亲政后因为发现一只白色鹿属动物出现，被视为麒麟，又出土了一只被当作神贶的宝鼎，武帝意欲改度封禅。据《史记·封禅书》记："李少君亦以祠灶、谷道、却老方见上，上尊之。"由于方士李少君把"炼金""封禅""长生"三者结合在一起，很受武帝的赞赏和宠幸。武帝求见海上仙人不能得，而"海上燕、齐怪迂之方士多更来言神事矣"(《史记·封禅书》)。于是在方士们的怂恿下，武帝决意封禅，以求不死之名。他与秦始皇一样，封禅后"遂东巡海上，行礼祠八神。齐人之上疏言神怪奇方者以万数，然无验者。乃益发船，令言海中神山者数千人求蓬莱神人"(《史记·封禅书》)。汉武帝在位期间又七次修封泰山，显然也是以求神通，而后去东海一验灵性。秦始皇、汉武帝封禅求仙的迹象表明：秦汉之时，求神访仙活动已成为一股社会热潮，影响着整个社会。封禅以治国，求仙以养身成为最高统治者热衷一时的社会活动。

在此，有必要指出的是封禅与求不死之药的神仙说的内在联系。据现有史料分析，封禅说在战国时期初步形成，从时间上看与神仙说的形成几乎是同时的。其理论基础都吸收有以邹子为代表的阴阳五行思想。因此，两者的关系是不言而喻的。一方面从帝王封禅后即去东海寻仙可以说明这一点；另一方面，从方士怂恿皇帝封禅的言辞中也明显地暴露出这一点。如方士李少君所言："祠灶则致物，致物而丹沙可化为黄金，黄金成以为饮食器则益寿，益寿而海中蓬莱仙者可见，见之以封禅则不死，黄帝是也。"（《史记·孝武本纪》）公王带也说"黄帝封东泰山，禅凡山，合符，然后不死焉"，还有丁公所云"封禅者，合不死之名也"等。（《史记·封禅书》）封禅与不死成仙成为相辅相成不可分割的同等事情。正是封禅与不死升仙联系在一起，才被皇帝倍加珍视。而封禅又使神仙说正统化、政治化。正如日本学者窪德忠先生在《道教史》（上海译文出版社，1987年）一书中所指出的："大肆举行封禅，也无非为了求仙。"这样，封禅的产生，一开始便走向了与神仙方术相结合的道路，乃至成为影响道教孕育产生的基本因素之一。

三、封禅与道教

汤一介先生谈到道教的产生时曾指出，"道教作为一种宗教是产生在东汉末期，……而前此在战国末燕齐地区之神仙家实为道教之前身"（《魏晋南北朝时期的道教》，陕西师范大学出版社，1988年），阐明了道教孕育时期、特点及区域上的界定。但是，神仙家虽求长生不死，不过纯属个人的身心修炼以至羽化升仙，与道教无论在思想体系上还是在组织形态上都有着明显的断层。

当我们翻开道教经典，一般均称道教源出老子，较早的《太平经·老子传授经戒仪注决》注：老子是"得道之大圣"。周平王时，老子"为关令尹喜说五千文"，于是有了道教，自是虚夸之谈。在后人的研究中，有人曾仅把老庄思想视为道教的正源，自然也是不够全面的。不过说道教是以道家为主干，兼蓄阴阳五行、方家仙士及儒学等有关思想发展而来，是没有什么问题的。因此我们要思考的是：道家思想是如何演变为道教教义的？又是在什么条件下道教兼收并蓄各种思想学说的？

有人曾针对道教与道家的关系指出："对道教来说，它根本的东西并不在于老、庄那种精神超脱，而在于满足现实世界的人们的心理欲望，乃至解决现世的种种实际问题，否则，它也就不可能在那么广泛的阶层，那么广泛的生活中渗透它的影响了。"（葛兆光：《道教与中国文化·序》，上海人民出版社，1987年。）这种评价是中肯的，黄老之术主要讲的是"无为自化，清静自正"。而"存神养性，意在凌云"的观念已是东汉黄老之学与神仙养生学说融汇的结果了。即便仅就道教前身的神仙家来说，尽管在先秦之时与道家虽有某些联系，但它们毕竟是两种不同的思想体系。各种不同的学说及观点，在最后融合为道教教义的诸多因素中，有一个重要因素在以往的研究中被忽略了，这就是泰山封禅对道教产生的影响。

应该看到，首先封禅的兴起，使儒学和道学在特定的社会背景下逐渐融合，形成道教"治国""治身"的基本思想。泰山封禅从本质意义上讲，就是天、地、人三者合一致太平观念的具体体现。它是儒学关心现实政治的反映。而封禅所表现的对自然的崇拜，却又是道家回归自然的根本思想之一。可以说，封禅兼有儒家、道家的思想。如果从封禅的理论依据五德终始说来分析，这一特点会更明显些。五德终始说本来就是邹衍利用自然之天为新兴地主阶级统治的合理性做出的天人关系的论证。简而言之，邹衍的"五德终始说"是儒、道及各派思想的融合。而封禅又是以其为理论依据的，所以五德终始说的提出，是儒家承受了道学及其他传统思想的结果。也就是说封禅与儒学、道学构成了不可分割的渊源关系。所以有人说，"邹衍的观点是儒、道混合的，而更偏畸于思、孟学派"（侯外庐等：《中国思想通史》，人民出版社，1980年）。秦始皇一并天下，依据五行之德，制定出一套"水德"的典章制度。到了西汉，大儒董仲舒又进一步把五行说与孔子之道结合起来，提出"天不变道亦不变"，向武帝提供了变更制度的理论根据。最终又通过封禅这一特殊的祭祀形式予以承认，为儒、道在天、地、人诸关系的融合奠定了基础。

其次，帝王的封禅，加速了道家思想与神仙学说思想的融合，从而为道教基本思想的形成创造了基本条件。封禅，对帝王来说，一是为了通神明，奉天承运；二是求长生不死而成仙。基于前者，帝王要"清静无为，恬淡寡欲"，以应天地之变；对于后者，帝王又需不失"黄老养性之福"，以求"肉体成仙"。从某种意义上讲，仅从最高统治者如此重视封禅活动，就可以看出道家的某些思想与神仙家的某些学说的相互渗透与融合。

此外，帝王的频繁封禅、临海，在客观上为神仙方士由个人修炼逐渐演变为宗教活动提供了基本条件。一般说来，中国民众缺少群体的组织意识，不易形成宗教团体。但是，封禅这一祭祀活动由皇帝亲自执事，频繁的封禅、临海，使最高统治者与方士广泛接触，提高了他们的社会地位，促使其形成庞大的方士阶层。仅汉武帝时就八次来岱临海寻求仙药，使神仙方士倍受青睐。每当武帝临海时，方士便云集海上。据《史记·封禅书》载："上遂东巡海上，行礼祠八神。齐人之上疏言神怪奇方者以万数……乃益发船，令言海中神山者数千人求蓬莱神人。……宿留海上，予方士传车及间使求仙人以千数。""……复遣方士求神怪采芝药以千数。"这种以"千数""万数"计的方士，有目的、有组织的集会，自然会刺激方士间的相互结合，并促其学说进一步理论化、系统化。为后来道教的形成打下了基础。

综合上述分析，我们可以得出如下结论：

第一，封禅思想与道教基本思想体系均源于齐文化。封禅的出现促进了道家、儒家、阴阳五行家等诸家思想的相互融合、相互渗透，为道教思想的最终形成创造了条件。

第二，封禅一开始就是"修身""治国"合一的体现，封禅与成仙成为等同的事情被帝王所崇尚。封禅是最高统治者亲自执事祭祀，由一般祭祀升华为举国大典，具有最高的权威性，封禅后又需去海上求仙，使方士能与最高统治者直接广泛地接触。为道教前身的神仙方士进入国朝提供了得天独厚的条件，为道教干预朝政奠定了基础。

第三章

泰山神论

在我国历史上，祭祀习俗总是与自然崇拜、敬天法古有关。封禅，作为我国历史上一种特殊的祭祀仪式，专指古代帝王在泰山举行的封以祭天、禅以礼地的神圣大典。司马迁在《史记·封禅书》中说："自古受命帝王，曷尝不封禅？……每世之隆，则封禅答焉。"在《史记》中还特意列《封禅书》来记述这一大典，可知封禅之礼是封建王朝最隆重的典礼。泰山封禅以其特定的祭祀形式和独有的社会内容，成为历代帝王统一天下、改制应天的重大政治活动，它是自然崇拜与社会变革相适应的历史必然；又是传统文化、民族心理以及思维形式特征的集中显现。值得注意的是，在大山崇拜、封禅说、神仙方士说等与民间各类神话传说的相互渗透、相互影响下，在泰山孕育出了众多的神祇。他们不但有着中国其他诸神的一般特征，而且具有其他神祇所不曾有的功能和威力。在泰山诸多的神祇中，最受尊崇的要算是东岳大帝、碧霞元君和泰山石敢当了。

第一节　东岳大帝

泰山是五岳之首的东岳，其神以"大帝"称之，可见其地位的显赫。由于封禅的兴起，更使历代帝王多以祭祀泰山为重要祀典，故东岳大帝屡受褒封，从而奠定了东岳大帝在中国诸神中的崇高地位。正如日本学者所指出的：东岳大帝"每在封禅等国家大典中受供奉一次，随着朝廷的政治意图，其权威即增长一分，具有与人间皇帝匹敌的力量。东岳大帝被供奉为神灵界的王者”（福井康顺等监修：《道教》第一卷，上海古籍出版社，1990年）。

一、东岳大帝信仰源于太阳神之崇拜

有关泰山神——东岳大帝的身世，说法不一，综合起来主要有如下几种说法：

金虹氏说　《绘图三教源流搜神大全》引东方朔《神异经》曰：“昔盘古氏五世之苗裔，曰赫天氏，赫天氏（子）曰胥勃氏，胥勃氏（子）曰玄英氏，玄英氏子曰金轮王，金轮王弟曰少海氏。少海氏妻曰弥轮仙女也。弥轮仙女夜梦吞二日，觉而有娠，生二子，长曰金蝉氏，次曰金虹氏。金虹氏者，即东岳帝君也。”《东岳大帝本纪》《历代神仙通鉴》等也持此说。

太昊说　泰山帝即为上古时代人们所崇奉的太昊氏。《枕中书》云：“太昊氏为青帝，治岱宗山；颛顼氏为黑帝，治太恒山；祝融氏为赤帝，治衡霍山；轩辕氏为黄帝，治嵩高山；金天氏为白帝，治华阴山。”《洞渊集》亦云：“太昊为青帝，治东岱，主万物发生。”

盘古人身说　《述异记》：“昔盘古氏之死也，头为四岳，目为日月，……秦汉间俗说，盘古氏头为东岳，腹为中岳，左臂为南岳，右臂为北岳，足为西岳。”

黄飞虎说　出自小说《封神演义》，武成王黄飞虎被姜子牙封为：“东岳泰山天齐仁圣大帝，执掌幽冥地府十八层地狱。凡一应生死转化人神仙鬼，俱从东岳勘对，是为五岳之首。”

另外，泰山神还有天帝之孙、上清真人等说法。《博物志》引《援神契》曰：“五岳之神圣，四渎之精仁，河者水之伯，上应天汉。太山，天帝孙也，主召人魂。”《绘图三教源流搜神大全》：“泰山者，乃群山之祖，五岳之宗，天帝之孙，神灵之府也。”而《文献通考·郊社》云：“五岳皆有洞府，有上清真人降任其职。”无论是天地之孙，还是上清真人，均无所实指，意义也不是很大。

以上诸说中，黄飞虎一说，虽为小说虚构，但在民间有很大影响，有的东岳大帝庙中祀神便是黄飞虎，其内涵不必深究。正若曾勤良先生在《台湾民间信仰与〈封神演义〉之比较研究》(台北华正书局，1985年)中所认为的：封神中的故事，是在有关文献的基础上进行的再创作，而东岳的名讳实属作者所创，由于小说通俗易于传播，故民间便因之祭祀。此言极是。盘古人身说，把泰山与人的创世主盘古联系在一起，意在表明泰山信仰源远流长及名声的显赫，似亦无更深的层次结构。而金虹氏说与太昊说，若明若暗地显示了泰山信仰源起的轨迹。

依《神异经》所言，东岳大帝金虹氏，姓岁名崇，是金轮王的弟弟少海氏与弥轮仙女之子。值得注意的是东岳大帝随金轮王同以“金”为氏，而“金”为少昊金天氏之后(《元和姓纂》卷五《侵》)。《左传·昭公元年》记有：“昔金天氏有裔子曰昧，为玄冥师。”注云：“金天氏，帝少皞。”(皞即昊)而所谓的金轮王，其“金轮”乃为太阳的别称。且东岳帝——金虹氏与其兄金蝉氏是因母弥轮“夜梦吞二日”有娠而降生。这里暗示了金虹氏与金轮王的关系，也就是与太阳的关系。金虹氏之父为少海，少海在这里指示的应当是一个方位，是对东方的泛称，如《韩非子·外储左上》：“齐景公游少海。”《淮南子·地形训》：“东方曰大渚，曰少海。”故此，据《神异经》这一神话系统而言，东岳大帝即是太阳族系的神明。

《枕中书》：“太昊氏为青帝，治岱宗山。”说太昊是泰山之神。太昊，皇甫谧《帝王世纪》中言：“太昊帝包栖氏，……继天而王，首德于木，为百王先。帝出于震，未有所因，故位在东方。主春，象日之明，是称太昊。”太昊，也作大昊。昊，光明盛大之意也。故丁山先生《中国古代宗教与神话考》说“大昊者，大明也”。张舜徽先生《郑学丛著》云：“大明，日也。”太昊即为太阳之神，也就是说，岱宗之神即为太阳之神。因此，无论东方朔《神异经》的金虹氏说，还是《枕中书》等的太昊说均吻合人们对太阳神的崇拜，表明了泰山神——东岳大帝就是太阳族系之神，即太阳神。

太阳神的崇拜，是原始信仰中较为普遍的一种宗教形态。近人何新《诸神的起源》认为，太阳神崇拜乃是远古时代遍及东西方(包括美洲在内)各大文明区的一种原始宗教形态，并证明了在中国上古时代(自新石器时代到早期殷商)也曾存在过日神信仰。这是可信的。我们认为，原始形态的自然崇拜，应当首先是由某一实体物质开始的。从各种材料看，原始部落崇拜天体的现象是较为普遍的，而表现为对太阳神的崇拜就尤为突出。对自然的崇拜，实质上就是对自然的依赖，当然也包括人们对异己的自然力量的崇拜。太阳能给人以光明与温暖，构成人们对其崇拜的物质基础。升与落的运动又赋予它得天独厚的“人性”，是最能激起人的依赖感的现象，使人们变得谦卑、虔敬。郭沫若在《殷契粹编·粹编考释》中说“殷人于日之出入均有祭”，盖朝夕礼拜之。殷人的太阳崇拜当是原始自然宗教中太阳信仰的延续，后起的天神崇拜也应是在此基础上发展起来的。在泰山地区，对太阳的崇拜有着一定的历史背景。前面已提到的山东莒县陵阳河大汶口文化遗址出土陶尊上的图像文字，可以说是这一地区远古文化中最有代表性的太阳崇拜资料。尽管学术界对其中间部分的释读有一定差异，但上部为太阳是无疑议的。整个图像文字反映的正是史前先民祭日以祭天的生动景象。

在大汶口文化的命名地，泰山南麓的大汶口遗址1959年的发掘中，曾在一背壶上发现另一图像文字（图9），并施以朱色。在同出土的另几件背壶上也有用朱色涂施的“●”（《大汶口——新石器时代墓葬发掘报告》），我们认为，图中红“●”应是指太阳。在《殷契秩存》（第581片）中有“”，与此图像文字极为相近。另外此图像文字与金文中“皇”字也很相似。据文字学家王国维考证，“皇”字金文象日光放射之形（《刘盼遂记说文练习笔记》）；文字学家张舜徽也说：皇，煌也，谓日出土上光芒四射也（《郑学丛著》）。假如将“”与“”相对照，可以想见它们同出土于泰山周围绝不是偶然的，所体现的都应是远古时期这一地区对太阳崇拜的习俗。此外，大汶口墓地墓向朝着东方，反映的或是本民族的来源之处，或为人死后灵魂所归之地，却都包含着以日出日落为思维特征的观念信仰。后世东岳帝的出现正是在这种日神信仰的基础上承袭发展的结果，如齐国所奉祀的八神中，即有日神——阳主。至今，人们仍

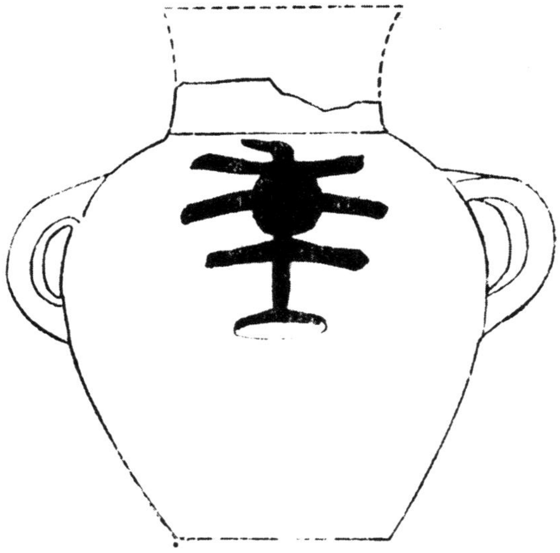

图9　大汶口遗址出土背壶上的图像文字

有去泰山观东海日出的习俗。在历代的造神运动中，人们在“万物有灵”的自然崇拜观念中糅入了不同时期的社会内容，形成了不同系列的神话与传说。而就其特征而言，东岳大帝的信仰源于日神的崇拜还是明晰可信的。

二、东岳大帝的职司及人格化

人所以崇拜神，是因为神是自然界和人类社会异己力量的代表，具有超人间、超自然的能力。当人们无法克服异己力量，无法满足人类社会需求时，人们对于神就产生了依赖、服从的必然关系。在社会中，东岳大帝的功能主要有如下几个方面。

首先，更替王朝、稳定江山。这一点突出表现在历代帝王的封禅活动中。新王朝取代旧王朝后，上天之子——皇帝就必须到泰山“告太平于天，报群神之功”(《史记·正义》引《五经通义》)，他们以此来证明自己是天帝在人间的合法代表，是受命于天，代天行道的。又因泰山雄浑、博大，就又成了江山稳定、国家太平的象征，如“稳如泰山”“重如泰山”等，其自然属性与社会属性相互融通。这种大典一直持续到宋真宗才偃旗息鼓，元、明、清三代的皇帝亲祭泰山或派员祭祀，虽在形式上与封禅有一定区别，但实质上，均为求固国安民，天下太平。

其次，延年益寿，长命成仙。在统治者上层，最流行的说法莫过于封禅既能使江山安定，又能长生不死，成仙升天。秦始皇封禅泰山除为改制应天外，也有祈寿延年、长生不死之意。到汉武帝时就更流行这种说法了。仅《史记·封禅书》就记有：

> 少君言上曰：“祠灶则致物，致物而丹沙可化为黄金，黄金成以为饮食器则益寿，益寿而海中蓬莱仙者乃可见，见之以封禅则不死，黄帝是也。”
>
> 申公曰：“汉主亦当上封，上封则能仙登天矣。……中国华山、首山、太室、泰山、东莱，此五山黄帝之所常游，与神会。黄帝且战且学仙。患百姓非其道者，乃断斩非鬼神者。百余岁然后得与神通。”
>
> 自得宝鼎，上与公卿诸生议封禅。……齐人丁公年九十余，曰：“封

> 禅者，合不死之名也，秦皇帝不得上封。”
>
> 公王带曰：“黄帝时虽封泰山，然风后、封巨、岐伯令黄帝封东泰山，禅凡山，合符，然后不死焉。”

“上”，即指汉武帝。他即位后，先后八次去泰山行封祭天以求国安、以求寿长。武帝太始四年（前93）所造一鼎的鼎铭即曰：“登于泰山，万寿无疆。四海宁谧，神鼎传芳。”（《岱览》卷四）据罗振玉《辽居杂著》所记西汉的《太山镜铭》也保留了这方面的资料。其铭曰：“上太山，见神人，食玉英，见泮泉，驾交龙乘浮云，白虎引兮直上天。受长命，寿万年。”说明在西汉时期，上至帝王，下达百姓，确信泰山神就是保寿安邦的神灵。对帝王来说，敬奉泰山神的最好办法就是去泰山封禅。他们深信皇帝封泰山然后不死的说法，行封可得长寿。这在历代封禅、告祭等宗教活动中，也都明显地表现出这一点。对普通百姓来说，上泰山，见神人便可长寿万年。在上至皇帝，下至百姓心中，形成了较为系统的泰山信仰观念。

东岳大帝还能给人治病。据《宛署杂记》卷十七记，明代京师齐化门外的东岳天齐庙，每年在东岳大帝诞日三月二十八日都举行大型祭祀活动：

> 规制宏广，神像华丽。国朝岁时敕修，编有庙户守之。三月二十八日，俗呼为降生之辰，设有国醮，费几百金。民间每年各随其地预集近邻为香会，月敛钱若干，掌之会头，至是盛设，鼓乐幡幢，头戴方寸纸，名甲马，群迎以往，妇人会亦如之。是日行者塞路，呼佛声振地，甚有一步一拜者，曰拜香庙。有神浴盆二，约可容水数百石，月一易之，病目人虔卜得许，一洗多愈。

东岳大帝用浴水医病的说法，当是他能使人长生不死的引申。

此外，泰山神可统领鬼魂，掌管人的生死贵贱。《风俗通义·正失》云：“俗说岱宗上有金箧玉策，能知人年寿修短。武帝探策得十八，因倒读曰八十，其后果用耆长。”

《博物志》卷一云：泰山，“言为天帝孙也，主召人魂魄，东方万物始成，知人生命之长短”。《岱史》卷三引《道经》云：“五岳之神，分掌世界人物，各有攸属。岱泰山……主世界人民官职生死贵贱等事。”

《历代神仙通鉴》卷四：“元始曰：后稷乃东岳托生，向为太华真人，掌天仙六籍，为东岳天都府君，兹赐为太灵苍光司命真君。执掌人世臣民贵贱高下之分，禄科厚薄之事，地狱各案簿籍，七十五司生死修短之期。”人生由命，富贵在天，这是我国由来已久的思想观念。泰山神阳管福禄厚薄，贵贱高低；阴掌万鬼之魂，冥死之期。可见其权力之大，与上至帝王下至百姓的关系密切。

《后汉书·乌桓传》中有：“死者神灵归赤山，……如中国人死者魂神归岱山也。”在东汉的墓葬中也常有“生人属长安，死属太山”的铭记。除此之外尚未发现再早的史料。清人顾炎武《日知录》说：“尝考泰山之故，仙论起于周末，鬼论起于汉末。”清人赵翼《陔余丛考》亦云：“泰山治鬼之说，汉魏间已盛行。”不过从泰山治鬼之说在东汉时已流行来看，其发生期自然会早于东汉。近几年来，有人曾对泰山治鬼之说始于汉提出疑问，认为“自顾炎武以下旧论咸以为泰山治鬼之说始于汉初，这是不对的。殊不知此说实脱胎于昆仑山下有幽都、黄泉和西王母的神话。而考其起源，则可追溯到古华夏文化的肇始之处”（何新：《诸神的起源·古昆仑——天堂地狱之山》）。这也不失为一种看法。昆仑山是否就是泰山？这是个比较复杂的问题。笔者认为，昆仑最初本义是高大之山，其名乃为大山之统称。泰山当是原始昆仑山之一。由于不同地理的昆仑山，所产生的神话内容也就不尽相同。因此我们认为泰山治鬼之说，“可追溯到古华夏文化的肇始之处”的这一结论还是需要商榷的。仅据现有材料而论，说泰山治鬼之说早于西汉还仅限于推测。

探究泰山治鬼的由来，应是与泰山东岳帝能保国安民、太平长寿的思想一样同源于泰山“阴阳交代”“万物之始”的观念，是与封禅密切联系在一起的。关于这一点，前人就曾注意到了。《茶香室丛钞》卷一六说：“余谓后世言神言鬼皆托之泰山，虽虚诞之说，而未始无理。盖因天事天，因地事地，此封禅所自起也。……按《封禅书》，泰山有天主地主之祠，其义即缘封禅而起。王者于此报天，故有天主祠；王者于此报地，故有地主祠。死者魂归泰山，即归于地主耳。”阴阳交代，无论是王朝的更替还是事物的转变，都有一个新与旧，生与死的问题。只有旧的消亡才会有新的代生，只要有生必然就会有死。封与禅作为两种不同的祭祀形式，也显示了这一点。所禅之地，梁父、蒿里、亭亭、云云等泰山下的小山便成了地狱之府。随之便也有了《汉书·武五子传》注曰"蒿里死人里"、《遁甲开山图》"亢父知生，梁父主死"、陆机《泰山吟》"梁父亦有馆，蒿里也有亭。幽岑延万鬼，神方集百灵"的说法。

泰山神的人格化，在中国诸神中具有一定的代表性。当神具有了一定的人形、人性后，便化成了具有一定社会伦理价值及道德规范性的精神"载体"。东岳泰山神的人格化及意义具体表现在如下三个方面：

首先，泰山神具有人的一般特征。泰山神有人的姓氏，有名有姓。由于时代及地区的差异形成的信仰有所不同，泰山神的姓氏出现了多样化。集中起来主要有以下几种：

泰山姓圆，名常龙。(《神异典》引《龙鱼河图》)

泰山将军，唐巨。(《神异典》引《龙鱼河图》)

东岳帝君，以岁为姓，以崇为名。(《神异经》《东岳大帝本纪》)

泰山君秦颉，字景倩。(《神异典》)

东岳姓元(玄)丘，名目陆。(《神异典》引《氏族博考》)

东岳泰山天齐仁圣帝，黄飞虎。(《封神演义》)

泰山神有妻、有子，着官服。在文献中常见有以下记载：

五岳后号：东曰淑明。(《宋史·礼志》)

金虹氏，即东岳帝君也。……其后乃水一天尊之女也。(《神异经》)

诏封"东岳天齐仁圣王"，至祥符四年五月日，尊为帝，号"东岳天齐仁圣帝"，淑明皇后。圣朝加封"大生"二字，余封如故。帝五子……；帝一女，玉女大仙。注云：即岱岳太平顶玉仙娘娘是也。(《绘图三教源流搜神大全》卷一)

兄金蝉以少子恽善年幼，乃与之入中土嵩山同修，(金虹氏)在此守山，得水一君之女为偶，生五子一女。(《历代神仙通鉴》卷一)

其次，泰山神是人化的帝王。对于这一点，最突出的是历代帝王对泰山神的封号。

依《绘图三教源流搜神大全》所言：东岳帝君“至神农朝赐天符都官号名府君。至汉明帝封泰山元帅……按《唐会要》曰：武后垂拱二年（686）七月初一，封东岳为神岳天中王。武后万岁通天元年（696）四月初一日，尊为天齐君。玄宗开元十三年（725），加封天齐王”。仅唐代封号就有天中王、天齐君、天齐王，均出于自古有之的“齐所以为齐，以天齐也”（《史记·封禅书》）的说法。宋代，宋真宗大中祥符元年（1008）泰山封禅后，又“加号泰山为仁圣天齐王”。时过四年，又加封“天齐仁圣帝”（《宋史·礼志》）。到了元代，于至元二十八年（1291），又诏加“天齐大生仁圣帝”（《元史·祭祀志》）。如果说其封号“天中王”“天齐王”还多少有点神的神秘感、神的威慑力的话，那么到了宋代的“天齐仁圣帝”、元代的“天齐大生仁圣帝”似已失去了作为神灵的诸多特点而伦理化、道德化，变成了圣君的模样。这种变化反映了在造神过程中的一种随意性及人对天神地灵要求的社会性和现实性。

泰山正庙——岱庙，供奉东岳大帝，设有后寝三宫。有妻有子，又备有寝宫，这已是人世间帝王的生活。在服饰上也已人化，如《云笈七签》卷七十九即云：“泰山君服青袍，戴苍碧七称之冠，佩通阳太平之印。”

此外，泰山神具有世间君王的威仪。他的服饰、仪仗以及随员都是按世间君王的规制来配置的。在天贶殿壁上所绘的泰山神《启跸回銮图》最能说明问题。壁画就是按照宋真宗东巡封禅时的情形来塑造泰山神的，泰山神实际就是封禅帝王的化身。在大殿现存的壁画中，泰山神垂旒端冕，乘坐着只有帝王才有的玉辂。在众多文武大臣的簇拥下，出巡、回宫，一切仪卫形式均是按帝王出巡的规格来安排的。泰山神《启跸回銮图》，实际上就是一幅帝王巡守图，是以皇家宫廷生活为模式而创作的。《五岳记》中有“东岳泰山神天齐王，领仙官仙女九万人”的说法；《太平广记》中也记有泰山神“领鬼兵万人，有长史、司马，复有小镇数百，各领鬼兵数千人”等。就东岳帝自身的官位而言，也会像人一样，既可因功劳而升迁，也可因渎职而贬谪。如《神异经》所记：金虹氏有功在长白山中，在伏羲时封为太岁。而《太平广记》引《神仙传》所记的“有司奏劾，以不亲局察，降主事东岳，退真王之编，司鬼神之帅，五百年一代其职”，讲的是因东岳没有尽其职责而被降级。还有《夷坚志》中所写的孙默、石倪、徐楷等诸位泰山府君，均是有功正直之人死后充任的，从而反映了社会尚德倾向对泰山神信仰观念的渗透与影响。

人格化，使泰山神既有中国诸神的一般性质，又显现出其自身的固有特征。泰山神具有超人、超自然的神力，有其他诸神所不曾有的威力。上可安邦治国，下可修身养性，包罗万象，无所不能，可谓神威显赫。同时，它又被世俗的生活观念、伦理观念所同化，人格形象具体而明确。“神人合一”，表现出一种只有深植于中国传统文化基础上才会有的宗教结构。

“泰山者，乃群山之祖、五岳之宗、天帝之孙、神灵之府也。”(《绘图三教源流搜神大全》)在中国历史上，泰山以其特有的宗教文化，奠定了它在文化史上的地位。从原始的自然崇拜，发展成为与社会密切相关的封禅大典；从原始部落酋长的巡守、柴望，到封建帝王的封禅告祭，东岳大帝大致经历了由太阳神崇拜转变为对天地信仰的发展过程。具体地说，远古时期这一地区的太阳神崇拜，孕育了泰山神的雏形。封禅说的出现，使泰山神成为上天与人间沟通的神圣使者，成为帝王受命于天、治理天下的保护神。秦汉以后，泰山神的影响逐渐渗透社会各阶层，进入人们的日常生活之中，于是泰山神作为阴阳相代、万物之始的神灵，在保国安民、太平长寿的基础上引申为可以召人魂魄，统摄鬼神的冥间之主。对一般人来说，人生除了衣食住行、功名利禄之外，最关心的莫过于生死之事。而以冥主的身份出现，则标志着社会各阶层人们对泰山神的敬畏与恐惧。东岳大帝的人格化、社会化也正是在这一背景下产生的历史必然。因此汉代以后，历代都重泰山神祀，几乎各地均有规模不同的东岳庙。这种宗教现象从一个侧面，反映出了泰山神——东岳大帝在中国诸神中的地位以及对社会的影响。

第二节　碧霞元君

由于受社会结构的制约，中国形成了以男性神为主导地位的神谱体系，但也不乏对女性神的信仰。在中国传统宗教——道教中有名目繁多的女性神。诸如王母、后土、斗母、玉女、玄女、天妃、麻姑、仙姑等等，不胜枚举，以满足社会不同阶层信仰者的需求。在众多女神中，泰山碧霞元君可谓是一位万能女神。她产生于泰山独有的文化氛围，同时又为泰山文化添写了重重的一笔。如果说，在唐宋之前，东岳大帝受到最高统治者的竭力崇尚而在历史上显赫了数千年之久；那么，唐宋之后碧霞元君凭借着广大黎民百姓的忠心拥戴而有口皆碑，征服了大半个中国。

一、女性神崇拜的历史根源

女神崇拜，这在世界各民族中几乎是都曾有过的一种文化现象。迄今所知，世界上最早、最完整的人像浮雕——法国洛赛儿（Laussel）的“洛赛儿维纳斯”，就是两三万年前女性崇拜的偶像。在所谓的“维纳斯系列”中，还有奥地利的“温林多府维纳斯”、乌克兰的“科斯丹克维纳斯”、法国的“莱斯皮格维纳斯”。另外，在许多国家多次发现旧石器时代有关女性的岩画和雕像。它们的造型都扩大了女性的特征而被认为具有女性崇拜或生殖崇拜的意义。在中国，限于出土资料的不足，女性崇拜始于何时还不得而知，但至迟在新石器时代的遗存中就能找到它的存在。在存有女性崇拜的众多遗迹中，最有代表性的是1979年在喀左县东山嘴红山文化遗址中曾发现的女性塑像和1981年发现、1983年试掘的辽宁牛河梁红山文化“女神庙”遗址。在喀左县东山嘴遗址中，出土了女性裸体塑像，但均属中小型塑像。在牛河梁“女神庙”遗址中出土了泥塑人像、动物塑像、陶祭器等重要文物。在“女神庙”主室西侧发现的群像中，有一尊基本接近真人大小的彩塑神像尤为珍贵，其肢体虽已残碎，但头部基本完好。这尊彩塑女性头像雕塑水平较高、造型准确、形象生动（图10），且具有大规模的

图10　红山文化牛河梁“女神庙”遗址出土的女神头像

祭祀遗址群作背景。这些考古资料，证实了在我国原始宗教意识形态中对女神的崇拜曾占有过主导的地位（辽宁省文物考古研究所：《辽宁牛河梁红山文化“女神庙”与积石冢群发掘简报》、孙守道等：《牛河梁红山文化女神头像的发现与研究》，《文物》1986年第8期）。

女神崇拜，作为一种宗教形态，有着它形成的独特原因。归结起来，大致有两点。一是生殖崇拜，二是祖先崇拜。所谓生殖崇拜，也可称之为“母神”崇拜。这一形态归结于先民对女性生育功能的神秘认识。由此引申出众多的宗教观念。前面曾说到的旧石器晚期出现的女性裸像“维纳斯”女神系列，就被认为是象征“丰产”的女神形象，是想利用女性生殖作为象征去促进人类自身的繁殖及各类与人相关的动植物的丰产。土地广袤无边，孕化万物，人类的生活资料就来自大地的“生殖”。有人认为1979年在辽宁喀左东山嘴出土的女性裸体塑像反映的便是“丰产女神”的信仰，是“地母像”，可以肯定与“丰产”有关（朱狄：《原始文化研究》，生活·读书·新知三联书店，1988年）。《说文》释“也”为“女阴也”，而土地的“地”从“也”，即是这一意义的引申。所以在古代，土地又称作地母，于是又有“父天母地”之说。女性信仰所反映的祖先崇拜，则是由女性在氏族经济生活中的地位决定的，这突出地表现于母系氏族社会中，妇女不仅在经济上居于主导地位，而更是血缘关系上的唯一纽带。由于混杂的两性关系，婴儿的降生只属于女性，女性成为血缘关系的维系者，因而也可称之为血缘关系的崇拜。生殖崇拜与祖先崇拜是构成女神崇拜的基本因素。女性所“独有”的生育能力，是神秘的，这种对生殖崇拜构成了女性祖先崇拜的观念基础，由此也使生殖崇拜具有更多的自然属性；而祖先崇拜更多的是社会属性。牛河梁女神像，便是女性崇拜的偶像。大汶口遗址中，所发现的随葬品最丰富，墓葬形制规模最大的10号墓，埋葬的就是一女性。由于该墓归属于大汶口文化晚期，社会形态已进入父系氏族阶段，曾引起人们的种种猜测。其实，这仍是早期祖先崇拜——女性崇拜的孑遗。

大凡宗教崇拜，总会有一定的崇拜对象及信仰形式。偶像崇拜便是众多信仰形式的一种。在偶像崇拜中，具有母性慈爱之心、端庄美丽之貌，是女性神较于男性神的一个显著优势，成为构成女性神崇拜的又一个基本因素。牛河梁女性头像出土时颜面还是鲜红色的，眼眶、面颊尤为明显，唇部涂朱，这种几乎与真人形象相同的偶像，被认为是祖先崇拜的遗物，“女神庙”可能就已带有宗庙的性质。进入文明社会之后，历代造像运动中出现的女性神也几乎全是以其貌美为显著特征的。此外，还有众多女神，是以其心慈、能解人危难而受到人们崇拜的。

在中国众多女神中，西王母（王母娘娘）是一位很有代表性的女神。从外貌特征的变异，就可知其神格的转化。她原是一位主刑杀的死神，所以在《山海经》中把她写成“其状如人，豹尾虎齿而善啸，蓬发戴胜，是司天之厉及五残”（《西山经》）。但当她的神格发生了变化，演变为赐福、赐寿、赐子、化险消灾的女仙领袖时，其容貌也随之发生了变化。《武帝内传》：

王母至也，……群仙数千，光耀庭宇。……王母上殿东向坐，著黄金褡襹，文采鲜明，光仪淑穆。……视之可年三十许，修短得中，天姿掩蔼，容颜绝世，真灵人也。

道教将其奉为女仙之宗，更是崇尚她那美丽的容貌。形象特征是随着神格的不同而有所选择的，因此心善貌美，也便成为女神崇拜的一个优势。

说到碧霞元君，她作为一位善良、仁慈、美丽的女神，在百姓的眼中始终是和蔼可亲、乐施好善的象征。日本石井昌子先生在谈到碧霞元君的神像时说，（她）“有着美丽而丰满的面容，给人一种可以信赖、庄重的感觉。我理解人们的心情，他们怀着极大的心愿，认为这种心愿不到泰山顶就无法祈祷”（〔日〕福井康顺等监修：《道教》，朱越利译，上海古籍出版社，1990年）。在中国传统观念中，“父严而母慈”的遗训是家喻户晓的。这也是女性神较男性神更受欢迎（尤其在民间）的基本原因之一。碧霞元君的崇拜首先是从广大的妇女开始的。清光绪十二年（1886）《万善同归》铭：“东岳祀事之盛，首碧霞元君……是天下正神……夫乾天称父，坤地称母，父严而母慈。凡男、妇欲祈年、免病、求嗣、保寿，竭诚于元君前者，元君即如其意佑之，惟慈故也，其灵应何昭昭也。”平民百姓信仰的神灵需要有具体生动的形象，碧霞元君因她“唯慈”如母亲一样而受到百姓的崇敬。中国几千年的封建社会里，妇女始终生活在社会最底层，长期承受着难以想象的苦难，担当着社会与家庭的重负。在社会上受歧视，在家庭中同样没有地位。这些养成了她们自卑自贱的负重心理。与男性相比，她们更渴望得到解脱，寻觅精神上的慰藉。明代是中国资本主义经济的萌芽时期。在宗教信仰上，人们不再追求那些空泛的说教和虚妄的神仙世界，而是希望宗教能帮助他们解决现实社会生活中的各种实际问题。在泰山，女性神——碧霞元君的出现，就不是偶然的现象了。

二、碧霞元君信仰的形成及特征

“碧霞”一名，不见于先秦典籍，亦不见于《列仙传》。其元君之称，明人彭大翼《山堂肆考・女仙》记“男高仙曰真人，女曰元君”，说“元君”是对女仙的尊称。其实也不尽然，元君之称不只用于女性。葛洪《抱朴子・金丹》云，“元君者，老子之师也”“元君者，大神仙之人也，能调和阴阳，役使鬼神风雨，骖驾九龙十二白虎，天下众仙皆隶焉”。葛氏所说的元君，又称太乙元君，并非碧霞元君，而是元始天尊的雏形（胡孚琛:《魏晋神仙道教》，人民出版社，1990年）。刘禹锡《送东岳张炼师》诗中有“堪为列女书青简，久事元君住翠微”之句。诗中所言“元君”是女？是男？还是碧霞？尚无据可考。不过这个“元君”总算与泰山——东岳有了联系。据《岱史》所载，宋代在泰山建昭真祠，金称昭真观。明洪武中重建，成化、弘治、嘉靖间拓建，额曰“碧霞灵应宫”。碧霞元君大致始称于明代，是文人仙士将泰山女神纳入道教系统时所给予的名号。《正统道藏》所载《东方九炁青天真文》中有这样一段文字：“东方九炁，始皇青天，碧霞郁垒，中有老人，总校图箓，摄炁举仙。”在这里“碧霞”首先是以郁垒（治理恶鬼之神）的身份出现的，这似乎与泰山神东岳大帝“主召人魂魄，统领鬼府”是一脉相承的。《云笈七签》卷十八云：“经曰：东方之神女，名曰青腰玉女。”“青腰”即主霜雪的女神，备含寒杀之气。在《道藏》中还有部冠以“碧霞元君”之称的经典《碧霞元君护国庇民普济保生妙经》，讲明碧霞元君是“受玉帝之命，位证天仙，统摄岳府神兵，照察人间善恶”的，这算是正统的道教观点。显而易见，道教的碧霞元君与普通民众的碧霞元君（泰山奶奶）在观念形态上还有着一定的距离。不过经过道教冠之以名号，为其著经赞颂，使这位泰山女神正统化了。关于碧霞元君信仰的缘起，有人曾做过较为精辟的论述。“我以（为）碧霞元君最初只是被认为能管理妇女问题的，所以士大夫中没有人去注意。后来奉祀的人渐渐杂了多了，声名渐渐远了，于是她的职能，也就由香客意识的转变，而一天一天地扩大，到了现在，差不多人间一切的祸福都能管了……”（罗香林：《碧霞元君》，《民俗》第六十九期、七十期合刊，1929年。）罗香林先生早在本世纪二十年代的这一研究成果，现在看来仍不失中肯。碧霞元君的信仰经历了一个从产生到成熟的发展过程，即从较为单一的生育观念——能使妇女多子、能保佑婴儿顺利出生、健康成长，到无所不能的综合信仰观念——“小之一家人口的寿夭祸福，四方农民禾稼的丰歉，大之社会的良窳，国家的治乱”，形成一个纵横交错而又不易清理的信仰体系。

我们认为碧霞元君生育观念信仰与历史悠久的泰山崇拜有着密切的联系，也不妨说，碧霞元君的生育观念根由于泰山信仰。泰山居东方，“东方者春，春之为言蠢也，产万物者也”（《礼记·乡饮酒义》）。故泰山为万物之所始，阴阳交代之所处。碧霞元君位在泰山，泰山之“泰”，在《周易·泰》中有“天地交而万物通”之义，可解释为阴阳交媾而化生。这种意思后来所以又被人附会为妇女生子之义，碧霞元君也就理所当然地成为泰山主宰生育的女神。在碧霞元君“之所出”的问题上，历来众说纷纭。明人崔文奎说：“岱岳毓神，上通乾象，降灵下土，坤道成女。”（《岱史》卷九）言元君源出于乾坤之象，地位不同凡响。《东岳碧霞宫碑》中说“所谓元君者，夫亦东方万物始生，托坤仪以显灵”是又一种说法。

碧霞元君信仰的形成及发展有着自己的特点。首先是作为妇女的信仰偶像而产生，继而走向社会各阶层；随着迅速崛起的民间信仰使宗教信仰更加世俗化、社会化。妇女要祈求的事情固然很多，但在封建社会里最重要的莫过于“生儿育女”。在“多子多福”的传统意识严重束缚下，妇女生活更是多灾多难：盼子、求男成为妇女生存的基本夙愿，也使民间出现了众多的送子娘娘、子孙娘娘。在娘娘队伍中，泰山女神——天仙玉女碧霞元君，因为被宋真宗封禅时当作“玉女”置祠供奉，也曾得到明朝皇室敬奉，所以很快博得社会各阶层的祭奉。“泰山碧霞元君的信仰，是各种关于生育成长神话传说的综合，最后集中到‘泰山娘娘’身上。宋真宗筑‘昭真祠’供奉的只是玉女，但因祠建在与生育观念关系密切的泰山，于是日渐汇集各种生育观念，成为我国古代妇女信仰的主要偶像。”（中国社会科学院世界宗教所道教研究室：《道教文化面面观》，齐鲁书社，1990年。）

根据明万历二十一年（1593）《东岳碧霞宫碑》铭记（民国《重修泰安县志》卷十四），碧霞元君在明代已成为万能女神了。

> 齐鲁道中，顶斋戒弥陀者声闻数千里，策敝足茧而犹不休，问之，曰：“有事于碧霞”，问故，曰：“元君能为众生造福如其愿”。贫者愿富，疾者愿安，耕者愿岁，贾者愿息，祈生者愿年，未子者愿嗣，子为亲愿，弟为兄愿，亲戚交厚，靡不交相愿，而神也亦靡诚弗应。

碧霞元君带着祈祷者的重托，迅速走向全国，尤其在北方，几乎每地均建有元君庙。随着元君的职能由生育方面扩展到众多的现实生活问题，便导致了越来越多的人包括男性来信仰她。一种观念信仰的存在和发展，往往或取决于统治者的信仰与支持，或它在广大民众百姓心目中的接受范围和程度。对碧霞元君的信仰，则是两者兼而有之。社会结构的变化引起了人们信仰观念的变化，注重现实，强调生活利益，是人们特别是下层劳苦大众所期望的。一方面因民众解释元君能力的意识随着现实所需不断变化，有意无意地扩大了她的职能；一方面又因她职能的不断扩大而增加了供奉她的香客。随着对碧霞元君信仰观念的丰富，迷信范围也逐渐增大。据张岱《岱志》记：

> ……四方香客，日数百起，醵钱满筐，开铁栅向佛殿倾泻，则以钱进。元君三座，左司子嗣，求子得子者，以银范一小儿酬之，大小随其家计，则以银小儿进。右司眼光，以眼疾得光明者，以银范一眼光酬之，则以银眼光进。座前悬一大金钱，进香者以小银锭，或以钱在栅外望金钱掷之，谓得中则得福，则以银钱进。……岁尚数万金。

从流淌、滚动的银钱上，我们分明可以看到信仰者的虔诚。这是泰山碧霞宫的情景。全国有成千上万座碧霞宫、娘娘庙，由此可见一斑。

在封建的国度，上有好者，下必甚焉。皇帝的一举一动，都会被国人视作行为规范及准则。在众多的中国女神中，能受到皇帝亲奉的没有几个，但碧霞元君却是幸运者中的佼佼者，她占的是泰山的地利。《蒿庵闲话》：“宋真宗东封还次御帐，涤手池内，一石人浮出水面，出而涤之，玉女也。命有司建祠奉之，号为圣帝之女，封天仙玉女碧霞元君。”宋真宗对玉女封赐号，并赐建昭真祠，使之成为泰山玉女的第一座宫殿。到了明代，对碧霞元君的信仰影响到全国，皇廷又进一步表现出对这位女神的崇敬之情。明万历二十一年（1593）王锡爵撰《东岳碧霞宫碑》云：“庚寅岁，近侍诸臣吕进朝、孙成等百余人言于上曰：‘臣等供事内廷，罔克补报，愿以公务之暇，恭一瓣香于岳顶。臣等无他祈祷，惟愿陛下万岁，国家永享太平，两宫圣母寿福山齐，圣子神孙茂介繁祉。’天子嘉其诚，许之。”（《重修泰安县志》卷十四）于是“勒碑答神”，选石“高丈三尺，广四尺，厚一尺有奇，自京师走二千里辇而致之”。碑阴还有后妃皇子侍臣等题名。不远千里，自京师至岱顶，不能不说明皇室是虔诚的。还有在万历时将孝定皇太后尊为“九莲菩萨”，在泰山南麓建殿奉祀。崇祯时孝纯皇太后被奉为“智上菩萨”，也跟随“九莲菩萨”来到泰山。“这两位菩萨是万历、崇祯两位皇帝的生母，在泰山上她们陪祀泰山女神，十分闻名。”（车锡伦：《泰山女神的神话信仰与宗教》，《泰山研究论丛》第三集。）连皇帝老母都陪祭碧霞元君，在民众中将产生不可估量的影响。到了清代，碧霞元君更受礼遇，仅乾隆就先后六次登岱顶祀碧霞元君，还题诗十余首刻于碧霞祠。祠内正殿还有三位皇帝的题额：康熙题的“坤元叶应”、雍正题的“福绥海宇”、乾隆题的“震维灵岳”“赞化东皇”。碧霞元君受到皇帝如此推崇，想必是其他女神所不曾有的。据明人沈应奎在《岱祠迁议》中记，“……泰岱凭元君之宠灵，岁储十万金钱”，所得收入“充国税若干，充齐鲁间藩禄官廪军储公府之费若干”（清康熙《岱史》附录九）。作为香火钱能充国库之虚及补充地方开支，可见其收入之大。所以碧霞祠在明代还特设有专门管理香税的公署及总巡官，足见香火之盛。

宗教信仰中的崇拜偶像——神的出现，是人们随着社会的变迁宗教观念发展到一定阶段的产物。因为，人类在创造社会的同时又创造了一个主宰自己的神的世界。由于人们深受史官文化的影响，总想方设法为自己塑造的神找到一定的历史依据，便对于宗教信仰中诸神的来历，都要做一番考证。他们或生拉硬套，或牵强附会，不免流露出那些信仰者的宗教观念倾向及心理状态。

关于碧霞元君的来历，众说纷纭，莫衷一是。综合起来，颇具影响的有如下几说。

凡女得道说　是说碧霞元君原为民间普通女子，由于得到仙人指点，入山修炼而得道成仙。据《岱史》卷九《王之纲玉女传》引《玉女卷》云：

汉明帝时，西牛国孙宁府奉符县善士石守道，妻金氏，中元七年甲子四月十八日子时，生女名玉叶。貌端而性颖，三岁解人伦，七岁辄闻法。尝礼西王母。十四岁忽感母教，欲入山，得曹仙长指入天空山黄花洞修焉。天空盖泰山洞，即石屋处也。三年丹就，元精发而光显，遂依于泰山焉。

明万历年间王思任《泰山记》也记有此说："……石氏之女，得曹仙指，入天空山为碧霞元君。"另外，文翔凤的《登泰山记》亦曾提及："汉明帝时，石守道妻金，名玉叶，十四岁而入黄花洞修者，亦曰玉女，是以岳有玉女石像……"只是言玉女为石守道之妻，别无它异。

东岳大帝之女说　据《绘图三教源流搜神大全》记：

……金虹氏者，即东岳帝君也。……帝五子：宣灵侯、惠灵侯、至圣炳灵王、居仁尽鉴尊师、佑灵侯；帝一女，玉女大仙，即岱岳太平顶玉仙娘娘是也。

《搜神记》《新编连相搜神广记》亦同文载之。又《蒿庵闲话》卷一引《帝京景物略》云：

按稗史，元君者，汉时仁圣帝前有石琢金童玉女。至五代，殿圮，石像仆。至唐，童泐尽，女沦于池。至宋真宗封泰山还，次御帐，涤手池内，一石人浮出水面，出而涤之，玉女也。命有司建祠安奉之，号为圣帝之女，封天仙玉女碧霞元君。

黄帝玉女说　据《古今图书集成·神异典》引《玉女传》云：

泰山玉女者，天仙神女也。黄帝时始见，汉明帝时再见焉。按《玉女考》、李谔《瑶池记》云：黄帝尝建岱岳观，遣女七，云冠羽衣，焚修以迓西昆真人。玉女盖七女中之一，其修而得道者。

《岱史》卷九《高诲玉女考略》说：

泰山玉女神，显灵于天下，其来尚矣。……由是考之，则知玉女必黄帝所遣七女中之修而得仙者，后世因之祠于山。

王思任《泰山记》云：

予意先谒青帝，而道士第知有元君。考元君之始，黄帝封岱，遣七女云冠羽衣，迎昆仑真人，元君其一也。

文翔凤《登泰山记》、谢肇淛《登岱记》亦提及此事，为同一类属的记述。

华山玉女说　据王世贞《游泰山记》云：

自山址上至绝顶，又似聚萤数百斛囊中，光熠耀不定。问之，乃以兹时士女礼元君灯，鱼贯而上者也。……元君者，不知其所由始，或曰即华山玉女也，天下之祝厘祝福者趋焉。

又王世懋《东游记》云：

考道书，元君即华山玉女也。

以上四种说法，基本上概括了碧霞元君的身世，可以明显看出诸说都有不同程度的牵强附会，不过我们还是可以从中窥视其用意所在。

先说黄帝玉女说与华山玉女说。人们往往把黄帝视为中国的始祖，尤其是方士、道士，把黄帝尊为神。许多经书都托名黄帝，如《黄帝阴符经》《黄帝九鼎神丹经》《黄帝内经》等。《太平御览》卷十五引《黄帝玄女战法》云：

黄帝与蚩尤九战，九不胜。黄帝归于太山，三日三夜雾冥。有一妇人，人首鸟形，黄帝稽首再拜，伏不敢起。妇人曰："吾玄女也，子欲何问？"黄帝曰："小子欲万战万胜。"遂得战法焉。

自称"玄女"人首鸟形的妇人即是西王母，她在泰山教给黄帝"万战万胜"的战法。黄帝得惠女仙于泰山，那么遣身边玉女去治泰山便是可以理解的了。黄帝所遣的玉女就是碧霞元君这一说法当是《玉女考》秉承道统的附古之言，旨在强调碧霞元君的历史渊源，这也是中国文人的传统习惯。至于华山玉女说，当与玉女所源的地望有关。据《文选 · 张衡〈思玄赋〉》："载太华之玉女兮，召洛浦之宓妃。"刘良注："玉女，太华神女。"《诗含神雾》载："太华之山，上有明星玉女，主持玉浆，服之神仙。"所谓"太华之山"是指华山，"神女"即指玉女。由于玉女影响很大，以至人们一讲到玉女，便自然会想到华山。由此文人们将华山玉女附会为天仙玉女碧霞元君就不足为怪了。不过碧霞元君作为玉女的影响，此时还远不及华山玉女。也由此可知玉女碧霞元君之称要晚于华山玉女。

再说凡女得道说和东岳大帝之女说。凡女得道说，是黎民百姓向往自由平等摆脱社会压迫思想意识的反映。对于这一神话，元君的身份是否是石守道之女或其妻均无须考证。在泰山的民间传说中有一则保存较为原始的泰山女神碧霞元君的来历的神话，可以作为碧霞元君"凡女得道"说的补充。神话的大意是：在很早以前，泰山之南的徂徕山有一位为人正直，家里很穷，靠种地过日子的石敢当。他有三个女儿。大姑娘、二姑娘出嫁后，只有三姑娘在家。这个姑娘从小勤劳，心地善良，为帮父母过日子，三姑娘每天要到徂徕山砍柴，然后到集市上去卖，用以买粮糊口。有一天她正在山里砍柴，遇上风雨迷了路，遇到一位老嬷嬷，并在老嬷嬷的山洞里住了一夜。从此以后，每逢砍柴，必定去看望这位老嬷嬷。有一天老嬷嬷对三姑娘说："你去泰山吧，那里还没有个当家人，你去吧。"并授予她当泰山主人的办法。后来与众神仙争做山主时，用老嬷嬷教给她的办法取得了胜利。这样，三姑娘成了泰山的当家人。三姑娘成为泰山的君主，封号是"碧霞元君"（陶阳等编：《泰山民间故事大观》，文化艺术出版社，1984年）。碧霞元君是东岳大帝之女说，意在与岳神发生联系。东岳大帝是中国历史上地位最显赫的山神，同在泰山的碧霞元君成为他的女儿当是再光彩、再理想不过的事情了。但后世元君香火之盛，取代了东岳大帝的霸主地位，则是时人始料不及的。在民间还广泛流传着碧霞元君是周武王的爱妃、黄飞虎之妹的说法。其实这种传说当是受《封神演义》中东岳帝是黄飞虎一说的影响。另外，还有认为碧霞元君是玉皇大帝的妹妹，大概因为泰山有玉皇顶玉皇庙的缘故吧。

综合以上分析，我们是否可以这样认为：在四说中都保存了一些值得肯定的因素。最有价值的乃是凡女得道说与东岳帝女说。前者所体现的是一种平民意识，是对现实世界人们的生活欲望予以的最大限度的肯定，平民百姓也可升入仙界，不受社会、自然的束缚而逍遥自在，造福于民。这一方面反映了人们渴望自由生活的愿望；另一方面，则是对现实生活的积极抗争，寻求得到精神补偿和力量。这也是碧霞元君之所以为广大平民百姓拥戴的基础。也可以这样说，是平民化的宗教观念构筑起了碧霞元君雄厚的社会基础。后者东岳帝女说，则是从一个方面强调了与历史悠久的泰山崇拜的"血缘"关系，以至借助于泰山神而得最高统治者的崇奉，这乃是中国君主制的宗法社会在泰山所引起的连锁反应。而黄帝玉女说，其用意无非要说明这位女神信仰的久远历史。碧霞元君与人类始祖黄帝早在泰山已建立起不可分割的关系，不能不说是一种光荣。至于华山玉女说，与其他说法相比较，似无更多的精神内涵。

自宋真宗为碧霞元君在泰山建"昭真祠"被奉为"玉女"起，到明代时成为上至国家安定，下及百姓祸福的万能之神，反映了人们价值观念的变迁及人们对现实生活的关注。按理说碧霞元君是不可能与东岳大帝相比的，也远不及东岳大帝的历史辉煌。然而自宋以后，碧霞元君能在泰山崛起，成为广大信仰者心中的"女皇"而取代了东岳大帝的霸主地位，其主要原因除了社会意识形态变化所造成的影响及皇帝的推崇外，还根于历史悠久的泰山文化。加上碧霞元君出身微贱易于近人，这对以其为精神寄托的百姓尤其是妇女来说，是有其广泛优势的。

如果我们将东岳大帝与碧霞元君做一比较就会发现，两者信仰都与东方崇拜有关，有着同源连带的文化关系。在前面我们已谈到，东岳大帝信仰缘于太阳之崇拜。从碧霞元君信仰最初的形成及被纳于道教系统的变化，也不难看出与东方崇拜的关系。

何为"碧霞"？据《说文解字》：石之青美者为碧。"碧"最初出现在文献中，是与山联系在一起的。《山海经·西山经》："又西百五十里，曰高山，其上多银，其下多青碧。"再说"霞"，本是一种天气现象。《说文解字》释"霞"曰"赤云气也"。云气因日光斜射而呈现赤色。霞，也可以认为是一种红色的称谓。“碧”“霞”组合，从字面内容看，是一种色彩现象的集合。但碧之青，是东方之色；霞之光，是日出日落前后天空出现的光彩，这两种色彩都与日光紧密联系在一起。因此“碧霞”一词，即是东方的日光之霞，包含了东方、太阳崇拜的种种因素，它是与东岳泰山的崇拜信仰一脉相承的。碧霞作为泰山神的一种称谓，是十分恰当的。

碧霞元君信仰的核心是以关于生育成长观念为基础的，这同样源于泰山“东方主生，一本乎坤元资生万物”的信仰系统。东方是日出的地方，是万物生命的萌发之处。东岳——泰山便成为生命复苏和万物萌生之源。于此可见以泰山为代表的东方崇拜的文化链中，方位与生命之环紧扣着泰山信仰文化结构的内核。碧霞元君信仰首先是满足广大妇女生子欲望而降临人世的。在罗香林先生《碧霞元君》中说她“是管妇女及小孩的女神”。在信仰者看来，碧霞元君可使她们生子，能保佑小孩的顺利出生及健康成长。随着她影响的扩大，职司的功能也随之增加。但碧霞元君“主生”的功能始终占据着整个信仰的中心。故世俗又将她称之为“泰山老母”“泰山奶奶”以及“送生娘娘”等。

在碧霞元君的庙宇中，正殿内除祀碧霞元君外，尚有“送子娘娘”“眼光奶奶”之祀。一神三体其职司范围的具体化更明显地体现出所包含的东方崇拜的因素。送子娘娘能送子，自不必说来源于泰山居东方主发生之气的观念。而眼光奶奶能治眼疾，是一位光明的使者，也与“大明”之神——太昊，有着密切的联系。其实，这不是一种偶然的巧合。“主春，象日之明”(《帝王世纪》)乃是东方崇拜同一文化结构下的“殊途同归”。“眼光奶奶”作为光明之神，实是太阳崇拜的延伸。因为光明源于太阳，这位东方女神同东岳大帝一样，有着太阳的光明(也可以说同是太阳之神)。

在人类生活中，祈求子嗣以衍后代一方面是人类得以延续的客观保证，另一方面也是人生在世的一种精神慰藉。人类对于生育的认识经历了一个漫长复杂的历史过程，从“只知其母”的女性崇拜到“阴阳交合”的万物生发，饱含着人类为生命延续的苦苦探索。只是先天的迷茫与后天的无知，又把生育繁衍看作是神灵的赏赐与恩惠，引出了众多的“育生”娘娘。碧霞元君依仗着独具东方泰山的地利，成为影响最大的生育女神是自然的。有人说碧霞元君是道教之神，也有人说她只是民间的俗神。然而，当她孕育产生于中国传统文化的沃土，就会不可避免地受到先天“基因”的影响和后天“环境”的熏陶。(“疑所谓元君者，夫亦东方万物始生，托坤仪以显灵，故能德配苍穹，功侔造化，征奇表异，若斯之显赫也”（《东岳碧霞宫碑》）是多么好的注脚。）元君德能配于苍穹，功可创造化育的“显赫”，即来源于“东方万物始生，托坤仪以显灵”，确是见地之说。

泰山之神——东岳大帝和碧霞元君的信仰同源于泰山的东方崇拜，决定了这两位山神的职司与功能，同时也决定了他们在中国诸神中的地位。既然泰山先后造就了两位山神，有着不可替代的神格，那么就必然会存在着信仰观念的差异。

先从东岳大帝与碧霞元君身世的不同，看两者信仰观念的差异。东岳大帝的身世，有金虹氏说、太昊说、盘古人身说、黄飞虎说。除黄飞虎说因小说《封神演义》而起没有其他根底之外，东岳大帝均有着显赫的“出身”。而碧霞元君的门第则不然，在民女说、玉女说、仙女说、东岳帝之女诸说中，除最后一说与东岳大帝有着一定的血缘关系还算有点来头外，玉女、仙女之类则无前世的高贵血统了，更不用说最有影响的凡女成仙说了。我们认为东岳大帝与碧霞元君身世的差异反映了信仰观念的转变。在我国古代，一向重视出身门第，以祖宗的功德大小定官爵，以出身的贵贱分等级。就是神，也要有一个高贵的出身门第，这是信仰者的必然要求。因为崇拜对象越有来头，信仰者也就随之多一份自豪。但随着社会意识形态发生转变，在宗教观念上也有所反映。自唐以后，门第观念有所淡化，社会上开始打破“上品无寒门”的等级格局，重后天才学，不以出身论英雄的思想观念逐渐被人们接受。“人格化”的神随之也就发生了相应的变化。

其次，从东岳大帝与碧霞元君的实际职能看两者信仰观念的差异。不论神也好仙也罢，人们所重视的主要是他们的实际职能，不再由前世的血缘来定尊卑。凡人也可成神仙，只要他们在现实生活中能满足信仰者的种种要求，使他们获得更多的利益。特别到了明代，随着资本主义经济的萌芽，人们价值观的转变，作为上层建筑的宗教信仰也随着经济基础而转化，能帮助人们解决现实生活问题的神灵，就更加受到崇拜。碧霞元君本来就是由民间发展起来才进入朝廷的。在民众心目中，碧霞元君比东岳大帝有着更多的民众意识，有着更多的人情味。她既是生活在下层百姓不甘平庸，对生活充满希望的寄托；又是长期处于男性统治压抑中的下层百姓，尤其是女性，迫切需要慈爱与和善的心理表现。因此，东岳大帝与碧霞元君不仅是一种性的区别，还包含着一定的伦理观念。碧霞元君这位被平民百姓称作“娘娘”“奶奶”“老母”的神，平易近人、和蔼可亲。与东岳大帝的身居高位、神态威严相比，碧霞元君当然会备受人们的崇奉，以致逐渐取代了东岳大帝的地位。

另外从东岳大帝与碧霞元君性别特征及其职司的不同也反映了信仰的差异。在中国宗法制长久统治下所形成的宗法式的伦理道德，始终左右着社会心理和行动规范。它决定了男性在社会中的统治地位，而女性则始终处于服从的被动地位。即使是神，也是男性神理所当然地占有主要统治地位。如在传统的道教中，最高之神“三清”均为男性。东岳大帝曾承担着众岳之长的重任。然而到了明代，碧霞元君这位女性神却在泰山占了主要位置。这主要是因为在生育这一人伦大事中，女性占有主导地位，所以生育之神、赐子之神，当仁不让。既然碧霞元君是由人们求子生育发展而来的偶像，首先受到广大百姓的崇拜，是必然的事。

此外，与东岳大帝主死治鬼形成强烈对比的是碧霞元君主生的信仰。“不孝有三，无后为大”“多子多福”的道德观念，在我国古代始终是牢不可破的“天理”。人们围绕元君主生的功能，根据自己的需要又创造出更多的与生育有关的化身元君与娘娘，在全国各地虽名称上有一些区别，但其内容大同小异。据马书田先生的研究，在北方，以下九位女神是常常配伍受祭的：天仙圣母永佑碧霞元君、眼光圣母惠照明目元君、子孙圣母育德广嗣元君、痘疹圣母立毓隐形元君、斑疹圣母保佑和慈元君、送生圣母锡庆保产元君、催生圣母顺度保幼元君、乳母圣母哺婴养幼元君、引蒙圣母通颖导幼元君。这些圣母娘娘都是碧霞元君衍化出来掌管各种与生育有关的女神。由此可见元君降子、赐福、禳灾，与东岳大帝的鬼魂之治比更能满足人们的现实利益。故“四方男女不远数千里进香报赛，皆先有事于元君，而后及他庙也”(《泰山道里记》)。

第三节　泰山石敢当

人们把自己各类不幸和发生的意外，往往归咎于某种祸害人类的鬼怪。当人们需要借助外界力量避免和扼制灾难时，便出现了对祈吉避凶神灵的崇拜。

“石敢当”，就是适应人们镇妖避邪以求吉利心理产生的一位神祇。

据有关资料记载，至迟在唐、宋时，人们就在居室上、大门前、街衢巷口、桥梁通道等要冲等处，立一自然石或石碑、石柱，铭刻或书写“石敢当”“泰山石敢当”字样，用以镇妖避邪了。

元代陶宗仪《南村辍耕录》卷十七：

> 今人家正门适当巷陌桥道之冲，则立一小石将军，或植一小石碑，镌其上曰：“石敢当”，以厌禳之。

清代愈樾《茶香室续钞》卷一九：

> 今人家用碑石书曰“石敢当”三字镇于门。

清人伍崇曜《粤雅堂丛书》辑王象之《舆地碑记目》卷四：

> 庆历中，张纬宰莆田，再新县治，得一石铭。其文曰：“石敢当，镇百鬼，压灾殃；官吏福，百姓康；风教盛，礼乐张。唐大历五年，县令郑押字记。”今人家用碑石书曰“石敢当”三字镇于门，亦此风也。

民国时期李幹忱《破除迷信全书》卷十引《继古丛编》：

> 姓吴的庐舍，若建在正当街衢的地方，就必于墙角上设下石人，或是立下石片，上面镌刻“石敢当”三字。

陶阳《“泰山石敢当”民俗信仰源流》：

> “泰山石敢当”在国内民俗信仰中，占有很重要的地位，不仅山东省境内普遍有，东、西、南、北、中，国内除西藏、新疆，各省或多或少皆有。特别值得一提的是西南到云、贵、川，东南有闽、粤、台，影响之大，波及东南亚各国以及朝鲜和日本。

陶阳等编《泰山民间故事大观·泰山石敢当》按语：

> 在泰安城和乡村村头街口的墙上，常常看见有一块石刻或砖刻的碑碣，上书“泰山石敢当”五个大字。谁都知道这块碑碣是镇妖避邪的……

对于这一风俗的来历学界说法不一。综合前人研究，主要有两种解释：一是历史人物说；一是灵物崇拜说。

有关“石敢当”的记载，最初见于西汉史游的《急就篇》：“师猛虎，石敢当，所不侵，龙未央。”颜师古注云：“卫有石碏、石买、石恶；郑有石癸、石楚、石制，皆为石氏；周有石速，齐有石之纷如，其后亦以命族。敢当，言所当无敌也。”颜氏释石为姓，敢当为虚构之名，谓所当无敌。又《旧五代史》卷九十九有勇士石敢之载：“……闵帝左右谋害晋高祖，帝密遣御士石敢袖锤立于晋高祖后，及有变，敢拥晋高祖入一室，以巨木塞门，敢寻死焉。帝率众尽杀闵帝左右，遂免晋高祖于难。”《通鉴考异》引《汉高祖实录》亦云及此事，说“敢力当其锋”而死。故后世言石敢当为历史人物之说更趋明朗化。杨信民在《姓源珠玑》中所云即是一例：“五代刘智远为晋祖押衙，潞王从珂反，愍帝出奔，遇于卫州。智远遣力士石敢当袖铁槌侍。晋祖与愍帝议事，智远拥入，石敢当格斗而死，智远尽杀帝左右，因烧传国玺。石敢当生平逢凶化吉，御侮防危。故后人凡桥路冲要之处，必以石刻其志，书其姓字，以捍居民。”

“石敢当”是以石为姓的勇士，因生前英勇无畏，能逢凶化吉，故借其声威刻于石上以御不测。趋吉避凶的心理，在古今各民族的历史上具有一定的普遍性。人们向往吉祥如意，回避并力图清除凶邪，像“石敢当”之类的镇妖避邪之物是不胜枚举的。但像“石敢当”这样延续历史如此长久，影响范围如此广泛的还是不多见的。尤其是作为一种宗教性民俗在很大的范围内被广大民众所认同，并流传至今，足见它的适应性与渗透力。

另一种是古代灵物崇拜遗俗之说。清人翟灏在《通俗编》卷二十四中对石敢当为历史人物一说提出了质疑：“或据《五代史》，刘知远为晋押衙，高祖遇唐愍帝于传舍，知远使勇士石敢袖铁锤侍高祖以虞变。谓植石所镌取此。既大历时有镌之者，断知此说非矣。”汪宗衍《石敢当》一文谓：“《淮南万毕术》云：‘丸石于宅四隅，则鬼无能殃也。’庾信《小园赋》云：‘镇宅以埋石。’吴兆宜注云：《荆楚岁时记》：‘十二月暮日掘宅角，各埋一大石，为镇宅。’窃疑此亦石敢当之滥觞欤？”他认为石敢当石碑避邪之俗，肇自埋石镇宅习俗（《民俗》第七十八期）。王成竹在《关于石敢当》一文亦认为，此即是石敢当的由来。“就石敢当三字字义讲，盖即石可当其冲也。故镇于庐舍、墙隅、街衢、巷屋、门前直冲之处也。”（《民俗》第86/89合期）

我们认为，无论是历史人物说，还是灵物说，都有一定的理由。石敢当从勇士变化而来，有其历史依据。中国的文人史官向来就有将某一神祇附会于某世某人的习惯，而民间造神也往往有把历史上正直勇敢、足智多谋的人列入神祇队伍的特点。这些人物一旦由人变化为神，其像其名就具有了某种神威，而被人崇拜、供奉。石敢当的神格化，是由于信仰者认为人的灵魂是不死的，当他的灵魂注入某一物体，可使之发挥其威力，并且随着这种物体的特性而更加形象化。也就是说，这位姓石英雄的灵魂，借助于石头坚不可摧的特性，使他具有了老实敦厚、勇猛顽强、不惧一切妖魔鬼怪的神格。至于灵物说，则强调了神灵历史的演变。人们将虚无缥缈的神灵，寄托在某一物质之上，人们根据自己的生活环境赋予此物各种神性，由此构成这一实物的崇拜。也就是说，人们用石敢当这一形象来体现石头的性格，使他成为人们日常生活的保护神。在人们心目中石头本来就是有灵性的，它的人格化随着信仰观念的发展逐渐完整地体现出来。它先是在宅基四隅镇鬼，后来随着人们的希冀从地下走向地面。它既可为主人守卫家院，又能在街道要冲驱逐鬼怪，甚至还可以为人行医治病。据《茶香室丛钞》卷十引《夫于亭杂录》：“齐鲁之俗，多于村落巷口立石，刻‘太山石敢当’五字，云能暮夜至人家医病。北人谓医士为大夫，因又名之曰‘石大夫’。”这里的石敢当表现出了鲜明的人格化。这正是作为一种神祇，尤其是老百姓心目中的神祇所具备的神格。

其实，石敢当的信仰应该是来自人们对山岳的崇拜。山岳崇拜在原始自然崇拜中是一种普遍现象。李锦山在《史前灵石崇拜初论》中搜集了大量考古资料阐述灵石崇拜与祭天、祭地母、祭祀山川以及祭祖祈育等关系，指出“我国史前对灵石崇拜的形式和意义是多样化的，所以赋予灵石的神性也不尽相同”（《世界宗教研究》1987年第4期）。灵石的神性，随着人们所处的社会环境及地域的不同而呈现出多样性。究其源流，实属山岳崇拜的延伸。天高不可及，借山之高以祭天，是史前时期就已形成的祭制。史前祭祀遗址多建筑于山上，就包含着这种因素。辽宁东山嘴红山文化宗教建筑群址，就营造在山梁正中一缓平突起的台地上，其中心建筑就是石筑的方形祭坛。来自高山的岩石，具有山的灵性，成为山岳的化身与象征。祭石就是祭山，祭石就可祭天了。这在今天我国少数民族地区仍为普遍流行的习俗。川西南藏族的纳木人就有祭白石的习俗。在那里每家的屋脊上要放三至七块白石。这种白石是从人迹罕见的高山上捡来的。有了它，可保人畜平安（陶立璠：《民俗学概论》，中央民族学院出版社，1987年）。又据龚友德《云南少数民族的石崇拜》介绍，在各地的彝族中，有不少村寨以石作为山神的象征。云南路南撒尼人的每个村寨都有间小茅屋，里面供一块石，代表山神。人们崇拜山神，就直接向这块石头膜拜（《宗教论稿》，云南人民出版社，1986年）。丁寓《白裤瑶风情》一文中说，在广西南丹和贵州荔波接壤处居住的白裤瑶，每次集体行猎，都要杀鸡祭石以礼山神（《博物》1983年第3期）。而其他祭石以祭地、祭祖、祈育的习俗，也均是山岳崇拜的延伸。

由此可见，泰山石敢当镇妖驱邪与治病去疾的本领，也应源于这种山岳神灵崇拜。在万物之中，只有石头与山的关系最为密切，也最具代表性，山岳的灵性往往就赋予了石头。石敢当正是靠着山岳的威力才“敢当”的。借石代山以为镇的说法，在传统经典中，也可找到证明。如六瑞之一的镇圭，就是这种观念的产物。《周礼·春官·大宗伯》云：“以玉作六瑞，以等邦国。王执镇圭……”注曰：“镇，安也，所以安四方。镇圭者，盖以四镇之山为瑑饰，圭长尺有二寸。”疏曰：“云‘镇，安也，所以安四方’者，以《职方》九州，州有一大山，以为其州之镇，此镇圭亦所以镇安四方也。”圭是用玉石做成的，它之所以能安四方，就是借助大山的威力。坚固而安稳，是山的特性，社稷如能像山一样稳固，则是历代统治者所希冀的。岱庙是祭祀泰山神的庙宇，其主体建筑天贶殿内祭祀的就是泰山的化身——东岳大帝。在金代时曾以白玉石雕其神像。在神龛上高悬清康熙帝手题“配天作镇”的巨匾，是说泰山作镇则可与天相配，东岳大帝双手所执的便是赫赫有名的作镇之圭。泰山镇乾坤，自然也就可使四方得平安了，于是也便有了“泰山安则天下皆安”的说法。以石安宅，以石镇宅的说法与此同源。另外，在广东徐县民间有个传说也能说明这一点：清康熙年间，数任知县到任不几日即卒于任上。一个姓黄的知县携一风水先生到此赴任。风水先生察明此系本县一座宝塔之影正落于县太爷的座位上所致，认为唯有泰山的力量才可以抵得住宝塔的邪祟。遂于县衙前立一石碑，刻“泰山石敢当”五字，此后果然安然无恙。这石碑就是泰山神的象征。

有关石能治病的习俗和传说在民间很多。据《风俗通义·怪神》载：“汝南汝阳彭氏墓路头立一石人，在石兽后。田家老母，到市买数片饵，暑热行疲，顿息石人下小瞑，遗一片饵去，忽不自觉。行道人有见者，时客适会。问何因有是饵？客聊调之：‘石人能治病，愈者来谢之。’转语：‘头痛者摩石人头，腹痛者摩其腹，亦还自摩，他处放此。’凡人病自愈者，因言得其福力。号曰贤士。”这种摩石以治病的说法影响很大，一直到现在还有流传。泰山碧霞祠有一御碑，被人们用铜钱摩划得“伤痕累累”，据说摩碰此碑可以防病治病。石能驱魔治病的说法，因地而异，各有千秋。但影响最大的莫过于泰山的石敢当了。据民间传说，华佗在泰山采药时，其徒弟带回一块泰山石，上书八个大字：“泰山压顶，百鬼宁息。”当巫人装鬼来害华佗时，华佗用泰山石将其击败（《镇宝石》，载《民间文学》1981年第1期）。另有传说泰安南有个人家，家中的姑娘被妖魔缠身，面黄肌瘦，病情很重。于是请去了当地有名的石敢当来治病。石敢当果然有本领，当夜即驱走了妖魔。石敢当为防止妖魔去其他地方作怪，就用泰山石头刻上自己名字来代替自己驱妖（陶阳等编：《泰山民间故事大观》，文化艺术出版社，1984年）。从此当人们遇到危险或犯了禁忌时，只要搬出泰山或泰山石敢当来，便可避祸禳灾了。

有必要指出，山岳崇拜是各民族较为普遍存在的现象，对石敢当的崇拜也不独有泰山一地。在日本传说中的石敢当是中国大力士的名字，妖魔一见“石敢当”的名氏就会逃跑。所以在日本南起冲绳北到秋田县都有“石敢当”石碑。如今在冲绳的那霸市还设有专门制造“石敢当”石碑的商店，可见它驱鬼镇魔之威力及影响。石敢当最初应是不冠有山名的，但因泰山这座形体雄伟、威镇九州的圣山，在人们心目中影响很大，所以石敢当冠以泰山之称也就成为最具权威性的石神代表了。

与其他神祇灵物相比较，石敢当的神格特点主要是人格化的阳刚性和可亲性。民间有神荼、郁垒、尺郭及钟馗等不少捉鬼镇妖之神，但诸位治鬼之神，有一个共同的特点就是以恶治恶，以凶治凶。不但都相貌丑陋、恐怖可畏，而且治鬼的方式方法也非常奇特。神荼、郁垒捉恶鬼以饲虎，尺郭以恶鬼为食。而钟馗也以“径捉小鬼，先刳其目，然后擘而啖之”（《绘图三教源流搜神大全》)为特点。石敢当与他们相比，则更加人性化。石敢当是一个相貌伟岸的男子。在信仰者眼中，石敢当不仅“个大、力大”，而且相貌也“年轻英俊”(《泰山传说故事》，中国民间文艺出版社，1981年)，其治鬼的方法既有威慑力又有可亲之处。另外，在石敢当身上还有着很浓的道教色彩。传说他能占卜算卦，有老道授予的法术，还有道士常佩的宝剑、常用的符咒以及驱鬼时所需的童男童女等等，都具备道长的特征，只是不曾着道装入山修炼而已。道教的基本宗旨是长生不死，羽化成仙。不过这却只是上层社会所追求的目标，禳灾祈福则是下层百姓感兴趣的东西。而以道教的神仙法术镇妖祛魔则是民间禳灾祈福的基本形式。因此，石敢当身上的道教色彩是不可避免的。由此也使石敢当成为有异于其他治鬼驱妖之神的另一个特征。

第四章

泰山道教与佛教

道教和佛教，是中国历史上很有影响的两大宗教。道教是中国本民族的宗教，是在传统文化基础上产生、发展起来的；佛教外来，本是异士文化，它之所以能立足发展，就在于它选择了与中国传统文化相结合的道路。泰山又是中国历史文化名山，于是道教、佛教与泰山也就有了一定的联系。由于中国宗法性传统宗教对泰山的影响，泰山没有成为道教名山，也没有成为佛教名山，但在这种相互排斥、相互吸引、相互融合的过程中，泰山的道教和佛教显示出自己独有的发展特色。

第一节　泰山道教概况

道教在泰山的孕育，得益于海岱文化，其发展大致经历了孕育、兴盛、衰落三个阶段。道教产生后的魏晋时期，在泰山以神仙道教为主流，较多地体现了秦汉时期这一地区“方仙道”的特点。唐宋之时，随着最高统治者崇道活动的兴盛，泰山道教进入全面发展阶段。尤其是帝王的封禅及皇室的修斋建醮直接刺激着道教的发展。金元以后，泰山道教以全真教为主，仍有发展势头。乃至明清，道教趋向衰落。纵观泰山道教的发展，有一个特点很明显，这就是自始至终都受到封建统治者的扶持，并与泰山崇拜密切联系在一起。

一、泰山早期的道教

中国道教是由齐学演变而来的。齐学源于殷周时期的巫史之学，而以黄老道家、阴阳家、五行家和神仙家思想为特色，其主流是方士之学（参见胡孚琛：《齐学和道教》，《世界宗教研究》1987年第2期）。海岱地区是神仙方士的发源地，在方士之学中泰山始终是以神山的面貌出现的；封禅又将泰山定为帝王承受天命的象征；此外齐方士还将邹衍的五行说与神仙术结合起来，演化为成仙不死的修身之法。到了秦统一中国，由于始皇帝封禅泰山又入海寻仙，给了方士们大做文章的机会。在秦始皇时，尚未有封禅不死的仙话，由于齐人徐福（市）上书称海中有仙人居住的三神山，秦始皇便派遣徐福发童男童女数千入海求仙，以期不死之药。此后秦始皇又接二连三地入海求仙，这些都激发了神仙方士的迅速发展。到了尤敬鬼神的汉武帝时，全盘接受了海上方士登封仙化的学说。齐方士李少君曾以祠灶、谷道、却老方得到武帝的宠信，使治国的政术与长生养性的身术相融合，提高了神仙方士的社会地位，刺激了方士阶层的崛起，使其成为当时社会一股不可低估的力量。由于方士的身价是由封禅升发的，所以，齐人方士是很注意利用泰山的影响。据《史记·封禅书》所载，以封禅说引诱汉武帝的就有李少君、公孙卿、申公、丁公、公王带等著名齐方士。《汉书·艺文志》著录《封禅方说》十八篇，就是汉武帝时方士们为封禅所造的道书。

在方士们看来，泰山是重要的神仙发源地。申公语：“天下名山八，而三在蛮夷，五在中国。中国华山、首山、太室、泰山、东莱，此五山黄帝之所常游，与神会。黄帝且战且学仙。……百余岁然后得与神通。”（《史记·封禅书》）方士们是把黄帝当作神仙领袖倍加赞颂的，并认为泰山是黄帝修仙的名山之一。方士公王带说，黄帝所以能成仙，还在于“封东泰山，禅凡山，合符，然后不死焉”（《史记·封禅书》）。黄帝即为神仙家之宗祖，处于泰山周围的海岱方士们当然均可以为此自豪。

安期生，在秦汉时期是位颇受方士称颂的仙人。相传秦始皇东巡时曾与他相会。齐方士李少君上言武帝时也云：“安期生仙者，通蓬莱中，合则见人，不合则隐。”武帝曾“遣方士入海求蓬莱安期生之属”（《史记·封禅书》）。这位大有名声的卖药人就曾在泰山施惠于李少君。据《岱史》卷八《列仙遗迹》载：

“安期生，在泰山遇李少君入山采药病困，安期生与神楼散一匕而愈。”《续修莱芜县志》卷二十二记：“安期生修炼于县之南山，（山）因名仙人山。旧有仙人堂，今废。昔秦始皇求见，与语三日而去，尝卖药海岛，后千岁居于蓬莱山。”今仙人山上尚存有元大德五年（1301）《重修安期真人祠记》碑，亦称：古有仙人堂。安期生、李少君在秦汉时都是极为活跃的人物，安期生曾修炼于泰山东麓；李少君也曾采药于泰山，他们的仙事、仙迹很有影响。泰山老父，是汉武帝时一位以泰山为名的著名方士。武帝东封时在泰山下见到“头上白光高数尺”的泰山老父，老父自言在八十五垂死之时，遇有仙道指点，辟谷不食，仅服术饮水，枕以藏有三十二物的神枕，故死而复生，黑发更生，齿堕复出，转老为少。且能日行三百，自称已百八十岁。武帝感其神异，嘉纳其方并给以赏赐。老父告以服养之术，仍归山（《神仙传》）。还有一位泰山方士稷丘君，也被好仙道的武帝所遇。稷方士在武帝上山之时，拥琴迎拜，劝其不要登山，如登必伤足。武帝未听，但上不及数里果然就伤了左足。武帝嘉其道术，为稷立祠。据说稷丘君因为在泰山修炼而得道，白发再黑，齿落更生，还其年少，受到帝王的嘉赏并为后世道人所钦佩。这在《列仙传》及《集事渊海》中，都可睹其风采。这一时期，济南公玊带也是位因泰山而出名的方士。当初武帝封泰山，欲治明堂宫，只是不晓其制。公玊带便献上一图，“于是上令奉高作明堂汶上，如带图”（《史记·封禅书》）。而后武帝“东巡海上，考神仙之属，未有验者”，也是这位方士提出了封“东泰山”的说法，再次得到武帝的赏识。只是“泰山卑小，不称其声，乃令祠官礼之，而不封禅焉。其后令带奉祠候神物”（《史记·封禅书》）。同年夏，武帝又登泰山，修五年之礼后，还加禅泰山下址南方的石闾。何故在禅礼中又加祠石闾呢？原来也是“方士多言此仙人之闾也，故上亲禅焉”（《史记·封禅书》）。这也使封禅又添了一层仙气。

东汉时期，张巨君、崔文子，也是在泰山修炼的著名方士。《后汉书·方术传》曾载：许曼的祖父许峻，“善卜占之术，多有显验”，这多验的占卜之术，就受之于泰山张巨君的方术。许峻少年病重，三年而不愈。于是到主人生死的泰山请命。遇到了张巨君，被授以方术，“所著《易林》，至今行于世”。崔文子见于《列仙传》及《集事渊海》中，是以预言及仙药著称于世的。崔氏为泰山人，好黄老之术，居潜山下，得其道术，后作黄散赤丸卖药于都市。在道教的孕育过程中，泰山成为方士们向往的修炼场所。即便在道教形成之后，泰山仍是这类神仙方士们传道和修行的主要场所之一。

如果将海岱地区作为一个整体看，流传至今最早的道教经典《太平经》即产生于此。在此之前具有道教性质的《包元太平经》也是由齐人甘忠可完成的。道教作为一种宗教产生，汉顺帝时有张陵创“五斗米道”，汉灵帝时有张角创“太平道”，追其根源均与齐文化有着密切的关系，足见海岱地区古文化对道教的影响。

汉魏之际，社会动荡，民间的宗教活动乘势发展起来，除了太平道、五斗米道风靡中原八州、巴蜀汉中外，各种民间巫祝活动也非常盛行。汉献帝初平三年（192），曹操破黄巾，受降卒就有三十余万，太平道遂告终结。建安二十年（215）曹操攻破汉中，五斗米道也遭重创。鉴于汉末农民起义常常利用宗教发动和组织民众，统治者对道教及民间巫祝祭祀活动采取了限制政策。据《三国志 · 魏书 · 武帝记》记载，早在汉灵帝光和末年曹操任济南相时，便在当地“禁断淫祀”。曹操掌握政权后一方面对早期道教进行武力镇压，另一方面力图控制和利用早期道教的影响。因此，从魏晋南北朝时期起，道教便逐渐分化为上层神仙道教和下层民间道教两大层面。民间的天师道走向上层后，也逐渐与神仙道教合流，失去了原有的民间道教本色。王明先生曾指出：“神仙道教的主要目标是追求长生不死，维护社会上层特权阶级的利益；民间道教的活动，崇拜鬼道，企图解除下层人民的疾苦，为群众造福，这是根本的区别。”（《中国道教史 · 序》，《世界宗教研究》1987年第3期。）神仙道教从道术活动的方式说，注重的是个人的修炼成仙，而不重严格且具有群众性的宗教活动；从组织上说主要是社会上的隐士及知识水平较高的方士转化为道士；从祖承关系上说，神仙道教更多的是继承战国秦汉以来黄老神仙家的传统，或潜居山村服饵炼丹、修身养性以期成为不死的神仙，或奔走于社会上层以道术诱人，以期得到赏识。而民间道教则与自古就有的巫觋、祝官有着密切的联系，在社会下层或符水、符祝，或治病、禳灾，或祭祀布道、为民请命。由于当时社会的需要，以长生求仙为教旨的上层神仙道教占据了主导地位。这一时期隐居泰山的张忠，在泰山道教史上就是位颇具代表性的人物。

《晋书 · 隐逸 · 张忠传》云：

张忠字巨和，中山人也。永嘉之乱，隐于泰山。恬静寡欲，清虚服气，

> 餐芝饵石，修导养之法。冬则缊袍，夏则带索，端拱若尸。无琴书之适，不修经典，劝教但以至道虚无为宗。其居依崇岩幽谷，凿地为窟室。弟子亦以窟居，去忠六十余步，五日一朝。其教以形不以言，弟子受业，观形而退。立道坛于窟上，每旦朝拜之。食用瓦器，凿石为釜。左右居人馈之衣食，一无所受。好事少年颇或问以水旱之祥，忠曰："天不言而四时行焉，万物生焉，阴阳之事非穷山野叟所能知之。"其遣诸外物，皆此类也。年在期颐，而视听无爽。苻坚遣使征之……

张忠的生卒年份不详，他因永嘉之乱隐居泰山修行。永嘉在公元307年至313年，苻坚在位是公元357年至385年，如果以永嘉的最后一年至苻坚在位的第一年算起，张忠在泰山修炼至少有四十余年，可谓年久资深的东岳道士。他能得到最高统治者的征召，可知张忠在当时是一位颇有影响的名士。他"恬静寡欲，清虚服气，餐芝饵石"，修的是导引养气之法。他冬天穿着乱麻为絮的袍子，夏天则以小带束身，端坐拱手若尸，劝教"以至道虚无为宗"，以穴而居，以形示人。据《高僧传》载，他还曾与修佛于泰山的沙门僧朗"为林下之契，每共游处"。他不问世俗，但前秦皇帝苻坚遣使来征，却以"吾余年无几，不可以逆时主之意"为由遂及长安。当苻坚谓忠"独善之美有余，兼济之功未也"而欲命他为"齐尚父"时，不知他真的悟出了修身的奥妙所在，还是洁身自好，而坚决推辞不受："昔因丧乱，避地泰山，与鸟兽为侣，以全朝夕之命。属尧舜之世，思一奉圣颜。年衰志谢，不堪展效，尚父之况，非敢窃拟。山栖之性，情存岩岫，乞还余齿，归死岱宗。"表示了他还山的决心，苻坚也就只好由他去了。张忠归泰山时途经华山而死。死时叹曰："我东岳道士，没于西岳，命也，奈何！"苻坚遣黄门郎韦华持节策吊，祀以太牢，褒赐命服，谥曰安道先生(《晋书·张忠传》)。

张忠隐居泰山修行多年，颇具影响，仅依《晋书》所载，张忠的道教思想具有如下一些特点：

其一，较多地继承了道家"清净无为，恬静寡欲"的思想。重"独善之美"，"劝教但以至道虚无为宗"。

其二，将导引行气之术与服饵草石结合起来，作为修炼的基本内容。

其三，在传教方式上，采取师徒制，授徒以身教之，"弟子受业，观形而退”。

其四，主张隔世苦修。凿地为室，“食用瓦器，凿石为釜。左右居人馈之衣食，一无所受”。

其五，反对阴阳占卜之事。

张忠是神仙道教型的道士。不过在他身上没有“治身”与“治国”并重的特点，但他与统治者并无利害关系，在他看来尊重时主也是应有的道德。因此，他虽不能受“齐尚父”之任，却也能随使到长安见苻坚，以不逆“时主之意”。总之，张忠是一位很有特点的东岳道士，作为与葛洪同时代的著名道士，在泰山道教史上占有重要位置。

与张忠相比，北齐的由吾道荣，倒是具有一般神仙道士的特征。

《北齐书·方伎·由吾道荣传》云：

> 由吾道荣，琅琊人。少好道法，与其同类相求，入长白、太山潜隐，具闻道术。仍游邹、鲁之间，习儒业。晋阳人某，大明法术，乃寻之，是人为人家庸力，无识之者，久乃访知。其人道家符水、咒禁、阴阳历数、天文、药性无不通解，以道荣好尚，乃悉授之。……道荣仍归本部，隐于琅琊山，辟谷，饵松术茯苓，求长生之秘。……俄值国废，道荣归周。隋初乃卒。

《北史·列传第七七·艺术上》又云：

> 由吾道荣，琅琊沭阳人也。少为道士，入长白山、太山，又游燕、赵间。……道荣至晋阳，文宣见之甚悦。后归乡里。隋开皇初，备礼徵辟，授上仪同三司、谏议大夫、沭阳县公。从晋王平陈还，苦辞归。至乡卒，年八十五。

依《北史》所言，晋平陈在隋开皇九年（589），由吾道荣随从晋王平陈后而亡，以由吾道荣卒时八十五岁推算，其生卒年份在公元505～589年，晚于陶弘景四十余年。由吾道荣少好道法，入长白、太山潜隐名声很大。听说晋阳有人大明法术，便西寻而去，习修其人的道术，包括符水禁咒、阴阳历数、天文药性之类。他重视习儒与神仙养生之术结合为主要宗旨的并修，具有汉代方士和隐士的生活态度。从曾习晋阳人“符水、禁咒”的情况看，由吾道荣吸收了民间道教的特点。

以上我们就泰山汉魏晋时期的道教做了简要阐述。在泰山，道教没有形成具有较大影响的民间宗教团体。即使道教发展成为一个完整意义上的宗教，其组织结构松散，以清虚守志、修道养生为宗旨的神仙道教仍然是泰山道教的主流。可以说它较多地继承了战国秦汉时期这一带流行的所谓“方仙道”的传统。就整个道教史而言，这种“神仙道教的形成标志着汉末早期道教宗教观念的改变，使东汉时兴起的宗教神学同具有悠久历史传统的神仙方术融为一体，在我国形成一种具有民族特色的道教文化”（胡孚琛：《魏晋神仙道教》，人民出版社，1990年）。因此，其价值是不可低估的。

二、泰山道教的鼎盛时期

隋唐时期是泰山道教全面发展繁荣的时期。尤其是唐代，在最高统治者的扶持下，道教盛况空前，得到了前所未有的尊崇和发展。与全国的政治形势相适应，泰山的道教活动，主要是围绕最高统治者的封禅活动展开的。

隋文帝、炀帝都信奉道教。隋文帝杨坚的“开皇”年号就取自道经。《隋书·经籍志》云：“以为天尊之体，常存不灭，每至天地初开，或在玉京之上，或在穷桑之野，授以秘道，谓之开劫度人。然其开劫，非一度矣，故有延康、赤明、龙汉、开皇，是其年号……”隋文帝杨坚还曾利用道教编造“受命之符”，为他篡夺北周政权制造舆论。隋开皇十四年（594），群臣请求封禅泰山，文帝不纳。晋王杨广又率百官抗表，固请封禅泰山。文帝令牛弘、辛彦之等人草创《仪注》。其礼创定后，文帝却又欲行不进，迟疑不决，最后决定东巡泰山，借此大修神庙。在请求封禅的活动中，晋王杨广是个积极策划者。他尤崇道教，在平陈之时，还让众多的道士随从，其中泰山的由吾道荣直到平陈后才离开杨广。只是不知为什么，杨广即位后，不再言封禅之事。

唐代统治者也很会利用道教神灵来制造皇权神授的舆论。李渊晋阳起兵反隋就得惠于道教，他自称是老子李聃的后裔，尊老子为“圣祖”。立国之后，他用老子降显来神化唐王朝。因此道教对唐王朝起到了建立和巩固政权的作用。

图11 《双束碑》(原置岱岳观遗址，现藏岱庙)

唐代近三百年的统治中，道教始终得到皇室的崇奉和扶持。唐代统治者多次到泰山封禅和遣官祭祀泰山神，每次封禅祭祀不只是提高了泰山神的地位，更重要的是提高了道教的地位。据《唐书》记载，唐代封禅活动中，多有道士参与。贞观中，太宗将封禅泰山，车驾行至洛阳宫，有彗星之变。“考诸玄象，恐未可东封”，是道士薛颐出来劝诫太宗的。又有褚遂良亦言“此天意有所未合”，于是封禅活动乃止。高宗将封禅之时，大雨不止，道士刘道合帮了大忙。“帝令道合禳祝，俄而霁，乃令驰传先行太山祈祓”(《新唐书·隐逸传》)。玄宗封禅商定三献之事，请贺知章等人讲仪注，很得玄宗的欢心。玄宗问玉牒之文何以秘之？知章曰：“玉牒本是通于神明之意。前代帝王，所求各异，或祷年算，或思神仙，其事微密，是故莫之知。”(《旧唐书·礼仪志》)这位很得赏识的贺知章就是一个十足的道教信徒，还乡后即为道士。在朝廷崇道影响下，道教宫观遍布全国。泰山原有主祠泰山神的上、中、下三庙，在武则天时，将中庙改作道观，名之岱岳观，并以此作为皇家修斋建醮的重要场所。岱庙所藏“双束碑”(图11)，记载了唐代六帝一后建醮造像凡二十许的基本情况，成为研究泰山道教的重要史料。

斋醮是道教设坛祭祷的一种仪式。“斋”，是指祭祷中必须洁身清心；“醮”，是指祭祷活动。斋有斋法，醮有醮仪，供斋醮神是道教人神沟通的重要表现形式之一，也是道教徒的主要宗教活动。斋醮大致从早期的巫觋仪式及坛祭形式发展演变而来，生动形象，具有久远的历史及很强的欺骗性和诱惑力。据《双束碑》记载，唐显庆六年(661)，主东岳的道士郭行真，弟子陈兰茂、杜知古等人，为高宗和武后行建道场七日，“并造素像一躯，二真人夹侍”，拉开了泰山斋醮的序幕。仪凤三年（678）三月三日，大洞三景法师叶法善等奉敕于岱岳观修斋设河图大醮，造壁画元始天尊、万福天尊。值武则天加尊号圣母神皇，得宝图于洛水，称之曰“天授图”，其后遂改国号曰周，改元天授，又加尊号圣神皇帝。于周天授二年（691），金台观主中岳道士马元贞带领弟子杨景初等，“奉圣神皇帝敕，缘大周革命，令元贞往五岳四渎投龙，作功德”。马元贞在泰山行道，“章醮投龙，作功德一十二日夜。又奉敕敬造石元始天尊像一铺，并二真人夹侍，永此岱岳观中供养”。所谓投龙，薛驹《东斋纪事》解释为：“道家有金龙玉简，学士院撰文，具一岁中斋醮数，投于名山洞府。金龙以铜制，玉简以阶石制，故谓之投龙也。”周万岁通天二年（697），东明观三洞道士孙文俊，“奉天册金轮圣神皇帝四月五日敕，将侍者姚钦元诣此岳观祈请行道”。事毕又造天尊石像一尊，并二真人夹侍。周圣历元年（698），大弘道观主桓道彦等，“奉敕于此东岳设金箓宝斋河图大醮，七日行道，两度投龙，遂感庆云三见，用斋醮物奉为天册金轮圣神皇帝敬造等身老君像一躯，并二真人夹侍”。两度投龙，造像等身，所行的又是“金箓宝斋河图大醮”，可见此次斋醮造像比以前的法事隆重。在唐代斋醮仪式中，有金箓斋、黄箓斋、玉箓斋之分。唐国师潘师正《道门经法相承次序》云：“金箓，上元，主天。天者，乾为天，金箓主之，故销天灾也。黄箓，下元，主地，地者坤，坤色黄，故黄箓主之。……玉箓，中元，主人。人出箓者，资于德。玉备德，故玉箓主王公。”据此知此次所施醮祭，旨在消除天灾。久视二年（701），“神都青元观主麻慈力亲承圣旨，内赍龙璧、御词、缯帛及香等物，诣此观中斋醮”。长安元年（701），道士金台观主赵敬同侍者，道士刘守贞等，奉敕“于此太山岱岳观灵坛修金箓宝斋三日三夜，又□观侧灵场之所设五岳一百廿盘醮礼，金龙玉璧并投山讫。又□镇彩纹缯敬造东方玉宝皇上天尊一铺，并二真人仙童玉女等夹侍”。内容均为祈皇万福，只是设醮五岳之祭及所谓仙童玉女为首见。周长安四年（704），敕使内供奉、襄州神武县云表观主玄都大洞叁景弟子、中岳道士周玄度等人，“……修无上高元金玄玉清九转金房度命斋三日三夜行道，陈设醮礼”。同年，邢虚应等，又“奉敕于东岳岱岳观中建金箓大斋卌（四十）九日，行道设醮，奏表投龙荐璧，以本命镇彩物奉为皇帝敬造石玉宝皇上天尊一铺十事，并壁画天尊一铺廿二事，敬书《本际经》一部、《度人经》千卷，以兹功德，奉福圣躬”。

这次建箓设醮最大的特点是：行道时间长，造像数目大，包含项目多。行道之时“日彩扬光，加以抱戴，俄顷之际，云色顿殊”，颇为神异。唐神龙元年（705）的斋醮又以行道人数之多而突出，大弘道观法师阮孝波等“奉敕于岱岳观建金箓宝斋，卌九人九日九夜行道”。在唐景龙二年（708）的敕往东岳陈章醮荐龙璧活动中，也曾设“五岳名山河图等醮”。景龙三年（709）的金箓大斋中，也有“大德卌九人”传经行道，只是时间仅七天七夜。但“七日之中，遂呈四瑞：白鹤腾辉，拂霞庄而矫色；黄云覆彩，映岩穴以通光；丝雨飞祯，家示九年之蓄；乌曦抱戴，寿延千载之君”，甚是神奇。在唐景云二年（711），又有四十九人金箓行道、设斋并投龙的道场。

另外还有不少道士、官员或奉皇室旨意，或自动前来烧香祭祀者。

可见在唐代，岱岳观是泰山道教活动的中心，是泰山当时规模最大的道教宫观，皇家斋醮之事也均在此观进行。在斋醮活动中，所设的多是金箓大醮。据《云笈七签》卷三十七《斋戒》，金箓在灵宝斋六法中为“第一金箓斋，救度国王”。于十二种斋中，“《玄门大论》：一者金箓斋，上消天灾，保镇帝王”。由此看来，唐朝六帝一后的泰山斋醮主要目的在于祈求帝王的安康。在《双束碑》的记文中也时有这方面直接的文字资料。如久视二年（701）的斋醮，祈求的是“我皇万福，宝业恒隆”。周长安四年（704）的陈设醮礼，意在“表圣寿之无穷者也”。唐景龙三年（709）的河图大醮，更祈后福，告请“寿延千载之君”等。而在景云二年（708），睿宗遣太清观道士杨太希于岱岳观烧香供养，为的是“浃宇常安，朕躬男女六姻，永保如山之寿”。开元八年（720），梁思陀等与道士任无名在东岳的投龙合练，更是旨在“我皇有意于神仙”。有意思的是武则天偏爱佛门，但在位期间也频繁遣使东来行道。她改周共有15年，泰山斋醮投龙之事竟有7次之多。更在长安四年（704），一年中竟有两次来泰山，从一个侧面反映出她复杂的心理状态。长寿安国，是她称帝后的最大心愿，为达此目的不管是佛还是道，都在她尊崇之列。

在泰山斋醮活动中，行道者均是在道教界颇有声望、有一定社会地位的高功法师。显庆六年的泰山首次斋醮，就有东岳道士郭行真施道。据《资治通鉴》卷二百一《唐纪十七》载：麟德元年（664），“有道士郭行真，出入禁中，尝为厌胜之术”。可见郭行真曾显威一时。在仪凤三年（678）的设醮中有大洞三景法师叶法善主持。叶法善，“自曾祖三代为道士，皆有摄养占卜之术。法善少传符箓，尤能厌劾鬼神。……法善自高宗、则天、中宗历五十年，常往来名山，数召入禁中，尽礼问道。……当时尊宠，莫与为比”（《旧唐书·方伎传》）。可见他的影响之大。显庆时，玄宗闻其名，曾征诣京师，将加爵位，固辞不受，求为道士。因他尤善设坛醮祭之术，所以能来东岳做道场。天授二年（691）来泰山投龙作功德的马元贞，也是一位深受皇室赏识的道士。

在泰山，唐代也出现了许多著名的道士，如修真得道的张炼师，为世人称道。刘禹锡《送东岳张炼师》诗云：“东岳真人张炼师，高情雅淡世间稀。堪为列女书青简，久事元君住翠微。金缕机中织锦字，玉清坛上着霓衣。云衢不用吹箫伴，只拟乘鸾独自归。”又据清《泰安县志》卷末《仙释》载：“岱阳桃源峪有题刻，漫漶。惟‘张炼师因拜岳大历八年（773）’十数字犹可识。”可知张炼师活动在唐代中叶。

岱岳观观主，想必也是颇有德望、道术非凡的道士，只是限于流传下来的史料甚少，未能详知，仅知伦虚白、良素、赵昌元等曾驻任观主。

唐代，泰山南麓徂徕道士王希夷，也曾是一位颇有名望的道人。《新唐书·隐逸传》：

> 王希夷，徐州滕人。家贫，父母丧，为人牧羊，取佣以葬。隐嵩山，师黄颐学养生四十年。颐卒，更居兖州徂来，与刘玄博友善。喜读《周易》《老子》，饵松柏叶、杂华，年七十余，筋力柔强。刺史卢齐卿就谒问政，答曰：“‘己所不欲，勿施于人’，此言足矣。”
>
> 玄宗东巡狩，诏州县敦劝见行在，时九十余，帝令张说访以政事，宦官扶入宫中，与语甚说，拜国子博士，听还山。敕州县春秋致束帛酒肉，仍赐绢百、衣一称。

王希夷师从黄颐40年，习闭气导养之术。后入泰山南麓的徂徕山修道，饵松柏之叶及杂花，散以养身。景龙（707～710）中已70多岁尚且气力益壮。唐代帝王大都相信服用金丹可以长生延年，致使道士广炼金丹，相比之下，王希夷的养身之术却也别有生气。他不但好《老子》，连《易经》也多加修习，还能以孔子“己所不欲，勿施于人”的名言回答刺史卢齐卿的就谒问政。在玄宗东巡之时，敕州县以礼征，召至驾前，年已96岁。玄宗还令中书令张说访其道义。

开元十四年（726），下制曰："徐州处士王希夷，绝学弃智，抱一居贞，久谢嚣尘，独往林壑。朕为封峦展礼，侧席旌贤，贲然来思，克应嘉召。虽纡绮季之迹，已过伏生之年，宜命秩以尊儒，俾全高于尚齿。可朝散大夫，守国子博士，听致仕还山。"（《旧唐书·隐逸传》）能得到帝王这样的赞赏，当是道士的无上荣耀。

另外，据明《岱史》卷八载，吕洞宾曾二至泰山：

> 吕岩，字洞宾，宋天圣戊寅三月二十一日书五言绝句于王母池，署其后曰回翁题。政和丙申（1116）六月十八日复书七言绝句，署其后曰回公再书。

所记"戊寅"，似"丙寅"（1026）之误，他的五言绝句和七言绝句在《岱史》卷十五中均有记载：

> 昔日曾游此，如今九十春。红尘多少客，谁是识予人。
> 昔年留字识曾来，事满华夷遍九垓。无赖蛟虬知我字，故留踪迹不沉埋。

一般认为，吕洞宾生于唐末或五代，约与陈抟同时。据宋天圣"丙寅"三月二十一日书绝句推断，吕洞宾第一次来泰山，约在五代时期。王母池东有一石洞，传吕洞宾修道于此，故有吕祖洞之称。在《双束碑》贞元十四年（798）的致祭铭文中，有"发生洞"之名："腊月中，与韦户曹游发生洞，徘徊之际，见双白蝙蝠三飞洞口……""欲验发生洞，先开冰雪行……"五代至宋，吕洞宾饮誉道教界，《双束碑》所记发生洞，很容易使人联想到吕洞宾在此修炼的事。吕洞宾是一位传奇人物，他本来也是一位唐末或五代的隐士，因为才行卓异，不但为人们传颂敬奉，还有许多神话附会到他的身上，致使吕洞宾历代显迹，仙事屡现。尽管作为道教神仙的代表人物，传奇仙话的附会之说甚多，但从王母池之诗看，吕洞宾游侠名山，到过泰山是可信的。

在最高统治者封禅、斋醮崇道的影响下，唐代的泰山已是道教的名山，吸引着天下的有道高士，同时也召来了众多的文人雅士。其中最有代表性的当数唐代大诗人李白。他的《感兴》八首道出了他自幼好道，遍访天下道高之人的心情：“十五游神山，仙游未曾歇。”天宝元年（742）四月，他又登泰山，留有“天门一长啸，万里清风来。玉女四五人，飘飘下九垓。含笑引素手，遗我流霞杯。稽首再拜之，自愧非仙才”的诗句，表现诗人虽身在泰山仙境，却不能一了成仙的愿望的遗憾之情。“叹我晚学仙，蹉跎凋朱颜。踌躇忽不见，浩荡难追攀”表露出学仙不成的羞惭心情。李白还有六首《泰山吟》，字里行间显示着道教对他的影响及他对泰山的久慕之情。

大体来说，唐时泰山道教较为活跃。首先是封禅与道教相关联，促进了泰山道教的发展。频繁而又郑重的岱岳斋醮，使泰山成为天下有道高士的汇集地。高宗、玄宗封禅，都有道士参与。泰山斋醮始于唐代，而一幢《双束碑》又称得上是一部唐代泰山尊崇道教的史书，由此泰山道教的发展逐步达到了鼎盛。

继唐之后，赵宋王朝的帝王崇道不亚于李唐之时。宋王朝虽然结束了五代的动乱，使国家趋于统一，但其国力已无法与汉、唐时期相比。宋立国之初，为了寻找精神上的支柱，就曾利用道教的神灵编了一个“翊圣”降显的神话，以此来大造皇权神授的政治舆论。至宋真宗大中祥符元年（1008）开始，随着封禅事起，崇道又掀起了高潮。据《续资治通鉴》卷二十八《宋纪二十八》所载：大中祥符二年（1009）五月“壬戌，诏兖州长吏，以天书降泰山日诣天贶殿建道场设醮，以其日为天贶节，令诸州皆设醮”。祥符元年就有三次天书降临，朝廷却以天书降泰山之日为天贶节，可以理解真宗以降天书为名，其真实意图就在于增加一个去泰山的理由。他在泰山建道场设醮，使封禅更多地融进了道教色彩。不言而喻，真宗封禅泰山，是出于政治上的需要，但他把封禅与崇道紧密结合起来，确是超过前代的。据《宋史·礼志》记载，他禅礼完毕“法驾还奉高宫，日重轮，五色云见。鼓吹振作，观者塞路，欢呼动天地。改奉高宫曰会真宫。九天司命上卿加号保生天尊，青帝加号广生帝君，天齐王加号仁圣，各遣使祭告”。奉高宫，原为历代封禅泰山的行宫，真宗改为会真宫，即改变了行宫的性质，而成为道教的宫观；为九天司命上卿加号“保生天尊”，以后又加号曰：“圣祖上灵高道九天司命保生天尊大帝”；还为青帝加号“广生帝君”。宋真宗还亲书并篆额《广生帝君赞》曰：“若夫典治乔岳，表正灵祇，司生发于东方，佐聪明于上帝，宜乎名冠仙籍，……荐显号以致诚，述斯文而颂美。赞曰：节彼岱宗，奠兹东土，生育之地，灵仙之府。”（《岱史》卷九）泰山神在唐玄宗之时封为“天齐王”，据《宋史·礼志》所载，真宗封禅毕，加号泰山为仁圣天齐王，后又尊为帝，号曰“东岳天齐仁圣帝”，使泰山神成为名副其实的神君。大中祥符九年（1016），宋真宗让张君房编撰的《云笈七签》中，泰山便列为三十六小洞天之一。卷二十七云：“三十六小洞天，在诸名山之中，亦上仙所统治之处也。……第二东岳太山洞，周回一千里，名曰蓬玄洞天。”在《云笈七签》中，将泰山诸神拉到了道教神系之中。

据《文献通考》载：后唐长兴三年（932）诏泰山三郎为威雄将军，在泰山下设有炳灵公庙。大中祥符元年（1008），宋真宗封禅毕加封“炳灵公”，令兖州增葺祠宇。《绘图三教源流搜神大全》也另有记载：“炳灵者，圣帝第三子也，唐太宗加威雄将军，至宋太宗封上吴炳灵公。大中祥符元年二月二十五日封至圣炳灵王。”经度制置使王钦若自言梦神故，又于庙北建亭名灵威。

与真宗封禅有联系，且在后世产生巨大影响的碧霞元君，也是宋真宗东封泰山时发现旧有的玉女石像而开始构建昭真祠以备祭祀的。

道教在宋代得以大发展，从宫观建筑中也能得到反映。唐代最有影响的岱岳观，在宋代仍在重建、扩建。宋皇祐五年（1053）《岱岳观创置花园记》载：“岱观重修王母殿及砌垒山子，创置花园一所。”现在泰山最大的古建筑群岱庙，也是宋宣和四年（1122）在原岱庙的基础上重修扩建，“凡为殿、寝、堂、阁、门、亭、库、馆、楼、观、廊、庑合八百一十有三楹”（《岱史》卷九），达岱庙历史的最大规模。在宋代，除宋真宗改奉高宫为会真宫外，宋徽宗还于政和八年（1118），将僧居建封院改为道观。其他重要宫观，也得到了重修，如青帝观等。还有真宗为奉祀玉女所创建的昭真观、因“天书”之瑞而创建的天书观等。这些宫观的观主，大多是紫衣道人，如岱岳观观主荀归道、王归德，青帝观观主郭永昌、朱演刊，升元观洞元大师李冲寂等都是皇帝赐紫道士。另外，还有泰山隐士秦辨也因受到帝王的征召而留迹于史。《续资治通鉴》卷二十八记：大中祥符三年（1010）夏，“赐泰山隐居秦辨号贞素先生，放还山。辨自言百三十岁，帝召至京，与语，多言五代事”。还有，隐居泰山的张景岩，结茅为庵，修行有术，也有很大影响。政和七年（1117），东郡赵鼎政与友登岱至十八盘，月下席地而饮，闻有行人之声，赵氏惊奇于暮夜有此声，顷刻方知张景岩到。以茯苓、松叶佐酒歌道，后穿东岭而去，颇有飘然仙风。

在宋代，由于最高统治者的支持，道教进入兴盛时期。北宋灭亡之后，中国北方处于异族的统治之下，民族矛盾尖锐，道教内部也发生了重大变革，出现了全真道、太一道、大道教等新的道派。其中全真道对后来道教的发展影响很大，成为元代以来与正一派对峙而传续至今的道教两大派之一。大道教（元代称为“真大道”）在道教史上也占有重要的位置。

大道教的创始人就是主东岳之事的刘德仁。刘德仁（1122—1180），号无忧子，沧州乐陵人。大约于金皇统二年（1142）摭《道德经》之旨创大道教。《元史·释老传》记“其教以苦节危行为要，而不妄取于人、不苟侈于己者也”。此教有“九戒”，以“见素抱朴，少思寡欲”“虚心实腹，守气养神”为本，真常慈俭为宝，劝世绝去嗜欲，力耕而食。“及乎德盛而功成，乃可济生而度死，以无为而保正性命，以无相而驱役鬼神。”（杜成宽：《洛京缑山改建先天宫记》，引自陈垣编纂：《道家金石略》，文物出版社，1988年。）正隆六年（1161），金廷召见刘德仁，赐居京师天长观，大定七年（1167），赐“东岳真人”之号。大道教在民间兴起，而后得到金代朝廷的赞许，得以较为广泛地传播。大道教传至第九代还很兴盛，弟子仍以“东岳先生”或“东岳真人”为誉。所谓“东岳先生”，在宫廷内是主事东岳的道士，唐代的郭行真就有东岳先生之称，曾奉敕于岱岳观行道。《金石萃编》卷五十三云：“郭行真称东岳先生者，道士而主东岳也。”遗憾的是，东岳真人刘德仁在泰山没有保留下什么遗迹。

真大道教第四代传人为毛希琮，第五代祖师郦希诚，得四祖之传，深山隐身，曾受元宪宗的尊崇，赐真人号曰“太玄”，称其教曰“真大道”，并给以玺书护之。“道风大振，巨观小庵，四方有之。”据元至元二十八年（1291）《重修隆阳宫碑》所载，郦希诚及隆阳宫提点举师田德进，至泰山岱岳观、白龙潭布道施法：

> 尝闻行教之泰安州，路经郡邑留止，师曰：“吾不到泰山而不雨。”时夏旱也，官吏信，送别而去。璞也先人寂然老人，时从行焉，私谓举师田公曰：“师言不亦过乎，天道幽远，安得必然。”举师曰：“师之至诚，感应不测，岂敢悬料哉！”师至岱岳观，召观主而谓曰：“速迸行李，恐雨来而无雨具尔！”师于方壶之西，面西北立，以稷扇蔽面而默祷之，片云从所向之方而起，须臾密布长天，雷鸣电掣，澍雨如翻盆。师坐方壶中，以扇指寂然谓众曰：“此子弗信吾言，其诚然矣。贫道尝夜起，不知履之所在，而问侍童焉，岂知天道必应乎？吾以至诚恳祷而获其应，天其许教门之畅

也。”……居数日，玩泰山之白龙潭，师于东边面西立，默祷之，水面有光如盘，渐如巨车之轮，舒张弗已，山壁林木，辉彩灿明。师曰：可止矣，可止矣！忽然跃身环曲，离水数尺而没，适有樵夫树上窥之，奔告州人。翼日，长官盛服来拜，且谢不谨。噫，掌行道教，其效验乃尔，人不知其然而然也。

又据泰山东平天历二年（1329）《尧帝延寿宫真大道真人道行碑记》载：有泰安长清的孟德平修造尧帝延寿宫，三载工毕，率众礼五祖郦真人为师，忽一日，得浩然之气，辄以宫门付王成贵、杜进福住持。后王成贵继承宫门，“蒙六祖真人授以东平路道录勾当，领职垂二十余年”。真大道传至九祖张清志，其教仍盛，张授演教大宗师凝神冲妙玄应真人。曾游山东诸州，为人除疾。此后该教渐衰，混入全真教之中。

全真教，是宋、元道教大变革中出现的一个最大、最重要的道派。全真教的兴起略晚于大道教，当金大定七年（1167），金廷赐大道教创始人刘德仁“东岳真人”之号时，全真道的创始人王喆正好出关赴山东半岛传教，立全真庵，正式创立全真道。王喆（1113—1169），字知明，道号重阳子，世称王重阳。自称于正隆四年（1159）在甘河镇遇异，得修炼真诀，弃家修道于终南山一带。后焚舍云游山东的文登、宁海、福山、登州、莱州等地传教，收弟子丘处机、马钰、谭处端、刘处玄、王处一、郝大道、孙不二等七人为徒，为全真教的振兴奠定了基础。王重阳死后，刘处玄、丘处机先后掌教，以山东半岛为活动中心。尤其是丘处机嗣教后，积极进行社会活动，先后多次得到朝廷的召见，逐步取得最高统治者的信任。其社会地位也随之提高，由此也助长了教团在民间的发展。另一方面其势力愈强，愈得到统治者的重视和利用，因此全真教得到迅速发展。全真教的出现，本来就是为满足当时社会对道教的需要出现的一个道教宗派，特别是王重阳高唱“三教合一”的调子，顺应了时代思潮，又加上丘处机主动迎合统治者的趣味，全真教得到了当朝统治阶层的普遍支持，迅速发展成为元以来道教中最重要的两大教派之一。

据《岱史》卷八载：丘长春“尝居泰山南址长春观，以全真为教，元赐号神仙、无为演道太宗师，别号长春子”。清《泰安县志》卷末亦记：丘长春“尝居泰山之麓”。其弟子訾守慎曾住持长春观，据故址中统二年（1261）的《长春观碑》云：“妙真太师訾守慎，……度门弟子甚众。大朝癸未（1223）秋，闻长春国师应诏回，故诚恳道迎数舍，自尔置观住于燕，每得亲炙师席，省心玄训。师敬承特旨，岁丙申（1236），有镇抚王友省差傅□奉先行台公命，许此令妙真住持。”（清《泰山志》卷十八）同师于王重阳而早于丘处机的孙不二（1119—1182），号清静散人，世称孙清静，也曾修真于泰山。《泰山道里记》云：瞻鲁台下，东南为东神霄山，南岩东西有影翠石，“北崖一洞，极深敞，曰清静石屋，中有清泉，元初女冠孙清静修真处”。孙不二为全真教清静派的创立者，至元六年（1269）敕封“清静渊真顺德真人”，著有《不二元君法语》等。自元以来，泰山道教基本上是全真教的一统天下，主要宫观由全真教道士主持，出现了不少颇有影响的人物。其中的张志纯，在泰山影响最大，对道教的发展做出了重大贡献。

张志纯，初名张志伟，后赐名志纯，号天倪子。泰安阜上人，生卒年份不详。据杜仁杰《泰安阜上张氏先茔记》（《甘水录》卷八）所载：张志纯主要活动在中统、至元间，出生于一个“有田若干亩，有牛若干角”的庶族地主家庭，幼习儒术。十二岁即离家入山学道，“礼真静崔先生为师，得法讳志伟，号天倪子。发辞吐气，已不在了蓬老辈下。不数年，道价腾满齐鲁间”。驿禀朝廷，赐号“崇真保德大师”，授紫衣。后为恢复泰山劫火之后的宫观，勤勤恳恳鞠躬尽瘁。“经构迄今三十余年无空日，故自绝顶大新玉女祠，倍于故殿三之二，取东海白玉石为像如人然，一称殿之广袤。天门旧无屋，又创立之。下至会真宫、玉帝殿及圣祖殿，方丈、廊庑、斋厨，皆不与焉。外则岱岳、朝元等观，皆增修有数，抑亦劳哉！ 若夫师之寝处衣食，与役夫等。”张志伟的功绩得到了统治者的赞赏，特加“崇真明道圆融大师”之号，兼提点泰安州教门事。又于中统四年（1263），“蒙燕都大长春宫掌教诚明真人专使赍奉圣训，委师提举修饰东岳庙事”。后又有“宜授冲虚至德通玄大师”“东岳提点监修官兼东平路道教都提点”等尊号和职务。张志纯因“道行超群”而倍受乡人青睐。泰山诸祠宇如玉女祠、会真宫、玉帝殿、圣祖殿、岱岳观、朝元观、东岳庙、蒿里山神祠等，在他主持下相继得以增修，并于中统年间创建了南天门。他在泰山前后三十余年，为全真教在泰山的发展奠定了基本的物质基础。

张志纯还深受当时社会名流的崇仰。据《岱庙诗刻》，翰林集贤学士正议大夫知制诏同修国史徐世隆曾书《复斋送天倪子还泰山》诗云：“九十行年发未华，道人风骨饱烟霞，洞天福地三千里，神府仙间第一家。牛膝药灵斟美酝，兔豪盏净啜芳芽，隐居自爱陶宏景，莫作山中宰相夸。”“复斋”为徐世隆的号，据《蒿里山神祠诗》碑，此诗盖因天倪子修蒿里山神祠所赠，作于甲申（1284）闰五月二十七日。金代大文学家元好问也有关于赞天倪子的诗，可知张志纯影响很大。据元延祐四年（1317）《东岳提点监修官张君遗事颂》所记，张志纯死时已九十六岁，他在遗世自颂中总结了自己的一生：“脱下娘生皮袋，此际乐然轻快。百尺竿头进步，蓬玄洞府去来。前世宿德医僧，今作道门小才。”在诙谐的语调中，为自己能在蓬玄洞府的泰山修真布道感到满足。

元代道士孟养浩、韩抱一、王若虚、李道诚云游泰山至东麓的会仙观留足修行，也被时人所重视。会仙观故址在泰山东北的门家墅，金开兴元年（1232）孟养浩等四人游历于此，遂有“卜居终隐之志，且承居者段德辈恳留，乃驻锡焉”，开始了会仙观的重修营建。经过几年的努力，渐有成效，后又得到了泰安刺史张侯的扶助，使其颇具规模。在泰山较有影响的宫观均是由皇廷或地方出银建筑，而会仙观多得居民资助，孟养浩与诸道士同心协力，终成大事。

三、泰山道教的衰落时期

明、清两代，统治者对道教实行抑制政策，道教的发展受到遏制；同时来自道教内部的分化及外部的排挤，使道教走向衰落。在泰山以最高统治者为主体的封禅祭祀活动到明清时已消失，代之而起的是大规模群众性的泰山朝拜活动，泰山道教由此进入一个新的历史阶段。

利用宗教来维护巩固自己的统治，是历代统治者常用的伎俩。充分利用泰山的影响，为其政治服务，也是明、清统治者不会忽略的。唐宋以来，泰山先后被封为“天齐王”“仁圣天齐王”“天齐仁圣帝”“天齐大生仁圣帝”。到明朝朱元璋时，认为这是“渎礼不经”的行为。“夫英灵之气，萃而为神，必受命于上帝，岂国家封号所可加？”（《明史·礼志》）因此，朱元璋立国后，于洪武三年（1370），诏定岳镇海渎神号。去泰山神历代所封名号，而以“东岳之神”称之，特在岱庙立碑以示天下：

磅礴东海之西，中国之东，参穹灵秀，生同天地，形势巍然。古昔帝王登之，以观沧海，察地利，以安民生。祝曰：泰山于敬则致，于礼则宜。自唐始加神之封号，历代相因至今。曩者元君失驭，海内鼎沸，生民涂炭。予起布衣，承上天后土之命，百神阴佑，削平暴乱，正位称职，当奉天地、享鬼神。以依时统一人民，法当式古。今寰宇既清，特修祀仪。因神有历代之封号，予起寒微，详之再三，畏不敢效。盖神与穹同始，灵镇一方，其来不知岁月几何，神之所以灵，人莫能测，其职受命于上天后土。为人君者，何敢预焉，惧不敢加号，特以"东岳之神"名其名，依时祭神，惟神鉴之。

洪武十年（1377）八月，朱元璋以天下"宁谧"为由，遣曹国公李文忠、道士吴永舆、邓子方代其祭祀泰山，也在岱庙立碑，诏明自今以后，岁以仲秋诣祠致祭。其《御制祝文》曰："受天之命，蒙神灵之福，平群雄，息祸乱，主黔黎于华夏，统控蛮夷，于国康宁……予自建国以来十年于兹，国为新造，民为初安，是不得亲临所在而祀神也。特遣开国忠臣李文忠、道士吴永舆、邓子方以代予行，奉牺牲、祝帛于祠下，以报效灵。自今以后，岁以仲秋诣祠致祭，惟神鉴之。尚飨。"朱元璋认为，给予神封号，是渎礼行为，自古不经。但他也明白：泰山祭祀之礼，"若以上古之君言之，则君为民而祷，岁有春祈秋报之礼，于斯之际有望于神而祭者，有巡狩于所在而燎瘗者"。不过他倒找到了一个自己不能亲祀的好理由——"国为新造，民为初安"，为国为民而思，遣员代之也名正言顺（《泰山志》卷十一）。由此而始，与唐宋时期相比较，封禅之礼是没有了，代之而起的是频繁遣道士代君祭祀泰山的活动。

据《泰山志》卷十一记载，洪武十一年（1378）为仲秋报祀之礼，特令道士吴永舆奉牺牲、祝帛又来泰山致祭。洪武二十八年（1395）遣神乐观道士乐本然、国子监生王济祭泰山，是为"四月间，广西布政司报蛮夷酋长、龙州赵宗寿、奉议州黄世铁，不循治化，负固殃民"而告祭神灵。洪武三十年（1397），"西南戍守诸将，不能昭布仁威，但知肥己虐人，致令诸夷苗民，困窘而奋，怒攻屯戍，致伤戍守善民"。然而其地险远，草木茂而岚雾浓，用兵困难，于九月二十六日，特遣道士朱铎如来泰山祭告，祈求泰山神灵"转达上帝，赐清凉之气，以消烟岚，早定诸夷，速归营垒，得奉祖父母，眷属团圆"。成祖永乐四年（1406）七月，为出师讨伐安南"贼人黎季犛及子孙黎苍，骄盈凶悖，屡犯边疆，又侵思明府禄州等处”作乱，特遣道士严士安致祭泰山，祈神灵“鉴予诚悃，闻于上帝，赐以鸿庥，潜消瘴疠，大振兵威，早获渠魁，永安遐壤”。永乐五年（1407）又遣道士复生再祈神灵降福，早日平息安南之乱。以上仅是几次有史可寻的遣道士祭泰山的活动，如果真是按当初（洪武十）御制文所云“岁以仲秋诣祠致祭”的要求行事，来泰山的祭祀活动就不只是这些了。除遣道士前来致祭之外，遣官员来泰山或祈嗣，或祈年，或祈雨更是频繁不断。明代尤重东岳泰山神之祭，仅代宗朱祁钰在位不满八年，有史可稽的就有七次遣员来泰山致祭，用世宗朱厚熜的话说“惟神钟灵孕秀，镇奠一方，阴翊国家”。对他们来说的确是“敬事神祇，罔敢少懈”（《泰山志》卷十一《祝文》）。

明代帝王致祭泰山，主要有三方面的内容：一是嗣统，二是用兵，三是祈年。英宗、代宗、宪宗、孝宗、世宗、神宗“嗣承大统”，即位改元均遣员来泰山。嘉靖十一年（1532），世宗为嗣子遣员致祭泰山，十七年（1538）“元子诞生”又来致谢。这都有着前世封禅大礼中受命于天、至岱以告的神圣意义。“君权神授”是历代封建统治者聊以自慰、愚民立国的共同手法。祭泰山以利战事，则在于岳镇一方，偃兵息民达于安定。他们在这里强调的是，泰山神灵与天地相近，即泰山可上达于天。讨龙州赵宗寿、用师西南夷、征伐安南、擒宁夏逆党，所祈即是让泰山之神灵转告上帝，以支持所谓的正义之师。至于祈年、求雨禳灾则是因为泰山“作镇东土，兴致雨云，茂育万物”（宪宗二十一年祭泰山《告文》）、“灵峙方岳，钟秀后祇，主司生民”（洪武十一年祭泰山《告文》）。和历史上诸多的封建帝王一样，只要承认自己是“受命于天”的，就必然要与泰山发生联系。

明王朝或遣道士，或遣官吏来泰山致祭在某种程度上无疑会刺激泰山道教的发展。万历二十七年（1599）下旨颁发《道藏》一部于岳庙，敕于道人“朝夕礼诵”。神宗“圣旨”及部分《道藏》现藏泰安市博物馆。然而，明统治者出于对全真教独修一己性命的看法及与元代宫室关系密切的缘故，对待全真教不如正一道。因此，在一定程度上限制了全真教的发展。道教的发展在明代已处于停滞不前的状态，泰山又是全真教一统天下，自然受到限制。所以全真道士多隐修于山野，或云游于江湖。

颇有传奇色彩的张三丰，据《泰山道里记》所云，张三丰曾修真于泰山明月嶂的北岩洞。张三丰名全一，一名君宝，号三丰，因不修边幅，又号张邋遢。故后世称他居处为“懒张石屋”。明太祖、成祖都曾遣使求访皆不遇。明万历初道士柴慧也在泰山摩天岭下结庵，名曰“潜仙庵”。明代嘉靖年间，雪蓑子是活跃在泰山周围的云游道人，在民间影响很大。雪蓑子，姓苏名洲，河南杞县人。据《泰山纪事·仙释》记，他“能诗善书，弹一弦琴，诸技博通，精绝过人，尝游泰山、徂徕。卧烟霞深处，啸咏自若”，在泰山东麓的莱芜留迹颇多。莱芜的碁山现今仍保存有巨碑，高3.3米，宽1.18米，位于三清殿故址。此碑刻文将“玄之又玄”由上而下书为“之玄又玄”，即是雪蓑子匠心独运的杰作。

在明代泰山最有影响的道士还要算三阳观的昝复明。昝复明（？—1598），号云山，陕西渭南人。其师王阳辉，号三阳，泰山东平人。据明《重修三阳观记》碑载：王阳辉穷游四域，遍历名山，将归而隐于岳麓。携徒云山于泰山之阳凌汉峰下的香水峪奥区“伐木薙草，凿石为窟以居”。以苦行受人赞赏，得惠资助，使其“稍稍营葺庐居”，名三阳庵。王三阳死后，“云山承之，广结众缘，大兴缔造。弥历三纪，结瑶构琼，辉映岩壑。四方道俗，香火醮祝，岁无虚月”。昝复明继师承业后，三阳庵神宇庄严，面貌发生了很大的变化，形成入门三重，登道而上有殿、阁、台、亭和客寮的较大规模的“丹台紫府”，后更名“三阳观”。三阳观在昝复明时期，达到了鼎盛阶段。这里不仅有民间百姓、达官贵人前来焚香醮祀，就是皇亲国戚来泰山岱顶朝拜碧霞元君时也要来此作醮典。据现有的两幢《皇醮碑记》载：万历十七年（1589），钦差乾清宫近侍太监樊腾尊奉皇贵妃郑淑旨，“敬诣东岳泰山岱顶圣母娘娘陛前虔修醮典，遍礼诸圣，仍于三阳庵全真道士昝复明等复做清醮”，以期“祐保贵妃圣躬康泰，皇子平安……寿命延长，家国协吉”。万历二十二年（1594）孟春，又遣近侍太监来三阳观，“仍命三阳观住持、全真道士昝复明于玄阁修醮，进香三次，礼醮三坛，伏望诸天默祐”，同样为的是“皇帝万岁，享圣寿于无疆，贵妃遐龄，衍天年于不替。……皇图巩固，国脉延绵”。

泰山的道教主要是全真教，据现存三阳观南道士墓群的墓碑所记，三阳观由全真教住持。其碑云：

> 崇静真阳复，志坚守太玄，智礼清白信，存义法明长。道贵诚正理，德尚宽和行，参赞乾坤机，变运造化功。

依其所言，三阳观之派系为全真教果老祖师云阳派。在昝复明之时三阳观发展到徒子徒孙近百人。在其门徒中，师承明确，有师祖、师爷、师父之称。在各师承关系中，辈分清楚，均用统一的辈名。如道士孙守值，他的徒子以“太”字辈为名，徒孙以“玄”字辈为名，均遵循其宗派世袭次序。另外，还有“孝徒”“徒侄”“德徒”之分。

但是，道教于明代毕竟摆脱不了历史的局限，在泰山除昝复明等著名道士及三阳观这样有较大影响的道观外，尚未出现更具影响的人物和道观。即使是三阳观，道士们也不再是远离尘世的出家人，他们所重的已不是道教修炼成仙信仰的传播；而是力求深入人们的现实生活之中，或为民禳灾，或为皇室醮典，为满足社会上的种种现实要求，为获得更多的利益而设醮。从总的发展趋势看，泰山道教处于停滞状态。与此相反的倒是道教信仰的民间化和世俗化日益发展。碧霞元君在明代成了人们道教信仰的偶像。

关于碧霞元君信仰的发生、发展及特点，我们在前面已做了较为系统地分析阐述。当我们将东岳大帝与碧霞元君相比较，就会发现在碧霞元君身上包含更多的是民众意识。如果说东岳大帝的社会地位是历代王者一次次巡守、封禅、告祭成就了他的社会地位；那么，碧霞元君则是依靠平民百姓的力量完成了她由民间走向山顶，又从山顶进入皇室历程的。东岳大帝靠皇权的威严成为道教神祇，而碧霞元君是靠民众的信赖进入道教神明行列的。论资历，碧霞元君是远不及东岳大帝的，但元君凭借明代宗教信仰转变的天时、平民大众的“人和”，硬是超过了东岳大帝的威望。据《重修碧霞元君行宫记》载，碧霞元君在当时“为神最灵，能使秦、晋、燕、赵、楚、宋、吴、越之人畏敬奉承，不惮奔驰，历四时而累累不绝，不啻亿万计”。不但在平民百姓的眼里，元君已是位女皇，连朝廷皇室也在元君面前五体投地、敬奉不已了。碧霞元君的正宫——碧霞祠，即是明皇室增拓并改称碧霞灵应宫的，以致成为规模最大、“累朝修葺不废”的道教宫观之一。将元君纳入道教神祇的行列，自是道士们的事，并还为她撰写了《碧霞元君护国庇民普济保生妙经》。其实在造就敬奉她的平民百姓的眼里，乃至皇室帝王而言，对她的信仰完全超出了宗教信仰的范围。不过有一点是相同的，那就是利用。道士将元君纳入道教神系是利用她的名声，以扩大其诱惑力；而平民百姓、皇亲国戚则希望借助元君的力量达到他们的种种现实需求。《东岳碧霞宫碑》记：“贫者愿富，疾者愿安，耕者愿岁，贾者愿息，祈生者愿年，未子者愿嗣。”人们把无力解决的现实生活中的种种问题，都寄托在这位无所不能的女神身上了。

道教是在中国封建社会的基础上发生发展起来的一种宗教，换句话说，道教是与中国封建社会的政治、经济体制密切关联在一起的。当封建社会末运到来之时，道教已逃脱不了衰微的厄运。清朝贵族本与道教信仰无缘，加上道教本身的衰微，对于统治者来说，道教的存在已是无关大局的事了。但是，利用道教的神祇来造舆论，倒也不失为一种良策，尤其是在泰山。

历史上已有众多帝王来泰山朝拜，且不管他表面上如何宣称或巡守，或封禅，或祭告均在显示是受命于天。清代统治者当然也不会放弃这种神圣的选择。据方志所载，康熙多次来泰山祭祀东岳大帝、碧霞元君。康熙二十三年（1684）十月十日，玄烨登岱，于碧霞祠行礼，并书“坤元叶德”悬额殿中。至岱顶东岳庙行礼，又至极顶玉皇宫行礼。次日，“自岱峰步行而下。日近午，设卤簿于泰安城北，上御辇诣东岳庙，躬祀泰山之神于峻极殿”。赐额曰：“配天作镇”，并诏“本年泰山香税免解该部，用以鸠工庀材，虔修山顶各庙”（中国第一历史档案馆整理：《康熙起居注》，中华书局，1984年）。康熙二十八年（1689）正月十七日，玄烨又至泰山之麓，望祀泰山，从泰安州城北门入，诣东岳庙峻极殿，率诸臣行礼。这次来岱，康熙帝已深感泰山香火之萧条：“朕巡历所至，再经岱麓，重瞻祠宇。询其庙祝，知香火荒凉，日用难给。岱顶诸庙亦复如之。”他“念泰山为五岳之长，载在祀典，有功社稷，不宜使之渐就寥落”，于是“将每岁香税钱粮内量给数百金，使上下岳庙与元君诸祠守祀者，得以资赖，晓夜尽心，兼可时加修葺，以壮往来观瞻”（《康熙起居注》）。康熙四十二年（1703）玄烨又登泰山加上此前共计三次来泰山，两次登顶。在清帝中，来泰山次数最多的要数乾隆皇帝。自乾隆十二年（1747）至乾隆五十五年（1790）共十次来泰山，六次登临岱顶，谒岱庙、礼碧霞祠，创历代帝王巡守祭祀泰山次数之最。除帝王较为频繁的祭祀外，还不断遣使告祭泰山。据有史所载的不完全统计，自顺治八年（1651）至宣统元年（1909），遣使致祭达46次之多。帝王的亲祀泰山、又有遣官源源不断的发自京师，不管统治者的信仰如何、目的怎样，却在一定程度上活跃了泰山道教，促使道教诸神灵在泰山的庙宇殿堂也得以拓建修葺，使其增加了一些生气。

自康熙帝于二十八年巡历岱麓，视诸多庙宇香火荒凉，日用难给，特增金以修，使泰山庙宇有所改观。泰山宫观由原有每年储备修葺工银一千余两外，从香税钱中，再增四百两，并明确指定这四百两分别给予东岳神庙和岱顶碧霞元君祠的守祀庙祝（各二百两），令他们“虔修香火，时加修葺”（《康熙起居注》）。乾隆十三年（1748），清高宗东巡泰山，自岱庙至岱顶，仅他赐额的道观就近二十处。

统治者来泰山主要是祭祀东岳大帝及碧霞元君。而对广大的民众来说尤重碧霞元君。正统的道教在清代是衰落了，但对碧霞元君的信仰却始终没有减弱。

第二节　泰山佛教概况

论及泰山文化，人们首先想到的便是正统的儒家文化，谈及宗教，也会首先考虑到道教，因为两者毕竟是中国的本土文化，也是泰山之所以成为历史名山的文化支柱。然而佛教对泰山的影响也是不可低估的，泰山以中国名山的显赫地位吸引了佛教，并在一定程度上以其独有的文化现象渗透、影响了佛教；而佛教的存在，也为泰山文化增添了新的生气。儒、道、佛互补，相互吸引利用，共同组成了泰山博大精深的文化内涵。

一、泰山佛教的传入和发展

两汉之交，佛教传入中国，但真正在社会上流行还是在魏晋南北朝时期。佛教何时传入泰山？这是个不好回答的问题，佛教的传播，尤其是在社会底层传播的情况是很难掌握的，就现存史料推测，佛教最迟在东晋时期传入泰山。也可以说，泰山是我国早期佛教的一个传播点。魏晋南北朝时期，是中国历史上社会动荡、战火四起、政治格局变幻的时代。然而在文化史上，“却是精神史上极自由、极解放、最富于智慧、最浓于热情的一个时代”（宗白华：《美学散步·论〈世说新语〉和晋人的美》，上海人民出版社，1981年）。随着东汉统一帝国的结束，也宣告了儒家独霸天下危机的到来。这为佛教的传播提供了适宜的环境。在这一大的历史背景下，佛教传入泰山并得以迅速发展，出现了僧朗、僧意、僧明、僧法定等一批在全国均有影响的僧人。泰山的朗公寺、谷山玉泉寺、神宝寺、灵岩寺等著名佛寺也相继创立。

竺僧朗，京兆（今陕西西安）人。少而游方问道，长还关中。他“硕学渊通，尤明气纬”（《水经注》卷八）。于前秦苻坚皇始元年（351），“移卜泰山，与隐士张忠为林下之契，每共游处。忠后为苻坚所征，行至华阴山而卒。朗乃于金舆谷昆仑山中别立精舍，犹是泰山西北之一岩也。峰岫高险、水石宏壮，朗创筑房室，制穷山美，内外屋宇数十余区，闻风而造者百有余人”（梁·慧皎撰：《高僧传》卷五）。这便是当时著名的朗公寺。僧朗成为有史可稽的在泰山最早的一位僧人，朗公寺也是泰山出现的第一座佛寺。由于僧朗广法“志耽人外”“孜孜训诱，劳不告倦”，在当时影响很大。前秦苻坚钦其德，曾遣使征请。后沙汰众僧，而别诏曰“朗法师戒德冰霜，学徒清秀，昆仑一山不在搜例”，而给予特殊待遇。后秦姚兴对他亦颇加看重。北魏太武帝拓跋焘“遣使致书，以缯、素、旃罽、银钵为礼”（《魏书·释老志》）。南燕的建立者慕容德钦佩僧朗大名和德行，“假号‘东齐王’，给以两县租税”。还有东晋孝武帝也曾致书僧朗等，均被时主所看重。同时，也为百姓所敬，“咨嗟，称善无极，故奉高人至今，犹呼金舆谷为朗公谷”（《高僧传》卷五），以示怀念之情。统治者或征请，或投书，或致礼竞相尊崇，加上民众的爱戴，使朗公寺“威声振远，天下知闻。……诸国竞送金铜像，并赠宝物”（《法苑珠林》卷十三）。

能得到统治者的礼遇，是佛教能在中国得以传播的基本条件之一。僧朗所以能在泰山立足，乃至“上下诸院十有余所，长廊延袤千有余间”（唐·道宣：《续高僧传》卷十）都是得到统治者支持的结果。据《高僧传》《水经注》的记载，僧朗于前秦苻坚皇始元年移卜泰山，与当时著名的道士张忠结为好友。张忠，字巨和，永嘉之乱时隐于泰山。佛教传入中国之初，国人是将其视为神仙方术之一来接受的，佛在中国人的眼中乃是国外之神仙，故有“诵黄老之微言，尚浮屠之仁祠”（《后汉书·楚王英传》）之言。而佛教也自觉不自觉地利用道教的信仰在泰山立足，于是“佛法自西方来，天下名山胜境化为道场”（金《谷山寺记》碑）。僧朗入泰山与张忠为伍也是很自然的事。后来张忠死后，僧朗于泰山金舆谷中“大起殿舍，连楼叠阁”“闻风而造者百有余人”，始建起海岱地区第一座佛寺，成为这一区域佛教传播的中心。僧朗不仅得到统治者的礼遇，而且还赢得了众多的民间崇奉者，其影响远胜于张忠。僧朗为光大佛法在泰山鞠躬尽瘁，卒于泰山终年八十五岁。继僧朗之后，又有僧敦主泰山佛事。僧敦冀州人，“少游汧陇，长历荆雍，妙通大乘，兼善数论”。著有《人物始义论》流行于世，也是泰山的著名僧人（《高僧传》卷五）。

释僧意，北魏时住泰山谷山寺。据《续高僧传》卷二十六载：僧意“贞确有思力，每登座讲说，辄天花下散在于法座”。在泰山谷山寺“聚徒教授，迄于暮齿，精诚不倦”。寺内有高骊、相国、胡国、女国、吴国、昆仑、岱京七像，均金铜为之，“俱陈寺堂，堂门常开，而鸟狩无敢入者”。至唐时仍兴盛不衰。据《法苑珠林》卷十三所记，朗公寺也有“七国金像”之设。谷山寺与朗公寺在泰山之阴东西呼应，同为当时影响最大的两座佛寺，僧意、朗公同为时人所敬，后无疾而逝。

僧明，也是一位布法泰山的著名僧人，其主要贡献是创建神宝寺。神宝寺，创建于北魏正光元年（520），初“以静默为号，自梁齐以来不易题榜”。神宝寺原名静默寺，至唐改名神宝寺。泰山市博物馆现存《大唐齐州神宝寺之碣》云：“神宝寺者，宝山□面，岱宗北阴，冈峦□□，而石壁万寻，林薮蒙茏，而□□千仞。貔豹蹲踞，人绝登临，虺蟒纵横，鸟通飞路。粤有沙门讳明，不知何许人也，禅师德隆四辈，名优六通。僧徒具归，群生宗仰。”僧明禅师自叙“明以正光元年（520），象运中秋，于时振锡……此为福地。遂表请国主，驱策人神，立此伽蓝”。在时君的支持下，僧明创建了岱阴神宝佛寺。

僧法定，景城郡人，是泰山历史上影响最大的佛寺——灵岩禅寺的复兴拓建者。宋《灵岩寺崇兴桥记》碑云：“灵岩胜境，仙圣所居。金石可见。自后魏正光中，法定师复兴是寺。”灵岩，位于泰山西北，古称方山，或曰玉符山。僧朗于昆仑山降锡时，曾来此说法，“猛兽归伏，乱石点头”，故改称灵岩。僧法定于北魏正光（520～525）年间，在方山之阳建寺名为灵岩寺。因传僧朗曾在此说法，故灵岩寺碑刻及志史多言法定为“复兴拓建”。但也有将法定视为灵岩开山始祖者。金《济南府灵岩寺祖师观音托相圣迹序》碑云：“云公禅师住持灵岩寺，未越三岁，宗风大振，向风而远近归之。一日，谓济滨老人陈寿恺曰：夫灵岩大刹，昔自祖师观音菩萨托相梵僧曰法定，禅师于后魏正光元年（520）始建道场，兴梵宫，居天下四绝，境中称最，而世鲜知其由。我祖师其始西来，欲兴道场于兹也。”石碑上刻有法定像：右手持锡仗，左右各一虎，虎背有鞍鞯，上有双鹤飞鸣。前有一蛇，樵翁对立，有畚锸在地，一猿捧果回顾。即所谓“二虎负经，青蛇引路。……黄猴顾步，白兔前跃，俄惊双鹤飞鸣”（圣迹序文）。这些神异的圣迹描述，从一个侧面反映出对法定禅师的敬仰和尊崇。在金明昌七年（1196）党怀英撰并书的《十方灵岩寺记》亦云：“后魏正光初，有梵僧曰法定，杖锡而至，经营基构，始建道场。定之至也，盖有青蛇前导，两虎负经，四众惊异，檀施云集，于是空崖绝谷化为宝坊。”不难看出，法定对灵岩寺的深远影响。

除上述著名僧人外，还有僧照、僧志湛也在高僧之列。《续高僧传》卷二十六云，僧照“住泰山丹岭寺，性虚放喜追奇，每闻灵迹谲诡，无不登践”。以修《法华经》为业。北魏普泰（531～532）年间，僧照云游至荣山，于飞瀑之下洞穴内遇神僧，“幸得奉谒”开悟。可惜僧照所在的丹岭寺现已无存。

僧志湛，齐州山茌人，是泰山僧朗曾孙的弟子。《续高僧传》卷二十九中《魏泰岳人头山衔草寺释志湛传》说，僧志湛以诵法华经为常业，“立行纯厚，省事少言，仁济为务。每游，诸禽兽而群不为乱，住人头山邃谷中衔草寺。寺即宋求那跋摩之所立也”。赞颂其因诵法华经，终得正果，于人头山筑塔安之。至唐时，墓塔犹存。

南北朝时，佛教在泰山已广为传播，佛寺遍布泰山南北。除泰山西麓的神通寺、神宝寺、灵岩寺，泰山东北麓的谷山玉泉寺等外，在泰山南麓还有四禅寺、光化寺等。四禅寺创建于北齐河清二年（563）。光化寺创建于北魏，今在新泰市博物馆藏一石造像，就出土于光化寺遗址。其铭曰：“太和三年（479）四月，壬寅朔八日己酉清信女佛弟子羊银光造像一躯，所愿从心。”由此可知在公元479年以前就已建有光华寺。众多佛寺的创立，为佛教在泰山的传播提供了基本条件。泰山现存著名的经石峪《金刚般若波罗蜜经》经刻及徂徕《般若波罗蜜经》经刻也出现在这一时期，与林立的佛寺遥相辉映。总之，南北朝时期佛教的发展，为唐宋时期佛教在泰山的全面兴盛奠定了基础。

二、泰山佛教的兴盛时期

“教兴寄在帝王”（隋・费长房：《历代三宝记》，《大正藏》卷四十九）是说一种宗教在一定时期的兴盛与否，很大程度上取决于最高统治者的态度。由于汉魏以后的前秦苻坚、后秦姚兴、燕主慕容德、魏主拓跋圭，以及东晋孝武帝等对泰山佛教的青睐，佛教发展很快。时值隋朝，诸帝对佛教采取扶持政策，佛教势力迅速增长。泰山最早的佛寺——朗公寺，至隋代虽经灭佛磨难，仍“烧香忏求，还复如故。……佛像鲜莹，色如新造，众禽不践，于今俨然”。开皇三年（583）“文帝以通征屡感故，改曰神通也”。后“仁寿置塔，敕令送舍利于齐州泰山神通寺”（《续高僧传》卷十）。朗公寺因隋文帝杨坚“通征屡感”故名神通寺，为泰山最具影响的佛寺之一。开皇十五年（595）隋文帝东巡齐州柴坛岱岳旅灵岩。当时，西京禅定道场和尚昙迁随行，昙迁曾到诸废山寺里安抚众僧，奏请文帝保护寺院不再受骚扰，得到恩准。隋文帝下诏让河南王为泰岳神通（朗公寺）道场的檀越，齐王为神宝（静默寺）的檀越，华阳王为宝山（灵岩寺）的檀越。又据《续高僧传》卷十八记，隋文帝还委托僧昙迁执简请“齐鲁名僧来住京辇”。隐居于泰山之阜的名僧法瓒，就是一位被邀住京都胜光寺的高僧。释法瓒，齐州人，是位修头陀苦行者。《续高僧传》卷十云其“安心寂定，乐居岩穴。……开蒙训接，善知方便，兼以达解谛议，时扬清论”。开皇十四年（594），文帝招访天下名德。文帝第二年到泰山时，听说法瓒的“清旷”，就下敕邀请。法瓒与文帝同归京邑，住胜光寺，深受敬仰。文帝仁寿（601～604）年间置塔，法瓒又受命送舍利到齐州泰山神通寺。与神通寺齐名的还有灵岩寺。据《广弘明集》卷三十载，隋炀帝曾谒该寺，并留有《谒方山灵岩诗》。

道辩在隋代也是一位颇有影响的沙门僧人。道辩为齐人，住泰山灵岩寺，以游行布教为已任。于隋大业（605～618）间以70多岁高龄由同为东岳沙门的神辩相随，杖策出游，遍历名山名寺，相地测算，颇为神奇。《续高僧传》卷二十七记：“襄州袁山松，时号儒宗，闻辩学广，故来寻造。”以扬雄的《太玄经》及王弼的《易道》理论发难，遭到道辩的驳斥，反映了佛道两家的矛盾。

在隋代泰山治鬼的说法，对佛教已有很大影响。宋代赞宁所撰《高僧传》卷二十四《隋行坚传》中，记述了一件以泰山治鬼为内容的事情。释行坚，常修禅观，节操惟严。于大业（605～618）年中，偶事东游，路出泰山。天色已晚，于是入岳庙打算过夜。庙令曰：此处无别的房舍可供留宿，惟有神殿的廊庑下可度夜，只是来此寄宿的人必遭暴死之殃。僧行坚苦于无法，只好依从住下。藉藁于庑下，端坐诵经。只一更，便听房内有环珮之声，不一会神出，“衣冠甚伟，部从焜煌”，向行坚合掌致礼。行坚曰：“闻宿此者多死，岂檀越害之耶？”神曰：“遇死者特至，闻弟子声而自死焉，非杀之也，愿师无虑。”行坚问之曰："世传泰山治鬼，宁有之邪？"神曰："弟子薄福有之，岂欲见先亡乎？"行坚曰："有两同学僧已死，愿得见之。"神问其名后曰："一人已生人间，一人尚在狱中受对。不可唤来，师就可见也。"于是领行坚相见。不远而至一处，见狱火光焰甚炽，引坚入墙院中，遥见一人在火中受难，号呼不能言语，形变不可复识，而血肉焦臭。行坚不能忍睹而出，又与神共坐于庙庑下。问有无救此人的办法。神曰："可，能为写《法华经》，必应得免。"因天将曙，神辞僧入堂。第二天早上，庙令见行坚未死而惊奇。而行坚急着去办夜间所愿。经写好装毕，又宿庑下，神出如初。行坚问其前事，神曰："弟子知已。师为写经，始书题目，彼已脱免，今生人间也。然此处不洁，不宜安经。愿师还送入寺中。"言讫天晓，辞决而去。这一传记，无非是在宣扬佛的法力、僧的高贵，并表现出对《法华经》的崇尚。传记中所说岳庙之神，就是泰山神，见到佛僧还要礼拜，并以师相称。而欲救地狱之人，仅为其诵写《法华经》即可得免，而僧行坚仅为其友写了《法华经》的题目之时，便从狱中逃生，对释与道的褒贬溢于言表。但从这则传记中，也不难看出，释道的相融性和相依性。佛的法力无边也终有限，尊贵的佛僧也终究不能逃脱地狱的苦刑。面对泰山的鬼狱，佛徒高僧也不寒而栗。而欲求受苦之僧逃脱惩罚，还要靠泰山神指点迷津。从中可看到泰山治鬼对佛教的影响。

佛教在隋王朝的扶持下，发展迅速，只是隋代国祚不长。佛教在唐代进一步得到发展。唐代的泰山，先后出现了藏师、大行等高僧，灵岩寺成为举世闻名的宝刹。

藏师，俗姓王，赵郡人。幼时便以胆大闻名，年少好法，至年长更加出众，故号降魔藏师。曾从师于广福院明赞禅师，因"与少皞之墟有缘"遂入泰山广法，故又名为东岳降魔藏师。入泰山后，"学者臻萃"，被誉为"金舆谷朗公行化之亚也"，终时91岁。藏师在广福院期间因表现出特有的佛法才器，而深受明赞禅师和佛僧们的器重(《宋高僧传》卷八)。

大行，齐州人，结草为衣，采木而食，修行于泰山。相传他"行'法华三昧'，感普贤现身"。未知来世何处受生信手探经，获"西方圣教"，遂专心思念"阿弥陀佛"，三七日间，于夜半见十方诸佛，"犹如明鉴中像"。后被召入宫，寝于御殿，敕赐号常精进菩萨，受开国公号(《宋高僧传》卷二十四)。

此外，还有释功迴、道鉴等也都是泰山灵岩寺的著名高僧。

唐代的灵岩寺，在全国已是很有声誉的名刹，与浙江天台国清寺、江苏南京栖霞寺、湖北江陵玉泉寺同为天下寺院“四绝”。灵岩寺还负有“四绝第一”的盛名。唐京师弘福寺的著名高僧灵润，慕灵岩寺盛誉，曾修行于泰山灵岩寺。《续高僧传》卷十五载：灵润，俗姓梁，河东虞乡人，世出望族。曾“名厉河北，誉满京师”，后闻泰山灵岩寺“僧德肃清，四方是则，乃杖策寻焉。既睹副师，遂从谘训，乃习般舟行定”。后“有道奘法师擅名海岱，讲《摄大乘》，又往寻焉”。据《续高僧传》卷十一载，唐京师大兴善寺的高僧法侃，也是仰慕灵岩寺之名来泰岱修习。可见大唐时的灵岩寺著名于世，吸引着众多的高僧前往。据《续高僧传》卷十五所载，在唐京师弘福寺高僧灵润来灵岩寺习法时，有僧侣五百余人。泰山之阳著名的普照寺，也兴建于此时。

五代帝王对佛教采取限制政策，尤其是后周世宗下令废佛，使佛教遭受重大打击。北宋立国，对佛教加以扶持，使之又兴盛发展起来。灵岩寺的振兴，可以看作是泰山佛教发展的代表。宋嘉祐六年（1061）《灵岩寺千佛殿记》碑云：灵岩寺得“四绝”之伟者，“野有良田可以封万户，□有华屋可以荫万夫。帑有羡资可以苏万民，僧有方便可以化万心”。可见灵岩之盛。宋真宗于景德（1004～1007）岁始赐额。自熙宁三年（1070）始正名为十方丛林，召引天下大名德大长老为住持。住持讲经及部分僧官多是赐紫衣的高僧。如：嘉祐（1056～1063）年间由赐紫沙门重净住持；建中靖国（1101）、崇宁至大观（1102～1110）年间由净照大师赐紫仁钦住持；大观年间监寺为赐紫僧道□，维那为赐紫僧慧敷，首座为赐紫僧道举等。在诸多赐紫的住持中，净照大师被认为是海内高德名僧。

灵岩寺自正名为十方丛林以来，寺主数易。徽宗嗣位，诏净照大师仁钦为灵岩住持。净照大师“至寺之一年，寺境清，二年学人来，三年佛法明，四年天下四方知灵岩有人”（宋代《齐州灵岩崇兴桥记》）。香火供奉遂再度兴盛。

据《灵岩寺释仁钦五苦之颂》碑记：释仁钦认为，三界之内唯有五种苦事世人罕知，即生苦、老苦、病苦、死苦、苦苦。人之身体，均由地、水、火、风所谓的“四大”构成。也要被色、声、香、味、触、法所谓的六尘所染污。投胎出世，人身便无常、不实、受苦；而人心欲无止，生命有限，仅仅是随声色而转，老来自是伤悲；一旦病卧，痛苦呻吟，望着妻子儿女，更加空生烦恼，没有谁能替代；生老病死，昏暗无光，纵有金玉缠身，魂灵也无从归宿，孤然无侣，恐怖惶惶；人生多长夜，凄凄磨难多，伤心之苦，枉事之多，不可预料。此五者之苦，世人是无法逃脱的。因此，他劝人欲克五苦“唯有修心好”，可谓苦海无边，回头是岸。并于大观四年（1110）八月在灵岩寺般舟殿刻石立碑，以教世人。

继仁钦大师之后，德高望重的妙空禅师为住持，并为灵岩寺做出重大贡献。妙空禅师，名净如，号方山老拙。俗姓陈，福州侯官县人。政和四年（1114）灵岩虚席，禅师受请赴任。过京师时赐紫衣，又赐号“妙空”。“既至灵岩，开堂演法，大振玄法，参徒常不减数百。历廿八载，迄无间言，可谓超越前人者也”（《金文最》卷一百十《长清灵岩寺妙空禅师塔铭》）。在他住持下于宣和六年（1124），五百罗汉像置灵岩。罗汉像由齐古所施，自闽历水陆不远千里而运至灵岩，其像“端严妙丽，奇庞古怪，颦笑观听，俯仰动静，无一不尽其态”（宋代《灵岩寺五百罗汉记》）。

宋代的灵岩寺，整个寺院达历史最大规模。宋人张公亮《齐州景德灵岩寺记》云：“我朝景德中，方赐今额。先是，旧制质略，率意缔构，因地任材，行列不次。景祐中，主僧琼环者，即众堂东架殿两层，龟首四出。南向安观音像。文楣藻拱，颇极精丽，设虡刻鲸，以警昏晓。后主事者，复置殿之两楹。辟正门，叠石填涧，为回廊，庭除显敞，乃为大壮。……寺之殿堂、廊庑、厨库、僧房，间总五百四十。”文引唐宰相李吉甫纂《十道图》言：“以润之栖霞，台之国清、荆之玉泉，合兹寺为四绝。”（清·马大相编《灵岩志》卷三）在元代，宋时的“广宇周廊遗制尚存”（元代《灵岩寺创建龙藏之记》）。与灵岩禅寺遥相呼应的还有北魏时创基的徂徕光化寺。该寺在唐代三百余年“衣钵相传，宗派不泯”，但废于五代的战乱中。宋时又趋兴盛，于大中祥符七年（1014），“复赐号‘崇庆’，而与明孔山之灵岩相为甲乙”。光化寺能与灵岩寺相比衬，可知其在宋代之盛（元《重修光化禅寺碑》）。

继宋之后的金代，佛教政策深受宋王朝的影响，其初期佛教在泰山仍呈发展趋势。佛教在泰山的主流仍是禅宗。久负盛名的灵岩寺，仍不失天下名刹之风。金明昌七年（1196）《十方灵岩寺记》碑云：灵岩寺“历隋至宋，土木丹绘之功，日增月葺，庄严为天下之冠。四方礼谒……祈福者，岁无虑千万人。佛事（愈）兴，而居者益众。分而为院者，凡卅有六”。在大定二十三年（1183）的《灵岩寺涤公开堂疏》碑中，云灵岩佛寺“利洽邹齐，襟吞兖鲁，一百年丛林浩浩，三千里香火憧憧。飞阁莲宫，粹容金界”。明昌六年（1195）《灵岩寺田园记》载：灵岩寺仍“峰峦奇秀，祠宇雄丽，号天下四绝之一，比丘恒二百余众”。文辞虽有溢誉之嫌，却也能反映出十方丛林的气势。在金代灵岩寺的经略中，仍征请天下高德名僧来寺住持。法云禅师就是众多住持中的一位高僧。

法云，字巨济，泉州同安县人。俗姓林，出身于为官家庭，自幼即有灵性，六岁出家，入当县化度禅院受业。曾至大伦山梵天禅寺、大相国寺修行，颇有声望。以至率诸道友遍历祖席，航海而至密州时，每日受到数千人的礼迎。金皇统（1141～1148）年间，出任泰山灵岩寺住持，曾得到山东东路转运使康渊的鼎力支持。“未越三岁，宗风大振，向风而远近归之”（《灵岩寺祖师观音菩萨托相圣迹序》）。居四年，将殿宇僧房焕然一新，禅侣辐辏，佛事大兴。皇统末年，法云禅师跏趺而化于灵岩。建塔在寺西北隅的祖塔之侧。其塔铭赞曰“授法温陵，播道东齐。维兹爰始，引导群迷。宗门圣箭，释氏神驹”（《灵岩寺云禅师塔铭》），表现世人对他的崇敬之情。在金代，灵岩寺著名的长老还有惠才、宗秀、广琛等。

创建于北齐河清二年（563）的徂徕四禅寺，几经兴衰，于金大定二年（1162）赐额更名“法云寺”，由僧福灯住持。福灯，兖州曲阜人，俗姓屈。曾云游至济南，投开元寺普贤院，礼僧赐紫真教大师善慧为师。后与僧法润观四禅寺古迹，并在古基之北选地建寺。据金《重修法云寺之记》载，法云寺建有法堂、方丈、僧房各五楹八椽，寝堂三楹八椽。于大定十六年（1176）重修。“栋宇雄壮，檐殿高揭，窗牖疏明”，赐额“法云禅寺”。“每当春冬农隙之时，或于精蓝，或就私第，举莲社，广斋供，延僧流，赞诵梵音。讲究贝书，瞻礼圣像”（金《重修法云寺之记》），这是一座较为典型的农家佛寺。乡村繁阜，风俗协和，礼仪相睦，梵音缭绕，颇有一番世外桃源的情景。与灵岩寺相比，世俗气氛很浓。

金代在泰山重新修建起的禅寺中，谷山玉泉寺也很有名。玉泉寺始建于北魏时期，位于泰山东北麓的谷山。此处因传有罗汉在此显灵而俗称佛谷峪。因寺东有古井，泉水清碧充盈，遇旱不减，有玉泉之称，故寺称为谷山玉泉寺。因兵乱佛寺荒废已久，至金代得以重修。据现存泰和元年（1201）《谷山寺记》碑所载：天眷（1138～1140）年间，有僧善宁远涉泰山至谷山寺旧址，独青此处山色，苦苦经营三十余年，被誉为谷山初祖。后有僧法朗继之，锄理荒险，不避寒暑，复又三十年而被尊为第二祖师。至金泰和元年（1201）有僧智崇继二祖之业，达到鼎盛时期。智崇被金代大文学家、赐紫金鱼袋党怀英，称之为北魏僧意的再现。在泰和六年（1206），住持僧智崇以资买到寺额一道，曰："玉泉禅寺。"除上述佛寺之外，在金代赐牒的著名佛寺还有妙觉寺、大觉寺、普照寺、大云寺等。

尽管佛教的发展，在某些方面仍保持一定的势头，但就整体而言，金代已有明显的衰落迹象。以灵岩寺为例，宋代尚有比丘五百余众，到金代仅有二百余人，田园也屡被侵占，纠纷四起。自北宋天圣（1023～1032）年间以来，逐渐有侵扰寺院田产的事情发生，至金代更加突出。田园收入在寺院经济中占有很重要的地位，原所赐田产至金代已名存实亡（《十方灵岩禅寺田园记》）。广琛禅师担任住持时曾先后于明昌三年（1192）、明昌五年（1194）两次奔走京师，请诉要求归还被占土地。由此可以想见，在基本的经济来源都不能保障的情况下，其衰落已是不可避免的了。

三、衰微中的泰山佛教

自唐宋之后，泰山佛教趋向衰弱。元代虽以藏传佛教为国教，并不排斥汉地佛教，同样采取宽容扶持的态度，加上社会环境的影响，佛教在泰山似有发展之势。以宗派而言，仍以禅宗为主流。尤其是万松行秀、雪庭福裕一系的曹洞宗迅速崛起。灵岩禅寺的几代禅师，即是这一系的承嗣者。由于曹洞宗"以儒治国，以佛治心"的思想观念被社会各阶层所广泛接受，因此盛兴一时。明代建国，主张以儒治国，推崇理学，对佛教采取控制态度，佛教的发展受到很大限制。清代帝室对佛教虽有兴趣，但从思想统治出发，对内地佛教从严控制，泰山佛教由此日渐衰落。

随着佛教在元代的相对兴盛，泰山又创建了华岩寺、普门寺、藏峰寺等数座寺院。其中藏峰寺与十方灵岩、佛峪玉泉、竹林宝峰同为著名宝刹。藏峰寺建于泰山之西，新庄之北五公里余。先有僧定禄前往卜地结庵，意欲广作大缘，不料因病圆寂。至大德七年（1303），应施主敦请，泉州惠远僧福岩来寺住持（清代《泰山志》卷十八）。据元延祐六年（1319）《创建藏峰寺碑记》载：福岩来寺，“丛莽之拥蔽者，伐而刈之。复嫌地基迫隘，恢扩其址。凿石堙谷，划高叠洼，启其私橐，构佛殿于上。殿之左右，翼以两配。又东为香积，西为云堂。寮舍库厩，碓硙蔬圃，罔不悉备。更置田三十五亩，以膳徒众”。在檀越的资助下，不到二十年的时间里，已纳入泰山名刹之列。

久负盛名的灵岩寺，虽已失去唐宋时期的兴盛，但因“皇元崇奉释教，视前代为有加”，灵岩寺又创建龙藏殿以藏经卷。后至元二年（1336）开工始建，到至元六年（1340）藏殿建成，匾额曰“龙藏”。“中为龛帐，以庥像设；以覆藏函。供张器皿，殿所宜有，种种备具。金碧绚烂，芗灯芬灼，装严佛界，观者起敬。”（《灵岩禅寺创建龙藏之记》）龙藏殿，清初尚存。《泰山道里记》所云辟支塔“西偏为藏经殿”即指此。可惜龙藏殿在乾隆十四年（1749）毁于火灾。

泰山众多的寺院，在元代得到重修。据《重修光化禅寺之记》碑载，光化寺在“贞祐之变”中，“殿宇堂庑尽为灰烬，靡有孑遗”。在元大德（1297～1308）年间得以重修。据谷山玉泉《药师七佛阁记》，泰山东北麓的谷山玉泉寺，在沙门英悟大禅师普谨住持期间，“兴滞补敝，于劫火废坠之余，疏凿而泉，种艺而园，垦塥而田，斋庖之众无虑数百”。于至元十七年（1280）春又增建七佛阁，“揭檐为三，列楹惟五，其高九仞有奇”，至元二十一年（1284）落成。另外，得到重修的著名佛寺还有泰山西麓的延庆寺、藏峰寺，南麓的东岳冥福寺，东南麓的法云禅寺，西北麓的神宝寺、神通寺、礼泉寺，等等。元代的灵岩寺，仍是泰山佛教文化的代表，出现了诸如净肃、正广、觉达、福海、普就、智慧等颇有声望的禅师。

据《灵岩足庵肃公禅师道行碑》载：净肃，号足庵，金台永平张家里人。俗姓孙，于唐县香山寺落发为僧。“给侍之余，令阅梵文，目击千言，娓娓成诵。”曾就命开法于嵩山万寿寺，授河南府僧尼都提领。后主灵岩之寺，计有八载。在灵岩寺期间，“广阁大厦，椽桷差脱，人不堪其忧，公为之一新。其余僧舍，增新者百有余间”，被认为是在灵岩“自来修营缔构，无出其右”者。净肃属禅宗五宗之一的曹洞宗，继嗣洞山下十五世（万松下法嗣）少林祖庭雪庭福裕。

正广（1225—1294），字济川，赐号普觉，俗姓夏，扬州江都县人。14岁入灵岩寺，拜住持清安老人为师。披剃之后，登坛受具戒，是为院门。至元四年（1267）受命院门总统，为灵岩寺东西两架都提点，又赐“普觉大禅师”之号。据《普觉禅师广公提点寿碑》，至元二十六年（1289）“前往杭州南山普宁寺印经一大藏，渡江而北，龛于灵岩”，以不失“天下三岩，灵岩为最”的庄严。普觉禅师任提点期间，院门威严，权纲有条，深得众僧的敬慕。至元三十一年（1294）圆寂后，灵岩寺门人庵主及传法住持为其立碑称颂。

觉达，字彦通，自号桂庵。汴梁尉氏县人，俗姓李。少时礼龙门山宝应寺崧岩和尚为师，披剃之后，登坛受具戒。遵师之言，云游四方参师访道。后值灵岩虚席，住持灵岩寺六载。在其住持期间，“常住事产，无者有之，旧者新之，破者完之，地土窄隘者宽阔之”。灵岩寺众僧“想师道业，念师功行”，于大德五年（1301）立《灵岩禅寺第三十一代桂庵达公禅师道行之碑》，以铭其功德。

福海（1242—1309），是继觉达之后的又一位著名住持。福海，号普耀，自称月庵。翼城人，俗姓杨。5岁即被父母送入佛寺为童行，17岁披剃受具戒。大德二年（298）领疏移席于灵岩禅寺。据元皇庆二年（1313）《十方大灵岩禅寺第三十二代普耀月庵海公禅师道行碑并序》所记，海公禅师为僧五十一年，嗣法者二十余，度出时辈者三百。福海禅师每到一处，“手足胼胝，不辞劳苦”，严整堂室，传诵不怠，深得诸寺僧人的拥戴。

普就，晚年自号古岩，真定在城人，俗姓刘，为灵岩禅寺第三十三代住持。15岁时落发为僧，博通经业，登坛受具。遍参名师，后谒灵岩足庵禅师，依栖八年。至元十三年（1276），又赴顺德、大都两处登坛受具并获度牒。大德六年（1302）三十二代普耀海公禅师退堂，灵岩寺即疏请普就古岩禅师开堂主持。大德十一年（1307）得赐“妙严宏法大禅师”之号，在灵岩寺住持七年。皇庆元年（1312）禅宗祖庭少林寺虚席，谨请普就，继住少林（《灵岩禅寺第三十三代古岩就公道行之碑》）。禅宗在泰山的发展一直处于优势状态，而尤以曹洞宗为盛。诚如元代灵岩禅寺传法住持三十一代住持觉达所立《灵岩足庵肃公禅师道行碑》中说：“三派渊源于今愈盛，青州之下四传而得万松。光映丛林，声传四海，天下指为道祖中兴。”按其世系，普就古岩上承净肃足庵，净肃上承雪庭福裕，再上即为万松行秀。

灵岩禅寺的第三十九代禅师义让，是继嗣古岩禅师的又一位洞山派传人。义让禅师，号息庵，真定人，俗姓李。落发出家后，“周游燕赵之间，遍参宗匠”。参学古岩禅师，深得赏识，后住持泰山灵岩禅寺，被认为是万松大禅师之后，使禅林道风鼓舞的又一大宗匠，被赞为“耀古腾今”之师（《灵岩禅寺第三十九代息庵让公禅师道行之碑》）。息庵义让禅师的道行之碑由日本国山阴道但州正法禅师住持沙门邵元撰并书。金棨《泰山志·金石记》在《灵岩寺义让禅师道行碑》的按语中曾指出：日本在宋时屡有僧来，元时也互有来往。“此印（邵）元僧或自慕中华释教之盛，附舶访道而来”，而“海夷方外，不必论文字工拙，然大致亦与中土相同，书也流动有法”，使人惊叹。可知邵元僧不是一般的日本僧侣。他对灵岩寺很了解，且与义让禅师有一定交往，故灵岩寺不远千里乞文。灵岩禅寺有诸多住持为曹洞宗的承嗣者，这表明在元代泰山是曹洞宗的发展中心之一。

灵岩寺在元代佛教史中仍有一定影响，尤其曹洞宗的发展，既是泰山佛教的主流，同时也体现了北方佛教的特点，灵岩寺是禅宗的代表性寺院。但是，灵岩寺表面的兴盛，仍掩饰不住佛教衰微的总趋势。自金以来，常有侵害寺院利益的事情发生，或被侵占财产，或扰乱法事，使寺院不得不拿拿皇帝的照牌来作为保护伞，《圣旨碑》《执照碑》《法旨碑》，立了一幢又一幢。由此可见泰山佛教衰落的景况。明清之时，泰山名刹灵岩禅寺处于维持状态。虽有过几次较大的修葺工程，但只是维持性的修补罢了。

在泰山驻锡禁足达三十五年之久的高丽僧人满空禅师和住持泰山名刹普照寺二十余年且颇有理论建树的清代名僧元玉禅师，是明清时期泰山佛教中的重要代表人物。

满空禅师（1389—1463），据明正德十六年（1521）刻勒的满空禅师《重开山记》墓塔碑铭记载：明代永乐年间僧云公满空禅师等数僧航海而来，达于京师，受到明王朝的礼遇。“钦奉圣旨，赐金襕袈裟及送光禄寺筵宴”，并遣官送满空赴南京天界寺住坐。宣德三年（1428），又“钦奉圣恩，着礼部各给度牒一道，敕令天下参方礼祖”。此时，满空禅师登泰山，访古刹，着手重建泰山竹林寺。竹林寺自唐迄金屡经兴替，元代元贞元年（1295）也曾重修，是泰山著名禅寺之一，但多遭兵乱。满空禅师主持重修竹林寺，数年“殿宇圣像，俱已完成”。满空禅师修建竹林寺之事，除满空禅师《重开山记》碑有所记载外，泰山的方志也保存有这方面的资料，如清人聂剑光的《泰山道里记》、金棨的《泰山志》等。遗憾的是，满空禅师离开竹林寺后，寺院又渐衰败。

普照寺自唐以来不断拓修，但也屡遭兵火之燹。满空禅师完成竹林寺的修建后，目睹普照寺荒废的景象，“遂驻锡禁足二十余载，以无为之化，俾四方宰官、长者捐资舍贿。鼎建佛殿、山门、僧堂，伽蓝焕然以新。寓内庄严，绀像金碧交辉。僧徒弟子及湖海禅衲依法者，何止数千也。名公钜卿信向，以师礼待之”。经过满空禅师艰苦卓绝的努力，把“颓零既久”的荒废寺院，变成“焕然以新”既庄严又幽雅的佛家圣地。从“乏人兴作”到“俾四方宰官、长者损资舍贿”，招纳弟子“何止数千”，“名公钜卿信向以师礼待之”，这不能不说满空禅师住持有方。明天顺七年（1463），满空禅师圆寂于泰山普照寺。临终前寄偈于弟子：“吾年七十五，万物悉归土，光明亹十方，无今亦无古。”偈毕坐脱而逝。弟子念师有出世之恩，建塔立碑以报，尊满空禅师为“普照寺重开山第一代”。满空禅师墓塔建在普照寺西南，遗迹犹存。

元玉（1629—1695），号祖珍，自号古翁、死庵，世称岱岳老人、石堂老人。江南通州人，俗姓马。据《泰山普照禅寺祖珍和尚塔铭》所记：“以辞婚出家，法讳元玉，遍参尊宿。”后参学于青州大觉寺（法庆禅寺）金粟天岸禅师（天岸师承木陈道忞禅师）。清顺治十六年（1659），道忞奉诏入京为世祖说法，金粟天岸随行，由元玉留事大觉寺。金粟返寺受记元玉，遂继为临济下第三十三世。康熙六年（1667），受淄川唐豹岩太史之请住邹平县书堂山白云禅寺开堂说法。康熙九年（1670），受泰山普照寺之请进寺住持。康熙三十四年（1695）元玉扫塔北上，圆寂在于陵大悲庵。元玉“参禅之余，善为文”，故一生著书颇丰，有《石堂集》《石堂近稿》《金台随笔》等流传于世。元玉住持普照寺后，“荒者修，废者举，居然为泰山一名刹”（《石堂集》张肇昌《序》）。康熙二十三年（1684）清帝玄烨东巡，元玉曾迎驾于御帐坪。由于元玉的思想融儒释为一体，且以儒治佛，得到统治者的赏识。

元玉主张三教一理，会通儒释。他认为，“释之言，化人悟自佛心为第一义；儒之言，化人体自天性为第一义。心与性，名别而理同。佛与儒，名异而理亦同”。以佛养心，以儒治性，心性一理。因此，归释而不可背儒，背儒就是背佛，“即不自背此心、此天、此性也”（《石堂集》卷三《与三堂隐君书》）。阐明诸道之根本皆在于孔子之道，这是元玉的理论核心所在。他甚至宣称，儒之孝悌忠信乃修身之根本，主张三教合一。这是中国佛教发展的总趋势，三教之间，尤其是儒释之间，愈来愈趋融合。宋元以来，佛教界已有不少名僧力主以儒治国、以佛治心的观点，但像元玉这样，以如此激进的言辞突出儒学的作用，尚不多见。他非常欣赏庄子富有哲理的才思和超然绝尘的风范。据墓塔铭所云，元玉是读《庄子》之文，才“涣然冰释”而有所“悟”的。他反对道教的“炼药烧丹”，却也赞其长生久视，“洁修净养”的清规之风。他于寺院之外的东凌汉峰下，引流凿池，植莲莳竹，造其石堂为自乐之地，充分体现了世外桃源的意境，由此也就有了“石堂老人”的雅称。元玉禅师是泰山佛教史上一位论说丰富，留迹较多的佛僧。

在泰山，随着名刹大寺的衰微，民间小佛寺倒是相对景气，几乎每一个较大的村落都有一座小佛寺。据清同治《泰安县志》卷七的记载，除泰山原有较大的名刹外，泰山东、南、西三麓隶属于当时泰安县的小佛寺就有二十余座。这些小佛寺绝大部分是金元后创建的。其特点是小型分散，在很大程度上是民间自发筹备兴建的，其经济基础也主要是靠村民的施舍，信仰者也主要是来自社会最底层的农民。人们求香拜佛，并不在于祈求来世有个好归宿，而是力求解决现实生活中的一系列困难和矛盾，甚至在某些方面与道教信仰没有什么区别。其住持也多是些生活无着的出家人，已很难谈什么教义宗派了。佛寺从大到小，从集中到分散，反映了佛教的民间性、世俗化特征愈加明显，这也是泰山佛教在明清时期的基本特点。

第五章

泰山宗教建筑

宗教建筑，起初表现为献祭的场所，如祭坛、祭台等。随着人类对偶像崇拜的进一步升华和建筑能力的提高，神也就有了居处，宗教建筑才逐步发展起来。这些建筑既是神的居所，同时也是人们供奉、祈祷神的场所，人与神的沟通也在这里进行。

古文字 亯，甲骨文作 亯、亯、亯 等，吴大澂说是象宗庙之形（陈初生编纂：《金文常用字典》）。康殷《古文字源流》说：此字的初意概指献祭品于宗庙这种巨大庄严的建筑。李亚农在《殷代社会生活》中说：亯字旧释“享”，其实应隶化为亯。上面象栋宇，下面象坛堂。这本来是享祭神明之处，后来竟借此字为享祭之享，是说“亯”即是供奉神灵的殿堂。对神祇来说，“住”的尤其能表现神的地位，表现人们对神的尊崇程度，所以对神的居所——宗教建筑的营造是不遗余力的。由此，在宗教建筑上往往能衡量出一个民族物质生产、科学技术及文化艺术的最高水平，体现一个民族的传统文化及心态特征。

在史前考古中发现的祭祀遗址多与山岳有关。如：辽宁喀左东山嘴祭祀遗址、河北武安磁山祭祀遗址、辽宁牛河梁红山文化祭祀遗址、浙江余杭瑶山良渚文化祭坛遗址、内蒙古大青山祭祀遗址等。在众多的祭祀遗址中，无论是建筑规模还是形式，最具有代表性的是辽宁牛河梁红山文化“女神庙”建筑遗址。

“女神庙”位于牛河梁主梁北山丘顶上的“平台”地，庙由多室和单室两组建筑物构成。多室在北，为主体建筑，单室在南，为附属建筑，约在一中轴线上。并在遗址内，发现若干个体的泥塑人像残块。这是一座建于山峦上有主有附多室分布的神殿。这是迄今为止，在我国发现的最早、最明确的专门供奉有泥塑偶像的宗教建筑群。“女神庙”的建筑设计和技术水平达到了相当高的程度：顶盖、墙体采用木架草筋、内外敷泥、表面压光后或施彩绘，具有承重合理、稳定性强的特点；主体建筑既有中心室，又向外分出多室，以中轴线左右对称，另配置附属建筑，形成一个有中心、多单元对称而又富于变化的殿堂雏形（辽宁省文物考古研究所：《辽宁牛河梁红山文化“女神庙”与积石冢群发掘简报》，《文物》1986年第8期）。牛河梁红山文化遗存还表现出一些特点，其中两点尤为重要：一是性质单纯，为祭祀遗址和墓葬群，不见长期居住生活的村落遗迹；二是精心选址，在周围一二平方公里范围内的十余处遗址点皆位于山丘的最高处。这对研究我国祠庙的起源与形式提供了珍贵的资料。

我国的高山建筑多与宗教有关，大部分是道教的宫观。宫，本义是房屋；观，本是台观（高大的建筑物）。所谓宫观，原是指一般的建筑，后来用以指称道教的庙宇。它由一般的建筑变为祭祀供奉神灵的场所，也是由名山引发的。据《史记·封禅书》载：汉武帝听信方士之言，在“郡国各除道，缮治宫观名山神祠所，以望幸矣”。于名山治宫观以待神仙降临是武帝的愿望，却起到了在高山营建宫观的启蒙作用。道教兴起之后，这种高山建筑遍布全国各地，名山尤甚，作为万灵荟萃的泰山当然不会例外。

第一节　泰山的宫观建筑

纵观几千年来人们在泰山的建筑，始终是围绕朝天与升仙这一主题展开的。

从泰山下的岱岳镇起步，由通天街进遥参亭入岱庙。庙内有配天门、天贶殿。入山有一天门，算作是登天的第一门户。接下来便是天阶坊、望仙楼（万仙楼）、登仙桥、升仙阁（壶天阁）、天关（回马岭）、步天桥、中天门（二天门）。过中天，经迎天坊、小天门（五大夫坊）、凌虚阁、升仙坊就到了三天门（南天门）。天门上有阁谓之“摩空”。进入天门内，南有南天门，北有北天门，西有西天门，东为天街，东北还有升中坊。自天街北有蓬元坊，再东是天仙玉女碧霞元君的宫殿，极顶则是玉皇大帝的居处。整体空间划分是将山分为三个层次，分别由一天门、二天门、三天门加以区分，很容易使人们联想到道教的“三天”，也谓之三清天、三清境。三清境，即指玉清、上清、太清，又称三天。三清天、三清境，是指三十六天中仅次于大罗天的最高天界，也是指神仙所居的最高仙境。也好像《淮南子·地形训》所说的凉风、悬圃、上天的三个层次。由低登高，由仙而神。愈高愈有神力，形成登之可求的三个境地。泰山处于齐地，《汉书·郊祀志》说：“齐所以为齐，以天齐也。”苏林曰：“当天中央齐也。”师古曰：“谓其众神异，如天之腹齐也。”泰山神所以被封为“天齐王”“天中王”也是由此而来的。因此，登泰山就是登天，以达到神仙的最高境地。在这座山上也就少不了安置鬼神的灵宇，及修仙养性的宫观。泰山庙宇很多，其中最有代表性的是岱庙和碧霞祠。

一、泰山神宫——岱庙

泰山神祠始建于何时？明人李贤说：“《书》称，岱宗盖以东方属春，万物交代，故曰岱；为群岳之长，故曰宗。然而祭之者何也？《记》曰：能出云为风雨。又曰：民所取财用也。三代以前不过为坛而祭之，如周制四坎坛，祭山林丘陵于坛是也。秦汉以来有神仙封禅之事，于是有祠庙之设。”（《岱史》卷九）这里所说泰山自秦汉以来始有祠庙，从志史及文物调查资料来看是可信的。

最早见于历史记载的宫观建筑当属明堂了。《史记·封禅书》云：“天子（汉武帝）封泰山，泰山东北址古时有明堂处，处险不敞。”在司马迁眼里就以为是“古时”的明堂，到底“古”到何时？不可知。不过在后世记载中，一般认为是周时的明堂。明《岱史》卷八云：“周明堂在岳之东北，山谷联属四十里，遗址今尚存。”金代党怀英在《谷山寺记》碑中也曾提及此遗址。明堂，是古代帝王宣明政教的地方，也是举行祭祀大典的地方。故常与清庙、太庙、太室等相提并论。汉武帝曾在此明堂祭祠天帝，可惜所谓周代明堂的形制已无从考证。同样是明堂，有较详记载的则是汉武帝之时所建的汶上明堂。据《史记·封禅书》记：

上欲治明堂奉高旁，未晓其制度。济南人公王带上黄帝时明堂图。明堂图中有一殿，四面无壁，以茅盖，通水，圜宫垣为复道，上有楼，从西南入，命曰昆仑，天子从之入，以拜祠上帝焉。于是上令奉高作明堂汶上，如带图。

这便是泰山著名的汉明堂。方志也多有记述，如《岱史》卷八：“汉明堂，在岳趾东南，去州治十里，武帝元封（前110～前105）间用齐人公王带所献图创焉。其上有元人题刻‘明堂故基’四字。其地舒衍，突起一石冈，巅平而高四丈许，周三亩许。后枕岳麓，支山如扆障，而左右如卫从，然涧水萦回，南会于汶。”汉明堂遗址位于泰山东十余里的今西谢过城东的高台地，这里文化层堆积厚达1～3米，遗址东北侧是石壁，其余三个断层面上存有红烧土及灰坑遗迹。文化层中夹有周、汉时期遗物，由此可知是武帝汶上明堂遗址。在厚厚的文化层中存有周代遗物，可以推测当时建汶上明堂以前已有过建筑。元封五年（前106），汉武帝修封泰山，就是在这里“祠太一、五帝于明堂上坐，令高皇帝祠坐对之。祠后土于下房，以二十太牢。天子从昆仑道入，始拜明堂如郊礼。礼毕，燎堂下。而上又上泰山，自有秘祠其巅。而泰山下祠五帝，各如其方，黄帝并赤帝，而有司侍祠焉”（《史记·封禅书》）。关于明堂，据《礼记·明堂位》的解释是：“昔者周公朝诸侯于明堂之位。……明堂也者，明诸侯之尊卑也。”而在这里，明堂有着宗庙的性质。其后两年即太初元年（前104），武帝又亲至泰山，在明堂祭祀上帝。如果说岳之东北的周明堂尚有文字记载的话，那么，汉明堂则成为有史可稽有迹可考的与泰山祭祀直接有关的最早的灵宇建筑。汉武帝所造的这一明堂直至章帝、安帝时仍在使用。据《后汉书·祭祀志》记：“章帝即位，元和二年……宗祀五帝于孝武所作汶上明堂。”“安帝即位……延光三年，上东巡守，至泰山，柴祭，及祠汶上明堂。”

1961年12月28日，在西安西郊阿房宫遗址的北部，发现了一批西汉时的铜器22件。其中12号铜鼎铭刻五行30字：“泰山宫鼎容一石具盖并重六十二斤二两甘露三年（前51）工王意造第百一十六。”（西安市文物管理委员会：《西安三桥镇高窑村出土的西汉铜器群》，《考古》1963年第2期。）出土地点是上林苑中较重要的宫观所在地。在同出土的铜器中，有铭者多有“上林”之记，而“泰山宫鼎”则与其相异。关于它的由来，曾引起人们的关注。陈直先生认为此鼎出自泰山宫，“泰山宫，《汉书·地理志》在泰山郡下漏注，当为武帝封泰山时所建筑。以地名宫，与东阿宫同，皆不见于《地理志》注文”（《古器物文字丛考》，《考古》1963年第2期）。黄展岳先生对陈先生断此为武帝封禅时所建泰山宫提出异议：“武帝元封元年始封泰山，翌年建明堂，其后又六次修封，史汉皆有详实记载，苟另建有泰山宫，史汉恐不至漏失。”认为庙为祀神之所，宫则可能为祀神之所，亦可能为人君驻跸之行宫，此泰山宫则可能即泰山庙之别名。“此鼎疑为泰山郡博县泰山庙原物，后被调入上林苑者。”（《西安三桥高窑村西汉铜器群铭文补释》，《考古》1963年第4期。）

“泰山宫鼎”应为泰山灵宇的祭器，但具体出自泰山庙还是奉高明堂则是个疑问。查《汉书·地理志》《汉书·郊礼志》，知泰山郡仅有两处著名的西汉礼制建筑：一是上面已讲到的元封二年（前109）汉武帝所造的奉高明堂；另一处则是宣帝神爵元年（前61）“五岳、四渎皆有常礼。东岳泰山于博”的泰山庙。明堂是武帝封泰山必礼之处，泰山庙则是宣帝祀名山大川礼仪最盛的地方，除明堂与泰山庙之外，其他宫观庙宇不见于史。从鼎铭文字看，可以有两种解释。一是此鼎曾在泰山宫作为供器使用，被排列在116号；另一种解释是工匠王意，造铜器至此鼎已为第116件。无论哪种解释都足以证明供器在西汉时已经很多，其宫观的建筑规模也一定很宏大了。泰山宫鼎能从泰山调入汉宫上林苑可知泰山宫在当时影响之大。泰山宫如为汉武帝封泰山时所筑，应该会有记载。因为汉武帝多次来泰山封禅，《史记》均有详细记载，建如此规模及影响的宏大宫观不应该漏记。况《汉书》《后汉书》也没有追记。那么泰山宫究竟建于何时、何地？一直是个谜。

据《史记·封禅书》载：武帝时，为等候神仙的降临曾“缮治宫观名山神祠所”，这名山自然会包括泰山，也就是说，在泰山理应有一座灵宇祠所。这一灵宇是奉高的明堂，还是博县的泰山庙？显然都不是。奉高明堂建于元封二年（前109），武帝是在元封元年（前110）封禅泰山后才改元的，而在名山建宫迎神灵则应该是在封禅之前的事情。泰山庙建于神爵元年（前61），时间更晚。也有一种可能，无论是明堂也好、泰山庙也好，是在原来就有宫所的基础上改建的。但从史料记载分析，没有这方面的迹象。如果明堂、泰山庙不是改建，那武帝封禅前所建的名山神祠是否就是所谓的泰山宫呢？查《汉书·地理志》《汉书·郊祀志》只言奉高有明堂，博县有泰山庙。《后汉书·郡国志》也未记有其他祠庙。在《晋书 · 地理志》中又仅记注“奉高西南有明堂”。在《魏书 · 地形志》中对山祠标注较详细：奉高，有梁父山、岱岳祠、玉符山、故明堂基。博平（即两汉及晋时博县）有龙山祠、野首山、牟山祠、伍子胥庙等。所云“岱岳祠”位于奉高何处仍不可知。对泰山神庙记载唯《水经注》较详。

《水经注》引《从征记》：

> 太山有下、中、上三庙。墙阙严整，庙中柏树夹两阶，大二十余围，盖汉武所植也。赤眉尝斫一树，见血而止，今斧创犹存。门阁三重，楼榭四所，三层坛一所，高丈余，广八丈。树前有大井，极香冷，异于凡水，不知何代所掘，不常浚渫而水旱不减。库中有汉时故乐器及神车木偶。皆靡密巧丽。又有石勒（石虎之误）建武十三年永贵侯张余上金马一匹，高二尺余，形制甚精。中庙去下庙五里，屋宇又崇丽于下庙，庙东西夹涧，上庙在山顶，即封禅处也。

在以上记叙中，下庙“墙阙严整”“门阁三重，楼榭四所。三层坛一所，高丈余，广八丈”，真是气势恢宏。如果结合东汉应劭《风俗通义 · 山泽》中“岱宗庙在博县西北三十里”的记述，这个岱宗庙与《从征记》所说的下庙位置相当。在明《岱史》中也曾这样记述：“东岳庙在州城西北隅。《风俗通义》曰：‘岱宗庙在博县西北三十里，山虞长守之。’按《岱岳观至元碑》云‘岳庙在岳之南麓，岱岳、升元二观前，当为汉址’。”依岱岳观至元碑所记，在泰山南麓于岱岳观（即《从征记》所说的中庙）、升元观的前面原有岳庙，为汉代之址。这个岳庙与《从征记》的“下庙”、《风俗通义》的“岱宗庙”都是相吻合的，应是泰山的正庙。如果再参考《从征记》所云“庙中柏树夹两阶，大二十余围，盖汉武帝所植”及《史记 · 封禅书》武帝曾“郡国各除道，缮治宫观名山神祠所，以望幸矣”等史料，泰山正庙可能就是汉武帝时曾在全国名山所建的神祠，这神祠也就是所谓的泰山宫。

《从征记》所说的东岳上庙，位于岱顶的大观峰前。据《岱史》卷九所载：“元至元（1264～1294）间，提点张志纯尝修焉。嘉靖（1522～1566）间，都御史曾铣重修。”创制年代无考。明重修的情况，布政使陈儒有《记》曰：工始于壬寅（1542）五月，迄于癸卯（1543）三月，“东岳殿之修者四楹，南向。碧霞坊之建者一，亦南向。泰岳坊亦一，西向。东官厅之建者六楹，西官厅之建者四楹，各南向。钟鼓楼对峙于元君之庙者，各东西向”（《岱史》卷九）。在清代时这个上庙额曰“资始惟元”，又额“上摩苍昊”（《泰山道里记》），现庙已无存。

东岳中庙即唐之岱岳观。这在《岱史》中已说得很清楚了。卷九云：“东岳中庙，在岳之阳，王母池之东（西之误），昔名岱岳观。”至元碑刻《禁约》言：“本州城北岱岳庙系中庙，唐时武则天将岳庙改作道观。”可知，中庙唐时已改称岱岳观。始建于何时，无记载。《岱史》引宋代李谔《瑶池记》谓：“观肇于轩黄。”李氏所云自然是无法确定创建年代的。不过，其建制久远是肯定的。“废址中有古柏、古松十余株，其枝干如虬如龙。曾览国朝《高诲记》云：汉武帝东封时植。”（《岱史》卷九）明代时，岱岳观易名为老君堂，仅存三清小殿，但仍被以为是汉址。岱岳观在唐时尤盛，自高宗“六帝一后”修斋建醮皆于此观。现岱庙“历代碑刻陈列室”中收藏的《双束碑》就是中岳庙的珍贵遗物。所谓双束碑，因碑“双石并立，覆以束盖”而名，此碑载录了唐高宗李治、后武则天等“六帝一后”（高宗、中宗、睿宗、玄宗、代宗、德宗、武则天）在泰山行斋建醮之事。铭记有唐王朝在一百三十七年中，即显庆六年（661）至贞元十四年（798）于岱岳观崇道礼神的所作所为。此碑所记：“大周天授二年（691），岁次辛卯，二月癸卯朔，十日壬子……奉敕敬造石元始天尊像一铺，并二真人夹侍，永此岱岳观中供养。”“长安元年（701），岁次辛丑，十二月己亥朔，廿三日辛酉……于此太山岱岳观灵坛修金箓宝斋三日三夜。”“大周长安四年（704），岁次甲辰，十一月癸未朔，十五日丁酉……奉敕于东岳岱岳观中建金箓大斋卌（四十）九日。”……确知唐时已易名岱岳观。从碑记中，我们还可窥视岱岳观在唐代所处的地位，皇室三番五次遣员来此致祭，说明在当时，泰山岱岳观的影响之大。据碑中所记长安元年（701）“于此太山岱岳观灵坛修金箓宝斋三日三夜。又于观侧灵场之所设五岳一百廿槃醮礼，金龙玉璧，并投山讫……”知观内有灵坛，观侧设有灵场之所，其规模是可想而知的。明人所称的老君堂，只是岱岳观的一部分。即谓：“老君堂，古岱岳观之一隅也。”（《泰山道里记》）有可能如《从征记》所云：中庙“屋宇又崇丽于下庙”。可惜的是，《从征记》所说的上、中、下三庙现已无存。泰山现存规模最大的古建筑群——岱庙，已是有所易址而建的岱岳庙了（岱庙只是下庙的一部分）。

岱庙始建于何时？大致有两种说法，一种是始建于秦汉；另一种说法是始建于唐代。

说岱庙始建于秦汉，主要的依据是现置于岱庙天贶殿西南的《大宋天贶殿碑铭》，其中有“讨论前载，追求遗范。辉景下烛，秦既作畤；珍瑞云获，汉亦起宫。其后因轨迹而增崇，建名称而不朽者，非可以悉数也”之记载。碑中明显指出泰之祠“秦既作畤”“汉亦起宫”，并且有《水经注》引《从征记》中泰山上、中、下三庙，其下庙中有“柏树夹两阶，大二十余围，盖汉武帝植也”作为旁证。岱庙“汉亦起宫”之说，似已成定论。但在近几年的泰山研究中有人对此说提出了质疑，认为碑中所说的“宫”是武帝时所建的汶上明堂宫，而所谓的“畤”，从史实看秦并未有在泰山作“畤”的记载。碑中所云“秦既作畤”“汉亦起宫”只是在追述岱庙历史的久远，文学性很强，并无意说明创建岱庙的具体时代。况且《大宋天贶殿碑铭》是后世移入岱庙的，根本不能作为岱庙创始的碑记。此外，在这一争论中，还有人指出岱庙的主体建筑“天贶殿”原来并不叫“天贶殿”，不过是宋真宗时在泰山别处所建殿宇的名称，只是到了民国初年，后人张冠李戴将殿匾悬挂到了大殿上去。这些都从根本上否定了“秦既作畤”“汉亦起宫”之说。

岱庙始创于唐代说认为，自唐玄宗封泰山神为“天齐王”时才开始立庙，而宋真宗加封泰山神为“天齐仁圣帝”后庙堂才开始崇丽。清人金棨《泰山志》中引《旧州志》就称：“庙创始于唐，恢拓于宋，重修于金、元、明。”然而，早在隋代以前，史志中就明确记载有泰山神庙了。《隋书·礼仪志》：隋文帝“开皇十五年（595）春，行幸兖州，遂次岱岳。为坛，如南郊，又壝外为柴坛，饰神庙，展宫悬于庭”。东汉应劭《风俗通义》：“岱宗庙在博县西北三十里，山虞长守之。”在《汉书·地理志》中也注博县有泰山庙。因此，岱庙始于唐代之说，与历史记载不合。

不过，从另一个角度来分析这两种说法，也均有一定道理。“秦既作畤”“汉亦起宫”之说，是从岱庙作为祭礼泰山神灵的场所及建筑为基点“追求遗范”而言的。至于这个祭祀泰山神灵的场所或建筑，是否在现在的岱庙，则是另一回事。这种场所或建筑无论在何处，都可以看作是现存岱庙的前身。现岱庙是“因轨迹而增崇”的，并且所载“秦既作畤”“汉亦起宫”的《大宋天贶殿碑铭》无论其碑是易地重立，还是本来就在岱庙都是有意义的。唐代始建之说，如果从在庙宇中明确设立泰山神像的角度而言，确是始于唐代。《旧唐书·礼仪》载，开元十三年（725）唐玄宗封禅泰山后下诏："封泰山神为天齐王，礼秩加三公一等。仍令所管崇饰祠庙，环山十里，禁其樵采。给近山二十户复，以奉祠神。"这个"祠庙"是供奉天齐王——泰山神的庙宇，是名副其实的泰山庙——岱庙。因此，真正成为神宅的泰山庙，一个明其位、立其像于殿宇之中的泰山神祠，应当是"始创于唐"的。很明显，无论是秦汉创建说还是唐代创建说各持一端，或强调了岱庙的历史延续性，或仅注重了岱庙的一些时代属性特点，但却均有意无意地忽视了作为泰山神灵宇的整体属性，使人感觉有片面之疑。因此，我们认为，要分析考辨岱庙的渊源，必须明确岱庙的基本含义，即作为庙应具备的属性是什么。再就是，岱庙在历史变迁中的地理位置及与今岱庙之关系。

首先要明确的是岱庙的基本概念。也就是说，在什么意义基础上的庙宇建筑，才能称之为岱庙。如前所述，岱庙是泰山之庙，其名称皆因泰山又谓岱、岱宗、东岳而得名，故又有泰庙、太庙、东岳庙等之称谓。如果说，岱庙应是泰山所独有的庙，以区别其他山岳之庙，它所供奉的主神是泰山之神。一般说来，崇拜对象随着崇拜者意识的转变，偶像会进一步升华为神像。神灵观念物化为实在的具体形象这一过程在不同的崇拜形态中发展是不平衡的。因此，以神像的出现来确定崇拜对象的存在，显然是不可取的。我们认为，所谓的岱庙应有两个最基本的要素：一是因泰山之谓而名；二是泰山神灵是其供奉的主要对象，且不必管它是否有神像存在。

其次，要弄清楚岱庙在历史变迁中的地理变化。既然岱庙是泰山之本庙，其庙宇建筑当在泰山，也由此而区别其他地方的东岳庙。在正史《汉书·地理志》及《郊祀志》中均注明"博有泰山庙"。在《汉书·郊祀志》中的泰山庙，是为宣帝"五岳、四渎皆有庙。东岳泰山于博"之庙，所祀神为泰山神是毫无异议的。《风俗通义》中的岱宗庙，是为"正月曰解冻，皆太守自侍祠"之所，如同祭其他四岳一样，庙内所祀自然也是本岳之神。如此说来，岱庙之始肇于汉是有史可稽的。另外，从已有的文物资料看，也可证实在汉代确有祭祀泰山神灵的庙宇。如我们曾在前文中提到的在西安上林苑出土的西汉铜鼎所铭的"泰山宫"。不管泰山宫是否就是《从征记》所言的下庙，但可以证明在汉代确有一个泰山宫的存在。从文字表面看，"宫"与"庙"似有一定的区别，其实在文字意义的发展演变上并没有多少差异。“庙”与“宫”就宗教意义而言，并没有多少区别，泰山庙也可称之为泰山宫，犹若在唐代将泰山中庙改为岳观一样。如果说《从征记》所记的下庙就是最初的岱岳庙或泰山宫，是否就意味着是今存的岱庙呢？从方志及碑记分析，最初的岱庙在岱岳观与升元观前，约在清筑岱宗坊东南附近。而唐、宋两代在拓建时均向南移动了。现存的岱庙是宋代所拓建的岳庙，即《岱史》卷九《参政许天赠重修岱庙记略》所云：“泰山之麓故有庙，其名曰岱宗庙，在岳之南麓，宋改今址。”岱庙在唐、宋两代都略有所移，值得注意的是，这种移置，往往具有叠压关系。如唐时之庙的北部可能还是汉之庙址；宋时之庙的后部又压有唐庙的基址。正因为如此，在志史上也就有了“创始于唐”“唐创宋拓”或“宋大中祥符肇建今祠”以及“唐时改今地”等不同的说法。

综上所述，岱庙在汉代确已“起宫”，并有“泰山庙”“泰山宫”“岱宗庙”之称。今存岱庙是宋代于唐址又南移后所建的庙宇，现存的建筑形制大致与宋时相同。

据宋《宣和重修泰岳庙记》云：

> 宣和四年九月，有司以泰岳宫庙完成奏功，制诏学士承旨臣宇文粹中纪其岁月。……增治宫宇，缭墙外周，罘罳分翼，岿然如青都紫极，望之者知其为神灵所宅。凡为殿、寝、堂、阁、门、亭、库、馆、楼、观、廊、庑合八百一十有三楹。

明《岱史》卷九《东岳庙》记：

> 庙制：堞城高二丈，周三里。城门有八：南辟者五，而正中曰岳庙门，东偏曰仰高门，西偏曰见大门；东辟者一，曰东华门；西辟者一，曰西华门；后辟者一，曰后宰门。凡门各有楼。而角楼亦四：东南曰巽楼，东北曰艮楼，西北曰乾楼，西南曰坤楼。由岱庙门而上，重门为配天，次为仁安，再上为仁安殿，露台高下联属者二。殿前两庑之中为钟、鼓楼，楼之后各为斋房。殿后为寝宫，宫左右为配寝。其规模宏侈，俨如王者居。

这是宋、明两代所述岱庙的庙制，大致如今存之规模。

中国是一个重礼制的国度，无论尊卑名分都有严格的等级秩序。建筑规范自然也免不了社会的约束。我国最早的一部工程技术专著——《考工记》，就将营造城邑的标准划分为三个等级，即王城、诸侯城、都城（即宗室和卿大夫采邑），并依次按尊卑秩序做了相应的礼制规则。

岱庙，是按“帝王”之居的宫城形制营造的神宫，较多地遵循了传统的礼制规范。岱庙按轴线对称的原则来布局，即以一条南北向轴线为中心，把众多的重要建筑依次排列在轴线上及其左右两侧。其空间序列是按轴线的纵深发展逐一展开的。在通天街的北端为岱庙的第一门户——遥参亭。出遥参亭经岱庙正门（正阳门）入内，配天门、仁安门、仁安殿（天贶殿）、后寝宫、后宰门（厚载门）依次坐落在纵轴线上。同时在轴线上的两侧分别对称有炳灵殿院、延禧殿院、鼓楼、钟楼、东寝宫、西寝宫、斋房等。岱庙的主体建筑——天贶殿（仁安殿），坐落于庙正中偏后的高大台基之上。大殿采用面阔九间、进深五间的“九五之制”，四坡五脊庑殿顶。大殿东西两侧引出环廊，合围于仁安门之两山，组成一个主体建筑突出、前后呼应又相对独立的方正廊院。对岱庙布局形制进行分析，有如下几个明显的特征。

首先，择中立宫。沿中轴布置建筑是中国传统建筑的习惯手法。中国古代建筑的组合布局原则，等级分明，便于使尊卑、长幼、男女之间有明显的区别。岱庙从正阳门到厚宰门，南北纵列为一直线。在这一中轴线上，有建在三层台基之上的九间重檐正殿，等级最高；后寝宫低于大殿一层台基，五间单檐等级次之；配天门、仁安门虽也有五间，但仅有一层台基，又低一个等级。轴线两侧的辅助建筑相应更次之，如炳灵门等只有三间，中寝宫的东、西两宫仅有一个台基，也是三开间等。这种布局突出了主体建筑天贶殿——泰山神东岳大帝的神殿，并借助两翼次要建筑的对比、衬托，形成了一个既统一又主从关系分明的整体。值得注意的是岱庙的中轴安排，是因山就势的设计，这一轴线，恰巧正对着登山的中路，并与泰山极顶大致在一条直线上。自宋以后，上山盘道上所建的各种牌坊、山门、楼阁等建筑均依这一轴线展开。

其次，岱庙主体建筑——天贶殿是采用“九五”之制的庑殿顶建筑形式。所谓九五之制，就是开间为九、进深为五的形制，《周易·乾》中有“九五，飞龙在天”之说。孔颖达疏其卦曰：“言九五阳气盛至于天，故云飞龙在天……犹若圣人有龙德，飞腾而居天位。”后世均用“九五”尊称帝位。以这两个数组合的大殿在古建筑中是很少见的。故宫明代的奉天殿(奉天殿在清康熙年间重修时易名太和殿并改为面阔十一间，进深仍为五间)、长陵棱恩殿、太庙正殿才是九五之尊的大殿。建极殿、奉先殿虽然面阔九间，但进深未达五间。此外乾隆为做太上皇营建的皇极殿也采用九五之制，是因太上皇的宫殿不能低于儿皇帝的金銮殿。所谓庑殿顶，即殿顶前后左右四面都有斜坡，前后坡相交于正脊，左右两坡同前后坡相交成四垂脊，具有四坡五脊的特征，又称为四阿五脊殿。在《考工记》中称之为“四阿重屋”。这种形制，一直到清代，仍为建筑中最高等级的屋顶，只有宫殿正殿才能使用，故宫明建太和殿用的就是庑殿顶。身为东岳大帝的居所——泰山神宫大殿采用的九五之制及庑殿顶都是中国历代最高形制的建筑，这是符合五岳独尊之神的身份而名正言顺的。东岳大帝这种独尊于天下的威势，正是传统礼制的结果。

再有，岱庙继承了前为朝堂后为寝宫的制度，这又称之为前堂后寝。在《考工记》中，宫城内的规制就是按前堂后寝规划的。这个制度源远流长，是传统宫城设计的重要制度。明朝营建北京，就继承了这种传统格局。

此外，在岱庙这一建筑群中，建筑的命名、色彩的运用等等同样表现出对传统礼制的标榜。其主体建筑天贶殿又称“仁安殿”，就体现了营造者尊崇儒学，提倡“仁德”的用心。红墙黄瓦在中国古代建筑中，是权力的象征。尤其是金黄色，几乎成为皇家宫殿、陵寝的专用色，里面都包含着严格的等级制度。岱庙中轴线上的建筑，都是覆以黄色琉璃瓦墙面涂以红色，显示出东岳神宫至尊的形制。

综上所述，岱庙被认为是泰山神灵赖以栖身的地方，是人们祭拜神灵与神沟通的场所。历代帝王以建筑的最高规格来营造泰山神祠，并将其祭祀列为国之定制，这在中国的宗教史上恐怕是绝无仅有的。可以说泰山神是帝王化的神，岱庙则是皇宫威仪化的庙。

由于泰山的影响，在政治上超过了任何一座山岳，道教创造神祇时，也将泰山神拉到了道教诸神的行列。岱庙，或称东岳庙等，也成为道教的庙宇。尽管泰山未被列入道教所谓的十大洞天(仅为三十六小洞天之一)，泰山神的地位在道教中也远不及至尊的三清，仅仅是一个主司地狱阴魂之神。然而，泰山神的神宫，却是道教诸神中任何神祇的宫殿不可比拟的。在道教建筑中，北京的白云观、江西贵溪的上清宫，被认为是历史上道教建筑规格最高、气魄最大的宫观。但如果与岱庙的形制相比，确实是相差太远了。

二、碧霞祠

在泰山除岱庙外，就数碧霞元君的宫宇显赫了。它也建有上、中、下三庙，尤以山巅的上庙最为宏伟壮观。

上庙碧霞灵应宫（即今碧霞祠）在历代都曾得到维修，是三庙中保存较为完好的神祠。明《岱史》卷九记云：

> 碧霞灵应宫，在岳绝顶西南下三里许。旧名昭真观，宋真宗东封时所建。国朝增拓其制，改署今额。……其神曰：天仙玉女碧霞元君。四方谒款祇禳者，摩肩接踵而至。……万历乙酉，按院韩应庚侍御命官鸠工更新往制。其宫故南向，凡五间，则栏其东一间，题曰：东宝库；栏其西一间，题曰：西宝库，用以投储诸所捐施焉；宫之后架殿三间，题曰：便殿；宫之右架亭一间，题曰：憩亭。凡此皆创制也。宫之前左翼曰：子孙殿，三间；右翼曰：眼光殿，三间。其中为露台、为甬路。而甬路之南，大门三间，东鼓楼，西钟楼；而门外绰楔凡三，中曰：敕建碧霞坊，东曰：安民坊，西曰：济世坊；而碧霞坊之前临火池，之上有阙门焉，曰：金阙。凡此皆增饰其旧也。缋椽藻栌，霞驳云蔚，俨然神居，非人世所有。

以上是明代碧霞宫的基本状况，与现今之碧霞祠的布局、规模没有多少差别，只是宫内的金阙后来被移置于碧霞元君下庙灵应宫，尔后又移置今天的岱庙内。还有，门外“三坊”也不见踪影。

从营造时间上说，碧霞灵应宫（清后称碧霞祠）时间较晚，但其影响不亚于东岳庙，在民间尤盛。宋真宗东封时在玉女池旁发现玉女像，即建昭真祠，金称昭真观，明代易名为碧霞灵应宫，祀天仙玉女碧霞元君。这一高山建筑群选址精妙、营建坚固。《岱史》卷九称：“其形胜环拱，宫东南则五花崖，东北池西则岳顶。磨崖、日观诸峰蜿蜒峙列，三面若屏扆，前若双阙。由宫门西下，石磴三丈许。南俯悬崖，下视城郭若畦圃。自城郭望之，则崖峰森蔽，不见宫宇，此盖造化灵区真天奇云。”碧霞宫位于岱顶前怀之中，北有玉皇顶，东有大观峰，东南有日观峰，南临断崖，西通天街，在整个大环境中，显示出“藏而不露”的特点。但它又是由天街通向岱顶的所经之地，因而又有着“唯我独灵”的骄气。从天街而来，还需攀登“三丈许”的台阶，才能进入碧霞祠的神门，“升山”的味道很浓，容易给人有一种山中“仙境”的感受。神门内北侧高高台基上的碧霞祠山门，又将整个空间划分为两部分：一边是熙熙攘攘的朝山人流，一边则是香烟缭绕的仙家净地，宛若是天上与人间，仙境与凡世的交融处。如从天街望去，云雾飘渺，宫宇藏秀于崖峰之间。若在岱顶向下俯视，浮云洒落，一派“仙人琼阁”的景象。正如《重修碧霞宫碑》所记：“历选名胜之所，无逾此境之妙意。”

碧霞祠，还以用金属构筑而著称。明《岱史》载《尹龙记略》曰：“昭真祠在泰山绝顶，世传谓天仙玉女碧霞元君之祠，圣天子御极十有五年，命太监陈喜来修祀事，明年诏修是祠即故址增饰之。祠殿为间者五，以奉元君。左右回廊各三间，则护从之神居焉。神道有门，钟鼓有楼。恐其凌空壁立，易为风雨所剥蚀，故陶土为砖，冶铁为瓦，务为坚确。黝垩丹漆，金碧交辉。”《刘定之记略》也云：“（碧霞祠）谋新之，铜梁铁瓦、琉璃砖甓之坚固，丹雘青垩、藻绘漆饰之辉焕。”以金属瓦及构件覆盖庙顶，在高山中既可防“云蒸雨降，材木易朽”之害，又可免“飙风刚劲，瓦多飘毁，祠不能久”之灾，不失为我国高山建筑的杰作。此外殿前的金阙以铜铸，结构严谨，工艺精巧。殿宇、栏楯、神像皆范铜鎏金，使得碧霞祠金碧辉煌，锦上添花。

元君中庙位于天阶坊之北，创造年代无考，明天启六年（1626）僧兴旺拓建。元君下庙位于社首山之东谓之灵应宫。《泰山道里记》云：“庙创无考，万历三十九年（1611）奉敕拓建。”其制也颇具规模，“前后殿庑回廊周密，中为崇台”，台上为铜亭，即万历时钦造的所谓“金阙”，原在岱顶的上庙碧霞灵应宫内，嗣后移至下庙的灵应宫，1972年又置于今岱庙内。

三、其他神祠

东岳庙及碧霞宫所祀神主东岳大帝与碧霞元君，历来被看作是泰山的正神，其庙宇也是泰山神祠中最具有代表性的建筑。除东岳大帝及碧霞元君外，玉帝在泰山的地位也算是比较突出的，其神祠位于泰山最高峰的极顶，确有高坐天上的气势。关于东岳大帝与碧霞元君的缘起及特征在前面已做过论述，他们是在特殊的文化氛围中发生、发展起来的神明，这也就决定了他们在泰山的地位。其灵宇的构筑自然也是泰山宗教建筑的主要对象。与东岳大帝、碧霞元君相比，玉皇大帝传说是天上诸神的最高统治者，似乎与泰山没有直接联系，但玉皇大帝不但在泰山争得了一席之地，而且其宫还居于泰山之巅的显位，还是有一定原因的。

玉帝，又称为玉皇，在传统的宗教观念中，玉皇大帝是中国最崇高的神祇，他是由天帝演化而来。道教发展时期，将他请去做了神仙世界的皇帝，总管三界、十方、四生、六道。全称是“昊天金阙无上至尊自然妙有弥罗至真玉皇上帝”，简称“昊天金阙至尊玉皇大帝”，或“玉皇大帝”“玉皇”等。他在泰山的宫观有玉帝观、玉皇庙等。据《岱史》卷九云：“玉帝观即太清宫，在岳之绝顶，盖古登封台。”玉帝占据泰山极顶的原因大致有二：首先玉帝本来就是天帝，理应位居天位。泰山是通天之山，在泰山之上也就是在天上。秦皇汉武等人间皇帝都曾登封岱顶以祭天报功，与天帝“对话”；其次，玉皇大帝是神界的皇帝，比其他诸神都高一等，其居室也理应处于最高处。因此，在泰山顶上起宫建宇，则是名正言顺的。玉帝观，原建于泰山极顶石上，创制于何时已无从考证了。明成化十九年（1483）中使以内帑金资重建。隆庆六年（1572），侍郎万恭主持重建时，大殿后移，露出极顶石，规模形制与今相似。玉皇庙置于回马岭。明嘉靖二十四年（1545），玉皇殿因岁远将圮，乃由一楹增建为五楹，“铁瓦琉璃，庄严铜像，廊庑续具，复创门阁三楹”（《岱史》卷九《沈王阁记略》）。

在祀泰山之神的灵宇中，青帝观也是洋洋大观者之一。青帝观，又称青龙观。《岱史》卷九云：“青帝观凡二，其一在岳巅，其一在岳之南麓，肇建俱不知何时。”创建时代没有记载，但就庙宇来看，不会早于隋代。《隋书·礼仪志》：“开皇十五年（595）春，（隋文帝）行幸兖州，遂次岱岳。为坛，如南郊，又壝外为柴坛，饰神庙，展宫悬于庭。为埋坎二，于南门外。又陈乐设位于青帝坛，如南郊。帝服衮冕，乘金辂，备法驾而行。礼毕，遂诣青帝坛而祭焉。”由此可知，隋代在泰山祀青帝时还是在祭坛上进行的，并且这一青帝的身份是五天帝之一的东方之神，一般说是以太皞（昊）为神主的。尽管在泰山以祀东方之神，也包含着对泰山这一东方之神山的祭礼，但青帝还是一个广义的概念，具体而明确地将泰山视为青帝，却是宋代以后的事情。据《岱史》卷九记，宋真宗时下诏加号泰山青帝曰："……名岳配天，乃众山之雄长；盛德在木，实万物之资生。惟真宰之斯存，盖灵篇之攸纪。青帝真君，职司煦育，道叶冲虚，赞玄化于高明，庇群生于溥率。……尊懿号曰：青帝广生帝君。观宇特加修饰，故兹诏示，恳宜知悉。"于泰山建观立宇祀青帝以表彰青帝显赫的功德，可见宋真宗之虔诚。其观宇也应是适应青帝的地位而建的，可惜所有建筑今已无存。仅留下的《广生帝君赞》碑也在清代被毁，残存部分现被收藏于岱庙内，高大的碑体已破碎不堪，但仍能说明曾有过香火鼎盛的时日。

泰山南麓中溪谷口还有一座祭祀西王母的群玉庵，今称之以"王母池"，也有着久远的历史和显赫的神灵。庵，本是一种圆形的草屋。《释名·释宫室》云："草圆屋曰蒲。蒲，敷也，总其上而敷下也。又谓之庵。"一般来说，"庵"的规模不是很大。曹植《仙人篇》云："东过王母庐，俯观五岳间。"庐，是房屋。可知，群玉庵故址的始建年代不会晚于三国。《水经注》云："水出太山天门下谷，东流。古者帝王升封，咸憩此水。水上往往有石窍存焉，盖古设舍所跨处也。"这里的"跨处"之舍，可能就是王母池建筑最早的形式。后来因为水好，又有王母居此，故又有"王母池""瑶池"之誉。唐代诗人李白有《泰山吟》"朝饮王母池，暝投天门关"的诗句。据清《泰山道里记》载：

> 东为群玉庵，祀王母。宋皇祐间炼师庞归蒙辈居此，赐紫服，题名于石。后人增置药王殿、观澜亭。石渠夹径，建以桥栏。庵前有飞鸾泉，又东跨涧，古有王母桥，今废。旁为吕公洞，唐双碑韦洪诗谓之"发生洞"，宋钱伯言纪游谓之"金母洞"。……老君堂双碑载唐人题名，有"拜访瑶池"之语，知其久也，上有王母楼，俗称梳洗楼，圮。以中溪经流绕府城东南，遂名梳洗河。

王母神祠的出现，自然是对王母崇拜的结果。王母，这位女仙领袖之所以在泰山能有一处楼宇享用，恐怕与她的神格有关。西王母既是主死之神，又是主生之仙。据《山海经·西山经》云："（西王母）司天之厉及五残。"郭璞注曰：“主知灾厉及五刑残杀之气也。”郝懿行疏：“西王母主刑杀。”这是说西王母主死。西王母亦主生，掌管着“不死之药”，羿就曾请不死之药于西王母。《易林》卷一还有“王母善祷，祸不成灾”的禳灾赐福之说。这些都是与泰山主生死的说法相一致的。再就是泰山又有着与她相适应的地理环境。《山海经·西山经》云：“玉山，是西王母所居也。”郭璞注曰：“此山多玉石，因以名云。《穆天子传》谓之群玉之山。”泰山多玉，而玉山也可认为是白山，或云气之山，泰山下有一小山，称长白山。这里原称“群玉庵”，也正与《穆天子传》的群玉山之说相吻合。况且，泰山还有昆仑山之称，《山海经·大荒西经》说西王母就穴居于昆仑山。并且水溪、池河也为这位仙女领袖提供了优越的环境。因此，王母在泰山立足筑宇是自然的。现存的王母池，仍然是泰山仅存的规模较大的灵宇之一。

封禅，是中国历史上特有一种祭祀大典，也是泰山崇拜的最高形式。帝王因封禅所置的宫观，在泰山的宗教建筑中占有重要地位。除已提及的明堂宫外，会真宫、天书观也算是这一方面的代表性建筑。

明《岱史》卷九记：“会真宫，在州城东南隅，旧名奉高宫。宋真宗驻跸改今额。国朝重修玉皇殿。”《宋史·礼志》云：真宗封禅泰山后，“法驾还奉高宫，日重轮，五色云见。鼓吹振作，观者塞路，欢呼动天地。改奉高宫曰会真宫”。会真宫前身是奉高宫，始建于西汉时期。奉高邑，为汉武帝元封元年（前110）封禅泰山时所置，以奉祀泰山之用，于是这里就成了帝王的行宫。武帝于公元前110年，巡海而回“四月，还至奉高”。在这里与诸儒、方士研讨封禅之事（《史记·封禅书》）；光武帝于建武中元元年（56）二月来泰山，“十二日宿奉高。是日遣虎贲郎将先上山，三案行。还，益治道徒千人。十五日，始斋”（马第伯《封禅仪记》）。唐高宗在麟德三年（666），“山上登封之坛封玉策讫，复还山下之斋宫”（《旧唐书·礼仪志》）。唐玄宗于开元十三年（725），“十一月丙戌，至泰山，去山趾五里，西去社首山三里。丁亥，玄宗服衮冕于行宫，致斋于供帐前殿”（《旧唐书·礼仪志》）。这些都是关于奉高行宫的文字记载。至于宫址，《旧唐书·礼仪志》讲得很清楚：“去山趾五里，西去社首山三里。”即位于今岱庙之东南方，这与方志记载相合。另有宋代《种名逸会真宫诗题跋》“会真在皇上未封祀前，有太平之号，至回跸始贶今额”的记载，可知奉高宫又名太平宫。《岱史》记：元代的张志纯曾居会真宫数载，道行超群，赐号

“崇真保德大师”，被授以紫服。宋真宗改奉高宫为会真宫，其宫就有了两种用途，一是作为帝王的行宫，一是当作奉神的观宇。明代这里已置有玉皇殿，又成为主祀玉皇之所。《岱史》卷九《任式记略》说：“……上浮者谓之天，主宰乎其间者谓之帝，吾儒曰：昊天上帝。彼道家者流，尊其名曰：昊天玉皇上帝。世之曰：宫、曰观，皆其奉香火之地也。”说出了主祀之神玉皇大帝的特征。看来，明代的会真宫，似是以儒家礼制为正统的。可惜，会真宫于万历二十二年（1594）毁于火灾。

天书观，原名乾元观，因宋代所谓降天书于此而建，俗称天书观。《宋史·礼志》载：大中祥符元年（1008），“封祀制置使王钦若言：‘泰山西南垂刀山上，有红紫云气，渐成华盖，至地而散。其日，木工董祚于灵液亭北，见黄素书曳林木之上，有字不能识，言于皇城使王居正，居正睹上有御名，驰告钦若，遂迎至官舍，授中使捧诣阙’”。这虽是自欺欺人的一场闹剧，却为泰山宗教建筑增添了一个内容。在宋真宗封禅之前，此处因有所谓的“醴泉”出，故下诏在泉上建亭，以“灵液”为额。清代之时已面目全非。《泰山道里记》曾引宋焘的话说：“余童稚时，犹见观内泉出石崖下注，有垂杨数株，大二十围，盖宋祥符时所植。今树既乌有，而泉又凿深为池，非其旧矣。”在泉之侧于明嘉靖十二年（1533）铸造铁塔一座，计十三级。在正德（1506～1521）年间，观中正殿为元君殿，祀天仙玉女碧霞元君。万历时“榜曰碧霞元君行宫”。在万历（1573～1620）年间，于元君殿后又构一殿为九莲殿。改“天书观”额为“天庆宫”。崇祯（1628～1644）年间又于九莲殿之后，敕建智上殿。从现存资料看，宋代天书观的规模不得而知，独有特征的是有泉有亭，树木繁盛，尤以泉水味甘而出名，甚至封禅经度制置使王钦若还曾“贮水驰驿以献，分赐近臣”（《文献通考》）。到了明代，天书观的规模又有很大变化。前有元君殿，中有九莲殿，后有智上殿，还有一座高十三级的浮屠铁塔。至于神祀对象已无法区分是道教还是佛教了。似乎二教在此和平相处，齐享香火。

汉代之后，泰山神被认为是司地狱鬼魂之事的冥主，召人魂魄，统摄鬼魂，于是在泰山也便有招魂治鬼的阴曹地府。蒿里山，本名高里山、社首山，原是帝王登封大典时所禅之地，在此报地之功。由此而引申出地府的所在地。认为人死归土，要到这里接受审判。明人萧协中在《泰山小史》中记：“（蒿里山）在州南二里许，一名亭禅、一名蒿里，与社首相联。语谓人死，必归于蒿里。”元《重修东岳蒿里山神祠记》说：“张华《博物志》、陆机《泰山吟》皆云，人死其魂拘于蒿里。……樊殿直《修庙记》亦言：人生受命于蒿里，其卒归于社首。今东岳山有地府，府各有官，官各有局，皆所以追死注生，冥冥之中岂无所宰而然耶？”清人聂剑光引顾炎武的话说，自晋陆机《泰山吟》始，以梁父、蒿里并列，而后之言鬼者因之，遂令古昔帝王降禅之坛，一变为阎王鬼伯之祠矣。在蒿里与社首两山之间，设有蒿里山神祠，额曰“森罗殿”，《岱史》卷九记“有七十五司及三曹对案之神，神各塑像，俗传为地狱云”。祠创建年代已无从考证，元代曾重修。“旧祠百二十楹，近已完缮，次第落成。其塑像辉耀，比旧有加焉”（元至元二十一年（1284）《重修东岳蒿里山神祠记》）。明成化三年（1467）又修。万历间奉敕重建。《徐世隆记略》云：“自唐至宋，香火不绝。”看来很有影响。关于森罗殿的作用，萧协中在《泰山小史》中说得很明白：这里是地狱，“设像为教，不过使人知所畏，而图其善耳。昔吴道子画地狱相于成都，观者咸惧，市上屠沽皆不集。今之游此者，尚怡然戏谑，可为不知命矣”。如此教化到底作用如何自是题外之话，不过在泰山封禅的降禅之处设地狱之殿，倒是符合死者魂归泰山即归于地府的说法。

与森罗殿相应的，是明代弘治十四年（1501）由太监李瑾在今岱宗坊东创建的酆都庙，以祭祀酆都大帝并配以冥府十王。《泰山道里记》引《道经》云：酆都为阴气之主，九地之枢机。十王之中，七曰泰山。故设祀于泰山下。这酆都庙据说有很大威慑力，殿内置有人鬼像，列之以酷刑，“使人入则肃然、凛然，出则悚然，将自知去恶，以求免刑戮之弗遑也”（《岱史》卷九《李钦重修酆都庙记》）。以神道设教，这也算是一种教化方式吧！

以上我们仅是对直接有关泰山崇拜而建筑的庙宇宫观，择其要者做了扼要介绍。有的则因建筑时间尚晚或影响不大而未谈及。至于在全国各地（主要是汉民族地区）所祭祀的神祇，在泰山几乎都能找到他（她）的祠宇，在此不再一一赘述。值得注意的是在泰山几乎所有的重要灵宇，都与最高统治者有着直接的关系。早期的明堂、泰山庙，后期的碧霞宫、天书观等，这是与泰山在中国历史上的地位相适应的。尽管历代在泰山建筑了数不清的宗教建筑，然而主次分明。有的随着时光的流逝而无存，唯独与泰山崇拜直接发生关系的庙宇，始终长盛不衰，显示出泰山独特的宗教体系和地方特点。

第二节　泰山佛教建筑的特点

佛教作为外来的一种宗教信仰，首先依附于中国原有的宗教信仰，消化吸收传统文化的诸多成分，逐步发展起来。而中国人也是先将佛教作为一种方术来接受的。佛教在中国之所以有文殊、普贤、观音、地藏四位菩萨分别在峨眉山、五台山、普陀山、九华山显灵的说法，显然是佛教中国化后在民间所形成的种种传说。登山以修，依山而居，出现“天下名山僧占多”现象的本身，就是外来佛教中国化的一个方面。泰山作为历史名山，佛教传入较早，其建筑也蔚然为观。泰山虽未成为佛教名山，但确是佛教最早附丽于名山的代表之一，呈现出自身的特点。

一、历史悠久

在中国的传统名山中，泰山是较早有佛教传入的山岳。僧朗于前秦皇始元年（351）建朗公寺。隋开皇三年（583），文帝为纪念其母改曰神通寺。由于受到统治者的扶持，有较为雄厚的经济基础，隋唐时形成了以泰山神通寺为中心的山东最兴盛的佛教胜地。据《续高僧传》卷十云：“齐州泰山神通寺，即燕主慕容德为僧朗禅师之所立也。……燕主以三县民调有给于朗，并散营寺，上下诸院十有余所，长廊延袤千有余间……”关于神通寺当时的建筑规模及形制的详细情况，已不可考。清人聂剑光在《泰山道里记》中云：

（神通寺）其制门阁两重，北为大雄殿，东曰伽蓝殿，西曰达摩殿。有元至治邢天佑《兴公道德碑》，明弘治张天瑞《重修寺碑》。北为千佛殿，圮。有元大德《智京云公碑》，明成化《僧太初寺外护碑》，嘉靖《重修千佛殿碑》。北为方丈，东为禅堂，又北为法堂，两翼斋廊。……寺西地敞豁，旧有藏经堂、转轮藏、钟鼓楼，圮。又南一台，有四门塔，极崇丽，皆石为之。塔前古柏一株，九顶苍秀，传云汉植。其东有宋三坛寺。……寺西北隅地势幽旷，中曰朗公塔，制最古，余多元时篆书塔铭。又西为千佛岩，峭崖绝壁，有大、小石佛千龛，多魏、齐及唐人所镌，犹有造像记二十余可识。

聂氏所记神通寺，大致是明清之时的状况。由于时代延续久远，屡有兴废。但从神通寺周围现存的四门塔、龙虎塔、千佛崖造像以及附近的涌泉庵、九塔寺等遗迹遗址看，可推知隋唐时期的神通寺，规模极为宏大。四门塔，为隋大业七年（611）兴建，塔为方形，全部用当地的大块青石筑成。因四面各辟一门，俗称四门塔，是我国现存最早的单檐石塔。千佛崖造像，多为唐代所为，从造像题记看，千佛崖造像自唐武德二年（619）到睿宗文明元年（684）止，前后延续65年，并不乏宫室为皇主所造之像。神通寺历经沧桑，作为泰山名刹，其历史达1500余年。

南北朝时期，是佛教在泰山的迅速发展时期。兴建于北魏时期的佛寺还主要有谷山玉泉寺、灵岩寺、神宝寺、光化寺、四禅寺、法林寺等。谷山玉泉寺，位于泰山北麓，北魏僧意创建，金代善宁僧重修，元代普谨僧又在其东北建七佛阁。神宝寺位于泰山北麓，北魏正光初僧法定创建，唐、元曾重修。光华寺位于泰山东南徂徕山东南麓，创建于北魏，隋代称之为光化寺，宋又改曰崇庆寺。其南有北齐《大般若经》石刻，再东映佛岩上有北齐《般若波罗蜜经》石刻，均题名“冠军将军梁父县令王子椿”。四禅寺位于徂徕团山，北齐河清二年（563）创建，金大定二年（1162）奉敕重建，赐额“法云禅寺”，有僧法润、福灯相继住持。元至元（1264～1294）间高峰禅师重修。

在泰山建寺时间较早，延续时间最长的佛寺当数灵岩寺。灵岩寺位于泰山西北麓的灵岩山之阳。灵岩山又名方山、玉符山。传京兆僧朗尝往来于此说法，猛兽归伏，乱石点头，故有“灵岩”之称。迨正光初，僧法定复兴拓建曰灵岩寺。“历代修葺，制加详焉”（《泰山道里记》），现址灵岩寺为唐宋之时拓建，是泰山现存规模最大的寺院。主要建筑有千佛殿、大雄宝殿、辟支塔、墓塔林、御书阁、积翠证明龛等。千佛殿现是灵岩寺的主体建筑，也是寺中一座规模较大的建筑。始建于唐代，宋代拓修，现存殿宇为明代重建。殿内正中祀“三身佛”。殿内四壁台座上置有著名的四十尊罗汉像。周壁上下还供有众多的小佛像，故有千佛殿之称。大雄宝殿位于千佛殿的左前方，创建于北宋，后重修。辟支塔位于佛寺之西北隅，始建于北宋嘉祐年间。辟支塔八角九级，通高约54米。在寺的西崖墓塔林立，是灵岩寺历代主持高僧之墓塔林。其中最早的是慧崇塔，位于千佛殿西北约百米处，建于唐天宝（742～756）年间，全石建筑，为重檐单层石塔，高5.3米。御书阁，位于千佛殿之东北，初为唐慧崇僧所建，现为明代建筑。

北魏时期，以朗公寺、灵岩寺为核心，佛寺建筑遍布泰山南北，谷山玉泉寺、神宝寺、光化寺、四禅寺、法林寺、聚泉庵等规模较大的佛寺相继崛起。闻名于世的泰山经石峪《金刚般若波罗蜜经》刻石，就是这一时期佛教繁荣兴盛的标志之一。众寺林立，为其他名山所不多见。隋唐以后，佛教在泰山又有大的发展。除北魏时期已有的佛寺外，普照寺、竹林寺、东岳冥福禅院、藏佛寺、资福寺、延庆院、法云禅寺、天封寺、藏峰寺、碧峰寺、大佛寺、龙驹寺等佛院相继出现。泰山成为山东的佛教胜地。从历史文献记载看，佛教初入中国之时，其佛寺建筑主要集中于平地城市，被认为是我国最早的佛教寺院——白马寺建在洛阳城之东十二公里的地方。据《南史·郭祖深传》载："南朝首都建康有五百余所佛寺。"杨衒之《洛阳伽蓝记》卷五云："北魏首都洛阳的寺庙多达一千三百六十七所。"《续高僧传》卷十二云："北齐的邺城，大寺略计四千。"一般认为，佛教中心由平地城市向名山大岳的转移开始于唐代，唐代后得以进一步发展。而泰山却是佛教传入较早的历史名山，到隋唐时期已达到鼎盛阶段。到明清之际才逐渐衰弱，但也仍保留了几处有一定影响的寺院，如灵岩寺、普照寺等。其建寺时间较早、延续时间之长为其他名山所少见。

二、佛、神同宫

在泰山有两座特殊的宗教建筑——红门宫、斗母宫，释道并存，可谓别具风韵。红门宫位于泰山盘路一天坊之北，分列于盘路东西两边，由飞云阁将其相连。西院祀碧霞元君，东院祀弥勒佛，两院主持同为僧徒。据说，此处不知何时由佛徒立佛说教，只是香火不济，难以养生。便又在西院供奉被道教封为碧霞元君的女神才得以生存。于是就出现了佛徒供奉神仙，以道养佛，佛、神共享香火的奇异现象。其实，这也不足为怪，香客的多寡决定了寺庙的兴衰，不得已就须另请神主，以图生计。后因元君像毁，元君殿里又迁进了九莲菩萨。与此类似的还有斗母宫。斗母宫居于万仙楼之上的盘道要冲。又名妙香院、龙泉观，是供奉先天斗姆大圣元君的道观。创建年代无考，仅知在明嘉靖二十一年（1542）得以重修。而在其后院，即建有观音殿，奉祀观音、文殊和普贤三菩萨，由僧尼主持，道、佛不分。有意思的是，斗姆圣像在“文化大革命”中被毁，原在天书观旧址天庆宫里的智上菩萨，于20世纪80年代初搬入了斗母殿。因此，红门宫、斗母宫已没有明确的道教信仰或佛教信仰之分，并且也很难把这种信仰提高到严格意义上的宗教高度去认识，宗教的世俗化意味颇浓。

红门的九莲菩萨、斗母宫的智上菩萨原均在天书观旧址的天庆宫。天书观为北宋时因降“天书”于泰山而命名的道观。明嘉靖十二年（1533）又造浮屠铁塔十三级于观内。明正德（1506～1521）年间祀元君，设有元君殿。万历（1573～1620）年间于元君殿后建殿，祀九莲菩萨，改天书观为天庆宫。崇祯（1628～1644）年间又于九莲菩萨殿后建一殿奉祀智上菩萨。道观与宝刹并存，元君与菩萨同宫，其宗教归属自然是不可考的，但主次还是明确的，“九莲”也好，“智上”也罢，均依托于元君的香火。借元君之盛、元君之名，以助佛事。只是好景也不长，至清渐废，九莲菩萨与智上菩萨也就只好“寄宿”别家了。

三、择“隐”而筑

纵观泰山佛教建筑的分布，有一个明显的特点，就是佛寺大都选择在泰山之阴或泰山之侧。

泰山的第一座佛寺——朗公寺建在山西北麓的琨瑞谷。《魏书·释老志》云：“帝（魏太祖）好黄老，颇览佛经。但天下初定，戎车屡动，庶事草创，未建图宇，招延僧众也。然时时旁求。先是，有沙门僧朗，与其徒隐于泰山之琨琡（瑞）谷。”既然僧朗是隐于山中的，也就不便在山之正阳。营造后来寺院“十有余所，长廊延袤千有余间”也是在他的琨瑞谷。朗公寺在北魏、北周两次大规模的灭佛活动中受到影响，延至隋唐仍是兴盛。后来虽屡有衰弱，但香火却持续到明清之际。在唐代曾被称为“域中四绝”的灵岩寺，同是建在泰山西北麓。北魏孝明帝正光年间，法定禅师于灵岩山之阳建灵岩寺，唐宋时发展到鼎盛时期。还有北魏时所建的谷山玉泉寺，香火也很兴盛，佛寺在清代还屡有兴修。朗公寺、灵岩寺、谷山玉泉寺，均在泰山西、北麓，岱阴成为佛教在泰山最兴盛的地区，并影响着后世的佛寺选址。以后的普门寺、白云寺、醴泉寺、华岩寺、大佛寺、碧峰寺等也建于泰山西北麓。与此相对应的泰山东南麓，也是佛教在泰山的兴盛之地，北魏的光华寺、北齐的四禅寺还有东麓的大云禅寺等，都是这一区域的佛寺代表。

唐宋之际泰山佛教最为兴盛。与此相适应，倒也有两座佛寺建在泰山之阳，一是普照寺，二是竹林寺。竹林寺位于泰山西溪的百丈崖之北。据《岱览》卷十五载元代王旭《竹林寺》诗："石径俯云壑，竹林开幽境。寺古僧徒稀，山深岚气冷。"就道出了竹林寺的地理特征。只惜寺院在清代时就已"荡然"了。普照寺建于泰山凌汉峰下，据《泰山道里记》载："峰南有岭曰振铎，峪曰黑虎，水南流汇为新泉。西折过子午桥而注，中为普照寺。"两处寺院的选择，都有一个共同的特点"隐"。竹林寺因"山深"而静幽，普照寺也因藏于山怀之中"隐隐"而不露踪影（明邵贤诗："招提隐隐倚崔嵬，绀宇周环般若台。"）都偏离登山主盘道。

泰山佛寺，或于山阴，或于山旁，均择隐而筑，未能在泰山之阳的重点部位立寺。这是因为泰山毕竟是以儒为主导的中华历史文化名山，民族传统文化是根深蒂固的。几千年来，其文化主流始终没有改变过。佛教，作为一种外来文化，虽然在此扎根立足，却没有能力控制泰山。即使是在佛教的兴盛时期，也是附丽于泰山，不能自成其主。在这种背景下，佛教自是不能占据泰山主体部位的。尽管也做过努力，但都以失利而告终。红门宫、斗母宫是佛道斗争的缩影，佛门不得不以退让屈服，让佛、神共存。由此，从本质上讲也失去了严格的宗教意义，算不上什么佛家门第了。而岱顶舍身崖下的佛龛造像，也能显示出佛教"占山为王"的用心，但最后也只能是半途而废，不了了之。

四、殿堂制式

在中国宗教建筑，向来是以人的尺度来营建。"不是孤立的、摆脱世俗生活、象征超越人间的出世的宗教建筑，而是入世的、与世间生活环境联在一起的宫殿宗庙建筑，成了中国建筑的代表。”（李泽厚：《美的历程》，文物出版社，1989年。）这一属性，同样也影响着外来文化的建筑。泰山的佛教建筑也典型地显示出这一点。

灵岩寺建筑的整体布局形制是以中国殿堂式的结构平铺展开的。灵岩寺，虽经历代修葺，至清代逐渐衰落，多半失修荒废，除几进主体建筑尚存外，其余均已塌圮。不过从现存的建筑形式和布局，仍能领略到寺院的特点。从现存的情况看：灵岩寺没有严格的轴线布局，这主要是历代因山就势增修所选重点不同、改造利用有异所致。进山门依次为天王殿、大雄宝殿。大雄宝殿之后则是偏离轴线的千佛殿。千佛殿现是灵岩寺的主体建筑，算是正殿。一般说来，中国佛教建筑的布局特点是进山门依次为天王殿、大雄宝殿（佛殿），有的寺院还在佛殿与天王殿之间设金刚殿。大雄宝殿，按常规是供奉佛教缔造者和最高层领导者——“佛”的大殿。灵岩寺将“佛”祀于千佛殿，将大雄宝殿作为献殿的差异，可能是由于在历代的修葺中殿堂互有换置造成的。从现状看，山门、天王殿、大雄宝殿在同一轴线上，大雄宝殿应是灵岩寺的主殿——佛殿。而千佛殿偏离轴线，可能是法堂，或与现存山门、天王殿、大雄宝殿本来就不是一套形制的建筑。因为任何佛寺，正殿只能有一个。

再说辟支塔，位于千佛殿的西北方向。在佛教寺院中，按理说，塔是用来保存佛舍利的，是神圣的，是崇拜对象，本应成为佛寺的主体建筑。中国本无塔，随着佛教的传入，这一建筑形式也随之进入了国门。当中国最初接触到塔的时候，只是把他作为一种祠庙的象征来接受的。塔，“犹宗庙也”（《魏书・释老志》）。因此，不论塔的结构、造型，还是在寺院中的位置都在发生着变化。这是因为它不合中国的殿堂制度，也就只好移位了。灵岩辟支塔，似乎即是作为一种标识而建的。

普照寺，由于历代修葺基本上是在原基础上进行的，故整体布局结构较完整。寺院面南，依山而构。一山门、二山门、大雄宝殿、筛月亭、摩松楼同在中轴线上。东西配以庑殿、禅院及钟、鼓楼。清《重修普照寺碑记》云：其制，“……后建佛阁两重，供奉如来法相。方亭中耸，更因山势为阶级。转折而前则大雄殿，东西两庑，参天古木护法当央。钟鼓之楼分列左右，而山门辟焉。殿之西侧为闲圃，东为僧院、为香积厨；阁之东侧为别囿，置禅舍十余椽，中有藏花之坞。西为客堂，明净轩敞。竹森于后，梅馥于前，四时之卉不凋，六朝之松犹在，遂使名山生色”。很明确，其格局采用的是中国典型的主要建筑均在南北中轴线上，左右殿庑、院落对称的形式，有着很强的节奏性和秩序感，严肃、方正，井井有条；规格、等级，一目了然。从环境上说，“竹森于后，梅馥于前”。因有“藏花之坞”而“四时之卉不凋”，充满了浓厚的生活情调，体现出现实世间的生活意境，大大冲淡了超现实的宗教神秘，已经是“实用的、入世的、理智的、历史的因素在这里占着明显的优势，从而排斥了反理性的迷信意识”(李泽厚:《美的历程》)。普照寺已成为典型化的中国殿堂式建筑。

结 语

当我们从宏观的角度来观察思索泰山宗教的来龙去脉及特征时，我们不难发现，泰山宗教有着它自身发展的规律。习惯上，人们常把儒、释、道三教归结为中国三大精神支柱。且不说儒学是否可算得上是宗教（从严格意义上讲，儒学是不能称之为儒教的，只能说它具有宗教性）。即使承认儒学是宗教，也很难说清泰山宗教性质的归属。泰山是儒家的？不是。泰山是道教的？也不是。泰山是佛教的？更不是。泰山是泰山的！泰山宗教从原始的自然崇拜起源，一直延续到封建社会的解体。而儒、道、释的出现却都要比泰山崇拜晚得多。神权与政权合一，最高统治集团是它的宗教组织系统，因此具有国家宗教的性质。漫漫几千年，易姓换代，朝纲更迭，始终没有影响它的存在与发展，也不像儒、道、释三教那样几经起伏。

泰山宗教的基本信仰是“敬天法古”“君权神授”，它起源于原始宗教基本形态之一的山岳崇拜。也可以说，原始的自然崇拜是其信仰的基础。当舜五年一巡守至岱而柴、望，便宣告了泰山信仰政教合一的确立。燔柴祭天，望秩山川成为相当稳定的祭祀形式，但最典型化的仪式则是“封”与“禅”模式的形成。在西汉之时就已有《古封禅群祀》二十二篇、《古封禅议对》十九篇、《汉封禅群祀》三十六篇、《古封禅方说》十八篇，这都可以看作是封禅理论系统业已完备的象征。我们认为封禅之说形成于战国末年，但其原型却是由来已久的巡守之礼。在“封”与“禅”的仪式特点上，仍保留有原始祭祀的痕迹。当封禅理论被秦始皇实践后，历代效仿直到宋朝，这种形式始终没有改变过。限于封禅大礼的特殊要求，有诸多帝王不能实现这一崇高的理想，但作为封禅的替代形式——柴礼泰山，也从来没有停止过。宋代之后，随着封建经济的新发展，人们的社会意识发生了一定的变化。在宗教领域随着“天人合一”观念的动摇，泰山崇拜与统治者的关系也发生了一些微妙的变化。像封禅这样的举国大典也随着宋真宗登封降禅的结束而偃旗息鼓。但是，基于中国传统的宗法性政治文化结构的影响，泰山与最高统治者的密切关系仍然继续保持着。凡有大祭、战事、灾祸、庆典等统治者大都要亲自或派员到泰山举行祭祀典礼，这一直延续到清王朝结束。作为一代帝王，只有在泰山行过告天之礼后，才能证实政权是上天赋予的，才能名正言顺地统治天下。因此，对统治者来说，道教、佛教可以信，也可以不信，但泰山信仰是不能少的。泰山信仰的对象，是天神、地祇，然而这毕竟太抽象了，于是在特殊的信仰氛围中造就出了泰山神，并受到唐宋帝王的不断封号，或"王"或"帝"，体现出一种皇权高于一切的专制精神。当道教想利用他的威名，拉入其神谱系统时，却又无法安排它的职位，只好让他去分管冥世。然而这位冥主，却居住着同人世间帝王同一规格的"九五"之制的殿宇，这使道士们尤为难堪，因为道教的最高神也无缘得到这样的殊荣。也可以说，在中国的诸神中，还没有一位神祇能够像东岳大帝一样受到统治者如此的礼遇。无论道教的信仰如何，民间说法怎样，泰山神一向保持着"达天""佑护"的基本功能。

泰山宗教，有着特殊的组织系统。国家政权系统维系着它的宗教行为，它由最高统治者——天子亲自主事，既是君主，也是教主。在泰山宗教中天神、地祇是崇拜的主体，以其祖先崇拜为补充，形成相对固定的模式。西汉之时，"独尊儒术"的格局形成，不但没有阻挡泰山信仰的发展势头，反而作为礼制倍加崇尚。只是作为一种补充，这种传统的祭祀大典便融进了更多的伦理色彩。为适应封建体制的需要，两汉时期，儒学发展成为经学，《周礼》《仪礼》《礼记》三礼使宗法性宗教祭祀礼仪建立起系统的体系。"天子祭天地，祭四方，祭山川，祭五祀，岁遍。诸侯方祀，祭山川，祭五祀，岁遍。大夫祭五祀，岁遍。士祭其先。"（《礼记·曲礼下》）在等级严格、上下分明的宗教祭祀制度中，体现出统治者通过天地祖先信仰来实现其集权的政治目的，并反映出汉代宗法性宗教社会伦理化的特征。汉武帝八次登封泰山，汉光武帝"会命岱宗"，章帝、安帝柴告泰山，无不是这一特性的反映。据《风俗通义》卷二武帝封禅纪功刻石云："事天以礼，立身以义，事父以孝，成民以仁，四守之内，莫不为郡县，四夷八蛮，咸来贡职，与天下无极，人民蕃息，天禄永得。"这种能得天下、得民心，"天禄永得"的"礼""义""孝""仁"，清楚地道出了封禅作为一种宗教祭祀礼仪所包含的社会伦理特点。以祭祀行教化，祭天地以布政德，是封禅不可缺少的社会内容。《白虎通·爵》："天子者，爵称也。爵所以称天子者何？王者父天母地，为天之子也。"受命帝王视天如父，视地如母，封禅祭天祀地之礼便也成为"天子"

治国、治民，受命中兴之本。汉武帝始建的泰山第一座灵宇——明堂，内祀天帝，就以汉高祖配祀。在唐代，祭天地与祭祖相结合，封禅之典更加伦理化。李治、武则天的封禅，祀昊天上帝之时，配祭高祖、太宗，祭地祇时，配祭太穆皇后、文德皇后；李隆基封禅，祀昊天上帝也配祀以高宗，祀地祇于社首如同高宗方丘之礼。宋真宗封禅，享昊天上帝于圜台，亦以太祖、太宗配。这种祀祖以配的祭祀，据现有文献看应始于周武王，《孝经》曰："宗祀文王于明堂，以配上帝。"自秦汉以后，祀祖以配祭天的礼制，有所淡化。故《新唐书·礼乐志》云："……自秦汉以来，诸儒之论不一，至于莫知所从，则一切临时增损，而不能合古。"从封禅祭天祀地之制看，唐代的礼制，尤重祖祭，在这以前的帝王封禅活动中是少见的。就封禅的特征而言，是受命帝王改制应天，德及于天下所举行的告功于天地的神圣宗教典礼。当它与祀祖结合在一起时，使这一祭祀活动增添了更多的祖先崇拜因素。这反映着对血缘关系的重视，成为告功于祖、以慰祖灵的重要形式。亦天亦祖，既通天地之神灵，又有伦理纲常之人情。这应是封禅祭天地同时祀祖的内在原因。东晋史学家袁宏云："夫东方者，万物之所始；山岳者，灵气之所宅。故求之物本，必于其始；取其所通，必于所宅。"（《后汉书·祭祀志》注）泰山万物之所始，灵气之所通，于此成祖礼，且于天地之祀相合，无疑是"事天以孝道""布政交神于王者尊严"的最佳形式。

几千年来，中国社会结构和组织关系曾发生过无数次变异。然而，建立在农业经济基础之上的以父系家长制为中心的宗法制度却延续保留下来。无论是奴隶社会还是封建社会，宗法制渗透于社会生活的各个方面。冯天瑜先生所著《中华文化史》（上海人民出版社，1990年）中曾指出：中华古文化的类型是一种宗法一专制社会下的伦理一政治型文化范式。之所以形成"伦理一政治型"模式，而与古代和中世纪欧洲、西亚、南亚诸民族的文化模式相异趣，最重要的根由，正在于它所依存的宗法一专制社会的结构。大致说来，宗法社会易于形成伦理型文化，而专制社会易于形成政治型文化。这正是社会存在决定社会意识的科学原理在文化史上的具体体现。正因为如此，根植于这种传统文化土壤的泰山宗教，表现出强烈的伦理性与政治性。传统的宗法性宗教，是泰山宗教的本质特征之所在。君权神授、行教布政、以德配天、祭天行孝等，成为一种不可能改变的礼制模式。原始的自然崇拜、历代帝王的封禅告祭，泰山宗教以独有的历史文化形态，在中国宗教史上写下了重要的一页。

后　记

《泰山宗教研究》一书，得益于在北京大学进修期间资料的搜集与知识的积累。1989年开始动笔，1991年完成初稿，1994年由文物出版社出版。在萌发著书的念头及撰写过程中，始终得到了导师杨辛先生的指导和鼓励；责任编辑贾瑞凯先生提出建议、技术把关，竭尽心力。在完成初稿之时，北京大学教授张岱年先生审阅了本书，并为之作序；国家图书馆馆长任继愈先生为本书题写了书名。老一辈的扶掖关怀，平生难忘。

本书是我的第一部学术专著，由此也确定了我的学术研究方向。三十年来，所出版、发表的专著与论文都在围绕泰山宗教信仰这个中心。如果说有所收获的话，即是本书种下的因。此次重新出版，按照现行的出版要求，进行了修订，但仍保留了首次出版的基本面貌，以能感受到当时著述的一些"原味"。

刘　慧

2018年12月12日于岱下

泰山庙会

刘慧 著

引　言

泰山，是中国的历史名山。上千年来，人们始终是将泰山作为一种精神的象征和寄托去认识它、对待它的。

泰山，同世界上任何一座名山的形成一样，滥觞于人类对大自然的崇尚，而泰山的魅力却在于它的历史与民族的历史同步。于是，在大千世界中，任何一种文化事象一经与泰山结缘，也便多了一份荣耀、一份神圣。东岳庙会能走向全国，就是因了这一点。

庙会是因庙有会，庙却是因山而置。五行作用的结果，泰山有了东岳的称谓，泰山庙也叫作东岳庙。东岳只有一个，但是随着泰山影响的扩大，泰山神从泰山走向各地，祭祀泰山神的东岳庙也就从泰山扩展到了大江南北。特别是宋代以后，各地几乎均建有规模不同的东岳庙。因此说，东岳只有一个，而东岳庙却不止一个了。随着庙会的产生，东岳庙会便出现于全国各地。这东岳庙会就不是泰山庙会的专指了。也就是说，在这里东岳庙会与泰山庙会已不是一回事。

即使同在泰山，因信仰神主的差异，所形成的庙会的形式也有所不同。再就是同是与泰山信仰有直接关系的神祇，也有两位：一是东岳大帝，一是碧霞元君。并且，庙会的地点、时间也有一定的差异。所有这些，都是需要说明的。

在这里，“泰山庙会”只是以山为题，以庙说会。无论是信仰观念还是地域范围，均是以泰山为依托。具体到庙会信仰的主体，则是围绕东岳大帝（圣帝）和碧霞元君（泰山奶奶）展开。其所在的神宫——岱庙、碧霞祠等也就成为要表述的庙会活动的空间对象。亦即是说，本书是以东岳大帝、碧霞元君信仰所形成的庙会为主题的。

任何文化事象的发生，都不会是孤立的。因此，在本书中，试图把视野放得开阔一些，把庙会的信仰、发生过程及活动内容等，作为一个整体来探讨、来介绍。不妨把庙会活动放在泰山文化这个大背景中去认识、去把握，或许这样更有利于了解它的全貌。

让我们一起，对泰山庙会作一番考察吧。

一、从祭祀到庙中会
——庙会说源

庙会是以庙为活动空间的。因此一般认为，庙会是指在寺庙内（或其周围）所举行的一种集宗教、娱乐、贸易为一体的群众性集会活动，因有集市的某些特点，故而也称为庙市。庙会最大的特点在于它与一定的祭祀崇拜有关。从庙会发生、发展的特点看，宗教性祭祀活动是庙会产生的基础。因此，让我们先从与之相关的泰山信仰谈起。

（一）古老的大山　古老的信仰

对大山的崇拜，在世界各民族中都有着一定的历史渊源，但像泰山那样历史文化延续之长，宗教信仰影响之大，乃至能成为一个民族传统文化的象征的，实不多见。

1.“登泰山而小天下”

在古人的眼里，泰山是一座最高最大的山。早在两千多年前，我们的先哲就告诉人们“登泰山而小天下”（《孟子·尽心上》）（图1）。

图1　“拔地通天”刻石

现在旅游的人们，往往习惯于以海拔的高度去评价一座山在众山中的地位，但这在人们的视觉活动中不能不说是一种错误的判断。对山之高度的感受，不是也不可能是来自以海平面为基准的抽象判断，而只能是来自山体形象的直观感受，这也就是所谓的视觉思维。如以海拔高度而论，我国的青藏高原平均海拔在4000米以上，而泰山的最高峰玉皇顶才只有1545米，而在青藏高原你能感到高原上的任何一座山丘都比泰山高吗？唐代大诗人杜甫《望岳》诗中有“会当凌绝顶，一览众山小”的名句，这“众山小”，只能是“凌绝顶”的直观感受，是视觉上“一览”的结果。高耸雄伟，拔地通天，是泰山空间结构上的基本特征（图2）。

图2　南天门

这种小天下的气势，一是来自于它的相对高度，二是它与周围环境的强烈对比（图3）。

图3　一览众山小

由于地学因素的作用，泰山具有较大的相对高度。泰山脚下的泰城到山之主峰玉皇顶，在6～7公里的水平距离内，相对高差竟达1300～1400米，给人的是“高山仰止”的直观感受；而在泰山周围，是较为平缓的丘陵平原，较高的山峰也都低于泰山300～400米，泰山可谓是异峰突起。正如北京大学泰山风景名胜资源综合考察组在《泰山地质概述》一文中所称：“从一幅局部放大的美国陆地卫星MSS图像可以看到，方圆数十到百公里内，泰山一山独尊。”从山体的局部构造来看，在泰山之阳分布有三大断层，由此形成泰山南坡陡峻高拔的三大台阶式地貌，并且台阶高差对比强烈，使泰山山体在形体的塑造上形成了凌空高拔，直冲云霄的气势。“泰山岩岩，鲁邦所瞻”（《诗经·鲁颂·閟宫》），就是在几千年前人们对泰山高耸雄伟形体的感受。

同样是受地质构造的影响，泰山又有着雄浑博大的形体特点。泰山的山阴、山左、山右相对平缓，构成层峦叠叠、群岗众丘依附于泰山主峰的态势。这与山阳高耸挺拔的山体相对应，形成了泰山体量的厚重博大，给人以雄伟、稳固的心理感受，所以有“泰山如坐”的说法，同时又有了“重如泰山”“稳如泰山”的种种比喻。古人有“五岳”“九镇”的说法，“镇，安也，所以安四方”（《周礼·春官·大宗伯》注）。在古人看来，一州要有一山作为镇州之山，一国要有一山作为镇国之山，这就是所谓的“镇，名山安地德者也”（《周礼·夏官·职方氏》注）。于是人们就选择了泰山来“配天作镇”，故又有了“泰山安则天下皆安”的说法。

从文字意义看，泰山原本的意思就是大山。

泰山古称岱，何为“岱”？岱，就是大山。《说文》说：“岱，太山也，从山，代声。”段玉裁作注说：“大作太者，俗改也。域中最大之山，故曰大山。”也就是说，岱是指地域内最大的山。岱就是大山，大山才能称为岱。

泰山又称岳，岳的古字就是象高形。

泰山亦称太山，而太也就是大。段注《说文》说：“凡言大而以为形容未尽则作太。”在古代，太通大、泰。大、太、泰可互通。因此说，泰山之名为泰、为太、为岱、为岳，都源于其山之大。

可以说，对大山的崇拜，是泰山崇拜的认识根源。

2.“肤寸生云”

在古人的眼里，泰山是一座神秘的山。

“触石而出，肤寸而合，不崇朝而遍雨乎天下者，唯泰山尔。”（《公羊传·僖公三十一年》）这是春秋战国时期，人们对泰山之云的惊叹。

到了清代，泰山之云仍被认为是“天地之至文”：“或起于肤寸，瀰沦六合；或诸峰竞出，升顶即灭；或连阴数月，或食时即散；或黑如漆；或白如雪；或大如鹏翼，或乱云如散鬈；或块然垂天，后无继者；或联绵纤微，相续不绝。”（叶燮《原诗·内篇》）如此神奇，恐怕世界上任何一座名山，其云都不会像泰山之云那样有如此大的魅力和影响。

何止是云，泰山的风雨阴晴也都非同寻常。由于泰山地处季风气候带，加上山体高耸靠近海洋，气候变化较为复杂；又因泰山特定的地形地貌，山顶与山下气候迥然不同，有所谓“绝顶峰高夏亦寒”的说法。而气温随着山的高度而降低，雨量则随着高度的变化而增加，故又有“十里不同天”之说。阴雨风晴，朝霞暮霭，瞬息万变，泰山罩上了层层神秘的色彩。

古人说：

> 山林川谷丘陵能出云，为风雨，见怪物，皆曰神。（《礼记·祭法》）
>
> 夫山者，……出云道风，嵸乎天地之间。天地以成，国家以宁。（《韩诗外传》卷三）
>
> 鬼神谓山川之神也，能兴云致雨，润养万物也。（《史记·五帝本纪》正义）

可以看出，多变的气候物象，是构成古代先民对山川崇拜的重要因素之一。泰山“肤寸生云”“体乾润物”“霖雨苍生”“天根云窟”等刻石，便是历史上人们对泰山气象的感悟。如果说，山石铸就的山体是凝固的、静止的；那么，缥缈不定的云烟风雨却是变化的、无常的，这种动态打破了原有的那种沉寂，而赋予山体以活的灵性，扩展了原有固定的空间，给人以无限的神秘莫测之感。

3.“中央之美者”

在古人的眼里，泰山是天地的中心，并以富庶著称。

刘安的《淮南子·地形训》就说：“中央之美者，有岱岳，以生五谷桑麻，鱼盐出焉。”

泰山神有“天齐王”“天齐仁圣帝”的封号。何为“天齐”？“齐所以为齐，以天齐也”(《汉书·郊祀志》)，颜师古解释说：“谓其众神异，如天之腹齐也。”是说这“天齐”如同天之腹脐，是天的中心。“天齐”这一称谓，即显示着一种文化和地理上的自豪。这种优越感与这一地区发达的古文化有关。

泰山是我国最早进入人类视野的名山之一。至迟在40万～50万年前，就有人类繁衍、生息于泰山周围。到了新石器时代，这一地区的文化发展到了高峰。仅就目前考古资料看，至少八千年以来，它就在山东大地上稳定发展。到距今五千年中叶，也即大汶口文化中期以后，逐渐取得了对其他新石器文化的优势，以至在以后的一千余年中，在许多方面都处于领先地位，并以其文化上的优势，形成对黄河中游及长江流域的强烈渗透。泰山周围一带成为我国古老文化的源头之一，并在中国历史上有着特殊的地位，名闻遐迩的齐鲁文化就是在这块有着优秀文化传统的土地上发展起来的。以至有人说：“……长城、运河是伟大中华民族的象征，泰山何尝不是伟大中华民族历史的见证。”(苏秉琦：《加强泰山“大文物”的研究》,《泰山研究论丛》(一)，青岛海洋大学出版社，1989年。)

人类之所以选择泰山为生息地，是与海岱地区的生态环境分不开的。在几千年前，泰山周围的气候条件非常优越，接近亚热带的气候条件，极利于动物、植物的生长。考古资料表明：泰山周围在新石器时代相当于现今秦岭至淮河以南地区的气候。山地降雨充沛，冬季罕见冰雪。这种富殖的生态优势，在春秋战国之时仍然存在。泰山周围冬不结冰，年收两季的记载不绝于史。《春秋》中鲁桓公十四年、成公元年、襄公二十八年，均有冬“无冰”之记载。《孟子·告子上》中，也有当时农作物一年两熟的记述。优越的自然条件，为人类的生存和发展提供了理想的生态环境。

4.“万物之所始”

在古人的眼里，泰山是一座孕育万物的大山。

《白虎通·封禅》曾指出：封禅“所以必于泰山何？万物所交代之处也”。“万物之所始”的观念，是泰山信仰的核心，由此而引发出掌万物之生命、操新旧之更替的种种观念。无论人之生命，还是国家之命运均在泰山的掌握之中。于是人们才有了到泰山寻求长命，到泰山祈求国运的举动。甚至落叶归根，即便死去，也要到泰山寻求早日的回归。所有这些，都来自于人们对东方的崇拜及对太阳的崇拜。

这种观念的产生，是与我国传统文化密切联系在一起的。中华民族是一个崇尚光明的民族，太阳崇拜在一定的历史时期构成自然崇拜的主体。上古时期，对太阳的崇拜曾广泛流行。凡用于天神人君的最尊贵称呼，如：明、皇、帝、王、天、华等，均与太阳神信仰有关。历来被崇奉为华夏民族始祖的伏羲、黄帝，就其初义来说都是太阳神的称号（何新：《诸神的起源・自叙》，生活・读书・新知三联书店，1986年）。在泰山文化圈内，太阳崇拜这一特点表现地更为突出。大汶口文化遗址中发现地由太阳、火、山组成的图案文字，体现的就是这一地区先民对太阳的崇尚（图4）；大汶口遗址墓地人的头向朝着东方，也反映出日升日落的思维特征。在齐地所奉祀的八神中，即有日神——阳主。当五行说出现，泰山就成为东方的象征。《白虎通・巡守篇》说：“东方为岱宗者，言万物更相代于东方也。”《五行篇》也说：“东方者，阴阳气始动，万物始生。”并以“万物新出地中”的“木”为文化符号，以资生命之源。

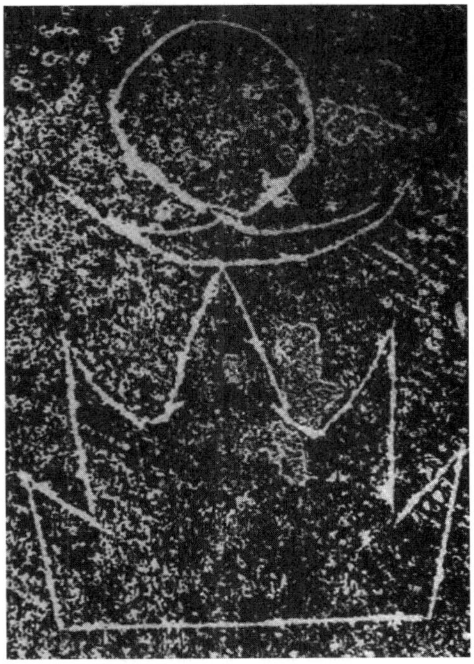

图4　大汶口文化遗址出土的图案文字

可以说，太阳崇拜、东方崇拜是泰山信仰的源头，对泰山的崇拜正是中华大地上古时代太阳神崇拜的缩影。当人们将这种信仰具体到某一神灵的时候，便产生了泰山之神——东岳大帝和碧霞元君。这东岳大帝与碧霞元君，就是泰山庙会信仰的主神。

（二）祭祀发端下的庙中会

一般说来，人们对庙会概念的理解，多倾向于经贸活动，所以有“庙市”一说。其实，当初的庙会重在祭祀活动，其他内容都是由此而引发的。人们到庙中，首先是为了与神相会。也就是说，在这里需要与神沟通，相应的宗教信仰活动是必不可少的，这是去的主要目的。去的人多了，人与人之间的交流也就多了起来，何况都是带着相同的心境与愿望去的，有着一定的共同语言。因此，人与神的沟通，人与人的沟通，就成为庙会的基本内容。只是后来随着经济利益因素的增加，也便有了多种多样的经贸行为，有了多彩多姿的娱乐活动。所以说，庙会的产生首先与祭祀活动有关。

泰山的祭祀是久远的，也是多彩的。

1.史前祭祀

所谓祭祀，是人们把人与人之间的相互酬报关系扩展到了神。并且，古代的人们是把祭祀活动作为头等的大事去对待的。《礼记·祭统》就说："凡治人之道，莫急于礼；礼有五经，莫重于祭。"

当你打开我国的典籍史册，不时会看到泰山的大名。在这些记述中，最多、最重要的莫过于祭祀问题。史传有"古者封泰山禅梁父者七十二家"的说法（《史记·封禅书》）。从封禅出现的时间看，说无怀氏、神农氏、炎帝、黄帝等曾封禅泰山，应是战国时期的附会之说，不过说他们有的曾来泰山举行祭祀活动是有历史依据的。如黄帝曾"合鬼神于泰山之上"（《韩非子·十过》），也有"黄帝出游，驾龙乘凤，东上太山，南游齐、鲁，邦国咸喜"（《绎史》卷五引《易林》）等说法，都透露出这方面的信息。在史前有详细记载的是舜的祭祀——"柴"与"望"。

《尚书·舜典》说，舜在接受尧的禅让担任部落联盟首领时，举行了一系列的祭祀仪式，其中就有泰山"柴""望"之祭。他于二月"顺春东巡"，在四岳之长的岱宗举行了燔柴祭天、望秩山川的柴望仪式。具体地说，柴与望是两种祭祀形式。柴，就是烧火祭天；望，是望而祭之。从种种迹象看，祭祀泰山在当时已成为王者成功之后取得最高祭祀特权的一个标志，是一种权力的象征。这也是后来只有"天子"才有资格祭祀泰山的原型。烧火祭天，遥望山川，是人君与天地诸神沟通的宗教形式，"柴""望"也是对泰山原始自然崇拜祭祀形式的一种概括。这种祭祀礼仪还要秩次其他诸岳，并且还要五年一循环，说明这种仪式已成为人与神沟通交流而普遍使用的"宗教语言"。

战国时期，伴随"五德终始说"而出现了"封禅"说，使泰山祭祀进入了一个新的时期。从祭祀形式上说，所谓"封"，即在山顶上筑坛烧火以祭天；所谓"禅"，即在山下的小山上除地以祭地；从内容上看，封禅是在巡守的基础上发展起来的一种祭祀形式。它以功成受命为核心，以天人感应为特征，构筑起一代帝王将兴之时的一种命定论模式。它以特定的形式和独有的内容成为历代帝王统一天下、改制应天的重大政治活动，构成泰山崇拜的特殊形态。由于封禅意味着“受天有命”，意味着功及天下，所以历代帝王莫不竞相效仿。只是限于封禅所需条件的苛刻，往往成为一代帝王可望不可即的理想。

2.秦汉封禅

秦始皇是中国历史上捷足先登封禅泰山的第一人。秦始皇统一六国后，建立了中国历史上第一个多民族的封建统一帝国，创立了中央集权的君主专制政治体制。与此相适应，秦始皇一方面继续把天地崇拜作为官方的正统信仰；另一方面，则把这种崇拜与“五德终始说”融为一体，并以此作为“受天之命，既寿永昌”(《全秦文·玉玺文》)的宗教保障。具体实践便是将战国末期产生的“真命天子”出来时应有的神人交通感应的神圣仪式——封禅的说法，予以实现，于公元前219年封禅泰山。从而开创了中国历史上所独有的山岳崇拜的特殊形式(图5)。

图5　秦泰山刻石残字拓片

由于封禅原本是一种设想，当秦始皇真的要来尝试一下的时候，自然无章可循。因而秦始皇在礼仪无制可依的情况下，临时征召齐鲁的儒生博士来讨论其典章之事，只是其议“乖异”，无法实施。秦始皇只好自行其是，采用秦国自己的“祀雍上帝”之礼。从山阳登上泰山之巅，立石以颂始皇功德，表明他已到泰山行封，而从山阴下至梁父禅了地，向天下宣告了秦王朝的神圣性与合法性；同时也使泰山自古以来的一般性天神祭祀，发展升华为与社稷息息相关的政治大典，泰山祭祀由此进入了一个新的文化形态。

两汉时期，泰山祭祀无论是理论还是形式都得到了很大的发展。西汉时就已有《古封禅群祀》二十二篇、《封禅议对》十九篇、《汉封禅群祀》三十六篇、《封禅方说》十八篇(《汉书·艺文志》)。这些都可以看作是封禅的祭祀理论系统业已完备的标志，而在祭祀形式上也趋向程式化。

汉武帝于元封元年（前110）三月先巡行泰山，当时“泰山之草木叶未生，乃令人上石立之泰山巅”。又“遂东巡海上，行礼祠八神”（《史记·封禅书》）。四月间汉武帝回到泰山下的奉高，和秦始皇一样，考虑到儒生和方士们提出的封禅礼仪各不相同难以施行，遂自行其是。武帝先到梁父山祭祀地神，又在泰山下的东方，设坛祭天。事后武帝仅与侍中奉车都尉霍子侯登上泰山行封祭天。次日从山北取道而下，在泰山脚下东北方的肃然山祭祀地神，尔后到泰山明堂宣布封禅成功。此后汉武帝多次到泰山行祭祀之事。

如果说汉武帝祭祀泰山与秦始皇相比有什么特点的话，那就是汉武帝更直接地将长寿成仙与封禅祭祀结合在了一起。《神仙传》《集事渊海》等说，当时著名的泰山神仙泰山老父、稷丘君都曾被汉武帝所遇。武帝为了等候神仙的降临，还在泰山建起了泰山宫。为寻仙每次到泰山祭祀之后还要到海上去一试机缘，而仙人方士为了应和汉武帝，也千方百计制造出种种仙话，探求所谓的不死之术。

每当武帝临海时，方士便云集海上。据《史记·封禅书》载：“上遂东巡海上，行礼祠八神。齐人之上疏言神怪奇方者以万数，然无验者。乃益发船，令言海中神山者数千人求蓬莱神人。……宿留海上，予方士传车及间使求仙人以千数。”“……复遣方士求神怪采芝药以千数。”这种以“千数”“万数”计的方士，有目的、有组织地集会，自然会强烈刺激着宗教团体的形成；同时也扩大了神仙方士的社会影响，为方士集团从海上走向陆地，从陆地走向泰山，奠定了思想基础和组织基础。

东汉光武帝刘秀为洗刷王莽篡汉改姓的耻辱，也到泰山“受命中兴”。建武三十年（54），刘秀“过泰山，告太守以上过故，承诏祭山及梁父”（《后汉书·祭祀志》）。时过两年，建武三十二年（56），刘秀再次到了泰山，这一次是为封禅来的，其祭祀队伍浩浩荡荡，远远超过秦始皇和汉武帝，而且礼仪也不像他们那样秘而不宣。

由于秦汉两代帝王祭祀活动的渲染，泰山神灵在民间也被引起广泛注意。人们有理由相信，泰山神是掌握生死大权的神，要不为何皇帝竟如此频繁前来，并虔诚备至。所以当时流传有“上泰山，见神人，食玉英，见泮泉，驾飞龙，乘浮云，白虎引兮直上天。受长命，寿万年”（《太山镜铭》）的说法。上至帝王，下到百姓，确信泰山就是保寿安邦的神灵。对帝王来说，敬奉泰山神最好的办法就是到泰山去封禅，他们深信黄帝封泰山然后不死的说法，行封可得长寿。而对百姓来说，只要上泰山，见到神人便可长寿百年。

汉光武帝封禅泰山后的600余年间，虽然易姓而王的君主层出不穷，但尚未有人实施封禅大礼。这一方面取决于统一的东汉统治解体后，社会进入分裂、纷争的状态，帝王无暇顾及这一大礼；从另一方面说，国家不统一也不能实施这一大礼，尽管也不乏跃跃欲试者。在最高统治者的泰山祭祀活动处于低潮之时，民间的祭祀活动倒是异常活跃起来。这也为道教的发展创造了条件。

泰山治鬼的说法，从西汉末开始流行，受佛教地狱观的影响，泰山神成为冥府的掌权者。有影响的有《后汉书·方术传》许氏泰山请命的故事、《搜神记》卷四泰山胡母班传书的故事、《幽明录》卷五舒礼受刑的故事，等等。在当时还盛行向泰山献礼的做法，在泰山的下庙岱庙，专设有神宝库以储藏祭品供器。《水经注》引《从征记》就记述库中有汉时的乐器及神车木偶，“皆靡密巧丽”，还存有后赵建武十三年（347）永贵侯张某所献的金马一匹，“高二尺余，形制甚精”。

时值隋代，在国家统一、社会安定的基础上，封禅祭祀又被提到了最高统治者的议事日程。但不知什么原因，尽管隋文帝为封禅泰山做了充分的准备，甚至连专为封禅之用的受命之玺——神玺，也制造好了，却不曾实施这一帝王梦寐以求的大礼，仅是一般性地祭祀泰山，于开皇十五年（595）来泰山行祭天之礼，并“饰神庙，展宫悬于庭”（《隋书·礼仪志》）。

3.唐宋崇道

唐代是中国封建社会进入鼎盛阶段的时代，反映在泰山祭祀中，其规模也前无古人。不但先后有唐高宗、玄宗分别于乾封元年（666）、开元十三年（725）实施泰山封禅大礼，其规模超过以往任何一代帝王，而且其崇道活动也达到高峰。

唐太宗时，即有臣属议论封禅之事，太宗虽口头上说“无假封禅”（《旧唐书·礼仪志》），但终究经不住诱惑，派人东行泰山，以察古封禅泰山的遗迹，准备封禅，并下诏贞观十五年（641）有事泰山。可惜天不作美，车驾至洛阳宫，遇有彗星之变，只好作罢，封禅之事遂梦成黄粱。高宗即位后，其臣属便屡请封禅，立为皇后的武则天也“密赞”其事，于是唐麟德二年（665），东驾发京，三年（666）至泰山升山行封禅之礼。有意思的是武则天参加了封禅中的亚献之礼，这不能不说是女性取得祭祀专权的伟大胜利，开历史之先河。

大唐之业，在睿宗时曾被武则天易姓而主，改唐为周，这对李氏宗祖来说，无论从哪一方面来讲，都是一个不能接受的耻辱。李姓夺回帝位后，受命中兴为大唐正名也便成为当务之急的大事。玄宗即位后，励精图治，振兴唐室，开元盛世初见端倪，封禅受命的大任，自然就落在了这位圣主的身上。唐玄宗于开元十三年（725）到泰山，三献皆升山，并留下了规模宏大的摩崖纪功刻石《纪泰山铭》，铭刻洋洋大观，被后世誉为“天下大观”。

用宗教祭祀作为处理外交的一种手段，是唐代封禅的又一个特点。《册府元龟·封禅》载，李治和武则天封禅时，除随从文武百官仪仗外，还有众多的国外使臣和诸蕃酋长参与：

……帝发东都，赴东岳。从驾文武兵士及仪仗法物，相继数百里，列营置幕，弥亘郊原。突厥、于阗、波斯、天竺国、罽宾、乌苌、昆仑、倭国及新罗、百济、高丽等诸蕃酋长，各率其属扈从。穹庐毡帐及牛羊驼马，填候道路。

“相继数百里”、浩浩荡荡的封禅大军，规模之宏大前无古人。这是与唐代的政治经济相适应的，无疑是一种国势强大的显示。尤其是由众多的外国使臣与异蕃酋长率其属从随行陪祭，不难想见，其阵势既能威震国人，又可势惊异邦。

开元年间的封禅，同样是有过之而无不及。在封禅大军中，也有众多的番邦使者，显示出国势的强盛及兼容并蓄的气度。封禅在加强民族与民族之间、国与国之间的关系中起到了良好的作用。这时封禅活动无论对封禅者还是从封者，都显示着一种明确的积极意义：国家昌盛，需要安定统一的政治环境，封禅是一个国家和平统一的象征。在这次封禅中，唐玄宗还封泰山神为“天齐王”，礼秩加三公一等，泰山由此开始了名副其实的帝王化历程。

在唐代，武则天将自汉即有的泰山上、中、下三庙的中庙改作道观，名曰岱岳观，并以此作为皇家斋醮的场所。所谓斋醮，俗称道场，是道教设坛祭祷的一种仪式。“斋”，是指祭祷中必须洁身清心；“醮”，是指祭祷活动。斋有斋法，醮有醮仪，供斋醮神是道教人神沟通的重要表现形式之一，也是道教徒的主要宗教活动。斋醮大致从早期的巫觋仪式及坛祭形式发展演变而来，生动形象，具有久远的历史。

一幢《双束碑》，就是一部唐代在泰山的斋醮史（图6）。碑所记的修斋建醮活动有20余则，是皇室遣官或派道士频繁而来的见证。唐显庆六年（661），主东岳之事的道士郭行真，为高宗和武后建道场七日，拉开了斋醮的序幕。后继有中宗、睿宗、玄宗、代宗、德宗等也遣员前来行祭。武则天改周15年，泰山斋醮投龙竟有7次之多，仅长安四年（704）一年中，就来了两次。

图6 《双束碑》

在斋醮活动中，所设的多是金箓大醮，时间长短不一，少者几天，多则四五十天，行醮人员也多少不一，少则几人，多者四五十人。前来行事的多是道教界颇有声望的高功法师。可以说，唐代封禅与道教相关联，促进了泰山道教的发展。频繁而又郑重的岱岳观斋醮，使泰山成为天下大师、高功的汇集地，从而也成为泰山祭祀的中心。

继唐之后，赵宋王朝崇道不亚于李唐之时。宋王朝虽然结束了五代的动乱，使国家趋于统一，但其国力已无法与汉、唐时期相比。宋立国之初，为了寻找精神上的支柱，统治者们就曾利用道教的神灵编了一个“翊圣”降显的神话，以此来大造皇权神授的政治舆论。为了达到封禅的目的，宋真宗直接参与策划，几经周折，费尽心机。先是有“祥瑞”不断出现，祥符元年就有三次“天书”降临，宋真宗于大中祥符元年（1008）封禅泰山（图7）。据

图7 宋真宗封泰山“天齐仁圣帝”碑

《续资治通鉴》卷二十八《宋纪二十八》所载：大中祥符二年（1009）五月“诏兖州长吏，以天书降泰山日诣天贶殿建道场设醮，以其日为天贶节，令诸州皆设醮”。宋真宗在泰山建道场设醮，使封禅更多地融进了道教色彩。不言而喻，真宗封禅泰山，是出于政治上的需要，但他把封禅与崇道紧密结合起来，是超过前代的。宋真宗封禅后，加号泰山为“仁圣天齐王”，后又尊为“天齐仁圣帝”，使泰山神由王成为帝。在后世产生巨大影响的碧霞元君，也曾受益于真宗封禅，这是后话了。

4.明清告祭

明清两代，作为旷世大典的泰山封禅不再举行，但泰山祭祀并没有终止，只是变换了个形式罢了。随着明代立国，朱元璋去掉泰山神历代封号，而以“泰山之神”名其名，并在岱庙立碑以示天下。伴随而来的则是频繁的告祭活动。

所谓告祭，就是皇帝不亲自前往祭祀，而是派遣官员来泰山实施祭祀。如明洪武十年（1377），朱元璋遣曹国公李文忠、道士吴永舆、邓子方代其祭祀泰山，并在岱庙立碑，其《祝文》还诏明“自今以后，岁以仲秋诣祠致祭”。明代重泰山神之告祭，如代宗朱祁钰在位虽不满八年，有史可稽的就有七次遣员来泰山。在明代或祈嗣统，或祈年丰，或祈息战均要遣官告祭泰山。在明万历二十七年（1599）神宗还曾下旨颁发圣旨一道、《道藏》一部于岱庙，要道人“朝夕礼诵”。

图8　泰山三宝之一——黄釉青花葫芦瓶

清代沿袭明代的做法，以遣员告祭为主，但也不绝亲祭，如康熙曾3次来泰山，乾隆10次来泰山。乾隆不但创帝王就祭之最，而且频繁地为泰山进献祭器也为前世所无（图8、9、10）。但总的说来，随着封建统治体制的即将解体，以最高统治者为主体的泰山祭祀逐渐衰弱，大规模的群众性朝山活动掀起了高潮。泰山的祭祀活动掀开了新的一页。

纵观泰山古代的祭祀活动，有如下几个方面的特点：

其一，历史久远，延续时间长。自原始的自然崇拜开始，一直延续到封建社会的解体，

图9　泰山三宝之一——沉香狮子

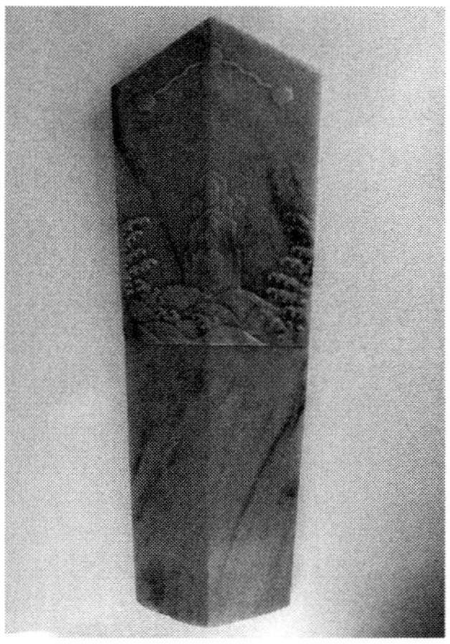

图10　泰山三宝之一——温凉玉圭

其间几千年始终没有停止过。它几乎贯穿了中国传统宗教发生、发展的整个过程，具有一定的典型性。

其二，性质独特，祭祀规格高。泰山祭祀活动在很长的一段时间内，仅限于统治者阶层，并由最高统治者亲自执事，祭祀活动始终是作为国家的最高宗教活动来对待的，有着特殊的组织系统。无论是理论体系还是祭祀形式，起源成熟早，有着很强的影响力。

其三，信仰基础深，影响范围广。泰山的基础信仰是“万物始生”“阴阳相代”，这几乎概括了一切事物的发展规律，很容易被人们所接受，这也是泰山祭祀在全国范围内有很大影响的重要原因。

（三）古老的山庙　古老的庙会

神与建筑发生关系，起初仅表现为献祭的祭坛、祭台等。随着人类对偶像崇拜的进一步升华和建筑能力的提高，神也便有了同人一样的居处——庙宇，这些建筑既是神的居所，同时也是人们供奉、祈祷的场所，人与神的沟通也便在这里进行。泰山神是幸运的，至迟在汉代，就已有宫殿式的庙宇。

1.“汉亦起宫”

1961年12月28日，在西安西郊阿房宫遗址的北部，发现了一批西汉时期的铜器，共22件，其中12号鼎赫然铭刻有“泰山宫鼎”字样，在同期出土的铜器中多有“上林”之记，而此鼎之记很特别，曾引起考古界的关注。有人认为：

此鼎出自泰山宫，是以地名宫，泰山宫当为武帝封泰山时所建筑（陈直：《古器物文字丛考》，《考古》1963年第2期）。也有人认为：此建筑非武帝封泰山时所筑，但同样认为其鼎是泰山之物，泰山宫则可能即泰山庙之别称，后被调入西安上林苑中（黄展岳：《西安三桥高窑村西汉铜器群铭文补释》，《考古》1963年第4期）。结合有关文献记载，这个泰山宫就是泰山神的灵宇，或称泰山庙，或称岱宗庙。

北魏时成书的《水经注》引《从征记》说，当时泰山有上、中、下三庙。对下庙是这样描述的："墙阙严整，庙中柏树夹两阶，大二十余围，盖汉武所植也。……库中有汉时故乐器及神车木偶，皆靡密巧丽。"这下庙有汉武帝所植的柏树，藏宝库中有汉代的祭品供器，是否就是汉代的泰山庙呢？回答是肯定的。东汉应劭的《风俗通义·山泽》中对"岱宗庙在博县西北三十里"位置的记述与其是相吻合的。明《岱史》综合有关碑刻材料也认为这个下庙当是汉代所置。更有说服力的是，1995年在今之岱庙，出土了部分汉代遗物，其中"长乐未央""千秋万岁"瓦当等宫殿式建筑构件的发现，为岱庙即为汉代之泰山宫、泰山庙，提供了实物佐证（图11、12、13）。

图11　汉武帝所植连理柏

关于庙宇在当时的规模已无从考察，但从《水经注》所载泰山庙"墙阙严整，……门阁三重，楼榭四所，三层坛一所，高丈余、广八丈"来看，气势不凡。上面提到的在西安阿房宫遗址出土的"泰山宫鼎"，上面还有"第百一十六"的铭记，这个编号如此之大，也说明西汉之时，其泰山宫的规模也绝非一般性庙宇所能有；还有泰山宫鼎能调入汉宫上林苑，也可知泰山宫在当时的影响之大。看来《大宋天贶殿碑铭》中对泰山之庙"珍瑞云

图12　岱庙出土的“千秋万岁”瓦当

图13　岱庙出土的“长乐未央”瓦当

获，汉亦起宫”的记述是毫不夸张的。

2.“俨然帝居”

如果说泰山神是帝王化了的神，那么他的庙则是皇宫威仪化了的庙。

自从人间有了皇帝，神界的泰山神也便逐步走上了帝王化之路。作为泰山神的宫殿——岱庙，也就成了王宫的缩影。如果你已去过北京故宫的话，那么到岱庙就会有一种似曾相识的感觉，“宛如北京的紫禁城”（吴组缃：《泰山风光》，引自《泰山大全》，山东友谊出版社，1995年）。这就是因为岱庙同故宫的形式布局一样，是按帝王之居的宫城形制来营造的神宫。它严格以轴线对称的形式来布局，即以一条南北轴线为中心，把众多的重要建筑依次排列在轴线上及其左右两侧，其空间序列也是按轴线的纵深发展逐一展开的（图14）。

择中立宫，前朝后寝。沿中轴布局，择中立宫是中国传统建筑的礼制规范。在岱庙的南北轴线上，分别坐落有正阳门、配天门、仁安门、天贶殿、后寝宫、厚载门，两侧对称有炳灵院、延禧院、鼓楼、钟楼、东寝宫、西寝宫等。主体建筑——天贶殿位于中轴线上的最高处，满足了以高为尊的要求。同时，以天贶殿为分界线将岱庙的布局分为前后两部分，前为堂，后为寝。即前为当朝处理政务的地方，后为休息养性的寝室。在《考工记》中，就有这种宫城内的布局。这个制度在我国源远流长，是传统宫城设计的重要制度。明朝营建北京，就继承了这种传统的格局。

“九五”之尊，重檐庑殿。“九五”之数，在我国算是很崇高的数字了。古人有“九五，飞龙在天”（《周易·乾》）之说，后常以此数尊帝位。岱庙的天

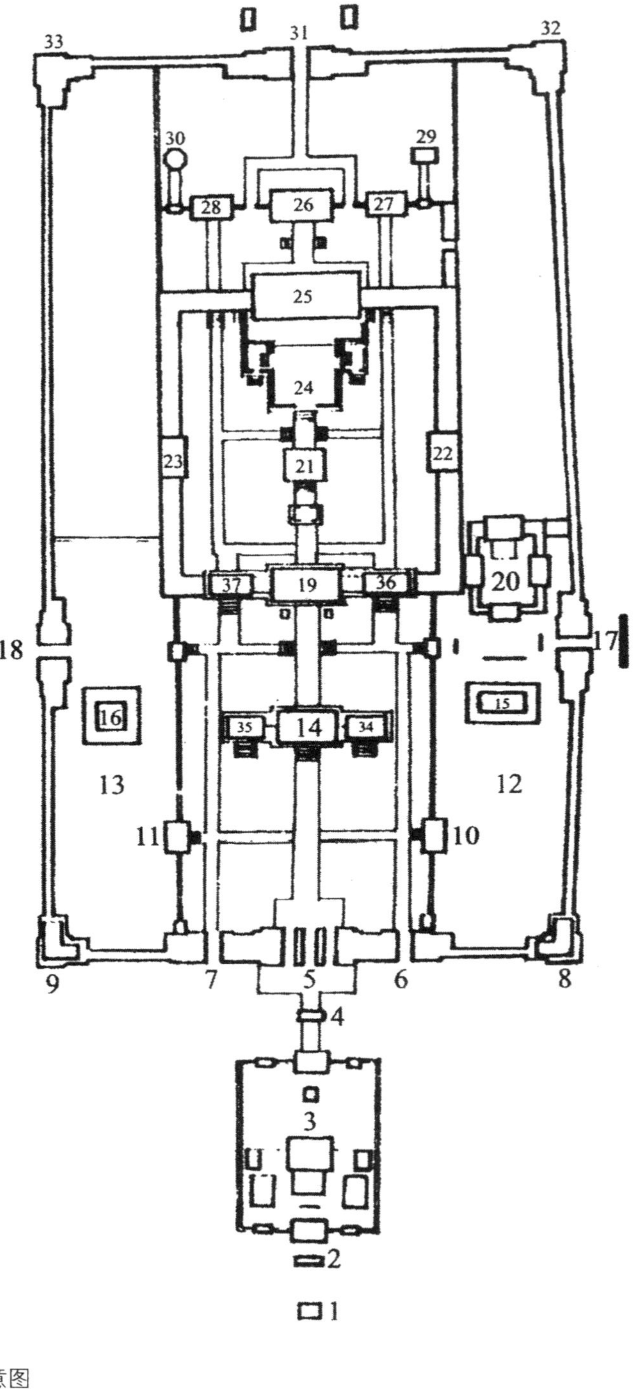

图14　岱庙平面示意图

1.双龙池　2.遥参坊　3.遥参亭　4.岱庙坊　5.正阳门　6.仰高门　7.见大门　8.巽楼　9.坤楼　10.炳灵门　11.延禧门　12.汉柏院　13.唐槐院　14.配天门　15.汉柏亭　16.库房　17.东华门　18.西华门　19.仁安门　20.东御座　21.小露台　22.鼓楼　23.钟楼　24.大露台　25.天贶殿　26.后寝宫　27.东配寝　28.西配寝　29.铜亭　30.铁塔　31.厚載门　32.艮楼　33.乾楼　34.三灵侯殿　35.太尉殿　36.东神门　37.西神门

贶殿所采用即是“九五”之制的建筑形式，也就是开间为九、进深为五的形制。以这两个数字组合的建筑在古建筑中是少有的。而天贶殿所采用的重檐庑殿顶，也是建筑中的最高规格。所谓庑殿顶，在《考工记》中被称之为“四阿重屋”，即殿顶前后左右四面斜坡，前后坡相交于正脊，左右两坡同前后坡相交成四垂脊，具有四坡五脊的特征，故又称为“四阿五脊”殿。这种制度一直到清代，仍为建筑中最高等级的屋顶，只有宫殿的正殿才能使用。岱庙的大殿之所以用这种等级的规格，是与泰山神被最高统治者尊为“帝”相对应的（图15）。

图15　岱庙主体建筑——天贶殿

另外，岱庙所采用的建筑色彩、纹饰彩绘等也同样可以显示出泰山神宫至尊的规格。所以《岱史・灵宇纪》称：岱庙“朱堞金扉，龙楹螭殿，罘罳象魏，俨然帝居”。如此说来，《水浒传》中燕青来泰山打擂看到岱庙时，叹其“果然是天下第一”，也就不足为怪了。

3.水到渠成

毫无疑问，庙会的形成源于祭祀活动，同时还要具备相应的活动空间。现在一般将庙会界定为一种融宗教文化与商业贸易为一体的综合性活动。细分起来它包含有如下几个必要因素：一是具备一定的宗教信仰以及相应的仪式活动；二是有其所依托的空间场所，也就是说要有活动所依托的“庙”；三是要具有广泛的群众基础，其参与性和自发性是必不可少的；四是具有相对稳定的季节时令或固定的日期。说庙会要具有一定的贸易活动及娱乐活动，则是为适应第三个要素的要求而发展起来的，商贸活动是因需而成市。娱乐竞技，表面上看是娱神，实际上也是吸引人们参与的一种手段。

作为祭祀活动及庙宇的设置，在泰山起源很早，这在上面已谈到，但限于泰山祭祀的特殊性，祭祀活动在早期专权于最高统治者，直接限制了群众的广泛参与，因此也不可能有我们现在所说的庙会。但作为一种依托，为庙会的发生提供了物质条件。

汉代以后，随着泰山神影响的扩大，泰山信仰逐渐渗透到社会各阶层，全国各地时有普通的百姓到泰山朝拜，但没有形成规模。魏晋时期，是泰山信仰的大发展时期，群众性的参与活动逐渐增加。在唐代，统治者封禅与崇道并举，唐高宗、唐玄宗先后来泰山举行封禅大典。唐高宗来泰山时“从驾文武兵士及仪仗法物，相继数百里”，玄宗也是有过之而无不及，其祭祀队伍之宏大，超过历史上任何一位帝王，并且随从祭祀者还吸收有众多的蕃国参与，这些都无疑扩大了泰山信仰的影响，激发民众对泰山祭祀活动的向往。

除封禅外，唐代皇室还频繁遣员到泰山修斋建醮。斋醮的形式本来就是从早期民间的巫觋仪式及坛祭形式发展而来的，其形式生动形象，对平民百姓来说具有很大的诱惑力，很容易被接受。所举行的斋醮仪式动辄数天、数十天，做道场时有大量的道士参加，多者有四五十人。如周长安四年（704）邢虚应等“奉敕于东岳岱岳观中建金箓大斋卌（四十）九日，行道设醮，奏章投龙荐璧”（《双束碑》）；唐神龙元年（705），大弘道观法师阮孝波等也“奉敕于岱岳观建金箓宝斋，卌九人九日九夜行道”（《双束碑》）；景龙三年（709）的金箓大斋中，也有“大德卌九人”传经行道，只是时间是七天七夜（《双束碑》）。如此大的场面，如此长的时间，自会有大量的群众集结，但限于是皇家之事不能也不可能有平民参与其中，最多是一睹了事。再从其斋醮之事的日期看，尚不固定，也很难成为节日的盛会。因此可以说，以庙会所需的基本条件看，唐代盛兴一时的岱岳观斋醮活动，还没有形成所谓的“会”。

4.盛事庙中

完整意义上的泰山庙会，在宋代出现。发展成熟的标志一是广大群众自发而广泛地参与，在庙中集结；另一方面则是庙会日期已约定俗成。

关于宋代的泰山庙会，恐怕人们记忆最深的当是施耐庵在《水浒传》中的记述：

> 原来庙上好生热闹，不算一百二十行经商买卖，只客店也有一千四五百家，延接天下香官。……那日烧香的人，真乃亚肩迭背，偌大

一个东岳庙，一涌便满了，屋脊梁上都是看的人。

——第七十四回《燕青智扑擎天柱》

文中的“那日”，是三月二十八日。

燕青是在梁山泊从凤翔府（今陕西凤翔县）到泰山烧香的香客那里，听说在“今三月二十八日天齐圣帝降诞之辰”，有一个叫任原的太原府（今山西太原西南东城角）人氏，自号擎天柱，在泰山岱庙摆擂台，前两年不曾遇有对手，这已是第三年了。于是，燕青忍气不下，到了岱庙，在庙内数万香客的注目之下，智扑擎天柱，为后世留下了“燕青打擂”的趣话。

书中对燕青来泰山的情景及打斗的场面描写得很生动，同时也透露出东岳庙会的基本内容及规模。聚集而来的，是全国各地的香客。来的目的也很明确，第一是烧香，并多带有祭品，如《水浒传》中告诉燕青任原之事的那伙陕西人，就带“有七八个车箱”。相扑的奖品——“利物”，也是香客献给“圣帝”的生日礼物；第二是来看一下热闹，因为这里有相扑之斗。至于那“一百二十行经商买卖”便是按需所取了。来的人成群结队，以至具有“一千四五百家”的泰山香客店，在圣节之时，“也没安着人处，许多客店，都歇满了”。来是为了烧香，自然拜神是第一位的，仅仅是为了打擂而来的燕青，也没有忘记“出草参亭（遥参亭）参拜了四拜”。众香客还要早进香，于三更前后随着阵阵乐鼓之声给“圣帝”上寿。天明之后，主要的则是为了看热闹。众香客人流如潮，“数万香客”，“亚肩迭背”，涌满了“偌大”的东岳庙，连“屋脊上都是看的人”，其热闹的场面跃然纸上。

元、明之时，以泰山神——东岳大帝为信仰对象的庙会持续发展了下来。元代，每逢东岳大帝诞辰，“天下之人不远千数百里，各有香帛牲牢来献”（《菽园杂记》卷七引《重修蒿里祠记》）。明代的岱庙仍是“货郎扇客，杂错其间，交易者多女人稚子。其余空地，斗鸡蹴鞠，走解说书。相扑台四五，戏台四五，数千人如蜂如蚁，各占一方，锣鼓讴唱，相隔甚远，各不相溷也”（张岱《岱志》），好不热闹。

但出人意料的是，泰山女神——碧霞元君的崛起，一时间大有取代东岳大帝地位之势。时值明代中晚期，以碧霞元君为信仰对象的泰山庙会发展到鼎盛时期，元君庙分上、中、下三庙，其香火以山顶的碧霞祠为最盛。从营造时间上说，碧霞祠时间较晚，但其影响不亚于东岳庙，在民间尤盛。宋真宗东封时在山顶玉女池旁发现玉女像，即建昭真祠，金称昭真观，明代易名为碧霞灵佑宫、碧霞灵应宫，祀天仙玉女碧霞元君。这一高山建筑群以选址精妙、营建坚固著称。

《岱史》卷九称："其形胜环拱，宫东南则五花崖，东、北迤西，则岳顶、摩崖、日观诸峰，蜿蜒峙列，三面若屏扆，前若双阙。由宫门西下，石磴三丈许。南俯悬崖，下视城郭若畦圃。自城郭望之，则崖峰森蔽，不见宫宇。此盖造化灵区，真天奇云。"碧霞宫位于岱顶前怀之中，北有玉皇顶，东有大观峰，东南有日观峰，南临断崖，西通天街，在整个大环境中，显示出"藏而不露"的特点，但它又是由天街通向岱顶的所经之地。从天街而来，还需攀登"三丈许的"台阶，才能进入碧霞祠的神门，"升仙"的味道很浓。

神门内北侧高高台基上的碧霞祠山门，又将整个空间划分为两部分：一边是熙熙攘攘的朝山人流，一边则是香烟缭绕的仙家净地，宛若是天上与人间、仙境与凡世的交融处。如从天街望去，云雾飘渺，宫宇藏秀于崖峰之间。若在岱顶向下俯视，浮云洒落，一派"仙人琼阁"的景象。正如《重修碧霞宫碑》所记："历选名胜之所，无逾此境之妙意。"为防山中风雨之侵袭，殿顶均以金属瓦件覆之，成为我国高山建筑的杰作（图16）。

碧霞祠在当时成为香客朝拜的圣地，"近数百里，远即数千里，每岁瓣香岳顶数十万众"（明《东岳碧霞宫碑》）。每逢春日庙会期间，香客从四面八方云

图16　碧霞祠全景

集岱顶。明人于慎行在他的《登泰山记》中曾这样描述："五方士女，登祠元君以数十万。夜望山上篝灯，如聚萤万斛，左右上下蚁旋鱼贯，叫呼殷赈鼎沸雷鸣，弥山振谷，仅得容足之地以上。"

在碧霞宫内，还有"置钱"之说。这一习俗由来已久，应劭引马第伯记述东汉光武帝封禅泰山时就曾"置梨、枣、钱于道，以求福"(《封禅仪记》)。这种习俗在明代盛行一时，对此明人张岱在其《岱志》中是这样记述的：

> 置钱之例，其来已久，然未有盛于今时。四方香客，日数百起，醵钱满筐，开铁栅向佛殿倾泻，则以钱进。元君三座，左司子嗣，求子得子者，以银范一小儿酬之，大小随其家计，则以银小儿进；右司眼光，以眼疾祈得光明者，以银范一眼光酬之，则以银眼光进。座前悬一大金钱，进香者以小银锭或以钱，在栅外望金钱掷之，谓得中则得福，则以银钱进。供佛者以法锦，以绸帛，以金珠，以宝石，以膝裤、珠鞋、绣帨之类者，则以锦帛、金珠、鞋、帨进。以是堆垛殿中，高满数尺。山下立一军营，每夜有兵守宿，一季委一官扫殿。鼠雀之余，岁数万金。

由此可见进香香客之多，"置钱"献物之风之盛。

说到这里，我们对泰山庙会的缘起及发生作了简略的考察。泰山信仰的基础源自人们对自然的敬畏与依赖，泰山祭祀由大山崇拜而发端。囿于我国传统文化结构的影响，泰山祭祀之权为最高统治者所垄断，与平民百姓无缘，泰山祭祀活动受到限制。到了汉代，随着泰山信仰的逐步扩展、渗透，上泰山能长寿的观念在老百姓的心中树立起来，泰山信仰开始走向平民百姓。魏晋以后，是泰山信仰在民间的大发展时期，虽然泰山祭祀仍以统治者为主体，但民间的祭祀活动逐渐多了起来，这为庙会的形成提供了必备的群众基础。时值宋代，水到渠成，完整意义上的泰山庙会出现了。庙会成为人们认识泰山，沟通人与神、人与自然、人与人之间联系的一种社会性综合活动。

泰山庙会最初是以泰山神——东岳大帝为信仰对象的。到了明代，碧霞元君信仰的盛行，打破了东岳大帝一统泰山的格局，泰山庙会信仰的主体发生了一定的转移，时间地点也发生了一些变化，但总的来说，信仰的基础并没有发生多大的变异。

二、真实的情感与虚幻的寻觅

——信仰种种及会期

庙会有了，赶会的人带着希望与寄托来了，他们是虔诚的，是认真的。在他们的眼里，自己的一举一动所带来的利益绝非是虚幻的，而将会是实实在在的。他们相信，有泰山神的佑护，一切都会好的，或是将来一定会好起来的。泰山神的信仰何以有如此大的影响？

（一）灵有所源—— 一个东方大山的故事

有人说，神之所以显得强大，是因为人在别无选择的情况下，选择了它。这话一点不假。然而，对神的来历而言，之所以非凡不常，众说不一，是人们站在不同的方位，为他们崇奉的神所做出的有意识的选择。前者是被动的，而后者是主动的。于是，在东方的泰山，引出不少的故事。

1.东岳大帝的来历

无论你崇拜的是人还是神，都会询问一个来由。问与答都能体现一种意识、一种心态。崇拜的对象愈是来历不凡，就会愈加显示出你信仰的价值，似乎你的地位也会随之提高。人们是怎样看待泰山神东岳大帝的呢？自然，不同的人会有不同的回答。

泰山神是金虹氏　《绘图三教源流搜神大全》引东方朔《神异经》说："昔盘古氏五世之苗裔，曰赫天氏，赫天氏（子）曰胥勃氏，胥勃氏（子）曰玄英氏，玄英氏子曰金轮王，金轮王弟曰少海氏。少海氏妻曰弥轮仙女也。弥轮仙女夜梦吞二日，觉而有娠，生二子，长曰金蝉氏，次曰金虹氏。金虹氏者，即东岳帝君也。"《东岳大帝本纪》《历代神仙通鉴》等，也是这种说法。

泰山神是太昊　他们认为泰山神就是上古时代人们所崇奉的太昊氏。《枕中书》对五岳是这样安排的："太昊氏为青帝，治岱宗山；颛顼氏为黑帝，治太恒山；祝融氏为赤帝，治衡霍山；轩辕氏为黄帝，治嵩高山；金天氏为白帝，治华阴山。”《泰山志》引《洞渊集》亦云：“太昊为青帝，治东岳，主万物发生。”

泰山神是盘古的化身 《述异记》是这样记述的：“昔盘古氏之死也，头为四岳，目为日月……秦汉间俗说：盘古氏头为东岳，腹为中岳，左臂为南岳，右臂为北岳，足为西岳。”也就是说：盘古的头化作了泰山，泰山是盘古的化身。

泰山神是黄飞虎 这种说法来自小说《封神演义》。在小说中，武成王黄飞虎被姜子牙封为东岳泰山天齐仁圣大帝，执掌幽冥地府十八层地狱。凡一应生死转化人神仙鬼，俱从东岳勘对，是为五岳之首。

另外，泰山神还有天帝之孙、上清真人等说法。《博物志》引《援神契》说：“五岳之神圣，四渎之精仁，河者水之伯，上应天汉。太山，天帝孙也，主召人魂魄。”《绘图三教源流搜神大全》说：“泰山者，乃群山之祖，五岳之宗，天帝之孙，神灵之府也。”而《文献通考·郊社》则云：“五岳皆有洞府，有上清真人降任其职。”如此等等，众说纷纭。

在以上的各种说法中，黄飞虎一说，虽为小说之虚构，但影响很大。其内涵如何，不必深究。正如有人所指出的：封神中的故事，是在有关文献的基础上进行的再创作，而东岳的名讳实属作者所创，由于小说通俗易于传播，故民间便因之祭祀（曾勤良：《台湾民间信仰〈封神演义〉之比较研究》，台湾华正书局有限公司，1985年）。说泰山是盘古的化身，意在表明泰山信仰的源远流长，与天地初始同步。因为，盘古在汉民族的传说中，是开天辟地的创造者，把泰山与人的创世主相联系，足以使泰山神有着厚重的历史感。而在众说中最有价值的，应是泰山神的金虹氏说与太昊说，若明若暗地显示了泰山信仰源起的轨迹。

依《神异经》所言，东岳大帝金虹氏，姓岁名崇，是金轮王的弟弟少海氏与弥轮仙女之子。值得注意的是东岳大帝随金轮王同以“金”为氏，而“金”为少昊金天氏之后（《元和姓纂》卷五《侵》）。《左传·昭公元年》记有：“昔金天氏有裔子曰昧，为玄冥师。”注云：“金天氏，帝少皞（皞即昊）”。而所谓的金轮王，其“金轮”乃为太阳的别称（苏轼诗《韩太祝送游太山》：“恨君不上东峰顶，夜看金轮出九幽。”金轮即指太阳）。且东岳帝——金虹氏与其兄金蝉氏是因母弥轮“夜梦吞二日”有娠而降生。这就显示了与太阳的关系，泰山神是太阳之子。金虹氏之父为少海，“少海”在这里指示的是一个方位，因为少海是对东方的泛称（如《韩非子 · 外储左上》："齐景公游少海。"《淮南子 · 地形训》："东方曰大渚，曰少海。"均是对东方的称谓）。故此，据《神异经》这一神话系统而言，东岳大帝即是太阳族系的神明。

说泰山神是太昊，也在言明泰山与太阳的关系。太昊，就是太阳之神。皇甫谧《帝王世纪》中言："太昊帝包栖氏……继天而王，首德于木，为百王先。帝出于震，未有所因，故位在东方。主春，象日之明，是称太昊。"太昊，也作大昊。昊，光明盛大之意也。"大昊者，大明也。"（丁山《中国古代宗教与神话考》："大昊者，大明也。"丁淮汾《俚语证古》卷一："太阳，大明也。"）大明，就是太阳。也就是说，岱宗之神即为太阳之神。因此，无论东方朔《神异经》的金虹氏说，还是《枕中书》等的太昊说，均吻合于人们对太阳的崇拜。

太阳神的崇拜，是原始信仰中较为普遍的一种宗教形态。近人何新在《诸神的起源》（生活 · 读书 · 新知三联书店，1986年）中认为，太阳神崇拜，乃是远古时代遍及东西方（包括美洲在内）各大文明区的一种原始宗教形态，并证明了在中国上古时代（自新石器时代到早期殷商）确曾存在过日神信仰。

应当承认，原始形态的自然崇拜，应当首先是由某一实体物质开始的。从各种材料看，原始部落崇拜天体的现象是较为普遍的，而最为突出的是对太阳的崇拜，人们将太阳作为天的象征。太阳能给人以光明与温暖，构成人们对其崇拜的物质基础。升与落的运动又赋予它得天独厚的"人性"，给人以活的形象感受。郭沫若先生在《殷契粹编 · 粹编考释》中说，殷人于出、入日均有祭，盖朝夕礼拜之。殷人的太阳崇拜当是原始自然宗教中太阳信仰的延续，后起的天神崇拜也应是在此基础上发展起来的。在泰山地区，对太阳的崇拜有着一定的历史背景。前面已提到的山东莒县陵阳河大汶口文化遗址出土的陶尊上有太阳形象的图像，可以说是这一地区远古文化中最有代表性的太阳崇拜资料。整个图像形象地反映了史前时期，先民祭日以祭天的生动景象。

在大汶口文化的命名地——泰山南麓的大汶口遗址于1959年发掘出土的遗物中，也曾发现类似的图像文字，如有件背壶上有一用朱色涂施的""，这同《殷契秩存》（第581片）中的""相近。另外此图像文字与金文中"皇"字也很相似。据文字学家王国维考证，"皇"字金文象日光放射之形（王国维：《刘盼遂记说文练习笔记》）。文字学家张舜徽也说："皇，煌也，谓日出土上光芒四射

也。”（张舜徽：《郑学丛著》，齐鲁书社，1984年。）可以想见它们同出土于泰山周围绝不是偶然的，都应是远古时期这一地区有太阳崇拜的习俗所致。

此外，大汶口遗址墓地人的头朝着东方，反映的或是本民族的来源之处，或为人死后灵魂所归之地，却都包含着以日出日落为思维特征的观念信仰。东岳大帝的出现正是基于这种日神信仰发展的结果。至今，人们仍有去泰山观东海日出的习俗（图17）。

图17　泰山观日出

在历代的造神运动中，人们在“万物有灵”的自然崇拜观念中糅入了不同时期的社会内容，形成了不同系列的神话与传说。而就其特征而言，东岳大帝的信仰源于日神的崇拜还是清晰的、可信的。

2.碧霞元君的来历

“碧霞”一名，不见于先秦典籍，亦不见于《列仙传》。其元君之称，明人彭翼《山堂肆考·女仙》认为，“男高仙曰真人，女曰元君”，说“元君”是对女仙的尊称。其实也不尽然，元君之称不只用于女性。葛洪《抱朴子·金丹》云：“元君者，老子之师也。”“元君者，大神仙之人也，能调和阴阳，役使鬼神风雨，骖驾九龙十二白虎，天下众仙皆隶焉。”葛氏所说的元君，又称太乙元君，并非碧霞元君，而是元始天尊的雏形（胡孚琛：《魏晋神仙道教》，人民出版社，1989年）。刘禹锡《送东岳张炼师》诗中有“堪为列女书青简，久事元君住翠微”之句。诗中所言“元君”是女是男，还是碧霞？目前尚无据可考。不过这个“元君”总算与泰山有了一定的联系。据《岱史》所载，在泰山宋代建有昭真祠，金称昭真观，明洪武中重建，其神号碧霞元君。成化、弘治、嘉靖间拓建其祠，额曰“碧霞灵应宫”或“碧霞灵佑宫”。碧霞元君大致始称于明代，应是文人仙士将泰山女神纳入道教系统时所给的名号。

关于碧霞元君的来历，也是说法各一。综合起来有以下几说：

凡女得道说　是说碧霞元君原为民间普通女子，由于得到仙人指点，入山修炼而得道成仙。据《岱史》卷九《王之纲玉女传》引《玉女卷》云：

> 汉明帝时，西牛国孙宁府奉符县善士石守道妻金氏，中元七年甲子四月十八日子时，生女名玉叶，貌端而性颖，三岁解人伦，七岁辄闻法，尝礼西王母。十四岁忽感（王）母教，欲入山，得曹仙长指，入天空山黄花洞修焉。天空盖泰山洞，即石屋处也。三年丹就，元精发而光显，遂依于泰山焉。

碧霞元君为凡女之说，在民间传说中尤为盛行。

东岳大帝之女说　据《绘图三教源流搜神大全》记：

> ……金虹氏者，即东岳帝君也。……帝五子：宣灵侯、惠灵侯、至圣炳灵王、居仁尽鉴尊师、佑灵侯；帝一女，玉女大仙，即岱岳太平顶玉仙娘娘是也。

又《帝京景物略》云：

> 按稗史：元君者，汉时仁圣帝前有石琢金童玉女。至五代，殿圮，石像仆。至唐，童泐尽，女沦于池。至宋真宗，封泰山还，次御帐，涤手池内，一石人浮出水面，出而涤之，玉女也。命有司建小祠安奉，号为圣帝之女，封天仙玉女碧霞元君。

黄帝玉女说　李谓《瑶池记》、高诲《玉女考》皆以为碧霞元君是黄帝所遣七女中之修仙得道者，后世因之祠于山。《古今图书集成·神异典》引《玉女传》云：

> 泰山玉女者，天仙神女也。黄帝时始见，汉明帝时再见焉。按《玉女考》、李谔《瑶池记》云：黄帝尝建岱岳观，遣女七，云冠羽衣，焚修以迓西昆真人。玉女盖七女中之一，其修而得道者。

有很多人坚持这种说法，如王思任在《登泰山记》就认为：

> 予意先谒青帝，而道士第知有元君。考元君之始，黄帝封岱，遣七女，云冠羽衣，迎昆仑真人，元君其一也。

华山玉女说　据王世贞《游泰山记》云：

> ……元君者，不知其所由始，或曰即华山玉女也，天下之祝釐祈福者趋焉。

又王世懋《东游记》亦称："考道书，元君即华山玉女也。"

还有一种说法，认为碧霞元君是西天斗母精运元气的化身。泰山顶有一铜钟，上铭有《太上老君说天仙玉女碧霞护世弘济妙经》，经云：太上老君在集众仙说法时，"忽然东方祥云瑞霭，异味声香，仙音嘹亮……一女仙云肩羽衣，锦绣霞裙，登云珠履，百宝翠冠"，从容而至，自言是"西天斗母精运元气发现，金莲化生吾身，归隐岱岳。修炼年久，意如初兴，幸逢正果，功成道合。感蒙保奏，受敕'天仙玉女碧霞护世弘济真人'，永镇泰山"。以上几种说法，基本上概括了碧霞元君的来历及身世。我们不妨分析一下这些说法所要表达的意义。

先说黄帝玉女说与华山玉女说。人们往往把黄帝视为中国人的始祖，尤其是方士、道士，把黄帝尊为神。有一则《黄帝玄女战法》的故事很有意思，是说黄帝与蚩尤打仗，九战而无一胜。黄帝来到了泰山，在这里见到了人首鸟身的玄女，得到了战法，这才打败了蚩尤。既然黄帝得惠玄女于泰山，那么遣身边玉女去报答泰山便是可以理解的了。同时，与黄帝有一定的关联自是千载难逢的机缘，是不能错过的，这便是碧霞元君为黄帝所遣玉女之说的本源。这也符合中国文人做事的传统习惯。至于华山玉女说，是与玉女所源的地望有关。《文选·张衡〈思玄赋〉》有“载太华之玉女兮，召洛浦之虙妃”之诗句，刘良注：“玉女，太华神女。”所谓“太华之山”即是华山。由于华山玉女影响很大，以至人们一讲到玉女，便自然会想到华山。因此人们将碧霞元君附会为华山玉女就不足为怪了。

再说凡女得道说和东岳大帝之女说。凡女得道成仙的说法，应是黎民百姓向往自由平等摆脱社会压迫思想意识的反映。在泰山的民间传说中有一则保存较为原始的关于泰山女神碧霞元君的来历的神话，可以作为碧霞元君“凡女得道”说的补充。神话的大意是：在很早以前，泰山之南的徂徕山有一位为人正直，家里很穷，靠种地过日子的石敢当。他有三个女儿。大姑娘、二姑娘出嫁后，只有三姑娘在家。这个姑娘从小勤劳，心地善良，为帮父母过日子，三姑娘每天要到徂徕山砍柴，然后到集市上去卖，用以买粮糊口。有一天她正在山里砍柴，遇上风雨迷了路，遇到一位老嬷嬷，并在老嬷嬷的山洞里住了一夜。从此以后，每逢砍柴，必定去看望这位老嬷嬷。有一天老嬷嬷对三姑娘说：“你去泰山吧，那里还没有个当家人，你去吧！”并授予她当泰山主人的办法。后来与众神仙争做山主时，三姑娘用老嬷嬷教给她的办法取得了胜利。这样，三姑娘成了泰山的当家人。这样，三姑娘成为泰山的君主，封号是“碧霞元君”。（《泰山民间故事大观》，文化艺术出版社，1984年。）

说碧霞元君是东岳大帝之女，意在借东岳大帝的影响。东岳大帝是中国历史上地位最为显赫的山神，同在泰山的碧霞元君出现较晚，以辈分来划分是很自然的事。况且，以东岳大帝已有的影响作为基础，成为他的女儿也是比较理想的。不过，后世元君香火之盛，竟取代了东岳大帝的“霸主”地位，则是当时人所料想不及的。在民间还广泛流传着碧霞元君是周武王的爱妃、黄飞虎之妹的说法，这是受《封神演义》中东岳帝是黄飞虎一说的影响造成的。有说碧霞元君与西天斗母有关，是道教所为，意在借太上老君之口，表现其所在道教中的影响。另外，还有认为碧霞元君是玉皇大帝的妹妹，这大概是因为泰山有玉皇顶玉皇庙的缘故吧。

综合以上分析，我们认为最有价值的是凡女得道说与东岳帝女说。前者所体现的是一种平民意识，是对现实世界人们的生活欲望予以的最大限度的肯定，平民百姓也可升入仙界，不受社会、自然的束缚而逍遥自在，并造福于民。这一方面反映了人们渴望自由生活的愿望；另一方面，则是对现实生活的积极抗争，寻求得到精神补偿和力量。这也是碧霞元君之所以为广大平民百姓拥戴的基础。也可以这样说，是平民化的宗教观念构筑起了碧霞元君雄厚的社会基础。东岳帝女说，则是从一个方面强调了与历史悠久的泰山崇拜的“血缘”关系，以致借助于泰山神而得最高统治者的崇奉，这乃是中国君主制的宗法社会在泰山所引起的连锁反应。而黄帝玉女说，其用意无非要说明这位女神信仰的久远历史。碧霞元君与人类始祖黄帝早已在泰山建立起不可分割的关系，不能不说是一种光荣。至于华山玉女说，与其他说法相比较，似无更深的内涵。

如果我们将东岳大帝与碧霞元君作一比较，我们就会发现，两者信仰都与东方崇拜有关，有着同源连带的文化关系。在前面我们已谈到，东岳大帝信仰源于太阳之崇拜。从碧霞元君信仰最初的形成及被纳于道教系统的变化，也不难看出与东方崇拜的关系。

何为“碧霞”？据《说文解字》：石之青美者为碧。“碧”最初出现在文献中，是与山联系在一起的。《山海经·西山经》就有“又西百五十里，曰高山，其上多银，其下多青碧”的记述。再说“霞”，霞本是一种气象现象。《说文解字》释“霞”曰“赤云气也”，云气因日光斜射而呈现赤色。霞，也可以认为是一种红色的称谓。“碧”“霞”组合，从字面内容看，是一种色彩现象的集合。但碧之青，是东方之色；霞之光，是日出日落前后天空出现的光彩，这与方位及日光紧密地联系在一起。因此，“碧霞”一词，即是东方的日光之霞，包含了东方、太阳崇拜的种种因素，它是与东岳泰山的崇拜信仰一脉相承的。

碧霞元君信仰的核心是以关于生育成长观念为基础的，这同样源于泰山“东方主生，一本乎坤元资生万物”的信仰系统。东方是日出的地方，是万物生命的萌发之处。东岳泰山是生命复苏和万物萌生之源。于此可见在以泰山为代表的东方崇拜的文化链中，方位与生命之环紧扣着泰山信仰文化结构的内核。碧霞元君信仰首先是满足广大妇女生子欲望而降临人世的。在罗香林先生《碧霞元君》中说，她“是管妇女及小孩的女神”。在信仰者看来，碧霞元君可使她们能生子，能保佑小孩的顺利出生及健康成长。随着她影响的扩大，职司的功能也随之增加，但碧霞元君“主生”的功能始终占据着整个信仰的中心。故世俗又将她称之为“泰山老母”“泰山奶奶”以及“泰山娘娘”等。

在碧霞元君的庙宇中，除祀碧霞元君外，尚有“送子娘娘”“眼光奶奶”之祀。一神三体，其职司范围的具体化更明显地体现出所包含的东方崇拜的因素。送子娘娘能送子，自不必说来源于泰山居东方而主生发的观念。而眼光奶奶能治眼疾，是一位光明的使者，是“大明”之神，这不是一种偶然的巧合。“主春，像日之明”（《帝五世纪》），这乃是东方崇拜中同一文化结构下的“殊途同归”。“眼光奶奶”作为光明之神，实是太阳崇拜的延伸。因为光明源于太阳，这位东方女神同东岳大帝一样，其信仰缘起于对东方的崇拜、对太阳的崇拜。东岳大帝和碧霞元君，同是太阳之神。

（二）“圣帝”——一位令人威然起敬的生死之神

人们习惯上称泰山神——东岳大帝为“圣帝”，这与皇帝们给他的封号有关。唐玄宗封泰山为“天齐王”，宋真宗封泰山为“仁圣天齐王”“天齐仁圣帝”，元世祖封泰山为“天齐大生仁圣帝”，故有“圣帝”之称。一提起“圣帝”，人们就会有一种威严感，一方面来自它是泰山的化身，这本身就是一种神圣崇高的象征；另一方面，则是受最高统治者的影响。你想，连皇帝老子在泰山神面前都毕恭毕敬，何况平民百姓呢？没有人敢“有眼不识泰山”（图18）。

图18　岱庙天贶殿奉祀的泰山神

人们之所以崇拜神，是认为神有超人、超自然的能力。人们祷祀神，也无非是想从神那里获得一定的利益。总的说来，东岳大帝有两个基本的职能，即主生和主死。别小看这两种职能，它可概括世间一切事物发生、发展的基本规律，可延伸出许许多多相互关联的事项。

1.新旧相代　固国安民

先秦时期，泰山能孕育万物的观念已经形成。泰山处于东方，是太阳初升的地方。东方日出是一日之始，东方属春，是一年之始，因而泰山主生是理在情中。既然能主万物之生，那么，一个王朝的出现，一个新生命的诞生，自然都在泰山的管辖之中。所以，一个新的朝代出现后，新的君主就必须到泰山去祭祀、去报告，并以此证明自己是受命于天的，是上天的代言人。只有到过泰山，才算有了合法的地位，才能名正言顺地统治天下。

史前的舜是这样做的，秦皇、汉武也是这样做的，人们没有理由不相信来自泰山的力量。泰山封禅的出现及帝王一次又一次的朝山祭祀活动，也使百姓们深信不疑。宋代以后，封禅是没有了，但朝廷每逢嗣统、祈年，都要来泰山热闹一番，这在百姓的眼里与封禅并没有多大的差别。有一种说法，叫作“泰山安则天下皆安”，说的就是泰山具有安定天下的功能。其实这也不难理解，都是由于“名岳配天”传统观念的影响造成的。泰山是“配天”之山，是“镇国”之山。泰山是国家统一，百姓乐业的保护神。

2.延年益寿　长命成仙

生是现实的，死也是现实的，尤其是当人正满足现实生活的时候，对死的恐惧是最敏感的，人们渴望不死长生。上泰山可以长寿，上泰山能见到神仙，这些说法，在秦汉时期就很流行。在战国时期，海岱地区就有着方仙道的活动，当这股仙风吹到朝廷以后，帝王们推波助澜，一时间仙话四起。秦始皇来泰山封禅，就有祈寿的意思，到了汉武帝则变本加厉。因为这时出了“封禅则不死”(《史记·封禅书》)，可与神通的仙话。汉武帝比秦始皇幸运得多，据说在泰山见到了泰山老父，并得到了长寿的秘诀。他也曾亲眼目睹过泰山神仙稷丘君料事如神的风采。正是封禅与不死成仙连在了一起，才使得武帝一而再，再而三的来泰山，前后竟有八次之多。来泰山的目的也不避讳，为的就是“登于泰山，万寿无疆”(汉武帝《鼎铭》)。

最高统治者的举动，自然会影响百姓。“上泰山，见神仙……受长命，寿万年”(汉《太山镜铭》)的流行说法，人们是深信不疑的。在人们的心目中，泰山神是保国安、主寿限的神主。泰山神能治病的说法，也是这种长生不死观念的延伸。

3.福禄官职　贵贱高下

在现实生活的种种现象中，大概没有什么能比贫与富、贵和贱那么明显突出而令人不甘忍受的了，谁不想富一点，高贵一点？既然泰山主生，那么生的质量如何，也应当是泰山神的管辖范围，于是人生中的富贵贫贱之事还需靠泰山神来指点迷津。《东岳泰山图说》云：泰山主世界人民官职，兼主贵贱之分。你要做官吗，或者职务再升一点？你想摆脱低下的身份吗，或者过得再富裕一点？那好，你就到泰山来吧，泰山神可助你一臂之力。

民间有个“丈人峰”的传说，说的是唐代封禅使张说，借泰山祭祀之事提升了自己的女婿。唐玄宗问其缘故，同僚调侃“是泰山之力也”。张说之为，虽已成为后世以权谋私的笑料，但从这个传说故事中，可反映出泰山能使人禄厚官升这种说法的影响。

4.生死之期　鬼魂之统

求长生是人们普遍的心理愿望。生与死是相对应的，生与死的关键在于魂，没有了魂，生命也就算是完结了。泰山神就有着招魂统鬼的本领，并能知道人的寿期。所以《博物志》说：泰山神，主召人魂魄，能知道人寿的长短。

图19　地狱十殿中的泰山王

最出名的例子是汉武帝探策求寿的故事。汉武帝想知道自己的寿限，于是到泰山去探求知人年寿的金箧玉策，探策得十八，因倒读为八十，“其后果用耆长”（《风俗通义·正失》）。能改变原来既定的期限，使其长寿，这在传说者看来，是与汉武帝接二连三地来泰山有关系。在三国时期的文学家应璩的《百一诗》中，也可以看到泰山知寿期的诗句：“年命在桑榆，东岳与我期。”

在民间，泰山管理鬼魂的说法很流行。汉代就有“死者魂神归岱山”（《后汉书·乌桓传》）、“生属长安，死属太山”的说法（东汉镇墓文：“生人属西长安，死人属东太山”“生属长安，死属太山”。虽为东汉之文，但沿袭的仍是西汉的说法。见《镇墓文中所见到的东汉道巫关系》，《文物》1981年第3期）。佛教传入中国后，泰山神成为地狱之主，为此道教也做了很多文章，学着佛教的样子，也把他拉入地下世界，“掌人间善恶之权，司阴府是非之目”（《元始天尊说东岳化身济生度死拔罪解冤保命妙经》），泰山神便成了名副其实的天下鬼魂的管理者（图19）。

泰山神主生主死的职能，是有着无比威力的。是的，任何人都必须面临生与死这两大难题。正是这生与死的判定及其观念事象的延伸，泰山神——东岳大帝成为大可安邦治国，小可使人长命，阳管福禄厚薄、贵贱高低，阴掌万鬼之魂、冥死之期的大神，因此谁也没有胆量不买他的账。

（三）“奶奶”——一位慈善可亲的希望之母

“泰山奶奶”“泰山娘娘”“泰山老母”，人们是如此亲切地称呼泰山女神——碧霞元君的。她的庙宇也就呼作奶奶庙、娘娘庙。自明代以来，民众对她的信仰超过了东岳大帝。如果说，东岳大帝因受到最高统治者的崇尚在历史上显赫了数千年；那么碧霞元君则是靠着百姓大众的信赖而走上山去，又走下山来，并征服了大半个中国。

“碧霞元君”是道教给她的一个名号，至于这个名号是什么含义先不管它，重要的是在民众中对她权力职能的理解。对此明《东岳碧霞宫碑》是这样记载的：

> 齐鲁道中，顶斋戒弥陀者，声闻数千里，策敝足茧而犹不休，问之，曰：“有事于碧霞。”问故，曰：“元君能为众生造福如其愿。”贫者愿富，疾者愿安，耕者愿岁，贾者愿息，祈生者愿年，未子者愿嗣，子为亲愿，弟为兄愿，亲戚交厚，靡不交相愿，而神也亦靡诚弗应。（《重修泰安县志》卷十四）

从碑铭来看，碧霞元君能满足祈求者的所有愿望，她是一位万能的保护神，差不多人间的一切祸福都能管。碧霞元君——广大民众的泰山奶奶，何以能深入人心，备受信奉呢？这是泰山文化的魅力所在，也是碧霞元君有亲近的人性特征及平凡的人格所致。

1.平凡的身世　慈善的形象

明代人张岱在他的《岱志》中，对东岳大帝的形象曾这样描述：“圣像庄

图20　岱庙藏明万历御制碧霞元君、眼光娘娘、送子娘娘画像

严，罗列阴森，不敢久立。”与东岳大帝相比较，先不说碧霞元君的来历如何，职司怎样，仅看到她的形象，便给人以慈善可亲之感（图20）。甚至连国外人士也有这种感受。有一位来过泰山的日本人曾这样描述道：她“有着美丽而丰满的面容，给人一种可以信赖的庄重的感觉。我理解人们的心情，他们怀着极大的心愿，认为这种心愿不到泰山顶就无法祈祷”（〔日〕福井康顺等监修：《道教》第一卷，上海古籍出版社，1990年）。在香客的心目中，碧霞元君像是一位慈祥的长者，在佑护着自己的子孙，人们理应到山顶的庙中朝拜。倘若再深一点去看，碧霞元君可亲的背后是她那像平常人一样的出身。

关于碧霞元君的身世，尽管有着很多的说法，但在民间影响最大的还是她的平民出身。她是泰山人，从小心地善良，勤劳聪慧，受到仙人的指点而入山修行，最后成仙于泰山。一般人也可升入仙界，也可有着非凡美好的生活，体现着平民百姓渴望自由生活的愿望，这种意识的本身就是对现实生活不平的抗争。在民间故事中，碧霞元君还是一个不屈的形象，她曾与玉皇抗争，与龙王相斗。这些也正是碧霞元君有着雄厚社会基础的根本原因。

平凡的出身，相同的愿望，消除了底层劳苦大众的心理隔阂，而把她作为自己的亲人看待。“泰山奶奶”“泰山娘娘”“泰山老母”的称呼，就是人们已把碧霞元君看作是家人的一种反映。这种关系是至诚至信的，这曾使见多识广的明代巡抚御史何起鸣，在谈到这种关系时感慨万分：“四方以进香来谒元君者，辄号泣如赤子久离父母膝下者然。”（《岱史》卷九《巡抚都御史何起鸣宣谕》）

2.女性之爱　可敬可依

如果说碧霞元君的平凡出身与东岳大帝身居高位、神态威严相比，平民百姓感到她平易近人、和蔼可亲；那么她的女性特征更是东岳大帝所不能比拟的了（图21）。

图21　岱庙藏清代民间送子娘娘画像

从发生的角度讲，碧霞元君崇拜首先是从广大的妇女开始的。在中国几千年的封建社会里，妇女始终生活在社会最底层，在社会上受歧视，在家庭中同样没有地位。由此形成了她们自卑自贱的负重心理。与男性相比，她们更渴望得到解脱，为自己寻求精神上的支柱。碧霞元君就是在这种背景下诞生的，她集善良、仁慈、美丽于一身，成为和蔼可亲、乐施好善的象征。甚至，人们因其母慈还将其视为天下之正神："东岳祀事之盛，首碧霞元君。元君……是天下正神。……夫乾天称父，坤地称母，父严而母慈。凡男、妇欲祈年、免病、求嗣、保寿，竭诚于元君前者，元君即如其意佑之，惟慈故也，其灵应何昭昭也。"（清《万善同归碑》）是的，人们对"父严而母慈"遗训的体会是深刻的，这的确是碧霞元君的一个优势。作为一位女神，让人不但可亲，而且可值得信赖，谁都愿意将自己心中的苦闷及希望倾诉给这位慈祥的老母。

3.生命之神　现实之主

碧霞元君平凡的身世，慈母般可敬可亲的形象，把她与平民百姓的关系拉近了，而元君管的又是人们最关心的现实生活中的实际问题，因而以平民信仰的优势取代东岳大帝在泰山的地位已是大势所趋。

前面说过碧霞元君信仰，首先是作为妇女生育信仰的偶像出现，继而走向社会各阶层的。妇女要祈求的事情固然很多，但在封建社会里最重要的莫过于

“生儿育女”。在“多子多福”的传统意识严重束缚下，妇女生活多灾多难，盼子、求男成为妇女生活中的基本夙愿，她们需要一位能理解自己的神，来解除自己的痛苦。而泰山一向被认为是生孕万物的地方，“生儿育女”也自然在其职责之内，于是关于生育观念的信仰便逐渐集中到了碧霞元君身上，从而成为古代妇女信仰的主要对象。泰山神——东岳大帝本来也是主生的，只是后来佛教、道教的渗入，使其变成了招魂治鬼的主神，况且他又是男性之神，妇女求生育子之事也就多有不便，只好让位了。

人们围绕元君主生的功能，根据自己的需要创造出更多的与生育有关的各种职能。对此，早在20世纪20年代罗香林先生就曾有过精辟的论述：“碧霞元君最初只是被认为能管理妇女问题的，所以士大夫中没有人去注意。后来奉祀的人渐渐杂了多了，声名渐渐远了，于是她的职能，也就由香客意识的转变，而一天一天地扩大，到了现在，差不多人间一切的祸福都能管了。……小之一家人口的寿夭祸福，四方农民禾稼的丰歉，大之社会的良窳，国家的治乱。”成为了能解决现实问题的万能女神（罗香林：《碧霞元君》，1929年，《民俗》第69/70合刊）。如此，“四方男女不远千里进香报赛，皆有事于元君，而后及它庙也”（《泰山道里记》）。

（四）“长春会”——一个春季的交响

在这里我们要考察的是泰山庙会的会期问题。

当人们在一定的季节或某一具体的时日，不约而同地集结到庙中，举行大致相同的祭祀活动，并逐渐程式化、规范化，那么庙会的会期就定型了。泰山庙会会期的出现及变化，反映了泰山信仰的基本特点。

1.东岳大帝诞辰

给所崇奉的神一个像人一样的生日，是神人格化的一个特点，这也便于人们每年来一次隆重的庆典，给神献一次礼，以表达自己的心意，并作为一个重大的节日，记在人们心中。北宋天圣二年（1024）进士胡宿有《东岳生辰贺词》云：“相沿季春，奉祠诞日。”“季春斯届，诞日相沿。”（《文恭集》卷三十四）表明东岳大帝的生日至迟在宋代已经确定。在泰山当地，一般将诞辰称作“生日”或者“好日子”。给东岳大帝定个生日，应是道教的功劳。

在《搜神记》卷一及《诸神圣诞日玉匣记等集目录·圣诞令节日期》中提

到东岳大帝的是“三月二十八日生”，其日称之为“圣诞”。在这一天全国各地的东岳庙皆在庙中举行盛大庆典。明代沈榜所著的《宛署杂记》卷十七说：京师的东岳天齐庙“规制宏广，神像华丽。……三月二十八日，俗呼为降生之辰，设有国醮，费几百金。民间每年各随其地预集近邻为香会……是日行者塞路，呼佛声振地，甚有一步一拜者，曰拜香庙”。南方也是这样，明代人田汝成在《熙朝乐事》中云“三月二十八日，俗传为东岳天齐圣帝生辰，杭州行宫凡五处”。这一天“士女答赛拈香，或奠献花果，或诵经上寿，或枷锁伏罪。钟鼓法音，嘈振竟日”，甚是热闹。以三月二十八日作为东岳大帝的诞辰举行庙会，在清代亦然。《清嘉录》卷三就云：“（三月）二十八日，为东岳天齐仁圣帝诞辰。”在东岳帝殿，“祈恩还愿，终岁络绎，至诞日为尤盛”。

在泰山，三月二十八日这一天要举行盛大的典礼，从《水浒》中燕青打擂的场面可见一斑。元曲《刘千病打独角牛》第三折也曾说到“今日是三月二十八日，乃是东岳天齐大生仁圣帝圣诞之辰……端的是人稠物穰，社火喧哗”。在明清之时，也循其俗，每年东岳大帝诞辰之日，“天下之人不远千数百里，各有香帛牲牢来献”（《重修蒿里山神祠记》）。

2.碧霞元君诞辰

碧霞元君的诞辰，记载最多的是四月十八日。“四月十八（泰山）顶上奶奶的圣诞……这是哄动二十合属的人烟，天下的货物都来赶会，卖的衣服、首饰、玛瑙、珍珠，甚么是没有的？奶奶们都到庙上，自己拣着相应的买。”（《醒世姻缘传》第六十八回）刘侗在《帝京景物略》中说：“岁四月十八日，元君诞辰，都城士女进香。”因地域的差别，也有把三月十五、三月十八作为泰山奶奶生日的，如傅振伦先生于民国年间写的《重游泰山记》就谈到泰山庙会会期：“时值夏历三月中旬，为泰山庙会之期，善男信女，远道而来朝山进香者，相望于途。”

时至今日，当地民众把农历的三月十五日看作是泰山奶奶碧霞元君的生日。1997年的这天，笔者曾目睹过泰山进香的情况。其场面虽然已没有往昔的热闹，但也比常日的香客多数十倍。因受上泰山要买进山票的影响，乡下或泰城进香者大多数在红门宫及小泰山烧香、烧纸，以表心愿。一时间小泰山上下，人涌如潮，卖香纸、元宝者充满盘路的两旁。小泰山旁小小的奶奶庙前，进香者拥挤不堪，等待着给老奶奶进香，不时传来管理人员的催促声（图22）。

图22　小泰山进香盛况

3.会期选择与泰山信仰

东岳大帝、碧霞元君的诞辰时间，在不同的地区有着一定的变化是很自然的。信仰相同，但所据的传说不同，就会有具体日期的不同。至于东岳大帝的生日为什么选在三月二十八，碧霞元君的生日选在四月十八或三月十五，已不得而知。当我们不限于这种具体日期的确定，从宏观的角度考虑时，我们会发现这与泰山的信仰是一脉相承的。

前面已谈到，泰山信仰源起于太阳崇拜、东方崇拜。泰山地处东方，是太阳升起的地方，在五行思想中属木。这个“東”字，在古人看来是“从日，在木中”(《说文解字》)，泰山之所以成为“万物交代之处”，就是太阳崇拜、东方崇拜的结果。《白虎通·五行》说：“东方者，阴阳气始动，万物始生。”“东方者，木也，万物新出地中。”东岳大帝、碧霞元君的信仰均源于太阳崇拜，两位泰山之神的基本职能就是东方始生万物观念的反映。与东方崇拜有关联的还有四季之首的春，古代传说中的太阳神伏羲，因以木德称王，故名春皇。古人有“东方曰春”(《公羊传·隐公元年·注》)的说法。春是一年之始，也是万物苏醒的季节，既然泰山是东方之山，那么对其祭祀，自然就以春季为好。

史前时期，舜在祭祀山岳的时候，就在春季祭祀泰山，在夏季祭祀南岳，秋天祭祀西岳，冬季祭祀北岳。汉武帝8次祭祀泰山，记述明确的就有6次是春天来的。因此说，东岳大帝的生日，碧霞元君的生日，无论是定在三月还是四月，都是在春季，这是与泰山信仰相联系的。对香客来说，因地域的不同，来泰山赶会有前有后，但均在春季成行。正是基于这种观念，古代的泰山庙会在时间的确定上，并不仅仅局限于某月某日。

为撰写本书，1997年笔者曾就泰山庙会会期做过调查。时年88岁的李希奇老人告诉我们：泰山庙会“从正月到四月初八，叫‘长春会’。那时岱庙的道士在城门上挂两个灯笼，写着‘长春会’”。时年87岁的徐振坤老人，当我们问及东岳庙会是怎么回事的时候，老人说：“就是到泰山庙会朝山进香。那时叫‘万古长春会’，庙会从大年初一到四月初八。正月里淄博、临沂、德州的从山后来。阴历二月，南边徐州、滕县的也来了。三月是当地及附近的来。”他解释说，“万古”是若干代就这么传下来的，“长春”说的是持续一个春季，所以叫长春会。到了四月初八就结束了，来的人就少了。

关于庙会持续一个春季的情况，也见于明清的文字资料中。明代的李裕在《登泰山记》中，记述了成化乙酉年（1465）游泰山时，曾就香期询问过碧霞祠的道士，道士的回答是：“每岁春月，四方谒者踵至。”碧霞祠庙会与岱庙庙会的时间大致是一样的，明人于慎行在《登泰山记》中也曾谈到在三四月间，登山礼元君者，达数十万之众。还有因春月时“祷祠者众”，旧时登山盘道狭窄而往往有香客被挤下崖谷的现象（吴同春《续游泰山记》）。明张岱的《岱志》也有香客“春初日满二万”的记述。

泰山庙会，之所以叫“万古长春会”，一是说它形成很早并且长盛不衰，这是万古；一是说它持续时间长，占了一个春季，这便是长春。长春会，这是春天的交响。

三、需要就是现实

——香客　香客店　香税

随着东岳大帝、碧霞元君影响的扩大，前来进香的人越来越多。这些人被称为“香客”或“香官”。有了统一的信仰，有了大致相同的目标，往往是结伙而行，自然而然地便有了相应的组织，有了相应的主事人。这些组织被称为“香会”或“香社”，其主事人就被称作“会首”“社首”或“香首”“香主”。无论香客是有组织还是无组织，只要来泰山就需要吃饭就需要住宿，香客店便应运而生。进香需要拿税，朝廷还设有税官进行管理，这恐怕在偌大的中国并不多见。香客、香客店、香税，都是随着现实的需要发生、发展的，也是泰山庙会的重要组成部分。

（一）来的都是客

香客，当地方言读作“xiāng kěi”，客，就是亲戚。当地人是将前来进香的香客，当作自己的亲人来称呼的。

香客的信仰是神圣的，他们的使命也是神圣的，他们的活动会受到人们的尊重。在《水浒传》第七十三回就曾描述，前来泰山进香的凤翔府的香客，路过梁山泊时被误抓。在忠义堂上，宋江得知是香客，便叫小校放了他们：“快送这伙人下山去，分毫不得侵犯。”并吩咐部下“今后遇有往来烧香的人，休要惊吓他，任从过往”。占山为王的尚且如此，何况他人。

在当地人看来，香客是来行善的，能为香客做点事也是为了行善。为了朝山的人免受口渴之苦，山上常有施茶者，为此有的还结了社。如明万历三十三年（1605），莱芜县人苏冲气为修善作福，“施茶一年，众人诚心，同名会社，各出己资，共集一处，普舍施茶。八方往来人等，济饥渴之后，缘登山涉水。于就顶路三元宫中寓居，施茶三载”（明代《莱芜县进香施茶镌石碑记》）。万历三十八年（1610）的《施茶碑记》也载：莱芜人朱自然等人，于万历三十六年

（1608）“见四方同志者，当暑候盘旋巅下，每每艰于壶物，心甚怜之。遂而结社施茶，普济群生，于今三年，事阕数十人”。他们将进香者称为“同志”，他们的心愿是一样的，目的也是一样的，这就是“众求百福袖手待，独操一心意马悬。祈祝圣母加吉庆，愿赐阖会福寿会”。施茶于“同志”也是修善，施茶为的是众会员的共同利益。

来泰山进香的人很多，少不了非常贫穷的人甚至残疾者，但是只要是来朝山的，如无衣无食者往往也能得到一点照顾。他们来进香，当地的百姓都会尽点力，就连官府也会有恻隐之心，“老稚、孤穷、瞽聋、残废无倚者，当香者盛日，来穴处土石间丐食，及香者不至缺食日，似可取香钱之余给之；冬则贸絮施之，俾少济须臾；倘毙，则收瘗之，亦无俾作秽，以安香者、游者。庶几祐神助灵，亦拯民生一端”（明·杨时乔《泰山文碑刻》，《岱史》卷十八）。这种对香客“不至缺食日”“贸絮施之”等种种救济的做法，在当时都被看作是积德修善之举。

在香客店，店主是尊重香客的。一方面这是经营之道，另一方面也有积善的因素，因为大部分开办香客店的人与香客有着同样的信仰。香客来住店要迎，走要送，甚至还有店主“携酒核浇足，谓之接顶”及夜来唱戏“开筵酌酒相贺，谓朝山归”（明·张岱《岱志》）的规矩。

在西周生辑著的《醒世姻缘传》第六十九回《招商店素姐投师　蒿里山希陈哭母》中，就曾谈到“接顶”“朝山归”之事：

> 烧香已毕，各人又都各处游观一会，方才各人上轿下山。素姐依旧不敢上轿，叫狄希陈搀了，走下山来，走到红庙。宋魁吾治了盒酒，预先在那里等候与众人接顶。这些妇女一齐下了轿子，男女混杂的，把那混帐攒盒，酸薄时酒，登时吃的风卷残云，从新坐了轿回店。素姐骑着自己的骡子同行，方才也许狄希陈随众坐轿。到了店家，把这一日本店下顶的香头，在厂棚里面，男女各席，满满的坐定，摆酒唱戏，公同饯行。当中坐首席的点了一本《荆钗》，找了一出《月下斩貂蝉》，一出《独行千里》，方各散席回房。

“接顶”由店主宋魁吾亲自到山下去接，并有饭酒侍候。回店后的“朝山归”，仅有当日下山的香头参加，宴席上男女各席分开，并有主次席之分，一同酌酒唱戏庆贺，同时也是为大家饯行。

庙会上的各家买卖，店家也会对香客另眼看待。凡是进香的，店家一见便会知晓，因为他们要么打着进香的三角旗，要么胸前戴着香会的标志。店铺掌柜的会时时告诫伙计们：与香客们说话得注意，不能把他们当外人，要高看他们一眼，因为人家来泰山是兴善的。店家把为香客服务，或是对他们好一点，也看作是一种积善行为。久而久之，就因为是来泰山进香的，香客说话行事也往往不把自己当外人，总有一种自豪的感觉。

（二）客也需要组织

香客来泰山进香，或许愿、还愿都是自发的。当相同信仰的人多了，为了一个目的成群结队的活动时，相应的组织是必要的，于是群众性的民间组织——香社便产生了。香社的出现是庙会向规模化发展的重要标志（图23）。

图23　小泰山的香社碑

1.香会的结构

关于香社的组织结构，因地域的不同而有所变化。一般情况下，香社由一村或数村的香客组成，也有以家族为单位的。香社的人数不限，有的十几人、几十人，有的上百人乃至上千人。发起人或主事者是香会、香社的头，叫作会首、会主、社首，或香首、香主、香头等，有的还称为领袖。

对泰山当地来说，香会的组织结构一般情况下是松散的，并无严格的会规及章程。有的只是临时的组织，会员也不是固定不变的，每年或多或少，多寡不一。外地的香会与当地有一定区别，因路程较远，香客众者就需要有较细致的组织，以便于管理。如清乾隆四十四年（1779）京都顺天府南路厅文安县，前来朝山进香的香会设有香头、锣主、驾主、蜡主及管事人若干人，由他们“暨领四府八县各里各甲众善人，献蜡进香于泰山圣母位前”（《高恩进香碑》），香客被称之为信士、弟子、善人。

当地较有名的是合山会，以合祭泰山之会故名。这是一个延续时间长、会员分布广的香会组织。香会的成员覆盖泰山东南麓的几十个村庄。此会在清乾隆四十八年（1783）所立的《合山会碑记》称：此会早在15年前（1768）即有建醮之礼。碑记中未有提及组织者。在清道光十年（1830）所立的《题名碑》及清光绪十九年（1893）的《合山会记》等碑中，同样也未提及具体的会首之类的主事人。只是说到“年老悫诚者经理其事，名曰会首”。可知合山会的组织机构较为松散，这个会极有可能没有固定的会首。他们只是“历年结社，备物礼神”而已。在1783年的题名碑中，有48人题名；在1830年的题名碑中，有121人题名；在1893年题名碑中，有1342人题名；足见香客之众。如果将这个合山会看作是一个自始至终的香会，自1768年结社至最后一次立碑1893年，就已有125年的历史，并从几十人增至到上千人。“届青阳之月，士女云集，香火载道”，规模很大。

还有一个影响比较大的香会团体，是济南历城的北斗永善香社。清咸丰五年（1855）《北斗永善社碑》载：“历城县城里，旧有北斗永善社……自明朝至今，相传百余年，实乃古会也。每届春间会期，齐集善男信女，朝山进香。”碑载此社社首1人，发起人3人，承办人14人，题名者千余人。

有的香会不仅组织本香会的香客朝山进香，而且各香会间也有联系，承办

图24　铁塔

一些大的施舍项目。现在岱庙内的铁塔（图24），就是由各地香会组织施资铸造的。铁塔铸于明代嘉靖十二年（1533）八月，原置天书观后移岱庙。在残存的三级塔体上，就有香客题名上万人。香客以县乡香会组织为单位，有的十几人，多的有上百人，以河南开封诸县乡为主，也兼有江西、山东等地的信士。当时泰山碧霞元君上庙碧霞祠的住持及下庙灵应宫的住持也一并参与了此事。

有的香会“香火因缘”是临时结伙而行，人数不定，没有明确固定的主事，更没有会名。如清道光十二年（1832）所立《范镇善信题名碑》所载的泰城东的范镇村的香会“善信数人，邀会邻里，连社祀神”就是一例。

据现有材料，明、清、民国时期在泰山比较活跃的留下影响的香社，外地的有河南开封府诸香社、河间府景州城南大枫林香社、京都顺天府南路厅文安香社等，山东当地主要有济南历城的北斗永善香社、济南府济阳县南乡的岱社、武定府蒲台县西南路仁字乡的同心社、东昌府茌平县南关七圣堂香社、莱芜苏氏的施茶会社、莱芜朱氏的施茶会社、泰安东南乡的合山会、范镇善信香会、前省庄香社、高兴官庄孙贵为首的香会、峋峪鹿角庄的进香会、好义乡峋峪里的刘凤仙香会、莱邑陈家楼的元君祠香社、茌家庄赵公香会、邑东南乡近山村的香火社、山下泰城的灯油会等。

2.香社的组织形式

香会的联络是怎么进行的，朝山进香盘缠的筹集又如何？这就是我们要说的组织形式。在泰山进香活动的资料中，没有发现像北京妙峰山庙会那样，会前发通知时有所谓“会启”一类的东西，这可能与来泰山进香的香客人员结构有关。

在泰山香客的成员中，有一个现象是值得注意的，这就是香客以女性为主。在文人笔下的泰山记事中，香客多以“士女”为对象。在众多的进香碑中，题名者也以女氏为多，有的香会直接就没有男性参加。在《醒世姻缘传》中，素姐参加的那个香会，会首是老张、老侯两个婆娘。素姐曾问：“怎么会里不着男人作会首，倒叫两个女人做会首呢？”两个道婆说：“这会里没有汉子们，都是女人，差不多八十位人哩。”在我国古代，识字的人本来就不多，而生活在社会最下层的贫苦女性不可能与文字有缘，因此诸如“会启”一类文字的东西，对她们来说是没有多大意义的。况且，泰山庙会会期长，要持续一个春季，“季春月……登岱起岳社”（《历城县志》卷五《地域考》），故前来进香，并不局限于某个时日，随时可动身朝山，不必事前做很多文章。香会的联络形式以口传为主，这就是所谓的“比邻相约”（清《邱家店等村信女题名碑》）。如有事泰山，选定日期后，以口相传于诸香客。“捎信”（口信）是她们特有的联络方式，以沟通相互间的联系。

香客接到口信后，要根据自己的情况来决定是否参加此次进香，也不是非去不行。如想去则转告主事人或到直接约定的地点去集合，参加香会的集体活动。因此，每次参加的人员不等，有的偶尔参加几次，有的则是次次不缺。这种形式也叫约香会，就是“邀会邻里，连社祀神”（清《范镇善信题名碑》）。从碑刻资料看，一个香会，少者有三年以上的结社经历，多者可达几十年或上百年。如清光绪十二年（1886）的“莱邑陈家楼庄，众结元君祠香社，每岁登岱，虔诚叩说，今四历寒暑矣”（清《万善同归碑》）；泰城东范镇邑香会的进香也是连续四年而立碑。在香客看来，到泰山进香，至少要连续去三年为好。在泰山东面的莱芜，就流传有这样一首歌谣（王景修、李荃亭先生提供）：

泰山烧香连三年，零销鸡蛋攒香钱。
手里有了烧香钱，出门进山不犯难。

泰山烧香连三年，你去我来永不断。
泰山奶奶坐大殿，恩赐众生显威权。
跪在尊前忠心献，求福还愿倍觉暖。

泰山烧香连三年，免灾解难保平安。
只要虔诚在心间，泰山奶奶保佑咱。

人生曲折有苦甜，行善积德路方宽。
只要生平走正道，不怕邪恶乱纠缠。

泰山烧香连三年，遇事通顺时运转。
泰山烧香连三年，树德行善乐无边。
泰山烧香连三年，国泰民安万家欢。

关于进香的费用，由香客根据自己的情况交纳，有的香会则规定入会所需的数额，或拿粮，或交金银，集中起来后归会首统一支配使用。通常情况下，是以粮食作为交纳入会的费用，有的会是每月敛一次，有的会是夏、秋各敛一次，再由会首折成钱款。也有的是直接敛钱，如清代邱家庄等村的合山会，在进香时“每值岁晚务闲之候，比邻相约，各出资财以市香楮”（清《邱家店等村信女题名碑》）。明代的莱芜施茶香社也是“众人诚心，同名会社，各出己资，共集一处，普舍施茶”（明代《莱芜县进香施茶镌石碑记》）。嶓峪鹿角庄的进香会也是“敛钱结社，进香建醮”（《嶓峪进香建醮记碑》）等。所集之资，均用于购置礼神的祭品及进香途中的吃住之用。费用如当年有余，可用于下次进香之用，也可以再做点像立碑传名记事一类的事情。

（三）进香一二三

朝山进香年年有，自然就有了一些约定俗成的说法及做法。这些习俗，虽各地不尽相同，但大致的基本程序及形式是一致的。

关于香客进香的仪程，在《金瓶梅》第八十四回中曾有所描写，可供之参考。先是吴月娘请吴大舅“商议”要往泰安州泰山顶上给元君娘娘进香，因为西门庆病重之时“许的愿心”。接着“筹办香烛纸马祭品之物”。临行前于十五日早晨“烧纸通信”，“次日早五更起身，离了家门，一行人奔大路而去”。因当时天短，一日行两程，接近黄昏，便“投客店村房安歇”，次日再行。

走了数日，一行人到了泰安州，又在客店歇宿了一宵。“次日早起上山，望岱岳庙来”。进了岱岳庙，在“正殿上进了香，瞻拜了圣像，庙祝道士在旁宣念了文书”。然后在大殿“两廊都烧化了纸钱”，又“吃了些斋食”，继续向山登去。到了山顶进了碧霞宫，“瞻礼娘娘金身”。“月娘瞻拜了娘娘仙容”，香案边立着的道士向前替月娘“宣读了还愿文疏，金炉内炷了香，焚化了纸马金银，令小童收了祭供”。至此，整个朝山进香的大致过程就算告一段落。以上描述的大致是明末清初情形，其基本的程序是：先商定进好香的日期，准备好香礼，尔后起程。到泰山后，先礼岱岳庙，后上山顶碧霞宫献礼。

1.约期备礼

香会要朝山进香，事先要做好准备工作。第一是通知本香会的香客要于某月某日起程，以及此次进香所需准备的供礼。

关于日期，有时是上一次进香时就定好了的，有一个固定的日期，不过还是要再通知一下的。一是使香客有所准备，二是所需要的费用需要及时筹办与敛收。朝山进香对善士信女来说，是一件振奋人心的事，是去做善事，不必去做大的动员工作，一般都积极参加，并能及时交上所需的香火费用。当然也有为使费用充足，有的会首不妨做点工作，拉上几个富有的人家。像《醒世姻缘传》就描写了明水镇前来泰山进香的会首老侯、老张争取到了有钱人家的素姐一并前来。

到泰山，给泰山奶奶进献什么样的礼品，是香会的重要议程。礼品一来可表达全体香客的心意，二来也可体现出这个香会的门面。供礼的多少及轻重，也往往能衡量出这个香火会的势力。礼重了会首脸上有光彩，香客心里也主壮。比较大的礼有神袍、绫帐、宝盖、旗幡、宝马等，至于献蜡进香则是平常之物了。

给所信仰崇奉的对象一袭袍服，是清代常有的做法。清皇帝就很重视赐袍之事。在泰安市博物馆就藏有乾隆皇帝于四十二年（1777）所赐的龙袍两件，其中一件身长390厘米，袖长600厘米，图案艳美，制作精细，已被列为一级文物（图25）。另外，还有旧存神袍8件，也均被列为文物珍品。上有好者，下必效焉，香客以进献神袍为幸事。清道光二十五年（1845）高兴官庄孙贵主事的香会“敬制洋红缎袍一件，献于碧霞元君”（清《香会善信挂红袍记碑》）；清咸丰五年（1855）刘凤仙首事的香会为碧霞元君准备的也是“虔制神袍一袭”，并以为

图25　岱庙所藏清乾隆皇帝御赐泰山神的龙袍

此袍“匪谓衬霞帔珠冠，足壮庄严之像”（清《刘凤仙等题名碑》）。更有甚者，朝山三十余次，“献神袍五十身”（斗母宫《泰山行宫碑》）。

对大部分香会来说，所献的物品，每年不一定都一样，往往有所变化。清道光十二年（1832）所立的《范镇善信题名碑》中就曾记述，这个香会“首岁献袍，次载进幡”。清咸丰八年（1858）所立的《张孟氏愿许进香碑》曾记，“自咸丰五年为始，敬献钟鼓，六年敬献黄罗宝伞，七年敬献龙凤旗幡，八年敬献红门旃杆”，等等。

香会所献礼品，有时是会首邀请当地的艺人操作扎制，有时就由香客中的能工巧匠精心制作而成，无论是请人制作还是自己动手，都包含着香客们自己的心血，多被香客所珍视。

有的香会置办好当次的朝山礼品后，还定下来年的礼品。如历城的北斗永善社，清咸丰五年（1855）备好当年的供礼后，并许愿：圣母娘娘冠袍带裙，如遇年久损坏，理应将物驾前焚化，仍由会中另行置备”（清《北斗永善社碑》）。

香会所置办的供礼，一般情况下要开一个礼单（也叫文书或文疏），上面记着所献礼品的名称及数量，甚至详细记有每个香客所交的财物及银两钱数，以备在献礼时交于庙中。除置备献礼外，香会还需准备部分银两、物品，以备捐舍之用。一切准备停当，就可按选定的日期动身出发了。

2.起程朝山

进香的一切准备工作完成后，就要起程了，动身之前，一般要举行一定的仪式。一是祈求一路平安，二是给泰山奶奶先报个信。最典型的要算是“烧信香”，所谓“信香”，就是向泰山娘娘发出信息，要去进香了。有的地方不但烧信香，而且还要“演社”，叫作“信香演社”，即抬着奶奶圣驾，沿街烧香游行。这本身就是一种显示，全村镇上的人都会知道香会就要动身去泰山了。

在泰山周围地区，进香的日期定好后，一般是一早动身。动身的最后准备工作便放在了前一天的夜里。这时大部分前往进香的香客集合于会首家，香客大部分是熟人，相互见面，免不了一番的问候，最重要的是要举行起身的祭祀仪式。先将奶奶驾（即画有碧霞元君像的轴画）挂在正堂中，下设供桌。桌上摆好上供的菜及酒茶、水果。所上供品的类型及数量，因地域的不同风俗也不尽一样，但都是以高的规格来置办的。在泰安上高一带，一般是摆五个菜、放五个茶杯、五个酒盅、五双筷子，这在当地是大礼。五个菜分别是整鸡、整鱼、方子肉、丸子、豆腐。鸡放中间，其他摆于两旁。鸡象征大吉大利，鱼象征吉利有余，豆腐象征都有福，丸子象征圆圆满满。茶、酒不可倒得太满，也放一些水果，一般是时令性水果，像苹果、桔子一类，有什么摆什么，没有多大的限制。烧香焚纸是必不可少的，由会首带领众香客进行祭拜。香客集合于会首家，晚上不睡觉，也不可能睡，来的人太多，有的地方叫作守夜。会首带领众香客祭祀完毕后，带上所备礼品，背上奶奶驾（卷起泰山奶奶画轴，用红布包好，背在肩上），就可以出发了。

稍讲究一点的香会，都设有锣鼓之乐，随队前行，每个香会都打着自己的旗子，旗上写“朝山进香”四个大字，下写“××乡××香会”一行小字。旗多为三角形，黄底，黑字。另外打有各种形式不同的旗幡。在路途中，每经过一村还要锣鼓齐鸣，燃放鞭炮，浩浩荡荡，很是引人注目。《帝京景物略》卷三中，曾描写过众香客朝拜弘仁桥元君圣母的情形，当是明代之时常见的进香队伍：“岁四月十八日，元君诞辰，都士女进香。先期，香首鸣金号众……群从游闲，数唱吹弹以乐之。旗幢鼓金者，绣旗丹旐各百十，青黄皂绣盖各百十，骑鼓吹，步伐鼓鸣金者，称是。人首金字小牌，肩令字小旗，舁木制小宫殿，曰元君驾，他金银色服用具，称是。后建二丈皂旗，点七星，前建三丈绣幢，绣元君号。”可见场面之宏大。对此，李中孚的《进香曲》曰：“空行闪闪立楼台，前队朱旗后队催。涌出一枝华藏界，化人如自日边来。”

3.投宿安驾

路途投宿，进店后的第一件事就是安驾。驾，就是元君圣像。有的是木制一神龛，内置元君像；有的是一画轴，上画元君像，人们称之为元君圣驾或奶奶驾。这元君驾由会首背着，每到一处投宿，需先将圣驾安置于所住之房正中，上供祭祀朝拜，然后才张罗着吃饭休息。

香客吃饭谓之“搭伙”。即香会众香客统一安排伙食，由会首统一结账。对于安驾、搭伙的情形，《醒世姻缘传》第六十九回中有形象的描写：

> ……（会首）老侯老张看着正面安下圣母大驾，一群妇女跪在地下。一个宣唱佛偈，众人齐声高叫：“南无救苦救难观世音菩萨！阿弥陀佛！”齐叫一声，声闻数里。
>
> 号佛已完，主人家端水洗脸，摆上菜籽油炸的馓枝、毛耳朵，煮的熟

红枣、软枣，四碟茶果吃茶。讲定饭钱每人二分，大油饼，豆腐汤，大米连汤水饭，管饱。众人吃完饭，漱口溺尿，铺床睡觉。

到泰山后，先在香客店安顿好。历年都来泰山的香会一般会有相对稳定的香客店。也就是说，去年住在哪个店，今年也住在哪个店。店主与会首也都相对熟悉。到店的第一件事，仍是将奶奶驾供奉于房正中。接下来便准备上山了。

上山前的一顿饭，香客均食素食。洗刷停当后，洁衣整冠，赶早起程上山，来完成朝山进香过程中的最后一步。上山的情形，明代的张岱在其《岱志》中有如下记述：

天未曙，山上进香人，上者下者，念阿弥陀佛，一呼百合，节以铜锣。灯火蝉联四十里，如星海屈注，又如隋炀帝囊萤火数斛，放之山谷间，然山熠谷，目眩久之。

也有夜间上山的，以香客团队为单位，提灯以上，场面也是不凡。明代的王世贞在他的《游泰山记》中就写道：

三鼓起，启堂之北扉而望，若曳匹练者。自山址上至绝顶，又似聚萤数百斛囊中，光熠耀不定。问之，乃以兹时士女礼元君灯，鱼贯而上者也。其颂祝亦隐隐可听云。

于慎行在其《登泰山记》中也有描述：

若在三四月间，五方士女，登祠元君，以数十万，夜望山上篝灯，如聚萤万斛，左右上下蚁旋鱼贯，叫呼殷振鼎沸雷鸣，弥山振谷。

登山见碧霞元君，这也是香客们最激动的时候。上者，心愿将诉，感慨万千；下者，心愿已了，可喜可贺。这香客大军是在充满希望的氛围中运动着、升腾着。

在民国时期，傅振伦先生曾目睹过当时的情形（《重游泰山记》），也已是现在所无：

> 时值夏历三月中旬，为泰山庙会之期，善男信女，远道而来朝山进香者，相望于途。妇女皆缠足，头梳长髻，衣裳博大，不着裙衫，脚带宽可四寸，多深红艳绿色，盖犹有数千年内地古装之遗风。捧香合手，喃喃不绝于口。至于男子朝山，则尾随僧道鼓吹而已。有手持直角三角形之黄旗者，其上大书“泰山进香”四大字，右侧书“莱邑义峪庄”诸小字，是殆来自山东东部莱州者。山中居民，有出售香马纸课者，生意最盛。

4.山顶献礼

香会，尤其是外地的香会，来朝山的绝大部分都要到山顶碧霞元君的大本营——碧霞祠，所献供礼就在这里“交接”，这叫“进香于泰山圣母前”。

由香首带队，香客队伍到达碧霞祠西神门下“振衣岗”时，香首提醒大家整好衣冠，马上就要到圣母宫了。一般情况下，香客为了显示心诚，是徒步登山，更有甚者是一步一叩头上山的，即使富有也不乘轿。如有乘轿上者，至西神门就需下轿。到西神门时，门口有一掌号人，其前，摆有一个装钱的箩筐，掌号人一声口号，会首、众香客便要向箩筐内扔点钱，这就是“西神门上张声号，泰山娘娘早知道”的说法。尔后进山门于元君大殿前，结队参拜。

参拜时由会首在前，率领众香客上香叩首行礼，将在家所备的礼单（即文书）一一诵来，也有将礼单交给道士宣读的，并将供礼一一陈列，敬请泰山奶奶收下。现将清咸丰五年（1855）山东历城县北斗永善社的所备礼单抄录于下，可供参考：

> 泰山圣母贡檀牌位一尊并神龛；黄绣花棹头一个；黄绣花铺垫二付；黄缎绣花黄罗宝盖一把；黄绣花大宝盖一把；黄洋绉万名善男信女宝盖二把；黄洋绉龙凤旗四杆；黄洋绉宝幡八杆；绸子五色旗四杆；朱红洋标大社旗四杆；朱红洋标小社旗六十杆；本社大纱灯两对；龙拐铜荷花提炉两对；铜凤烟炉两对并铜盘；大红全幅彩绸一匹；十献贡品（香、花、灯、水、菜、茶、食、宝、珠、衣）；朱红木盘十个；金桥银桥（黄白布的竹子架）；蓝布小垫三十个；旗伞坐大小八个。

如有需要泰山奶奶解决的难处，此时可进行祈祷。没有具体问题者，则祈求风调雨顺，国泰民安，无病无疾，事事如愿。集体活动结束后，香客再根据自己的具体事宜及有关家人、朋友所托事项再行礼求拜。有的香会还会请道士建醮祭祷，这尤其在明清之时很盛行。如清代的城东峋峪乡鹿角庄香社时有谒元君建醮之礼等等。一般情况下香客所带纸香的焚烧，不在碧霞祠大殿或院中进行，而是到南面的大火池即宝藏库去。在火池旁，人们有的再将香纸、供果摆上，跪下磕头、祈祷。

现在已很难见到朝山进香的浩荡队伍了。这一方面由于移风易俗，人们的观念发生了很大的变化；另一方面则是进山票的限制，使很多的乡下进香的队伍被限制在了山下。有的直接就不来了，在家烧香祈祷一番就算是心里有了。

1997年农历三月十五，也就是当地所说的泰山奶奶生日的前夕，有一支来自泰山南麓上高一带的香客队伍，是找人通过关系，从西边的公路上乘汽车上山的。本想省钱，却不想引来了麻烦，因中途遭查车使队伍走散。这支近30人的香客队伍，领头的香主是一位近60岁的老太太。香客来自本村及周围的村庄，是到碧霞祠瞻礼泰山奶奶的，这次进香，主要的礼品是一个用金银纸扎制的金山和银山（图26）。据她们讲，每年都组织来山上进香，有时还不止一次，并且也不

图26　挑“金银山”的香客

一定都要到山顶来。山上山下的各个庙他们几乎都去过，什么遥参亭、岱庙、王母池、斗母宫、玉皇顶，等等。有点像清代时邱家庄一带的合山会，从时间上说不一定非在泰山奶奶的生日那一天来，一有空闲，或有事要办便会到庙中礼祭一番。从祭祀的对象上说不限于碧霞元君，同样是“遍山之神而祭之”。

现在的碧霞祠，是由道教的道士来管理的，也需买票进祠。元君大殿的门口用棍子拦着，一般不让香客到殿中去。在殿门口设有红色的棉跪垫，以便香客磕头之用，平时有道士在一旁值班。每当香客磕头施钱，便有罄声传来。老奶奶生日这天，香客要比平时多数倍，碧霞祠院内拥满了人。在殿门口给老奶奶磕头要排队，有的已等很长时间了，还急着下山，只好在旁边或在前边磕头人的后面举香磕头献礼。有一个老太太双手将袍布举起，意思是让老奶奶看看她的礼物，知道她的心意，非常认真、虔诚（图27）。

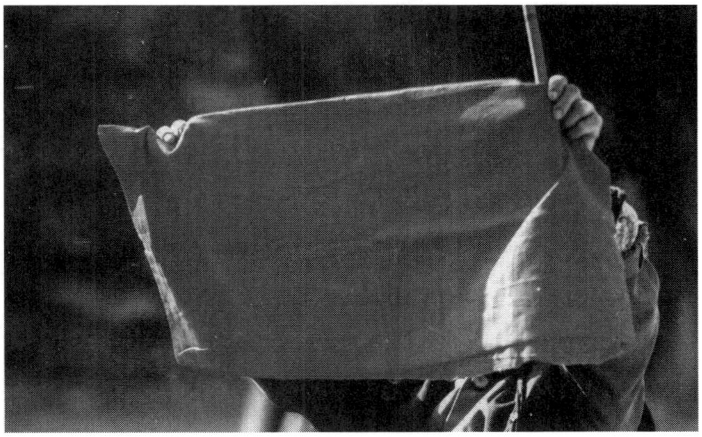

图27　献袍布的香客

5.许愿还愿

在祭祀祈祷的过程中，人神条件的互换是常有的事。你只要达到了我某种要求，我会就给予相应的回报，这就是许愿和还愿。在民间，许愿和还愿是非常严肃的事情，尤其还愿是必须要办的，来不得半点马虎。

以生命相许，是许愿中最重也最为引人注目的事情。泰山顶上有个舍身崖，就因为是许愿舍身的地方而得名。康熙于二十三年（1684）来泰山时，臣属曾请其“往观”，被康熙所怒斥：“愚民无知，惑于妄诞之说，以舍身为孝。不知身体发肤受之父母，不敢毁伤，故曾子有临深履薄之惧。且父母爱子，惟疾之忧，子既舍身，不能奉养父母，是不孝也。此等事处处有之，正宜晓谕严禁，使百姓不为习俗所误。观之何为？”（中国第一历史档案馆整理：《康熙起居注》，中华书局，1984年。）康熙的火气不小，但习俗已成，“晓谕严禁”很难，后仍有舍身之事发生。

历史上留下很大影响的是康熙五十六年（1717）所发生的舍身事件。这年自十月初十至二十日，十天之内竟有山东曹县的李进贤、河南商丘的韩大小、江南徐州的张文举先后三人在泰山舍身崖投崖献身。所以舍身，是因为有所谓的投崖可以报亲的说法（清《禁止舍身碑》）。在民间认为，如亲人病重，可以命相许，换取亲人的性命，故有舍身之举。此种许愿，曾惊动朝廷命官，特立《禁止舍身》碑，以诫告舍身者。

最常见的许愿，是为碧霞元君或东岳大帝置办衣驾、修庙礼神或建醮立碑。民国十一年（1922）元君中庙——红门宫，捐资重修是因“祷元君圣母数果，千万不胜条章”（《郭张氏祷神碑》）。清光绪二十五年（1899）同心社筹资立颂元君功德之碑，也是为“众皆感灵验盛大，惠祥宏深”（《同心社题名碑》）。还有以植树报恩者。清咸丰五年（1855）的《阳邱王母贤德碑》，就记述了一个许愿增寿、还愿植树的故事，说的是阳邱的王母“坤范可钦，母仪堪仰，乐行善事”，曾祷曰“神如有灵，加我数年”（这是许愿），将植树以报，后王母果以百岁而终，其子遵其母遗言，“植松千株于东山之坡”（即为还愿）。在善男信女看来，有许有还，理所应当。

有一通《城东曲沟地方南王庄还愿碑》曾记述了一个面临贼寇之祸，祷于泰山之神，后“果蒙庇佑”的故事。“是时，既无土圩可守，亦无器械之备，众情惶惶，势甚危迫。乃共虔诚祷于泰山之神”，其后“合村安全”，以为是神之降福。“自是之后，土圩既成，贼匪数至，屡有斩献之功，绝无荡摇之恐，莫非神力之默佑也？”因事有愿，果已显现，在信士们看来，村庄之所以平安，是他们祈求泰山神的结果，既然神降之福，故“倡率村众，虔奉酒醴冥资，仰答神庥”，以示还愿。同是为谢城池之安，以答碧霞元君佑护之恩，众信女“发愿醵资，进奉织绣锦袍十一袭”（《高玉龙祭施锦袍记碑》）。发生在泰城中原大战时期的事情，也同样出现在了济南。信士们认为“因五三惨案，默祝神佑，事经兵凶，果获平安”，于是于民国二十一年（1932），济南善男信女香火社等人“同赴岱顶，敬献大匾一块，万民伞一把，袍五身，旗帜等件”（《济南府西关同社人碑》），虽经报答，仍觉不足以慰神灵，又在红门碧霞宫前建醮立石。

还有为在外营生，祈求团结而许愿的。如民国二十六年（1937），在奉天西丰县相聚营生的一部分人，“深明在外做事，环境之下，非团结不为功，遂于是月联络同乡，假香会名义来团结，即许愿于岱岳圣母殿前，大家如平安完全归家，愿许在岱岳圣母殿前悬木匾，建立石碑。圣母肖灵，果佑众黎平安全归”。所以事后“敬献木匾，建立石碑，以消前愿”（《义和香会还愿碑记》）。

遇有灾难，许愿是常有的事，一经应验，是必须按当时所许之事前去还愿的。如清咸丰八年（1858）《张孟氏愿许进香碑》记载：“近年来，兵戎竞起，黄水为灾，逆氛滋扰。仰荷泰山娘娘，广施德惠，普济生灵。卒令天灾不侵，地方静谧。”因此信女张孟氏、陈张氏等“愿许进香四年”，自咸丰五年（1855）至咸丰八年（1858）连续四年贡礼还愿，方觉“聊具信心，共证善果”。

6.习俗种种

朝山进香，除献礼祈祷之外，另有一些事情也是要做的，如系红绳、压石子、磨玉碑等等。

系红绳　在泰山顶碧霞祠周围的树上，你会看到许许多多的红线或红布条系在树枝上，人们称此为“拴子”。“拴枝”是“拴子”的谐音，意在祈求赐子。这一习俗可能导源于一种纪念性的标志，红色的绳带是吉利的象征，系于树上表示到此朝拜过了，后多有效仿，渐渐形成规模，遂有人附会于“拴子”，这也正与元君能赐子的职能自然地结合了起来，故成一习俗（图28）。

图28　拴子——系满红绳的树枝

压石子　同样是为了祈子，压石子也即压子。先是出现在山顶碧霞祠周围的树上，后又不断延伸到山下，甚至还到了泰山佛教的寺院内。现在泰山西北麓的玉泉寺佛爷洞口的树上也压满了石子。西麓的灵岩寺内，也有这种压石子的做法。但仍以山顶上的压石子之风为最盛。求子的人捡一至几块石子压于树杈之上，压的人多了，树上满是石头。尽管景区管理人员不时地清理这些压在树上的石头，只是已成习俗，压石子的人不绝于后。后因泰山门票的缘故，很多香客上不了山，检票口万仙楼下的红门小泰山周围就成了压石子的最好去处。今年（1997）农历三月十五日，碧霞元君生日这天，小泰山附近的树上、崖石上、碑上甚至房上到处都叠压满了石子。石子大小不一，大的需两手才能搬动，小的一手可以拿几个。从压石子香客的年龄及神态看，压石子不仅在于求子，也是为了孩子的吉利。

拴娃娃　在碧霞宫的送子娘娘殿，拴一个娃娃回去，对已婚多年而不育的人来说是一件非常郑重的事。送子娘娘的身边及身上有许多泥娃娃，活灵活现甚是可爱。凡来拴娃娃者，都事先备有一根一尺多长的红头绳或红布条，待上供、烧香、磕头、投完香钱后拿出绳来系在娃娃的头颈上，口中喊道：“回家啦，回家找娘去。”边走边喊，要连喊三遍。现在所拴的娃娃，都是用石膏做的，外表刷一层金粉。石膏娃娃一般是坐像，胖胖的，很喜庆（图29）。

图29　泰山娃

磨玉碑　在碧霞祠内的东西碑亭内，有两块伤痕累累的石碑。因为是皇上送的，被称为御碑；又因为碑石质细如玉，故也叫玉碑。为使玉碑免遭伤害之苦，在20世纪80年代被封护了起来。院内两座铜碑的下半部，也受到磨损之苦。这些碑的损坏即与习俗有关系，当地的谚语云：“铜碑磨、玉碑蹭、小孩带上不生病”。进香者常常拿铜制钱在碑上磨蹭，然后用红绳拴起来挂在小孩的脖子上，以此免灾。人们竞相磨蹭，久而久之，碑上留下了深深的印痕。并由此引申出在碧霞祠摸物治病、防病的说法。在碧霞祠内，常会有香客争相触摸香亭前的香炉，然后再摸摸自己的身体某一部位，用以防病治病。这本来是摸香亭前王灵官的，只是为了王灵官不受“皮肉”之苦，道士们将其封护了起来，香客们就转移到香炉上了。

求物镇邪 朝山去碧霞祠，还有一个很重要的事情要做，就是不要忘了求一张印有娘娘印的黄表纸，带回家后可用来镇妖、避邪、免灾。后来玉印没有了（现藏泰安市博物馆），但人们总想带回点什么，以求吉利，因此将摆放在泰山奶奶供桌上的水果、糕点、鸡蛋等一类的供品，求一点带回去给小孩或亲人吃，据说可以得到元君奶奶的佑护。并流行有讨要袍布的习俗，要点袍布回去，也是为了免除灾祸以求吉利。1997年的农历三月十五元君生日这天，在送子娘娘殿前，拥满了讨要袍布的香客，袍布也是香客送的，一般5～7尺，所谓的给娘娘挂袍，有的即指这种袍布。据说讨回家后，可以制作小孩衣服，小孩穿此衣可长命无恙。虽然10块钱一块，但都争相购买，两个道士拿着竹棍，边交易边维持着秩序，其场面好不热闹。

献换衣袍 在进山朝香活动中，还有给泰山老奶奶换衣裳的习俗。香客在农历三月十五，泰山老奶奶生日的这一天，要专程来为老奶奶换衣服（即：脱棉衣、换单衣）。香客提前若干月买好布料并精心制作而成。一般的配置是：

最里贴身穿：白缎子衬衣、白绸子裤。
外层夹衣：上身穿大红缎子面，白绸子里。
下身穿蓝缎子面，白绸子里。
最外层穿：大红缎子绣花蟒袍，白绸子里。
足：一丈多的白绸子裹足。
鞋：三寸金莲小尖足绣花鞋（有大红的，也有蓝的）。

各路香客（主要是泰城乡里、新泰、莱芜、淄博、德州等地的），于初十四到达山顶，晚上便温台开戏，第二天再唱一天戏，并在碧霞祠后的神憩宫，给老奶奶换衣袍。换衣时，香客全是女性，先上供、烧香、磕头，由德高望重的会首主事。神憩宫的元君像是用檀香木精工制作的，各关节都能活动。

图30　神憩宫能起卧的元君像（1913年）

像是卧着的，用手动其胳膊及腿膝机关时，像能够坐起来（图30）。香客们传说，如果观看换衣服的香客中，有怀孕是男孩的香客，无论怎样捏动各个机关，老奶奶不坐起来。这时给老奶奶换衣服的主事人就会大声喊道："请怀孕的女香客出去。"这时，如果怀男孕的女香客出去啦，则一捏骨节环，老奶奶就马上坐起来，否则再捏多次也不会起来。对香客来说，这是神奇的也是庄严神圣的。

檀香木元君像有两尊，分别雕刻于明清之时，具有很高的艺术价值，可惜毁于1946年火灾。同时，香客所献的衣袍、锦被、锦褥、龙床、凤枕、帐幔等均被化为灰烬。（山东省泰山管理处编：《泰山》，山东人民出版社，1963年。）

（四）朝山的轿

轿，古作"桥"，即所谓"山行即桥"（《史记·河渠书》），是一种山路乘载的工具。因是上山用的代步之具，故俗称山轿或山舆，也称山樏。山轿的起源较早，但在泰山广泛用于朝山活动，则是明朝中晚期以后的事，它是随着山顶上碧霞元君地位在泰山得到充分的确立而盛行起来的。

1.山轿的形式

泰山山轿的制作比较简单，以实用为主，无任何辅助性的装饰，对此，在文人的笔下常有描述。清人刘鹗在《老残游记续集遗稿》中说："泰安的轿子像个圈椅一样，就是没有四条腿。底下一块板子，用四根绳子吊着，当个脚踏子。短短的两根轿杠，杠头上拴一根挺厚挺宽的皮条，比那轿车上驾骡子的皮条稍为软和些。轿夫前后两名，后头的一名先钻到皮条底下，将轿子抬起一头来，人好坐上去，然后前头的一个轿夫再钻进皮条去，这个轿子就抬起来了。"

有的轿子，就是借用椅子的形式或由木椅子直接改造而成，只是没有了椅子腿。椅子两侧的扶手用绳子绑上两根轿杆，前面再用绳子吊一个横棍，用于放脚，有的连放脚的踏板也没有，山轿就算成了。《醒世姻缘传》中素姐所坐的即为“抖成一块半截没踏脚的柳木椅子的山轿”。

常见的山轿，比较简单。主要由轿杠和轿座组成，轿杠呈弧状拱起，座是由一木框做边，然后用绳子编扎而成。讲究一点的，在坐椅的四角各竖绑一棍，上覆一篷布，以遮日避雨。这大致是清代及民国年间泰山山轿的基本形式。那么在明代，山轿的形式又如何？由于泰山的山轿或小有名气，或有别于他地的特点，因此对人们的印象也是深刻的。

在明代，人们因对山轿形式的感受不同，有着多种的叫法。冯时可在他的《泰山记》中，称山轿为腰筍：“辛丑晨，兴出登封门，至更衣亭，易腰筍而上。”王思任在他的《登泰山记》中，称山轿为肩舆、腰笋：“肩舆出登封，至红门，改腰笋，看泰山易与耳。”王士性在他的《岱游记》中，称山轿为笋舆：“左憩更衣亭，易笋舆而入者，一天门也。”钟宇淳在他的《泰山纪游》中，也称山轿为笋舆：至红门，“易一笋舆，逶迤五里至高老桥”。于慎行在他的《登泰山记》中，则称山轿为篮舆：至于岳麓一天门，“下车乘篮舆以上”。还有王世懋在他的《东游记》中，又称山轿为“软舆”。可见，对泰山山轿就有腰舆、腰笋、笋舆、篮舆、软舆等不同的叫法。

通常情况下，腰舆是以人身负重部位的不同而有别于肩舆的，即用手挽的高度仅及腰部，用肩抬的为肩舆，这是山轿结构形式上的一个特点。腰笋、笋舆，笋即筍，也称编舆，指用竹子做的轿，是说山轿在用材上的特点；篮舆：一方面是指用竹子做的，也可以认为外形像篮子，清代人袁枚有诗曰：“土人结绳为木篮，命我偃卧同春茧。”诗中说坐轿者的形体“偃卧”如同春茧之状，可借以理解篮舆的形状；而在张岱笔下的山轿是“棵干曲起，不长而

图31　泰山山轿（1917年）

图32　20世纪50年代的泰山山轿

方”（《岱志》），这是山轿形体上的一个特点；软舆，或表明它有软的铺垫，是软座，或表明它是用竹子编的，本身就具有一定的软度，都可说山轿坐起较为舒适。从以上特点看，泰山山轿在明代，多是手挽的轿子，一般用竹木扎制而成，形体较小，由二人操轿，轿四周没有遮挡，是一种非常轻便而又便于观光的登山用具（图31、32）。

2.雇轿坐轿

雇轿上山，有两种方法：一种是在住店时，就向店里“报名”，言明要雇用山轿，由店家统一安排；一种是在登山盘道下，由进山者直接雇用。一般情况下，以进香为主的香客，多是集体在店内雇轿，而零散的游客则是到盘道口后临时租用。前者，如《醒世姻缘传》所云可供参考：会首老侯老张一行，到了香客店后，“洗脸吃饭，报名雇驴轿，号佛宣经”。“报名雇轿”，是香客到泰山后的基本程序之一。前面所说明代文人多“至更衣亭，易腰舆而上”或“至红门改腰舆”等，则是店外的雇轿方式。关于雇轿的费用没有定例，尚需提前商定，如民国二十年（1931）傅振伦先生第二次登泰山时，就“言明往返二日，每乘四元五角”（《重游泰山记》）。

泰山山轿虽制作比较简陋，但乘坐起来还是比较舒适的。在平路时，轿夫一前一后，上、下盘道时几乎是横行，轿夫是侧身而上，这是为了乘坐者能基本上保持平稳，不致于上时仰身，下时俯身，这也是泰山山轿有别于南方山轿——滑竿的一个特点。一般的山轿，轿杆呈弧状并具有一定的弹性，抬起来，一步一颤，使重负下坠时较为缓和，相对来说抬起来也较为省力。张岱在谈到山轿的这一特点时就说得很形象：山轿“樏杠（轿杆）曲起，不长而方。用皮条负肩上，拾山蹬则横行如蟹。已射而代，则旋转似螺，自成思理”（《岱志》）。因山轿可直行，也可横行，上山速度很快，故有“爬山虎”之称。

山轿下山，轿夫是以滑步为主而下。现在的挑山工下山也是这种下法，双脚仅擦着台阶的边沿，交替下滑，似小跑，速度很快。这种下法常使坐轿人感到恐惧。张岱在《岱志》中就坦言其惊："股速如溜，疑是空堕，余意一失足则齑粉矣。第合眼据舆上，作齑粉观想。常忆梦中有此境界，从空振落，冷汗一身。时也，顷刻下二十里。"

3.轿夫

坐轿人有惊无险，苦的是抬轿的轿夫。他们来自泰城及周围乡下贫困的农家子弟。据说，当年香火盛时山轿可达二三百乘。轿夫的工钱，二三十年代是市价每人每天一块五（大洋），如在山上过夜另外加工钱或赏钱、饭钱等，多少由客人随意，一般都高于一天的工钱，有的甚至是工钱的几倍、十几倍。有时客人带家眷、亲朋，要雇几乘轿子，怕照顾不过来，往往多雇几名轿夫轮流抬轿，谓之"替脚"，亦是每天一块五的工钱。也有的达官贵人、富商豪绅来泰山需小住几天，干脆包一乘山轿，每日四处游玩。每年旧历大年初一到三月底，是各地善男信女朝山进香还愿的高峰期，也是轿夫最繁忙的季节，年初一至正月十五，惯例是给双倍工钱，也有的给三至五倍，兼有施舍行善之意。（吕继祥：《轿夫的来源及生活》，《泰山大全》，山东友谊出版社，1995年。）

冯玉祥在泰山隐居期间，曾作《山轿》诗一首，并由赵望云配画，以抒发他对轿夫劳苦生活的同情及对科学的向往：

上泰山，坐山轿，好看风景好逛庙。
一个安坐两个抬，三把轿子爬盘道。
爬盘道，真苦劳，慢慢紧紧总不到。
肩头皮带千斤重，汗流气喘心急跳。
一劳苦，一逍遥，抬的坐的皆同胞。
……

（五）香客店

客店，或称为客栈，是供旅途之人吃饭休息睡觉的地方。所以古人说："行旅所止之屋，谓之客栈。"（《新方言·释宫》）客店前面加一个"香"字，就成为专为香客提供服务的场所了。同是住宿，同是吃饭，因为加了这个"香"字，相应有了不少的特点。

1.旺季春日

香客店是适应朝山进香的需要而出现的旅店，香客的出现，是与进香的时间密切联系在一起的，因此具有很强的季节性。

春季，是朝山进香的时期，而在东岳大帝及碧霞元君生日期间，香客达到高峰。《水浒传》中就说：在圣节之时，“许多客店，都歇满了”。据访谈，在香客最盛之时，大大小小的店都能住满，有时屋当门（屋内地面）睡的都是香客。香客店一般是正月初一开门营业，直到四月初八，这也就是“长春会”的会期。过了四月初八，香店里雇的伙计都又回农村去务农了。

因地域的不同，香客来的具体时间也有差异。正月的客人主要是泰山北边吴桥、宁津、德州、沧州等地的；二月份主要是南边的，如兖州、徐州，近一点的是菏泽、曹州、邹县一带；三月份主要是泰山周围诸县的来的多，特别是莱芜、淄博的香客。同样是某一个月，除了圣诞日，而以初四、初七、初十来的为多，这是因为有“待要走、三六九”的说法，即出门的日子选在初三、初六、初九为好，因此只有一天路程的，第二天到的时候就在初四、初七、初十了。与一般香客店相比较，具有很强的时令性，是香客店的一个显著特点。

在泰山朝山还有种“筢搂草”的说法，是香客店对泰城人一种进香形式的叫法。“筢搂草”意思是说什么都掉不了，别想在他们身上赚钱。有时，香客店还会将这些人称作“莱芜大方”——干烘（莱芜大方，即流行于莱芜地区的一种熟茶，俗称干烘，也叫莱芜干烘。在此，“干烘”意为“干哄”，就是凑热闹）。泰城人得闲时，或附近的乡下人农闲时，当地称为“挂了锄钩”的时候，三五成群上山。上山时除了香纸要带上外，吃的喝的也一概备齐。连水也不喝店家的，自己带有烧壶，口渴了，随地拾点柴火，灌上泉水烧烧就有了。对此，李广田在他的散文《山之子》中曾有生动地描写：“他们三个一帮，五个一团，他们用一只大柳条篮子携着他们的盛宴：有白酒，有茶叶，有煎饼，有咸菜，有已经劈得很细的干木柴，一把红铜的烧心壶，而‘快活三里’又为他们备一个‘快活泉’。……黎明出发，到此正是早饭时辰，于是他们就在这儿用过早饭，休息掉一身辛苦，收拾柳筐，呼喝着重望‘南天门’攀登而上了。”很是轻松、惬意。

2.“接顶”“朝山归”……

具有不同的服务项目和功能，也是香客店的一个突出特点。香客店是为香客开的，香客的需要就是对店家的第一要求。与一般客店相比较，其民俗信仰上的要求是非常重要的，一般较大的香客店，或大或小都设有奶奶庙。如泰城北关著名的香客店张大山店就建有奶奶楼，以供香客焚香瞻礼之用。

在泰山香客店所具有的对上山者贺、下山者迎的“接顶”“朝山归”的规矩也是一般旅店所无。上山者贺，就是在香客起身上山时要祝贺。早点后，店主要将一批批香客送到大门口，吉利话是少不了的，“步步登高”“登高发财”“心事如愿”等等是常挂嘴边的祝福。比较重要的香会，还需派人跟上服务。

所谓接顶，就是香客店在山下为下山的香客接风洗尘。而朝山归，则是香客朝山回来，要开筵请酒相贺：“谓烧香后，求官得官，求子得子，求利得利，故贺也。”同是庆贺、因其身份的不同，也有很大的差别，有上、中、下三等之分：“上者专席，糖饼、五果、十肴、果核、演戏；次者二人一席，亦糖饼，亦肴核，亦演戏；下者三四人一席，亦糖饼、肴核，不演戏，用弹唱”（张岱《陶庵梦忆》卷四《泰安州客店》）。

上山之前，香客店需备素斋是在吃上的讲究，有“上山包子、下山面”的说法。至于朝山用的香烛元宝等等，更是香客店所必备的了。另外，上山所舍乞丐之钱也要由店家负责。

3.“棒槌”“笸箩”“金钟”……

用生活中常见的实物作为招牌，是山上香客店的又一个突出的特点（图33、34）。这也是它具有适应性与针对性的一个重要标志。住在山上的香客绝大部

图33　二十世纪初碧霞祠下的香客店

图34　山顶天街香客店笊篱店招牌（1956年）

图35　香客店金钟店招牌

图36　香客店棒槌店招牌

图37　香客店鹦鹉店招牌

分是劳苦大众，富有之人一般是不住在山上的。为了适应老百姓不识字的特点，香客店选用具体的实物形象来作为香客店的标志，这样就具有很强的易识性。如棒槌店、笸箩店、双升店、鞭子店、响旦店、鹦鹉店、金钟店等，都是以实物或木头雕其形象挂在或摆在客店的门前，来作为招牌的。这些实物都是人们常见之物，容易记忆，容易辨别，特别适合于不识字的香客，即使天黑了或者大雾看不见，用手一摸便知到了哪家店。现在山顶天街上的店铺，已与原来的香客店不可同日而语了。其招牌尽管也有几个是实物形象的，那却是识字人为增加点原来的气氛而做的幌子，已没有了当初的实用价值。原来的招牌已进了博物馆（图35、36、37）。

天街上这些香客店，在吃住方面也和他的招牌一样，具有很强的针对性，也是为生活在社会底层的百姓而准备的。一般都是大通铺，全是土炕，顶上放点草，然后铺上席，就算是比较好的床铺了。当时有个泰山虼蚤（就是跳蚤）山上山下当天打来回的笑话，就可反映出山上香客店的条件。这笑话说山上香客店的虼蚤特别多，香客在山上住一夜，衣服内就会沾上很多。以前，人们是习惯扎腿的，下山到了岱宗坊歇一歇，解开绑腿，抖搂抖搂，跳蚤就下来了，又跳到了上山人的身上，跳蚤又被带上了山。这样一天之内，跳蚤山上山下打了一个来回。

住的条件差，吃的也比较简单。好的有几个菜，再加点酒，一般的一个菜或一个鸡蛋汤就打发了。名誉上饭钱不要，其实是不单独收，在住的里面找齐了。例如有五六个香客要住店，一个人两块也好，三块也好，包吃管住。钱多了就吃得好点，钱少就吃得差一点。五六个人凑起钱来，给他放上一对元宝（纸做的），一打黄表纸，一堆香，就都算上了。

棒槌店，是山顶上香客店的其中一家。后来分为二家，一家是老大的，仍依棒槌店为名；一家是老二的，名称凤凰店。当时，棒槌店有六间房子，凤凰店有五间房子。凤凰店于1969年12月迁到山下。

山上的香客店每逢大年初一，不是去碧霞祠朝拜，而是到山下的扇子崖去，参加财神会。人们常在大年五更，也就是除夕午夜吃饺子后去扇子崖烧香，去赶会看戏。财神会设在扇子崖，这与“打开扇子崖，金银财宝向外抬”的传说有关。所以人们为表达求财的心愿，就要到扇子崖去。

4.“迎客”“会茬子”……

约客、迎客，都是香客店主动与香会联系的重要手段。约客，叫作“会茬子”，每年秋收后，店主便派能说会道的人到各地去做这项预约香客的工作。这种预约多是有针对性的，要到那些有泰山神信仰的地方，也就是去每年有大量香客前来的区域。去联系的人一般都带点泰安的特产作为礼品，到达要去的地方后，与当地香会的主事会面，送上礼品，说是什么店的，代表店主向会首问安，来意是不说自明的。一般情况下派出“会茬子”的人与这个会首是认识的，很有可能去年在泰山就接待过他们。香会会首对泰山的来访者也是尊重的，因为那是泰山奶奶那里的人。没有特殊情况，会首这个香火会的香客团到春上朝山进香时就住这个店。弄好了，这个香火会的会首会介绍几个别的乡或别的县的香火会一并去这家香客店。

在上面谈到的“朝山归”，也具有约客的功效。设宴相贺的本身，就是吸引香客下次再来的一种形式。况且，临别之时还有礼品送于会首。《醒世姻缘传》中的店主宋魁吾，在与会首老侯、老张分手时就送给她们“每人一把伞，一把藤篾子扇，一块腌的死猪子肉，一个十二两重的小铜盆”。礼不算轻，不怕你下次不来。

迎客，也是香客店的一个特点。每逢春季来临，香客店便派出店伙计到城外各路口迎接外地来的香客。这些香客有的是“会茬子”时预约的，没有预约的也会主动向前迎接，拉到本店也是笔买卖。他们手持上书“×××店拜”字样的信套，一早一晚还要提上一个书有店名的灯笼，老香客一看到店名就会感到很亲切。这已有了现在的旅行社出去组团，到车站去迎接的某些特点。张岱在《岱志》中曾谈到店家迎客的情形：“离州城数里，牙家走迎，控马至其门。……出山者送，上山者贺，到山者迎。”很是热情。当然这种会客、接客的形式，主要适应于一些较大的香客店，对于小店及山顶上的店来说，意义是不大的。

“出山者送，上山者贺，到山者迎”，是香客店独有的经营方式，这一来是尽点店家的心意，二来也是为了将来的回头客，重要的还在后者。其实羊毛出在羊身上，这早在房费里找齐了，但各自的心理却得到了满足。

5.数不清的店

泰山有多少香客店，这恐怕谁也说不清楚。《水浒传》中说：当时（大致宋、明时期）泰安城“客店也有一千四五百家”，其可信程度如何？无资料可证，不过客店非常之多是不容置疑的。据许多老人讲，在清末民初的时候，泰城足有几百家香客店。著名的就有八大店之说。这八大店是：北峪（北关）的张大山店、东北关的夏金章店、灵芝街的宋海扬店、后家池的刘汉卿店、西关的王家店、财西街的徐家店、北门的唐家店、通天街的刘家店。这些店各有特点，当时有句顺口溜说“若要住大厅，刘汉卿；若要住瓦房，宋海扬”。

说到大店，在张岱的《泰安州客店》，曾提到他来进香时所住的香客店：“未至店里许，见驴马槽房二十三间。再近有戏子寓二十余处。再近则密户曲房，皆妓女妖冶其中。……庖厨炊爨亦二十余所，奔走服役者一二百人。”还说泰安与此店可比者有五六所，使他感到惊奇(《陶庵梦忆》卷四《泰安州客店》)。在清末民初年的众多香客店中，以张大山店的规模最大，影响也最大。而其他小客店则遍布整个泰城。

在通天街，可以说是一步一个店，稍大点的就有几十个，主要的有孙家店、车子行、陈家店、张家店、卢家店、和家店、柳家店、李家店、金家店、丁家店等。饭馆有同和春、万兴园、杨家店、如意居、一间楼等。山顶天街上的香客店也有十几家。泰安有个歇后语，就与香客店有关。当地方言说不行叫作“别家”，如遇事不赞同就说“南天门里头的，别家(筐篓家)”，筐篓家是进南天门的第一家香客店，其谐音就是“别家”，可见香客店影响之大。

6.张大山店

张大山店，是泰山最有名的香客店。而且这“大山”的名字也好，泰山就是大山，如果说“山大莫大于泰山”，那么张大山店作为香客之店，是店大莫大于大山店。

张大山店开于何时已不可考，但在清末民初发展到鼎盛时期。张大山店位于北关青龙街西段路北。张大山不是人名，“大山”是店号，清末时期，传至张岳均。张岳均兄弟十个，亲兄弟五个，堂弟五个。张岳均之下嫡长子分别是张锡俊、张洪印、张树人，辈分是按五行的金、水、木排列的。其祖上是泰城东南上高人，张岳均的九弟张悦盛还健在，时年83周岁，属虎的，仍住在南上高村。说他的名字，乡里乡村知道的不多，一说是“九爷”“九掌柜”的，几乎无人不晓，人们依然亲切地喊着他“九爷”。

张大山店的规模很大，现在的泰山大酒店这一带在当时全属于张大山店的。据张家的后人讲：在张岳均的前辈是有过功名的，大山店是亦官亦商。高大的店门坐北朝南，门两边各有一旗杆，两旁有上、下马石及拴马桩。在其门旁木架上插着“张大山店”字样的招牌。牌子有2米左右高，每个字大40～50厘米，招牌是用架子支撑的，可以移动。张大山店衰败后，后人将其招牌锯成案板了。

张大山店的南北进深很大。进入大门，有一条宽大的甬道，过二门冲着的是中厅，再往后是后厅、花园、书院。书院后是井台院，有两眼井，一甜一苦。再往后是三间碾房。大客厅与戏楼对着，在院子的西侧，门台高大，有着12个台阶，还有几间东厢房和西厢房。东边向北一点有对称的四个院落，各有小型门楼，这种院落多为仕宦或外地乡绅香客所设。普通香客住在进大门两侧的配房及北院戏楼后的一片房子里。房子有单间的，也有双间的大铺。店内有专管钥匙的伙计。我们在采访张岳均的长孙媳时年74周岁的史玉玲时，问到大山店的规模，她还记忆犹新："我嫁过来的时候，进了大门再进二门子，一个门一个门的，足足走了一个半钟头，光角门子就有十二个，你说有多少院吧？"

店内的伙食也分等级，高的有山珍海味大席，低的有大锅菜，可供不同身份的香客来食用。水火炉在五间大厅的西侧奶奶楼的后院，专供香客喝水。店内的服务项目也很多，在店内可剃头理发，有鸦片枪可供吸烟，有牌桌可供打将牌，有戏曲可供观赏。

"会茬子"是张大山店兴盛客店的手法之一，每年秋冬都派人出去预约香客。而每年初一凌晨开始，联络人员两人一伙，分别到四方关驿路口或火车站去接客。他们手持"张大山店拜"的红封拜贴，见到香客先以店主的名义向香客问候致意，然后替会首背着褡子，将客人领回店中。在店门口也有迎接的人，叫作"接风"。由店伙计端出一个放有四盘菜肴和一壶酒的大传盘，把盏敬酒，为其一一接风，香客接酒后一般不喝，多是浇奠一下，客人然后进店，按其所定的标准进入客房。

香客进店后，一定先到店里的奶奶楼去烧香叩拜，意思是已报到了。这一般是由会首代表香会的名义举行，然后订饭、订元宝香烛。张大山店的香礼非常多，形式花样也很丰富，都是从乡下定做的，再供应给香客。

香客上山，一般有人领着去，张大山店与山上香客店的关系也不错，因为大山店很出名，很有影响，像鞭子店与张大山店就很好。山上的条件不行，仅喝点水或吃点饭，一般不住。

（六）进香纳税

在明代正德年间至清雍正年间，来泰山进香是要交税的，否则便不许登山入庙。磕头烧香还要纳税，这在历史上不多见，据说楚之太和山也曾有进香纳税的历史，但与泰山相比则是小巫见大巫了。"万方香币供仙后，一代龙章发圣怀。自愧微臣兼税事，云霄徒倚望三台。"（《岱史》卷十七）这是四百多年前一位香税官留给我们的感慨，字里行间透露出职责之神圣。进香之所以收税，是因为有税可收，税有所源，能让朝廷动心于这"万方香币"，不能不说碧霞元君的影响之大，响应之众。

1.山税有例

明《岱史·香税志》上说：“旧例，本省香客每名五分四厘，外省香客每名九分四厘。”香税当初之时，实行的是内外有别的政策。当地的少一点，外地的多一点。这个税的交纳由香客店携香客的报名单到遥参亭报名纳银，然后领取进山票——“领单”上山进庙。税价好定，只是这内、外人不好分（当时可能还没有身份证、户照之类的东西），为了少用点银子，也就免不了冒名顶替者，外省人说是本省人，也是一点办法没有。于是在明万历八年（1580），干脆本省与外省统一，一律是“一例香税银八分”，交纳的办法是，其银由各香客店包封署名，存遥参亭库内，等到夏、冬二季起解时，店户各认姓名领包，由朝廷委任的税官，开包验实，“倾销其间”。这样虽然免了内外省的争执，却添了与店家的麻烦。因为有些店在报名之时“将铜铁抵换银两”，但到了开包之时，就慌了手脚。“有逃脱者，有自缢死者”。这只有“宜为酌处”了。到了万历末年，每名香客税银增为一钱二分。张岱登山时，就是这个税例。故在其《岱志》中留下了“山税每人一钱二分”的记述。明崇祯中后期，香客税又增至一钱四分。在清初，又恢复了内外有别的规矩，本省每名香客五分四厘，外省每名香客九分四厘。

2.按需设官

香税初期，设有总巡官一人，专门督理香税及上下的稽查，下设分理官六人。其中有两人在遥参亭，一个收本省的香税，一个收外省的香税，收税后均填单给予香客以便查验。在山上玄武门（北天门）也设一人，收从山后来的香客之税。而红门、南天门分别设验单员各一人。山顶碧霞宫门口也设官一人，查放香客之出入。到了明隆庆五年（1571）人员裁革，只留分理官三人。一在遥参亭，一在玄武门，一在碧霞宫。人员虽然减了，但“每遇香客众多之时，分理官力不能支”，而又不得不再增员额。在光绪年间，每年香税的征收分作三季进行。正月至四月，九月至十二月两季香客为多，按实际需要“全数委用”，而在五月至八月间香客不多，而只委派分理官，而不委派总巡官。并且每一季完讫后则别行委派，“故总巡官去住不常，而分理官亦尝有奉委未到者”。

3.税金几何

泰山香税每年能有多少，值得朝廷如此关心？让我们先看一下明万历初年的官方统计：“据近年解部，大约春季银一万两有零，冬季一万二三千两有零。”这只是说解往户部的。再看明万历年间的估算：香客到店“税房有例，募轿有例，纳山税有例。……合计入山者八九千人，春初日满二万，山税每人一钱二分，千人百二十，万人千二百，岁入二三十万”(《岱志》)。另外，凡香客施舍，如金银、珠宝、玉石首饰，及金银娃娃、铜钱及幡盖袍服、纱罗缎帛等项，“俱投在碧霞宫内”存储，于夏、冬二季还要另委派府佐一人，前往会同原总巡香税委官，登顶启门，对施舍诸物统一验看估计，“将金银、珠宝、玉石首饰并金娃娃、铜钱等项，同前项香税银一并解赴布政司储库”。余下的幡盖、袍服、纱罗缎帛等项，解往济南府储库，折款用以俸禄(《岱史·香税志》)。不光是香税，就连能值点钱的香客的“混施”之物也都进入了国库。“山税之大，总以见吾泰山之大也，呜呼，泰山！”张岱的感叹不无道理。

4.会计事例

泰山香税是如何支出的呢？按《岱史·香税志》的说法，去处有六。一是解赴户部，这是大头。如嘉靖三十七年(1558)除幡盖袍服等物照旧用于该省官员折俸外，其余金银首饰等按季解送户部；二是存布政司，以用于公堂、庆贺、表笺、扛夫、车价、公差人役、六房文册、纸扎写字、书手工食及德、鲁、衡三藩府各郡王的禄粮等项；三是修城，其银亦储在布政司，以供修理城垣之费；四是修庙，其银亦储在布政司，以供岳顶诸庙修理之费；规定每香税八分内取五厘修庙；五是公费，供给征收香税各委官的禀给，并跟随人役工食，其银即于泰安州支给；六是铜钱，旧例解送礼部。隆庆年间，不再取解，俱贮之藩司。“钱累巨万”，用以解国库之虚、地方之空，倒不失一大良策，只是苦了前来进香的香客。

四、信仰乎？市场乎？
——香市中的世间百态

大凡庙会，都伴有形式不同的娱乐竞技项目及规模不等的商贸活动，娱乐与贸易成为庙会活动的重要组成部分。本来，竞技和娱乐是为宗教信仰服务的，是信仰活动的辅助内容，只是随着人们经济观念的增强，两者间的关系发生了一些变化，乃至人们一谈到庙会，便想到那热闹的娱乐天地及繁忙的商品市场。并由此发展到无任何宗教信仰活动掺杂其中的经贸活动——物资交流会。

泰山庙会从它的产生发展到鼎盛，在具有强烈宗教信仰的氛围下，娱乐和商贸就与庙会的整个活动紧密地联系在一起。在庙会这个社会舞台上，人们寻觅或得到了自己所需要的一切，而同时人的自身也得到了充分地表现。人们是为了信仰而来，要解决生活中难解的苦衷，抑或就是为了看热闹，为了做点买卖。

（一）竞技游艺——娱神，主要是为了人

不知从何时起，兴起了为神唱戏，让神添喜的娱神活动，人们是根据自己生活的情理来判断神的需要和爱好的。在具有一定规模的道观里，大都设有戏楼或戏台。在泰山，山顶的碧霞祠有，山下的关帝庙、王母池等也都有。既然神的需要是人的需要所决定的，人的需要也就是第一需要。因此，表面上看是为神奏乐，而实际是给人看的，并且成为一个庙宇及香客店招徕顾客的一种手段。

当道士们在正月初一将“长春会”的大红灯笼挂在岱庙大门口的时候，标志着一年一度的泰山庙会开始了；同时也宣告，等待了一年的热闹又来临了。宋明时期，泰山庙会最热闹最吸引人的算是相扑。自从施耐庵的《水浒传》流行于世，岱庙里的擂台赛也就越发地出了名。

相扑的比赛，因为是给泰山神——天齐仁圣帝看的，所以当初的擂台设在了圣帝大殿前的大露台上，而这个台子也就称为“献台”，比赛者也就称为“献圣”的人。献圣者比赛前首先要参拜圣帝，要喝“神水”，并以众香客为圣帝庆寿用的礼品作为胜利者的奖品。相扑这种竞技形式，在明代还很盛行，张岱在游记《岱志》中，就有岱庙“相扑台四五”的记述，另外，“斗鸡蹴踘，走解说书……锣鼓讴唱”也很热闹。可惜，相扑这种古老的竞技形式，不知为何在清代逐渐消失。

在清末及民国初年，庙会期间主要的娱乐活动有戏剧、曲艺、杂要，等等。

1.唱大戏

唱戏，算是较为郑重的娱乐活动。岱庙于清末及民国初年，先后在配天门、仁安门西的西神门、天贶殿、后寝宫、东御座门前等地方设有戏台。

东御座前的戏台，设在东御座垂花门前南侧。戏台坐北朝南，高约一米左右，台面二十多平方米，上铺木板，顶及台子的两边和后面用苇席遮蔽。戏一般每天上午一场，下午一场，唱的大多是豫剧、莱芜梆子。在此看戏不需交钱，雇戏班子的钱是岱庙各摊点凑的，不足部分则由一些店铺赞助。每天看戏的人非常多，人山人海，约有数万人。

1928年，国民党山东省政府将配天门内的神像破坏掉，改造成戏院，同时改造成戏园子的还有后寝宫，因此配天门的戏院俗称前戏园子，后寝宫的戏院被称为后戏园子。配天门戏院的戏台设在门内西端。靠近台前设有雅座，座前置有方桌，在此可一面赏戏，一面喝茶嗑瓜子。雅座的后面设置有连椅的普通座，再后为站票。演的剧种有莱芜梆子、山东梆子、拉魂腔等，有时也唱京剧。后戏园子的戏台建在后寝宫内的西端，坐西朝东，主要唱京剧。在当时来说，算是高级的了，台下布置有方桌，可供看戏者喝茶之用，并有花生、瓜子等小吃，是有脸面的人常去的地方。一般是晚上演出。据柳方梧老人讲，当时有个名叫雪艳琴的和一个叫小贵子的女演员（当时叫坤角），在此唱京剧。雪艳琴唱青衣，小贵子唱须生，两人合演《审头刺汤》《武家坡》《桑园会》等。因那时当地很少有唱京剧的，人们都觉得很新鲜，故而园内天天满员。莱芜梆子刘和龙的小班也经常在此演出。往昔清静的后寝宫，一时成了热闹的剧场。

岱庙的主体建筑天贶殿在民国十七年（1928）改为“人民大会场”后，殿内西头也设置了舞台，一是为开会之用，有时也兼作戏台，天贶殿也成为演戏的场所。

在较大的香客店，一般也设有十几平方米、高近一米的戏台。戏班子的收入一部分来源于香客自愿的施舍，但主要是香客店出钱。每当演到高潮之时，往往就有鞭炮的祝贺。

2.大鼓　快书　落子

著名的民间表演艺术家高元钧、傅永昌、于小辫、谢大玉、刘浩三、甄瘸子等，都曾在岱庙庙会卖过艺。

高元钧大约在1936年和他失明的哥哥在岱庙说相声，相声说完后再由高元钧表演山东快书，其中就有著名的段子《武二郎大闹东岳庙》。演出的地点大都在仁安门西南侧，即当时民众旅馆门口台阶的北面。那时说书，每说到关键时刻就会停下来，要完钱再继续说。

高元钧的师叔傅永昌，在岱庙主要是说山东大鼓和落子（lào zi），也说山东快书，主要的段子有《呼延庆打擂》《刘墉私访》等。傅永昌八九岁开始学艺，学的第一个段子就是《大闹东岳庙》，也就是《武松传》，他在岱庙演了十几年，二十岁时去了济南，后来又回来了。当时他的姐姐傅大玲也在此说大鼓书。1958年8月，傅永昌参加了全国首届曲艺会演，曾受到党和国家领导人的接见。时年87周岁的他，每当说起此事时，仍掩饰不住内心的激动，对周恩来等领导人的音容笑貌还记得非常清楚。

于小辫（于传斌），在庙会上说的快书也很出名，常在仁安门东侧刘同典开的茶馆里表演。在茶馆里，听众可一面喝水嗑瓜子，一面观看节目，别有一番乐趣。于小辫最拿手的是《蛤蟆传》。他的腔韵富有变化，有“九腔十八调，七十二哼哼”的说法，赶板夺字，优美动听，学什么像什么，南腔北调，惟妙惟肖。有时也说山东快书，他的《武老二》被认为是“清口”的，不带脏词，别人说《武老二》，见到妇女会作揖让其离开，而于小辫说的书妇女能听。他说起书来，词句幽默、诙谐，情节生动、曲折，引人入胜，据说他的收入中还能见到银圆。后来刘清泰从济南来岱庙，唱西河大鼓，擅长成本大套的，内容是《五代残唐》，使人耳目一新，也非常受欢迎。刘浩三的评书《三侠剑》《雍正剑侠图》也是说做俱佳。

甄瘸子（甄玉峰），也曾在岱庙说过评书，直到现在一些老人一提到他的表演还赞不绝口。说他有文化，有口才，比如说他看一看报纸头上的小说，就能编着拉一天。他的动作表演也很生动，常说的是《七侠五义》《三侠五义》，他手中拿一把大折扇，就当作刀、枪、剑、戟等十八般兵器用。口技好，能表现出各种声响，尤其是兵器之声，学得非常像。只要他说书，听众就会爆满，有些人则是每说必到。他的师傅姓马，很有名，不过一般情况下不演出。后来甄玉峰死在岱庙。

在仁安门前刘同典茶馆的东边，还有一位叫陈树林的老人在此说评书。一张桌子，几条凳子，家当就算是全了，有时听众就席地而坐。他是看本说书，也就是照着书念给大家听，所以被称为“翻本的”，专说《精忠说岳》《济公传》《封神榜》，听众多是些老人和儿童。

3.挑皮影　拉洋片　玩大箱

挑皮影，也就是皮影戏，在岱庙也有一席之地。艺人都是外地来的，主要节目有《西游记》中的《三打白骨精》《猪八戒背媳妇》，还有《白蛇传》中的《水漫金山》等，多是群众喜闻乐见的剧目。他们的演技很好，影声配合得当，深受香客的欢迎，一到晚上，就热闹起来。

岱庙里的木偶戏也很出名，演出地点在仁安门东侧东神门的前面。由宁阳县孙家滩杖头木偶班子演出，表演的是一种大型木偶，香客市一开，他们就来。舞台坐东朝西，所配的唱腔是河南梆子，所演的是《蝴蝶碑》《寒衫记》《铡美案》《渑池会》《雷振海征北》等成本大套的戏，鼓乐齐全，唱做逼真，早晚两场，观众总是挤得风雨不透。

在高元钧说书的东面是“拉洋片”的。据朱宝琪老人讲：当时的拉洋片有两种，一种是一个人操作，是上下拉的，可供2～3人观看；一种是两个人操作，左右各一人，一个推，一个接，是“推洋片”，可供十几个人同时观看。看时观众排成一行，从像盒的小洞往里看片子图像。图像有人物也有山水，有的是故事，一般是彩色的，多是画的，也有的是照片，效果和现在的幻灯片差不多。图片为长方形，高约50厘米，宽约40厘米。表演者边操作边唱“往里瞧，往里看，四十八张在里面”，当时花一个铜板看一回。内容有《淞沪大战》《小寡妇上坟》《百灵庙大战》《逛北平》《杀子报》等。这种娱乐形式在当时很时兴。

在民国时期，岱庙内民众旅馆的南面是大众澡堂。在澡堂门北，有个变大箱的，也就是变戏法的，当地人将变大戏法（规模较大）的叫变大箱。用一个大木箱向外变幻各种东西，据说这个魔术艺人水平很高，不管多大的东西都能变出来。出奇的是他能从木箱中变出100多斤重的大石头，变出一盆盆的活鱼，最后一个大盆内装着一二斤重的活鲤鱼，并且是满盆的水，连盆带水足有100多斤重，箱子倒下、起来滴水不洒。还能将小孩放进箱子中变没，隔上一段时间再从箱内变回来，很是吸引人。在其旁及其他地方，也有很多变小戏法的。

在庙会上还有很多好看的项目，如玩枪刀、棍棒、飞叉、飞镖等武术内容的；还有玩猴的、套圈的，等等。

在会上也有很刺激的赌博性质的娱乐项目，如“黑红宝”“平天转”及“摇会”等。所谓“摇会”，就是在一张大桌上面摆着茶壶、茶碗、手巾、镜子、香烟、糖果等一类东西作为赌品。用六个骰子放在碗里摇，摇完看点，什么点赢什么东西，什么点输什么东西。主持摇会的人一边摇，一边唱道：“摇摇摇，都来摇，光看不摇赢不了。大赶大，小赶小，下不上赢不了。摇一回，一百钱，打不着油，称不了盐，家去也不会落埋怨，赢把茶壶多合算……”唱罢一套又一套，引得许多人去参与。

在香市中，当然也少不了相面算卦的，零零星星几乎遍布岱庙各个角落。算卦的一般有一张桌子，桌前挂着桌围子，有的写着“诚占周易”，有的写着“文王八卦”，有的写着“指点迷津”，还有的写着这样的对联：“听忠言前来问我，喜奉承去找他人”。有的称自己为“王半仙”“张铁口”，等等。相面的一般是摆地摊。香客中是有很多人想在岱庙里看一看自己命运的。有的占周易问财路，有的批八字问婚缘，有人去“拆字”问行人。另外还有“麻衣神相”“奇门遁甲”“推背图”等。这里人一圈，那边人一堆，都想为自己的疑难问题寻得一个圆满的答复。当时有个严子静测字很有名，在东御座垂花门的台阶下南侧摆摊，他一副道士打扮，卜金不凡，有钱有身份的人问命卜卦常去找他。后来他还真的发了财，在王母池旁建起了一大片房子。

（二）香客街市——买卖，发财的还是人

上了年纪的人说：“当初泰安就指望（依靠）着一个香客市，一个完粮。”换句话说，香客市的买卖和一年两季的农业收入，是泰山的两大经济支柱，这

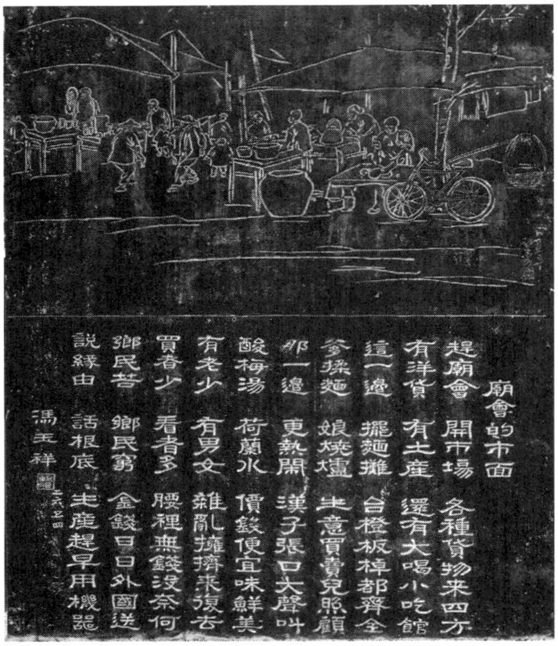

图38 《庙会的市面》诗配画碑刻

话并不夸张。香客市数不清的买卖行当，为泰山人着实增添了不少的收入，也为庙会增加了一份热闹。

香客市的店铺多是以家庭为单位组成的。其买卖是顺应市场的需要而发展起来的，百货杂品，风味小吃，凡所应有，无所不全。冯玉祥曾考察过庙会的香客市，并留有《庙会的市面》一诗及赵望云为诗所配的画（图38）。其诗云：

赶庙会，开市场，各种货物来四方。
有洋货，有土产，还有大喝小吃馆。
这一边，摆面摊，台凳板桌都齐全。
爹揉面，娘烧炉，生意买卖儿照顾。
那一边，更热闹，汉子张口大声叫。
酸梅汤，荷兰水，价格便宜味鲜美。
有老少，有男女，杂乱拥挤来复去。
买者少，看者多，腰里无钱没奈何。
乡民苦，乡民穷，金钱日日外国送。
说缘由，话根底，生产赶早用机器。

这是冯玉祥对泰山庙会市场的描写，有感而发，表现出他对百姓的同情及对中国社会落伍的感慨。但从另一个方面，生动地展现了庙会市场的热闹场面。

岱庙内外的香客市，是随着庙会的产生逐步发展起来的，一直是泰山庙会的中心。在民国十八年（1929）岱庙又确定为中山市场，庙内的神像及部分附

图39　朱宝琪老人在岱庙接受采访

属建筑遭到严重破坏，有些建筑改作他用。从仰高门至仁安门东神门辟为东市场街，从见大门至仁安门西神门辟为西市场街。东市场街取名“中正街”，西市场街取名“玉祥街”，后因冯玉祥反对以自己的名字命名，“玉祥街”又更为“至善街”。两条街的两边，布满了由政府统一规划的店铺，这些店铺成为庙内香客市的主要组成部分。在庙外，南城墙下及遥参亭周围也密密麻麻地分布着杂货摊及茶馆、饭馆等（图39）。

1.小孩玩意儿

在庙市上品种最多、最吸引人的是小孩的各种玩具，这也是泰山有名的“土特产”。这些玩具摊点，到处都有，较为集中的是仰高门两旁。玩具的种类很多，主要有泥制品，如泥春鼓、泥娃娃、泥哨、泥蛤蟆、泥鲤鱼、泥狗、泥狮、泥猫、寿星、不倒翁，及刘备、关羽、张飞、孙猴子、唐僧、沙僧、猪八戒等民间艺术形象。竹木制品主要有标枪、大刀、花啦棒槌等。皮制品有皮老鼠、货郎鼓等等。最有特色的是泥制品，都是当地民间制作的（如邱家店渐汶河等就以制作泥制品出名）。

泥巴哨是最受欢迎的一种小儿玩具，长2～3厘米，通常做成鸟形，是黑色的，翅膀及头尾彩画，很好看。泥哨有两个孔，一个在鸟的嘴上，一个在鸟的尾部，口对着鸟嘴一吹，便会发出声响。这种哨子制作较为简单，泥巴也好造型，插好孔用低温烧一下，绘上彩即可，所以价格便宜，携带也方便，很受外地香客欢迎。花钱不多就可满足小孩的要求，只是不经吹，因为是低温烧制，泥质仍吸水，如果老是放在嘴上吹，口水打湿泥哨口，泥一粉就不会发出响声了。因此也常使香客们迷惑不解，认为泰山真是有神，在泰安吹着好好的，回家就不响了，真是神泥巴。

泥春鼓比起泥哨子来制作就复杂了一点，但吹出来的声音可有了变化，很好听。春鼓也是用泥巴做的，大小如小鸽子。先将泥做成鸽子的形状，在其脖子下部、腹部及尾巴下各插一孔。孔与孔之间是相通的，用两个长1～2厘米的细竹苇插入脖子及尾下的小孔内，泥干后饰以彩绘。用两手抱着吹，左、右手拇指分别堵着尾部与颈部的竹苇小孔，吹时口对着腹部的孔送气，左、右手拇指抬起，即发出声音，随着拇指有节奏的不断变化，便可吹出悦耳的声响。人们之所以称它为春鼓，是因为它可吹出“春鼓鼓、鼓，春鼓鼓、鼓”的节奏，这被认为是吉祥的声响，是报春的信号。

能叫的汪汪狗，也是小孩喜欢的一种玩意儿。这种狗是先用泥做好狗的前半身和后半身，中间用薄羊皮或牛皮纸连接，在后半身的尾巴下插有一孔，玩耍时两手向中间挤压，腔内空气从狗尾下的小孔内排出而发出声响，两手不停地拉、挤，就有“汪汪”的狗叫声，很吸引人。同种做法还适合于猫、虎等多种造型的泥制动物。

现在已不多见的货郎鼓（当地叫“扑棱鼓子”），在以前的庙会上也是一种常见的小孩玩具。制作也很简单，用硬纸壳圈好作鼓帮，鼓面用羊皮或牛皮纸糊好，在鼓帮上引出两根线绳，拴上一个酸枣核，再在鼓帮上插上一个竹制或木制的手柄，一把“扑棱鼓子”就算做好了。用手一摇，酸枣核敲打在鼓面上，便发出“吃不嘞咚，吃不嘞咚”的响声，多为小孩所喜欢。

2.吃喝的馆子

庙会少不了吃的喝的。有的会就是为了一个吃，如泰安驸马庄（丰台）三月三的“妈妈会”，就是个“吃会”，装上10斤麦子，带着全家老小到会上去，吃的还是“十全席”，任吃不能拿，吃完就回家。岱庙庙会虽不是吃会，自然也少不了一个“吃”字。赶会去，一是要进一进香表达一下心意；再就是看看热闹，饱饱眼福，吃点好吃的解解嘴馋，也就不算白逛一次岱庙。

岱庙南门外东西街的摊点，大都是卖吃的饭馆、饭摊。时年86岁的王绪莲老人讲述说：她四叔王洪奎、四弟王绪生，都是在岱庙南门外岱庙坊东开饭店的。卖有各种炒菜，饭有高桩馍馍、蒸包、面条、油煎包、甜沫、牛肉糁等，还有红枣、豇豆、黄米蒸成的粘糕，现吃现煎又香又甜，别具风味。八个制钱买一碗大卤面，两个制钱买一个圆烧饼，三个制钱能买两个粽子。她的父亲王洪斌在庙会上卖米粉，每碗五个制钱，整个庙会生意都很兴旺。王家店的附近还有一个赵家饭店，卖的是一种有小碗口大小外撒一层芝麻的面食，名叫“薄脆”，既香又甜，是泰城的名吃。

岱庙南面的五个门，当地人称为五朝门，中间的正阳门，平时是不开的，只有皇帝来祭祀的时候才开。到了民国时期也很少开。正阳门两侧的仰高门、见大门是开着的，也就成为岱庙香客市两条街的两个入口。

岱庙内没有正规的饭馆，但小吃很多。进仰高门东边的第一个小铺就有很出名的小吃。这是来自河北大名府的一家人开的，有爷儿四个。小店虽没有门头，是贴着城墙根搭的席棚子，但因他的五香花生米很好吃，买卖很是兴隆。他们的泡制很讲究，是按家传的规矩来做的，放上花椒等佐料在水里浸泡，泡几天都是有数的，从不含糊，然后晒干了，用沙子炒，这是五香的。还有炸的、煮的。另外还加工兰花豆。他家的花生米、兰花豆都是下酒的好菜。

庙会上的小吃很多，如蒸包、油煎包、油炸糕、豆腐脑、绿豆丸子、江米粽子、凉粉、米粉等。一般搭个席棚，放上张桌子就可开张，有的则是露天经营。小吃不但花样多，而且也诱人。如卖绿豆丸子的，一口大锅架在那里，锅中滚开的水中煮着一块大肥肉，那肥肉被开水打得直滚动，使人眼馋。丸子现吃现盛，汤可任你喝，那肉只是让人看的，但人们总是经不住那肉的诱惑，只想享受到那肉的滋味，开一开荤。

德州的烫面包子在庙市上是出了名的，那包子拿起来，隔着皮能看到里面的肉馅，并且又大又香，现在上了年纪的人一说起来还赞不绝口，禁不住流口水，说现在吃不到了。庙会上小吃的一些做法和吃法，有的现在还保留了下来，如豆腐脑、凉粉等。与吃的比起来，喝的就简单地多，对大多数人来说，喝点大碗茶就算过的去，但对讲究一点的人来说，进一进庙市的茶馆，是少不了的。在庙市上比较有名的茶馆是宋家茶馆、李家茶馆、刘家茶馆及叶家茶馆。

宋家茶馆位于遥参亭的后门，这个茶馆不但茶好，茶具也很讲究，茶壶、茶杯是泥子的，非常在行，样式也很好。如茶壶，先用黄豆装入壶内，浸上水，盖上盖，黄豆一膨胀，就将壶胀破了，然后用小铜锔子再一点点地锔起来，锔出纹理，而壶嘴则是锡的，用得时间越长，壶上的铜锔子和锡壶嘴就磨得越亮，金色、银色对比在紫色的壶上，是一种绝妙的装饰，非常好看。常去茶馆的人自然是有脸面的有钱人，两三个人一凑就去喝茶。

在炳灵门内是李家的茶馆，是李云瑞、李云祥兄弟两个开的，后来又分成了两个茶馆。李云祥的茶馆，茶具也很著名，茶壶有孟臣、陈凡、透河等紫砂名品，对水的要求也高，取的是西河的泉水。茶叶也有很名贵的，并备有黑、白瓜子，吸引有不少的客人光临。当时在茶馆里能办很多事，有谈买卖的、有打官司在此讲和的等。据一些老人讲，当时的茶品种也很多，以珠兰、大方为常见，比现在的茶好喝得多。因岱庙内的几眼井无好的甜水，冲茶的水都是从外面用水桶挑来的。

刘同典开的茶馆，应当说是岱庙几家茶馆中最热闹的一家。因为唱西河大鼓的刘泰清，说评书的刘浩三、于传斌、甄玉峰等当时的著名艺人曾都在他的茶棚子轮着说过书。边喝边听，是很惬意的事情。叶家老妈妈的茶馆在东御座垂花门台阶下的北边，虽不及以上茶馆的讲究，倒也是休息的好去处。

3.百货杂品铺

可以这样说，生活中所需的日用百货、土产杂品，都可以在岱庙庙市上买到。

当时庙内卖百货杂品的店铺多是较为规整的门头。经过1928年改造后的庙市，从仰高门到仁安门东神门和从见大门到仁安门西神门的两条街（即所谓的中正街、至善街）两侧的绝大部分的席棚被改造为瓦房，这些百货杂品店铺算是相对固定的店家了。有些店铺的招牌同山上香客店的招牌一样，是用实物形象来作标志的。如葫芦、双头马、蝎子、大剪刀、大铃铛等，这些招牌有的是画的，有的是实物的模型，就放在店铺的门口的桌子上或挂在店门旁。这同样是为不识字的老百姓准备的。如果香客看到别人买的东西感兴趣时，就会问"从那里买的"，对方就会说"从蝎子店"或"某某店"，香客会很容易找到自己所要去的店铺。当然也有用文字命名的，如洪茂恒、李大针等。

洪茂恒店，是岱庙内的第一号大店。店主叫李希奇，是泰安南上高人。经营的商品很多，主要是响器，如铜锣、钗子、旋子、唢呐、大鼓、小鼓等，因此也叫响器店，同时也经营百货，买卖很兴隆，当时就雇有四五个伙计。庙会结束后，买卖就没有了，于是就到新泰、莱芜、蒙阴、沂水等地赶会。年底回泰安，过了年再继续在岱庙经营。

在洪茂恒店周围也都是些比较有名的店铺。在其南面是"琉璃嘣嘣"店，是一个名叫刘圣莲的东乡人开的。他的店与前面曾提到的那个河北卖花生的小铺对门，因卖的全是玻璃制品，特别是经营玻璃鼓铛，因而有了"琉璃嘣嘣"的绰号。在卖花生米的北面是回民马三开的广货店，有日用品及文房四宝文具一类的东西。再北侧是一溜广货摊。卖的有洋货及广东货，有瓷盆、铜盆、玻璃灯罩、煤油灯、各种镜子、香粉、雪花膏、香水、梳头油等。在洪茂恒的北面有若干针篦棚，是专卖各种针线、梳子、篦子一类东西的摊点。店的招牌多是实物形象的，如“双马头”，是用泥巴做的有两个头的马。有个卖篦子的外号叫“齐大蝎子”，它的店铺挂的就是一个木头做的大蝎子，还有挂剪刀的。

在“万代瞻仰”碑的北面，是有名的李大针的针篦棚。李大针，是老字号，货色比别人的好，知道底细的人多到他的店里成筒地去买。据说他还有撒针的绝技：手拿一包针，向木板上撒去，一撒是5个，是一个号的，一包针是25个，这样分五把撒出去，针全部整整齐齐地插在木板上，拔下时针不弯、尖不折。在岱庙的香会上，他一般不表演，因为这个会大，多不零卖，参加其他较小的庙会时常常这样表演一番，表演时边撒边唱。有时则用钳子掰针，针只断不弯，以此表明针是好钢。可那时香客都以为泰山针是“神针”，针又是生活的必需品，家家都用得着，所以来赶庙进香常买几裹针带回家，针篦棚前总是人来人往。

从汉柏院下来向南，是李希银的店铺。过去这个人是挑小挑卖洋油（煤油）的，有个外号叫“洋油少爷”，之所以喊他洋油少爷，一是说他是做洋油买卖的；二是说很讲究，还很讲卫生，虽挑着挑子，但跟少爷一样。后来在岱庙香客市设点卖土产，如当地的笤帚、淄博的瓷器等。

在庙市上，时有卖膏药的。通常也搭着一个大棚，棚外有一口大锅，锅内熬着膏药，一旁的桌子上摆着制膏药的名贵药品，有虎骨、鳖甲、熊掌、红花等。另一张桌子上摆着制好的膏药。卖药人边喊边卖药，人们常称呼其“狗皮膏药”，说得好听，只是不能治病。

说到卖药，岱庙最出名的便是陈兆兴，他扮着蛮子的装束，用白毛巾包着头，撇着四川腔，经常在宣和碑的前面摆摊。他用白粉子写着、画着，并吆喝着，卖的是“汉王紫金果”。说这东西出自四川刘备皇林，三年开花，六年结果，九年才成熟，是很难得的药材。他有一伙帮说帮卖的，叫“户”（也就是现在所说的“托”），当他喊得起劲的时候，这帮“户”就围上来，装作盘问的样子，问他：“这名贵的东西是怎么来的？”他就说：“是从在北京的哥哥那里弄来的。”问的人拿过去还煞有介事地作一番审视，说什么“对，是真的”，接着帮卖的人就抢着向前去买，不明真相的外地香客很容易上当受骗。

在庙市中的书画买卖也很有特色，配天门后面就有几家拓裱字画和卖字画的。字画挂在席棚内的四壁上，大都是自画、自写、自裱、自卖，画的多是富贵吉祥画，如麒麟送子、富贵有余、招财进宝，也有家堂轴子、财神像等。对此，吴组缃先生在《泰山风光》中曾有一段生动的描述：

> ……朋友说着话，把我带进一座芦席棚里，棚子的四壁，上上下下密密丛丛挂着大红大绿的画子。画子都是手绘的，麒麟送子，八仙，关二爷看《春秋》，富贵有鱼，招财进宝之类，另外还有歪脸歪嘴的胖娃娃，驼背扭腰的四季美人。那些人物无不奇形怪状，带着浓重的设色，给人一种浑身觉得痛楚的强烈刺激。

庙内也有很多卖碑帖拓片的，多是泰山及岱庙的碑文石刻，有的是木板子的复刻拓片。一些有名的名拓名画也常常见到，不过多是些赝品。人们可以观赏和选购。

在配天门后门东的殿檐下，还有一个输赢钱的字联摊。在台阶上摆有许多的字联，他说一个上句，让你选下句的字联，对上了就算赢了，否则便要掏钱。好比说是古诗，他说“春眠不觉晓”，你如果压了“处处闻啼鸟”的字联上，就赢了，主家要给你钱。这是对能识文解字的人所做的游戏。

以上仅是庙内中正街庙市的一角，可见买卖之兴盛，也可见买卖之把戏。

（三）乞钱——生财有“道”

俗话说，生财有道，这个“道”是办法，是门道。我们在这里所说的“道”除此之外，还指实实在在的道，是路，是登山的盘道。在香火期间占道乞钱，以道谋财，在泰山由来已久。

对这种阻道乞钱的做法，明代人张岱曾愤激其行：“其乞法、扮法、叫法，是吴道子一幅《地狱变相》，奇奇怪怪，真不可思议也。”当时泰山流行一种锡钱，薄如榆叶，上铸有阿弥陀佛字样，专用于上山时舍乞讨者之用。上山时香客店将这种钱付于香客，供香客用于施舍乞讨者，而乞讨者再将钱给予客店以兑换现行之钱。在张岱看来，泰山有两件最可憎恨的事情，一是进香者在泰山所立的落有姓氏之名的“万代瞻仰”“万古流芳”的香火碑；再就是这乞讨之事。由此而感慨于名利之害：“乞丐者求利于泰山者也，进香者求名于泰山者也。泰

山清净土，无处不受此二项人作践，则知天下名利人之作践世界也，与此正等。”（《岱志》）

有一个故事说，从前京城有个官听说泰山的盘道上有很多乞钱的，来泰山时带了许多的钱，自以为足够施舍之用，不料未到山顶便用完了。他很纳闷，第二天一早便派人下山察看，发现上山盘道两旁的草上都穿着钱。这个故事或许就是在告诉人们，泰山上的乞丐实在是太多了，像草一样，你有再多钱也打发不了。

在民国时期这种沿路索钱、索物之风仍很盛行，沿路乞讨者甚多，逢人便索钱索物。口中还念念有词“千舍千有，万舍增福”“步步升高”“积德吧，掏钱吧，个人行好是自个的”。如果不给，便会阻拦纠缠，民国二十年（1931），傅振伦先生随北大史学系考察团游泰山也曾为此伤心，“游泰山杀风景事，莫过于此”（《重游泰山记》）。

1.乞丐与“乞官”

在盘路行乞的队伍中，有的是为生活所迫而为之的，这就是我们要说的乞丐，当地称作要饭的（图40）。他们在路上乞讨是为了糊口；还有一种人，占道

图40　一天门的乞讨者

索钱是一种“职业”，为的是发财，人们称之为“乞官”。据说这种乞官还是乾隆皇帝封的，真是无孔不入。

乞丐多是从乡下或外地来的一些老弱病残者，或瘸，或瞎，或老，或小，坐在盘道两旁，期待着香客的施舍。看到香客时便不住地磕头讨叫，“老少爷们，给一个钱吧，可怜可怜我吧”“行行好，增福增寿”，等等。样子很可怜，给钱、给物，或多或少，乞讨者都会磕头相谢。吴组缃先生在民国二十四年（1935）受冯玉祥先生邀请来泰山讲学时，曾对盘路的乞讨者作过细致的观察，非常憎恶借道发财者，而对真正的乞丐表示出同情，他在《泰山风光》一文中写道：

> ……几个残废的乞丐——有瞎眼的，有没脚的，——坐在路旁，磕头叫嚷，为状甚苦。看看他们身前的乞盘里只有一些“煎饼”的碎片和“麻丝结”之类，虽也有铜钱，但如月夜的星斗，点得出的几颗。那些乞丐一边偷空拿“麻丝结”在膝上搓细索（为自己扎鞋底之用，或卖给人家），一边胡乱把“煎饼”抓了塞在嘴里，咀嚼着。每有人过，就磕头叫嚷起来。往往叫了半天，无人理会。有一种带有小孩的，自己没讨得着，就叫小孩跟了人家走。这种小孩都不过四五岁，连走路都走不稳，却因要追赶行人，不得不舍尽气力，倒倒歪歪地快跑，一面喘气跑着，一面“舍一个钱吧，舍一个钱吧！”地嘀哝着，一面还要作揖，打恭，到了相当的时候，又还要赶拦上去，跪下，磕一个响头。这种繁重工作的结果，十回有九回是苦窘着小脸空手而回。因为等他磕过头爬起来时，那行人已经早在远远的前头，再也追赶不上了。

再说借“道”生财的“乞官”。

在盘道上做此种事情为生的，多是住在盘道两边的人家，终年以乞钱索物为业。尤其到了香会期，也便到了发财的好日子，男的女的，老的少的都有，有时是一家人一起上阵。据说在香火之期，每天可讨得几十元钱，多者可至百余元，有的也真的发了大财，盖起了房子，购置了田亩。

吴组缃先生，就在关帝庙看到靠着讨要香客的钱财过着安逸生活的一家人。这家人有着卖元宝纸锭的店铺门头，也有着高门阶的住宅，地有一顷多。一见他们的穿戴，就知道不是一般的人家。这家人有一个留着西洋头的二十四五岁的小伙子，苍白清秀的脸，穿一件时髦的青灰色新棉袍，黑丝绒鞋子，一只又白又瘦的手上夹着一支香烟，口上还悠闲地吹着哨子，“看样子竟像本地一位少爷公子或小贩之类”。而其他家人也别有风度，在店铺里坐着的两位女主人，“年老的，团面白肉，满身福相”；“年轻的，抱着一个小孩，穿着都很不错”，而在门口的一个十七八岁的大姑娘，“不但白皮细肉，体面干净，而且旗袍皮底鞋，简直是本地十分摩登的了”。还有一个三十多的男子，识文解字，“躺在一把番布椅上，两腿高高地架着大腿，手里拿着一本‘一折书’本的《施公案》在看”。瞧这一家子的形象，全都是些富贵的胎子，谁也不会想到是道上乞讨的主儿。

一到了半夜，这些体面人就是另一番模样了。盘道上各家的门开了，打着火把，带着孩子，拿着乞讨的盘子出动了。各家分段居道，用长板凳或其他一些东西拦在盘路上，只留一个刚能过人的关口，而那讨要钱物的盘子就放在这个口子上。有的人就干脆站在或坐在口子中央，上山的香客如不留下点东西就很难过关。这些人一反白天的整洁富贵之相，专捡些破的旧的衣服穿在身上。而真正的要饭的，这时就早已不见了（也不能容他们在这里）。“乞官”们都在自己所设的关口旁点有火把，每隔七八步就有一个，前前后后一溜火光。

有些人为了多得一点铜钱，不惜让小孩也赔着受罪。有这样一个老太太，家有三个儿子，还有几亩地，也照旧让孙子来帮着讨钱，看到香客快来了，就将睡在道口的孙子从被窝里拉起来，把赤身的孙子放到自己的怀里，用衣裳掩盖着，同时唱道：“烧的是平安香呵，舍一个如意钱。看你五谷装满仓呵，添子又添孙。……舍一个钱呵，各人修好各人的呵，舍的快发的快，舍的多发的多呵。老奶奶（泰山老奶奶）看在眼里的呵……”小孙子也好像是训练好了的，每当香客走到跟前，便自动地从他奶奶怀里钻出来跪在地上，双手拱在胸口，一上一下施着礼，直冷得牙齿颤抖，清涕直流。有时香客不丢铜钱，老太会拉住香客不让走，或上前去掏查他的褡裢，看看实在没有钱了才放他过去。如果这样没有钱的香客多了，她就会咒骂似的嚷上几句：“你是行好的呵！你是行好的呵！”这样，香客走一批又来一批，小孙子就会一次又一次被拉起，堆在路口的火也就一次次被拨亮。一会儿功夫那讨钱的盘子里已是琳琅满目了。

吴组缃先生，在那天夜间与哈代先生的凑热闹中，因没带铜子，又被认为是香客，常尴尬于一道道的关卡中。有意思的是，白天见到的那一家体面人，也在夜间粉墨登场了：

……忽然一个人扭住了我。按照刚才的经验，只要摆一下身肢就可以脱逃的。这次可不行。我被那人扭出了行列，弄得无可措手。我停睛一看，那人披着一件破衣，白皮细肉，一把粗辫子，不是别人，就是我白天看见的那个体面干净、衣饰摩登的十七八岁的姑娘。在此惶恐狼狈之中，我听得哈代先生呵呵大笑了起来。

“那不是香客呵！那不是香客呵！那是上面庙里的先生呵！”一个男子远远地站在门上嚷着。

我看那男人，也是见过的，正是白天在路上遇见，一块上来的那个苍白清癯的青年小伙子。

说时迟，那时快。那姑娘给提醒了，羞得要不得，使劲把我一推，就像一只兔子似的窜到黑暗里去了。

好一幅生动的百态图。

2.道士与和尚

那摩登女郎是含羞地跑开了，不过这在当时已不是什么不光彩的事情，借道讨要已成风习，也就不怕外人见笑，“我们这里就是这个规矩”。就连吃斋念佛诵经说道的道士、和尚看到这种生财的门道，也耐不住寂寞，借着夜色到庙外来寻点外快。

伴佛伴神的道士、和尚有着自己的优势，夜间你不是不会到路旁的庙中去吗？那么我就把神请到道上来，不怕你不留下点香火钱：

……白天摆在正殿旁边的一个灵官菩萨，此时连同龛子搬了出来，安放在摆在门口路当中的一张方桌上。桌上一盏豆油风灯，一只破磬，中间设有茶叶果子之类供品。那灵官圆睁眼睛，张嘴露舌，红胡子直拖到胸口，手拿一根钢鞭，端的威武。一个道士衣冠端正，眼目惺忪地坐在一条板凳上，不住打呵欠。

“香客快上来了吗？”

> “就来了！就来了！”
>
> 据说，这道士是当家的胞弟。这庙里香火不旺，唯独这座临时摆设出来的灵官菩萨跟前，因为当着要路，却是个极肥的肥缺。这肥缺别的道士沾不上，当家的放了他的令弟来承乏。每月收入，大有可观（吴组缃：《泰山风光》，引自《泰山大全》）。

凡人装穷相是为了让人同情，而修炼欲仙之人则必须一本正经，借着神的威风好让香客多破费几个铜子。每当香客丢下钱，他便敲一回磬，每当香客来临，他又会重嚷一回：“开路第一盘，上山第一关，这是灵官爷爷啦！你们拜灵官爷啦！替老奶奶报信的啦！灵官爷爷不报信，老奶奶不知道呵！……”看到这般阵势，听到这般宣传，香客们多是丢铜子的。或有不放的，道士也会拦他，这时的斯文没有了，但盘子里的铜子满了。

在泰山，和尚没有道士吃香，不过和尚自有和尚的办法，红门宫就是一例。佛教传法，本来是一件极庄重严肃的事，只是香火不济，难以立身，不得已，宫内便请进了碧霞元君，于是香火有了，生机也就有了。到了晚上，同样可搬出泰山奶奶来为自己压阵。也学着道士的样，在庙前的道中摆上一张桌子，桌上供上碧霞元君，为的也只是个收入。据说一季下来，就是小和尚、小尼姑都会弄个几十块。

五、事过境迁的回转
——今之庙会以及道士

任何一种文化事项的产生、发展，都是由相应的社会基础所决定的。当庙会所依存的社会空间发生变化时，其自身会发生变化已是在所难免的事情。庙会，原本是在宗教信仰的基础上衍化出来的一种社会文化现象，随着历代的发展，人们的观念也在发生变化，这种变化动摇了它生存的根基。人们出于对传统文化的依恋，试图与现代的社会生活“嫁接”，并为此做出了不懈的努力。

与庙会有直接关系的宗教人员——道士，经历了一次次风风雨雨的变革，又随着社会的开放，能够为了自己的信仰还有他人的需要又回到了山顶的庙中，但庙会留给他们的只是模糊的感觉及历史的记忆了。与此相近的只是给泰山圣母做寿，为了香客做点许愿、还愿一类的祈祷了。

（一）借题发挥的泰山庙会

1937年“七七”事变后，因时局动荡，泰山庙会逐步消失，由此走完了上千年来曾一度影响全国的历程，以宗教信仰为主体的泰山庙会宣告结束。到了五六十年代，同样是由于社会的需要，泰山庙会以物资交流会的形式出现，虽也有娱乐、文体一类的活动，但主旋律仅是“买卖”，已与信仰无关。但这种形式的集会，在“文革”期间也被取消了。到了改革开放的年代，为了弘扬传统文化，满足群众的需求，由政府部门出面组织举办起了几届庙会，并以“泰山庙会”定名，不过庙会只是个“台”，唱戏的是经贸。泰山庙会一时成为商品的集散地，人们购物娱乐的好去处。

1.因地选址　因需定时

在20世纪三四十年代，泰城的教场有个会，是三月二十八日起会，会期三天。以农具及牲口作为经销对象，农活常用的杈耙扫帚锨等样样俱全，牲口也多是干活用的骡马，另外也有常用的百货日用品。当时的教场是一个很大的园子，是一个广场，赶会的人主要是泰城以及来自附近乡里的农民，外地也有来的，很热闹。这个会之所以选在教场，一是因为有空旷的场地，另一个优势就是教场的西侧有个奶奶庙。在奶奶庙里有唱大戏的，唱戏的地方原有一个土台子，搭上席棚就是戏台，多是唱群众喜欢的莱芜梆子。来赶会的人，一是为买点麦收前所需用品，二是一并进进香，看看大戏，一举两得。

对于庙会来说，吃总是少不了的，特别是那些花钱不多就可解馋的小吃，总是那么诱人。煎包，油光光的，吃时不是用盘子盛，而是用秫秸莛子（高粱秆顶端无节节的部分）穿着，一串可穿十个二十个，随手拿着边逛边吃，既方便又解馋；大锅面，用大盆盛着，吃时用手抓到碗里，浇上点肥肉块子煮的汤，既治饿又省事；米粉，细细的，在水里养着。说是米粉，其实是用面粉做的，吃法和现在的凉面差不多，只是做法不同，不是用擀面杖擀的，而是像做粉条似的，用漏子漏的，出来的是圆形细面条，吃时，用手抓到一种很浅的盘形碗里，撒上点咸菜，用筷子蘸上点香油，便是有吃头的好饭食。这种小吃现在已看不到了；还有那掉着嘎渣的油酥烧饼、漂着红绿佐料的豆腐脑……都具有很大的诱惑力。

这种以买卖为主，兼有娱乐进香的庙会，已非常接近后来五六十年代的物资交流会了。物资交流，是当时人们为互通有无、畅通商品流通渠道而采取的一种经济手段，对这种会来说，宗教的因素已完全没有了。在地点的选择及时间的安排上也显得较为灵活，只要满足活动空间的需要，选择在农闲时进行便可。场地、时间都不是一成不变的。

1979年的庙会，自农历三月二十八日开始，至四月初六结束，历时8天。庙会由泰山大桥往北折向西，绵延1.5公里。参加交易的除了当时泰安县的外，济南、宁阳、莱芜、肥城等商业部门也参加了大会。加上周围各地的小商小贩，整个会场琳琅满目，各种货物和土特产品应有尽有。庙会期间，山东省京剧团在泰山剧院演出了《西厢记》《碧波仙子》《凤还巢》等传统剧目。泰山大桥以南河西岸上也扎起了戏台，安徽省宿县驯兽团、山东德州地区杂技团、新汶县豫剧团，在这里为赶会的群众作了演出。每天来赶会的人最多时达10万多，每天贸易成交额20多万元（蔡田：《阳春三月赶山会》，1979年4月5日解放军福建前线广播电台）。

1986年的泰山庙会，选址于岱岳观旧址前的东西街上，会期是7天，自公历5月6日至12日。物资商品交易、文化娱乐和景点观光是基本内容，虽也有在王母池进香的，但多半是看热闹时的顺便之举。当时有上百家商业团体参与庙会活动，有数不尽的大小摊点经营着各种各样的百货用品、生资用品及地方特产，与五六十年代物资交流会所不同的是，个体经营者几乎占了主流。四方的文艺表演团体也来了不少，为庙会增添着欢乐的气氛。由于庙会已停办了多年，所以前来赶会的许多人是带着怀旧或看看新鲜的心理来的，不管老的少的、各行各业的人，都想体味一下流传千年的古老庙会。

庙会在1991年、1992年、1993年，又连续举办了几次。1991年会期6天，赶会人数达120多万人次，平均每天有20多万人光临。庙上有40多家商业大棚及1000多家经营小摊参与商品交易，有12个表演团体为大会助兴。1992年，规模有所扩大，会期延长到10天，地点以红门路为中心，南起岱宗坊，北到关帝庙，向西延伸近普照寺，东至王母池。庙会上有1500多家售货摊点、15个大型表演团体、200多家饭棚参与经营、娱乐以及服务，赶会人数达200万以上。（张用衡：《泰山庙会古今谈》，《华夏星火》1992年第7期。）

1993年的庙会，会期10天，自公历5月8日至17日。地址又有所变化，庙会分南北两个会区。南会区在林校广场，设了两个演出大棚、六条商业街；北会区以红门路北段为中心，北到关帝庙、西临普照寺、东至王母池。1600多家经营摊点、19个大型表演团体、400多座商业大棚分布于庙会的南、北两区，每天有二三十万人前来赶会（图41、42）。

图41　庙会商业街一角

图42　庙会小吃街一角

2.政府组织　部门主办

由政府部门精心组织，是当时庙会的一个基本特点。庙会是否举行，取决于有关单位的审报请示及上级部门的态度。方案一旦审批下来，各有关部门就需要紧密配合组织实施了。在举行的几次泰山庙会中，都成立有泰山庙会指挥部，以统一协调各方面的工作。一般是由工商部门牵头，制定出庙会实施方案，再由公安、城建、供电、文化、体育等部门配合协调，共同来完成庙会所制定的各项具体方案。

会期确定后，接下来便是宣传发动。一是通过新闻媒介如电视、广播、报纸等发布消息；二是通过张贴海报，广而告之。宣传的内容不外乎起会的意义、时间、地点以及活动的项目等等。来会的文艺团体是需要提前联系的，有的需要请，有的则是闻讯而至。对摊位的定点是按经营类别来划分的，并按其位置的好坏及大小来收取摊位管理费。

从举办的几次庙会来看，与古之庙会相比，在组织形式上有很多特色：

特色之一：官职官责

1993年的庙会，早在筹备阶段，泰安市委、市政府就曾对如何办好庙会提出了具体意见，并审定通过了《1993泰山庙会实施方案》和《1993泰山庙会具体实施意见》，分管的市领导担任庙会总指挥，并参加了庙会筹备会暨新闻发布会。5月8日，泰山庙会举行隆重的开幕式，市委、市政府、市人大、市政协、市纪委五大班子的主要领导人及泰安军分区主要领导人出席开幕式，并亲自为大会剪彩。开幕式后，市长还视察了整个会区。

特色之二：部门出面

泰山风景名胜区管理委员会是庙会的主要牵头单位和组织单位（图43）。庙会的筹备工作及庙会的管理组织工作始终是管理委员会的重要工作之一，正、副主任靠上抓，统一指挥，统一调度。从筹备到实施都精心组织。首先是在市政府的统一协调下，取得市工商局、公安局、电业局、文化局等部门的大力支持与配合，接着选配得力人员成立庙会的指挥枢纽——庙会指挥部办公室，下设会务组、宣传组、治安组、交易管理组、财务组等五部分机构，具体负责方案的落实。为把庙会办好，1993年的庙会提出了“安全、卫生、有序、高效”的八字方针。

特色之三：协同作战

安全、卫生、经营等方面的管理，由分管组各司其事。在安全上整体部署，

图43　庙会开启会仪式

分片包干，白天加强巡逻，夜间坚持值班。还出动宣传车，每小时巡回播放庙会管理通告一次，杜绝道路摆摊现象，预防事故发生。

卫生由会务组负责，清洁队为使庙会有洁净的环境，每天早上4点半就到位清扫，白天人多无法扫除，就用手捡，晚上八九点钟再通扫一遍。10天庙会共清扫垃圾61立方米，清运粪便45吨。卫生防疫也是重点，检疫人员每天坚持对200余个饭棚及会区饭店进行逐一检查，使庙会上十多万就餐群众，无一例食物中毒现象发生。

工商管理，责任到组、到人，分工明确、任务落实。交易组提前向每一个到会摊点及文艺表演团体发放了《泰山庙会守则》《泰山庙会收费规定》等有关规章条文。宣传组每隔20分钟播放一遍庙会的有关事项。

3.庙会搭台　经贸唱戏

在1993年的泰山庙会总结中，有这样一段文字：

> 庙会搭台，经贸唱戏，作为一种千百年来传统的民众聚会形式，庙会的影响已深深地积淀在民族意识中，利用这一形式来进行经济交流和文化宣传，其功效是独特的。泰山庙会为我市敞开大门、振兴经济提供了一个

巨大的市场。今年庙会期间，虽因风雨影响了近两天的正常经营，但上会人数仍达247万人次，成交额1137万元。人们的热情之高、效益之好，会上所表现出的新风貌、新气象都达到了空前的水平。

不难看出，举办庙会的目的是明确的，庙会只是一种形式，经营贸易是中心，为的是敞开大门发展经济。既然是贸易、是市场，也就少不了竞争，其场面很热烈。

镜头之一：外地与本地的竞争

1993年的庙会，外地客商比往年来得多，也不乏有影响的厂家，如文登的农用汽车厂、福建石狮的服装厂、青岛的皮鞋厂等，这就给本市的厂家带来了压力与挑战。会场上，泰安皮鞋厂的大棚恰巧与青岛皮鞋厂的大棚相对搭建，双方各不相让，大喇叭从早响到晚，竞争场面十分热烈，结果卖了10天，战了10天，最后双方打成平手，皆大欢喜而归（图44）。

图44　庙会上的宣传竞争

镜头之二：城乡顾客的竞争

庙会使城乡得到了互补，促进了商品大流通，同时也加剧了相互间的竞争。由于城乡之间的消费水平还存在着一定的差异，在城市中往往讲究时髦、新潮，但流行期一过，很多产品便被打入冷宫，在城市失去了市场，而庙会为他们提供了一个广阔的农村顾客市场。庙会的交易形式比较适合广大农民的购物心理与习惯。在庙会上没有大商店的冷面孔，没有说一不二的定价，还会很容易地货比千家，买到自己中意的商品。因此庙会吸引来了大批的农民，他们大多注重实惠，那些在大商场柜台上被冷落、遭积压的货物，在庙会的大棚中却受到了农民的青睐。如泰安针织厂生产的尼龙丝袜，10天时间销售了近十万双；新泰一家服装企业的2000余套时装、童装，庙会期间销售一空，回收资金4万多元。反过来，农村的一些产品也在城里找到了销路。肥城一家工艺品厂生产的仿玉制品，曾因商品长期找不到出路而苦恼，在这次庙会上却一举同青州市外贸部门签订了7万多元的合同，解决了企业的燃眉之急。

镜头之三：商品广告的竞争

庙会上的广告宣传形式特别引人注目，庙会成了广告的世界。礼仪小姐散发的、木牌上写的、墙上挂的、喇叭里喊的，全是商品广告。不少厂家和经营单位并没有把商品拉到庙会直接叫卖，但是通过种种形式的广告，就使这些厂家和他们的商品大扬其名，招来了大批洽谈的客商，做成了一宗宗的交易。如泰安市酒厂、泰山钢木家具厂、泰安锻压机床厂、泰安“铁将军”实业公司等，均通过广告宣传获得了较大的经济效益。其中泰安质量技术开发公司及下属企业仅5月10日一天的成交合同额，就达50余万元。

镜头之四：商品品种的竞争

庙会上市的商品在发生着变化，商品档次明显提高。1993年庙会共上市商品200余类，近6000种。与往年庙会不同的是，不仅数百元一套的服装、一百多元一双的运动鞋、家用吹风机、高档化妆品等出现在摊棚中，而且汽车、大型机械、水泵电机、各类建材、真空太阳能热水器等大型设备及用品也进入了庙会。庙会以其商品的变化，吸引着越来越多的不同层次的消费者及消费单位。

镜头之五：文化项目的竞争

庙会在经营贸易的同时，也是文化交流比赛的好地方。1993年庙会的艺术节目和文化展出，也比往年更为丰富精彩。如济宁豫剧团的演出，深受老年人的喜爱，每天演出两场，场场爆满，观众多达四五千人。不少老年人自带干粮，步行几十里前来看戏，散戏后仍不肯离去而坐等下场，观众的热情甚至感动了剧团，他们主动提出每天再加演一场。其他节目也都有各自的观众，华东歌舞团的著名影视演员的演出，使得大批青年观众兴奋不已，喝彩声迭起；聊城地区杂技团的部分节目曾获得过国际大奖，也为中央领导同志作过表演，在庙会上也能一睹他们的风采，令人感到不虚此行。同时，结合庙会活动还在普照寺、红门、岱庙等地举办了《冯玉祥将军在泰山》《泰山民俗展》《泰山石文化》等专题陈列，从较深的层面展现了泰山文化，使弘扬文化成为泰山庙会的重要组成部分。（1993年庙会资料，采自1993年5月25日泰安市泰山庙会指挥部：《泰山庙会　硕果累累》庙会总结。）

（二）古会影显的“蟠桃会”

今之泰山庙会，已有点脱胎换骨的味道，这主要是已没有了往昔的那种浓浓的宗教氛围。这对年轻人说倒没有什么，但对上了年纪的人来说，赶会时总觉少了点什么。泰山王母池的蟠桃会可弥补一点这方面的遗憾。

1.王母池——王母娘娘的家

王母池，古称群玉庵，内祀王母娘娘，位于泰山之阳的红门宫东南，在唐代时曾是岱岳观的一部分。这组祀西王母的建筑，出现较早，三国时期曹植的《仙人篇》就有“东过王母庐”“俯观五岳间”的诗句；唐代李白在《泰山吟》诗中也有“朝饮王母池，瞑投天门关”的记述，可见王母池在泰山的影响还是很大的。因与王母有关，观内的水池被称为瑶池、王母池，有楼叫王母楼，观前有桥叫王母桥，其旁有洞曰“金母洞”。现主要建筑有山门、王母殿、东西配殿、东西耳房、悦仙亭、七真殿和小蓬莱阁等。观为三进院落，主要建筑依次坐落在南北轴线上。

王母，也就是西王母，又称金母，俗称王母娘娘。原为中国古代神话中的女神，后被尊为女仙领袖，这位女仙领袖之所以在泰山安家，恐怕与她的神格有关。西王母既是主死之神，又是主生之仙。据《山海经·西山经》云：“（西王母）司天之厉及五残。”郭璞注曰：“主知灾厉及五刑残杀之气也。”郝懿行疏为“西王母主刑杀”。这是说西王母主死。西王母亦主生，掌管着“不死之药”，传说羿就曾请不死之药于西王母。《易林》卷一还有“王母善祷，祸不成灾”的禳灾赐福的说法。这些都是与泰山主生死的观念相一致的。

如果从她的缘起看也与泰山有关，《山海经·西山经》说：“玉山，是西王母所居也。”郭璞注曰：“此山多玉石，因以名云。”《穆天子传》谓之“群玉之山”。泰山多玉，而玉山也可认为是白山，或云气之山，泰山下有一小山，称长白山。这里原称“群玉庵”，也正与《穆天子传》的群玉山之说相吻合。况且，泰山还有昆仑山之称，《山海经·大荒西经》说西王母就穴居于昆仑山。因此，人们有理由相信泰山就是西王母的诞生地，王母池就是她的家。

2.蟠桃会——王母娘娘的庆寿会

人们崇奉王母娘娘，看重的是她手中有“不死之药”，其中蟠桃，就是能使人成仙长寿的圣果。《博物志》卷八说：西王母曾把“三千年一生实”的蟠桃，赏给好仙道的汉武帝。这一故事成为后来所出《汉武帝内传》蟠桃会之张本。

在民间，传说农历三月初三是王母娘娘的圣诞，这天王母要在瑶池举行蟠桃盛会，诸路神仙都会应邀赴宴。因此，在每年的三月初三泰山王母池要举行盛大道场，供奉花果，焚香叩拜，以为祝贺，是称蟠桃会。由于蟠桃会的影响很大，传播甚远，每逢这一天，即便不举行道场，也仍有各方的信男信女前来王母池祝寿祈祷，逐成风俗。

新中国成立后，蟠桃会一度终止，虽也有部分信士前来焚香，但不成规模。1992年，王母池重新被确定为宗教活动场所，由碧霞祠下来的坤道管理住持道观，正常的宗教活动得以逐步恢复，为蟠桃会的再度举办提供了条件。在1994年，终止了多年的蟠桃盛会又隆重起会。

蟠桃会于1993年10月份就开始筹备。由宗教管理部门与王母池道观的坤道一起积极做着准备工作，并成立了泰山王母池蟠桃会筹备领导小组，组织制定了实施方案，并赴北京白云观联系有关事宜。会前，根据中国道教协会提供的地址，先后向全国包括台湾、香港等地的著名宫观发函，宣布要于1994年的农历三月初三在泰山举行蟠桃盛会。函告的内容包括王母池简介、蟠桃会简介、举办蟠桃会的愿望与仪程、主要科仪的时间安排等。同时在当地的电视、报纸等新闻媒体发布起会消息。

3.做道场——再显宗教风采

特邀的北京白云观的大师、高功及乐队，在白云观住持王新阳先生的率领下，乘专车来泰山，为本次蟠桃会增添了庄严神圣的气氛。蟠桃会由十八名大师、高功同坛举行道场两天，特设祈祥道场和度亡道场。祈祥道场是为祈福延生、消灾解厄，祈求事业成功、健康长寿、吉祥平安和许愿还愿而设的；度亡之道场则是为信徒对已故先人进行追悼而设的。当时前来的道士及信士近千人，王母池院内及院外拥满了人。凡有所祈求的信士，均可根据自己的祈求愿望，于前一天（三月初二）预约登记。

三月初三上午八点半，举行了欢迎典礼。上午九点半开坛，至初四下午五点半止。每天做6个祈祥道场，两天共做有12个道场，初四晚六点做超度道场，晚十点半结束。其具体科仪是这样安排的：初三上午九点半祝祷，十一点上表，

图45　王母池蟠桃会道场

图46　蟠桃会道场乐队

十二点玉皇忏。下午二点朝科，三点玉皇忏，四点晚课。初四上午八点半早课，十点三官，十一点北斗。下午二点朝科，三点玉皇忏。晚六点超度，十一点半结束。

道场之时，18位高功及大师身着艳丽袍衣，在音乐的伴奏下，诵念经文，施礼祈祷，场面壮观，气氛庄重（图45、46）。前来的信士也虔诚地参与朝拜。当时有全国的200多名道士参加了盛会，他们分别来自陕西、河南、辽宁、安徽、山东、台湾等地的著名宫观。

前来的道士和信士对庙会多有资助，几千几百不等。台湾的一个代表团捐资2000多美元。一般个人捐资多为100元人民币，还有捐物的如幔帐、花瓶、录音机等。前来义务帮忙的信士也很多，主动料理部分庙会事务及干些杂活，这些人不但捐款、干活，连饭菜都是自己带来的。其中还有一位来自某大学的教授，字写得很好，主动担起了《功德簿》的记录员。两天的会期，收到资助6万余元。

（三）古今有别的道士

道士是侍奉神的，同时也是世俗之人与神沟通的介绍人。因此，一般来讲，有神就会有庙，有庙就会有道士。不过泰山神的庙宇——岱庙，由道士来住持的历史并不是很早，这是受传统礼制的限制造成的。碧霞祠算是典型的道教宫观，因成宫较晚，道士的历史也不久远。现在，岱庙已没有了道士，恢复了宗教活动的碧霞祠，就成为道士活动的唯一去处。岱庙、碧霞祠道士之古今不妨粗略一观。

1.往昔点滴

岱庙在汉代就已“起宫”，只是道教尚未成教，自然就谈不上什么道士。据有关志史所载，最早管理泰山庙——岱庙的是山虞之长。《风俗通义》就说：“岱宗庙在博县西北三十里，山虞长守之。”这山虞长就是掌握山泽的官，这是说当时由管理泰山的官来掌管岱庙。由于泰山之祀是历代帝王所崇尚的大礼，尽管岱庙官员在其称谓上有所变化，但由国家政权统管的特点没有多少变化。

在唐代，东岳庙的中庙改称岱岳观，成为自唐高宗六帝一后修斋建醮的场所，由道教掌管，领导者名其曰观主，但岱庙没有这方面的变化。隋唐之时，岱庙的主事仍以庙令称之。在《水浒传》的燕青东岳庙打擂一回中，也没有显露出道教住持一类的信息，只是说有知州太守出面主持庙中打擂之事。

到了元代，岱庙住持为紫衣道士有了明确的记载。在泰山留下重大影响的张志纯，曾一度住持东岳庙。张志纯作为东岳提点监修官兼东平路道教都提点，为泰山的道教事业做出了巨大的贡献。他在泰山前后三十余年，其庙宇宫观如玉女祠、会真宫、玉帝殿、圣祖殿、岱岳观、朝元观、东岳庙、蒿里山神祠等相继在他手中得到修葺。他还于蒙古中统五年（1264）创建了南天门。还有通义守正渊靖大师张德璘及梁道成也曾在元泰定（1324～1327）年间住持过岱庙。

明清之时，在京都设有道录司，作为道教管理的机构，各府、州、县分别设有道纪司、道正司、道会司。岱庙按其规定设有道纪，住持岱庙及管理山上山下的道教事务，其职均由朝廷直接任免。明代洪武三年（1370），朱元璋立碑于岱庙，去泰山神历代所封名号，仍以“东岳之神”名其名。后或因战事，或因嗣统，或因祈年，不时遣官员及道士来岱庙致祭。万历二十七年（1599），神宗还下旨颁发《道藏》一部于天子庙——岱庙，敕于道人，“朝夕礼诵”。明代是泰山道士较为活跃的时期。

清代的道教，已境况日下，这从康熙二十八年（1689）来泰山的记载中就看的出来：“朕巡历所至，再经岱麓，重瞻祠宇。询其庙祝，知香火荒凉，日用难给，岱顶诸庙亦复如之。”（中国第一历史档案馆整理：《康熙起居注》，中华书局，1984年。）为扭转这种局面，康熙下令在每年上交国库的香金中拿出一部分用于各庙的生计，其中指明要给岱庙与碧霞祠各200两。早在康熙二十三年（1684）来泰山时就已察觉到庙宇宫观的危艰境地，曾诏示“本年泰山香税免解该部，用以鸠工庀材，虔修山顶各庙”（中国第一历史档案馆整理：《康熙起居注》，中华书局，1984年）。这次来泰山还为碧霞祠、岱庙分别题额：“坤元叶应”“配天作镇”。康熙于四十二年（1703），又第三次礼瞻泰山。

在清代帝王中，来泰山最多的要数乾隆皇帝。自乾隆十二年（1747）至乾隆五十五年（1790）间先后10次来泰山，谒岱庙，礼碧霞祠。而其他帝王则是遣员致祭，据有史所载的不完全统计，自清顺治八年（1651）至宣统元年（1909）遣使致祭于泰山达46次之多。在清代，除康熙为岱庙、碧霞祠题额外，雍正、乾隆也多次题额。雍正九年（1731）为岱庙赐额曰：“岱封锡福”，为碧霞祠赐额曰：“福绥海宇”；乾隆七年（1742）为碧霞祠赐额曰：“震维灵岳”；乾隆十三年（1748）为天贶殿赐额曰：“大德曰生”，联曰：“青社开封峙者宗山称岳长，苍精降德圣惟产物与天齐”；为后寝宫赐额曰：“权舆造化”，联曰：“震出泰亨万物广生推盛德，云蒸雨降八方甘泽遍崇朝”；为碧霞祠题额曰：“赞化东皇”，联曰：“碧落高居金台传妙诀，苍生溥佑木德仰慈恩”；又联曰：“三素云英扶绛节，九光霞缬丽青坛”。帝王的临幸及题额虽不能解宫观的衰落困境，但为泰山道教、泰山的道士增了不少光。

帝王亲祭泰山或遣员告祭泰山，都会谒岱庙。岱庙是帝王祭祀泰山的专用之庙，正因为有这层关系，岱庙的道士与朝廷也多有来往，如定亲王与岱庙的浚川大炼师就关系甚密。

道光十二年（1832）的夏天，定亲王奕绍登泰山，由浚川大炼师陪同导引，第一次见面就如同旧识，定亲王有感而发题诗一首：“……相逢直似曾相识，握手殷勤证宿缘。”第二年，也就是道光十三年（1833）春天，浚川大炼师赴京拜访定亲王，并在含芳园款留数日。浚川大师曾代为诵经一个月，还代致丹枕，使定亲王感动不已，为“浚川炼师来京见访喜而有作”，赋诗而寄怀：“千里遥来老炼师，殷勤握手慰遐思。……小园尽可容仙侣，且绾行旌数日迟。”在诗中透露出对大师的深深情意，并相约三年后再相聚。道光十五年（1835）夏天，浚川大炼师如期北上赴约，定亲王为浚川大炼师的赴约及离京又赋诗两首，以表达对浚川大炼师重来见访之喜及送别还山的恋恋不舍之情（岱庙《定亲王诗碑》）。

清末的岱庙住持宋继昌，也是较有影响的道士，据说他有皇帝所赐的黄马褂，官府都高看他一眼。从整个趋势来说，清末的道教已进入低谷，但岱庙的庙产仍很大，仅汶口一带尚有一百多亩良田，每当收获季节，粮食用小推车送往岱庙，一来就是一二百辆，在雨花院后也有三十多亩地。岱庙的住持不仅管岱庙，山上及附近乃至新泰、莱芜、东平、东阿、长清、肥城等地的所有道士都归他管，老百姓都知道岱庙的道士是正当家的。当时的收入，除粮食外主要就是香火钱。岱顶的碧霞祠和岱庙即所谓"顶岱"二庙，香火是最旺盛的。碧霞祠的香火钱自然少不了岱庙的，一个月中岱庙的道士在碧霞祠看15天，香火钱全归岱庙，其余15天岱庙的道士不在那里，但也要见十抽一。其他各庙也会不时地来岱庙进点贡。

尚士廉是岱庙的最后一任住持。他是泰安尚家寨人，11岁拜岱庙住持宋继昌为师，勤奋好学，学有所成，后继任岱庙住持。当时岱庙尚有道士近30人，居住于庙内雨花道院。尚士廉在民国时期，为岱庙文物的保护曾做出过巨大贡献。1951年至1965年，他先后被推选为泰安县人民代表大会代表、政协常务委员，山东省人民代表大会代表、政协委员和全国道教协会常任理事等职。"文革"中遭受迫害被逐出岱庙。1970年10月17日病逝，葬于故里。

2.碧霞祠的道士

1983年，碧霞祠被确定为全国重点道教宫观，由道教组织管理使用。1985年道士正式接管碧霞祠，开始恢复宗教活动，中国道教协会常务理事、副秘书长、山东道协筹委会主任张常明先生任住持。起初碧霞祠的道人有8名，后逐步增加，有乾道也有坤道。1992年9月3日，王母池被确定为坤道院，碧霞祠的坤道全部迁往山下的王母池，当时有女冠七八人。王母池坤道与碧霞祠没有什么隶属关系，只是有时去碧霞祠帮帮忙，做些拆洗被褥的针线活。

1997年调查时碧霞祠有道士26人，临时人员（主要是从事做饭、保卫、卫生、小卖部以及一些干杂活的人员）10人。在道士中以山东籍的人为多，都是全真教龙门山派的。观内的住持是张常明先生，"文革"前就在碧霞祠，我们采访时他因患病住院，庙里的日常事务由霍道长负责。除张常明道长外，霍道长在碧霞祠算是老资格了，他于1985年恢复宗教活动时就来了。

碧霞祠的管理组织有两层：一层是行政管理，一层是宗教管理。碧霞祠管理委员会是行政管理机构，由官方宗教管理部门人员及在庙的道士组成，也像社会上一般单位的决策机构一样，领导成员以单数组成，设有主任、副主任及成员7人；另一层是道教内部的自身管理机构，负责日常的宗教活动。有住持、知客、账房、殿主、库头、巡寮等，两层机构之间不是孤立的，是对应的。

外来人对道士一般以道长相称，以示尊敬。内部称住持为当家的。住持下面是知客，负责接待。接待有内部外部之分，内部接待的对象主要是外地道观前来挂单的道士，外部接待则是社会上的客人。内部各职务的叫法，也应时而变，如管仓库的叫库头，也被称为保管员。保管又分为物品保管和现金保管。大殿主，也是观中一个重要的角色，因为大殿是一个宫观的主体，其两侧的配殿也由他负责，具有带班的性质。在祠内，各方面的管理都有着严格的制度和规定。

上殿诵经是道士活动的基本内容，也是修行的主要形式。做功课时，敲木鱼的是主持，一般是由祠内具有一定修养并熟悉经典的道士担任，他的位置叫主经。主经左右两侧分别是提科和表白，这是最重要的三个位置。在三人旁边搭配的是经师。法器都是老式的，木鱼旁边分别是钗子、铛、铃和鼓，摇铃的可以是一个也可以有两个，要求不严格。在前排站着诵经的都可称为经师，后面的叫跪经，一般情况下，诵经时下面会有跪经的，跪经的是道士也可以是信士。诵念经文大多平稳进行，与经文内容没有多大的关系，其节奏往往由木鱼击打的快慢控制（图47）。

图47　碧霞祠道场

宫观的经济来源，主要是香火钱及社会各界的捐助。当时香火年收入在90万元左右，几年来香客一次捐舍香金最多的是4万元。收入除用于宫观的维修外，还用于社会捐助，几年来已向社会捐款150多万元，以用于扶贫救灾、兴教助学等。

道士是有生活补贴的，也从香金中支出。补贴的发放，有相应的规定。实行的是道龄补贴每年3元，职务补贴90元，学历补贴每月30元，高山补贴每天1.5元，卫生费每月20元，基本生活费是160元。一般情况下，碧霞祠的道士，一个月可拿到300～400元的补助费。

祠内的道士两年有一次探亲假，可回家看看自己的父母及兄弟姐妹。每个道士的住宿，因职务的不同其住的位置、条件也有一定的差别。碧霞祠的生活区在碧霞祠的东面，为两进院，正门面南，白天一般不开。门为三间，门西一间为会议活动室，设有电视机一台，门东一间为挂单道士的住所。入门来有东西两配房，东为伙房，西为迎宾堂（接待室）；进入拱券圆门，就是后院，正房三间，张常明住持就住在这里。霍道长住在正房的东耳房。东厢房的北部作仓库之用，南部是前来帮忙的坤道所住的地方。西厢房为张道长和李道长的住舍，每人一间，门庭共用。

在调查中，我们曾去了张道长和李道长的住舍，足以让我们改变一些对道士的理解和印象。以张道长为例，他住在西厢房的北侧，一进门，给人的第一感觉是素雅、整洁，床靠在西墙的北端，床上的被褥、床单、枕头整理得都非常整齐，整个房间打扫得也非常干净。墙上挂着一把宝剑，在床头旁的小条桌上，放着一盏别致的台灯，在灯的旁边还有一台小收音机。书桌紧靠在东面大窗子的下面，桌上置有书画毡，上面的书籍、笔墨纸张也摆放得井然有序。值得注意的是那桌子上的书籍，除一本习字用的柳公权字帖外，其他是《中国可以说不》《拿破仑》《毛泽东诗词》《钢铁是怎样炼成的》等，这些都是我们所不曾料想到的。

张道长的法名叫张承达，是宁夏西吉县人，14岁出家，先后在陕西的终南山及北京的白云观修道学习。张道长的钢笔字写得很漂亮，讲话也非常有条理。

2.碧霞祠的一天

每天清晨，低沉的钟声都会从碧霞祠传出，轻轻回荡在泰山之巅，无论人们注意与否，这钟声始终在年复一年地响着，这是碧霞祠“开静”的钟声，出家人一天的生活开始了。

据说，这钟声敲起是有很多讲究的，要敲三次，每次二十七下，共有九九八十一响，敲起来轻重缓急有着不少的说头。这钟声不响，是不能上堂念经、上香、朝拜的，敲钟的时间大致与日出的时间相同。

听到钟声，道士们就要起床，起床后洗刷完毕就要打开山门，接着在碧霞元君大殿开始诵经。诵经就是诵念经文，是道教斋醮中最普遍最常见的一种仪式，也叫功课。功课有早课、晚课之分，早上的为早功课，晚上的为晚功课，也叫作早坛、晚坛。午坛不是每天都设，而是在每月的初一、十五上殿。早坛诵经约一个小时，晚上是半坛约四十分钟。和其他宫观相比较，在诵经的程序上及用韵上有一定的差异。如北京白云观用的是北京韵，或是浙江韵，而碧霞祠用的是十方韵。要诵《泰山诰》，这也是碧霞祠与其他地方所不同的。《泰山诰》就是碧霞元君的诰，在早课中《玉皇诰》之后就是《泰山诰》。初一、十五及重大节日，《泰山诰》还要一句一拜。在晚坛中，与别处不同还有《求忏悔》。

要说碧霞祠最有特点的活动是在元君的圣诞。在三月十四的晚坛中，要做祝寿文。祝寿的文字由高功用规整的蝇头小楷写在黄表纸上，诵完后升疏，就是将寿文焚烧（由住持拿着祝寿文，殿主用火点燃）。在三月十五的早坛中还要祝贺，念祝圣文。

早坛诵念《早坛功课经》，晚坛诵念《晚坛功课经》，诵经的程序是韵、咒、经、诰、咒等。早坛功课经主要是以增福增寿内容的经为主，是祈祥道场；晚坛诵经主要是以救苦解难为内容的经为主，是超度亡灵的道场。每逢每月的“戊日”休息，不上殿念经，但殿门照常开。

早坛下殿后吃饭，早饭一般是米饭、馒头，还有咸菜。在1997年秋的调查中，我们在碧霞祠吃了一次斋饭，是主人着意安排的，米饭是用绿豆、红小豆、花生米、江米做的，很好吃。饭做得稠了一点，用大白碗盛着，一人一碗，因米饭盛的很多，没有要馒头，菜是一碟小咸菜丝，由霍道长在迎宾堂陪我们。吃完早饭，道士及其他人员就按其分工，开始劳动。点香金的、打扫卫生的、干小卖部的等，各就各位开始一天的工作。卖票的、检票的、看殿的，在开山门后就已到位值班，分上午、下午两班轮换，全天有人值班。

有“公事”还要升表。也就是说，如有人要求做道场，说明愿望，交上一定的费用，就可为其建醮祈祷，费用一般是400～500元，多者不限，一般要求做的是吉祥道场，求平安，求发财。也有为父母超度亡灵的，这一般是在下午做。

午坛主要是念《三官经》，时间约半个小时。

午饭的主食是馒头、大米饭或包子，有一个菜。菜是素菜，主要是蔬菜，如土豆、茄子、白菜、柿子、金针、蘑菇等。有时是混元菜，几种蔬菜混合食用。午饭后休息，两点半再上班。下午是五点半关山门，然后是晚坛。

晚坛后吃晚饭，晚饭是面条，一个菜。

晚饭后是集体活动和自由活动时间，学习经卷、看电视、看报纸以及学习道教的管理规定。每个星期的一、三、五是集体学习，其他是自由活动时间，有练气功的，有下象棋的，有吹笛拉二胡的，也有看电视的，练书法的，活动内容还算丰富。

晚上九点，钟声又响了，这是“止静”的钟声，道士们听到钟声，在祠外活动的要迅速回到祠中，在祠中的听到钟声，也停止言谈，准备就寝。一般是九点半上床休息，最晚不能超过十点。

结 语

碧霞祠止静的钟声响了，对泰山庙会的考察，至此告一段落。来去匆匆，不免会有很多的遗憾。

泰山庙会从它的孕育到发生、发展，经历了一个漫长的历史时期。对大山的崇拜是其信仰的源头，原始的自然崇拜、历代帝王的封禅告祭，成就了泰山所特有的文化形态，以至在华夏民族的心目中，泰山就是最高最大的山，是镇国之山。从宗教信仰的角度而言，对泰山的信仰就是对天、地的信仰，但这毕竟太抽象了，于是在特殊的文化氛围之中，造就了泰山之神，由此引出了东岳大帝、碧霞元君不少的说法与故事。这为泰山信仰广泛而深远地走向社会的各个阶层创造了条件。

如果以庙会文化产生的物质条件和信仰基础而言，泰山庙会有理由成熟于唐代或者更早。宗教祭祀活动是庙会形成的最初动因，庙宇的存在是庙会产生的物质依托，这些对泰山来说都占有天时地利。自史前时期泰山的宗教活动就很兴盛，而泰山神的庙宇，至迟在汉代就已成“宫”。为什么这些优越条件的存在，并没有使庙会最早形成于泰山？我们说泰山庙会（东岳庙会），能走向全国，并在历史上留下了浓重的一笔，得益于泰山的宗教信仰，但同样受泰山宗教信仰的限制，也使得泰山庙会成熟较晚。

泰山宗教是以自然崇拜为基础，以宗法制为特征的传统宗教，有着一定的特殊性。它的这一特点决定了其政治化的模式、专制的社会结构，以至形成了特殊的宗教组织系统。国家政权系统维系着它的宗教行为，统治阶级是宗教活动的主体，这就大大限制了平民百姓这一庙会主体的参与。也可以说，统治者对泰山祭祀活动的专权，扼制了泰山庙会较早出现的可能性。同时，这一地区较为典型的小农经济意识，也限制了庙会活动的发生。

时值宋代，随着社会的发展，人们的社会意识发生了一定的变化，泰山祭祀的专权观念开始动摇，泰山神——东岳大帝的足迹开始遍及大江南北，孕育已久的以平民为主体的广泛而自觉的祭祀活动，终于出现于庙中。来的人多了，来的人常了，庙事活动也便兴盛起来，以至吃、喝、娱乐等等一些附属性的活动也便自然而然地发展起来。由于泰山信仰的影响大、涉及面也广，走向全国的东岳庙，一年一度的庙会也同泰山的庙会一样，红红火火地开展起来。

当代的庙会，通过有意识地“嫁接”，也使人们从中体味到古之庙会的一些风韵。然而，逝者如斯夫。山虽然还是那座山，庙还是那座庙，无奈人们的观念已发生了质的变化，往昔热闹的庙会场面仅能留在老年人记忆中的结局，已是不可避免。

后　记

与其他著述所不同，《泰山庙会》所用资料主要来自口述。本书原为《中国俗文化丛书》之一种，1999年由山东教育出版社出版。在本书撰写过程中，朋友叶涛，始终给予热情的鼓励与指导；同学周庆超，不但随同采访，几十小时的录音稿也是由他整理的。摄影家宋其忠、王杰、姜海潮、张登山、王长民、丛军等先生的作品，以及泰安市博物馆提供的老照片也为本书大添光彩，一并再谢。

永远不可忘怀的老一辈：柳方梧先生、朱宝琪先生、李希奇先生、徐振坤先生、王绪莲先生、邵明坤先生……，或提供文字资料，或口述当时情景，或现场寻找踪迹，尽心竭力。没有他们，就没有这本书。但这些老人已经相继去世，在此致以崇高的敬意和深情的缅怀。

此次出版，按照出版要求进行了修订，但力求保持原貌。原有的一些图片，因无从查找原版只好忍痛割爱，故有部分图片或替代或新添，以补不足。

刘　慧

2018年12月12日